KB082772

셧다운

코로나19는 어떻게 세계 경제를 뒤흔들었나

How Covid Shook the World's Economy

애덤 투즈 Adam Tooze | 김부민 옮김 | **정승일** 감수

셧다운

아카넷

여행하는 친구들에게

차례

일러두기

1. 원주는 미주로 넣었고, 옮긴이주는 본문에 넣고 '옮긴이'로 표기했다.
2. 단행본, 신문, 잡지 등은 《 》로, 방송, 영화, 노래, 뮤지컬 등은 〈 〉로 묶었다.

2020년에 우리가 겪은 일을 요약할 단어가 하나 있다면, 그것은 바로 불신이다.

2020년 1월 20일, 중국 시진핑習近平 주석은 제2형 중증급성호흡기증후군 코로나바이러스Severe acute respiratory syndrome coronavirus 2 (SARS-CoV-2) 발발을 공식적으로 인정했다. 정확히 1년 뒤인 2021년 1월 20일에 조 바이든Joe Biden이 46대 미국 대통령으로 취임할 때까지, 세계는 12개월 동안 220만 명이 넘는 사람의 생명을 앗아가고 수천만 명을 심하게 앓게 한 질병에 휘청거렸다. 이 글을 쓰고 있는 2021년 4월 말 현재, 전 세계의 사망자 수는 320만 명을 넘어섰다. 코로나바이러스가 불러온 위험은 지구에 사는 사실상 모든 사람의 일상생활에 지장을 주고, 공적 생활의 상당 부분을 중단시키고, 학교를 닫고, 가족들이 만나지 못하게 하고, 나라와 나라를 오가는 여행을 가로막고, 세계 경제를 뒤집어놓았다.

부정적 여파를 억누르기 위해 정부는 가계와 기업, 시장에 전쟁 때나 볼 수 있는 수준의 지원을 했다. 제2차 세계대전 이후 가장 급격할 뿐만 아니라 유례가 없는 성질의 경제 불황이 일어났다. 여태껏 단 한 번도 없던 일이 일어났다. 비록 매끄럽지 않고 마구잡이식일지언정 세계 경제의 많은 부분을 셧다운(폐쇄)하기로 한 집단적인 결정이 내려진 것이다. 국제통화기금International Monetary Fund(IMF)이 말한 대로 실로 "유례없는 위기"였다.[1]

코로나바이러스는 기폭제였다. 그러나 우리를 덮친 것이 대체 무엇인지 알아차리기도 전에 2020년이 격동의 한 해가 될 거라고 여길 만한 이유는 차고 넘친다. 중국과 미국 사이의 갈등이 부글부글 끓어오르고 있었다.[2] '새로운 냉전'의 기운이 감돌고 있었다. 2019년에는 국제 성장이 심각하게 둔화되었다. IMF는 지정학적인 긴장이 부채로 신음하는 세계 경제에 미칠 불안정성을 우려했다.[3] 경제학자들은 투자에 따르는 지긋지긋한 불확실성을 기록하기 위해 새로운 통계 지표를 고안했다.[4] 데이터는 문제의 근원이 백악관임을 강력하게 시사한다.[5] 미국의 45대 대통령 도널드 트럼프Donald Trump는 자신의 불건전한 망상을 세계에 퍼뜨렸다. 트럼프는 11월에 열리는 재선에 출마했는데, 설령 자신이 당선된다 한들 멈추지 않을 기세로, 아예 작정하고 선거 절차의 신뢰성을 깎아내리고 있었다. 2020년, 국제 안보 분야의 다보스회의라 할 수 있는 뮌헨안보회의Munich Security Conference의 구호가 "무서구 상태Westlessness"였던 데는 그럴 만한 이유가 있었다.[6]

미국 정부에 대한 우려와는 별개로, 끝없이 계속되던 브렉시트 협상은 그 기한이 끝나가고 있었다. 심지어 유럽에서는 2020년

이 시작되면 새로운 난민 위기가 닥칠 것이라는 더욱더 우려스러운 전망까지 있었다.[7] 그 배경에는 시리아 내전이 막바지로 치달으면서 급격히 치솟을 위험에 덧붙여 만성적인 개발도상국 문제가 있었다. 사태를 해결할 유일한 방법은 남반구에 대한 투자를 촉진하고 성장을 가속하는 것뿐이었다. 그러나 자본의 흐름은 불안정한 동시에 불평등하다. 2019년 말, 사하라 이남 아프리카 지역의 최저 소득 채무국들의 절반은 이미 채무불이행 상태에 가까워지고 있었다.[8]

성장이 만병통치약은 아니다. 성장은 환경에 더 큰 부담을 준다. 2020년은 기후 정치에서 결정적인 해가 될 예정이었다. 미국 대선이 끝나고 겨우 며칠 뒤면, 글래스고에서 COP26라고 알려진 26번째 국제연합 기후변화협약당사국총회United Nation Climate Change Conference(UNFCCC)가 열릴 예정이었다.[9] 이는 파리기후변화협약Paris climate agreement 체결 5주년을 기념하는 자리가 될 터였다. 2020년이 시작될 때는 트럼프의 당선이 유력할 것으로 여겨졌는데, 만약 그렇게 되었다면 이 행성의 미래는 불투명한 상태로 남았을 것이다.

세계 곳곳에 퍼진 경제에 관한 위기감과 불안감은 눈에 띄는 반전이었다. 얼마 전까지만 해도 서구가 냉전에서 완벽한 승리를 거두고, 금융시장이 떠오르고, IT 기술이 기적을 일으키고, 경제 성장이 확대되면서, 자본주의 경제가 현대 역사의 적수가 없는 동력으로서 자리를 공고히 하는 것처럼 보였다.[10] 1990년대에는 정치적 질문 대부분의 해답이 간단해 보였다. ― "문제는 경제야, 바보야."[11] 경제 성장이 수십억 사람들의 삶을 변화시켰을 때, 마거

릿 대처Margaret Thatcher는 "다른 대안이 없다"라고 즐겨 말했다. 즉 민영화와 가벼운 규제, 자본과 상품의 자유로운 이동을 근본으로 한 질서 외에는 대안이 없다는 말이다. 2005년까지만 해도 중도주의자인 영국의 토니 블레어Tony Blair 총리는 세계화에 대해 왈가왈부하는 것은 여름 뒤에 가을이 오는 게 맞는지 논쟁하는 것과 마찬가지라고 선언했다.[12]

그러나 2020년에는 세계화와 그 시기가 모두 불확실한 상황이 되었다. 경제는 더는 해답이 아닌 질문이 되었다. "문제는 경제야, 바보야"에 대한 분명한 응수는 "누구 경제?" "어떤 경제?", 심지어 "경제가 뭔데?"였다. 1990년대 후반 아시아에서 처음 일어나고, 2008년에는 대서양 금융 시스템에서, 2010년에는 유로존에서, 2014년에는 전 세계의 원자재 생산국에서 일어난 일련의 심각한 위기들은 시장경제에 대한 자신감을 크게 뒤흔들었다.[13] 이 모든 위기는 극복되었으나, 이는 소위 '작은 정부'와 '독립적인' 중앙은행이라는 원칙을 굳건히 고수하려는 정부의 지출과 중앙은행의 개입에 의해서였다. 그래서 대체 누가 이득을 보았는가? 이익은 사유화된 반면, 손실은 사회화되었다. 이러한 경제위기를 초래한 것은 바로 투기였다. 위기를 안정시키는 데는 역사적 규모의 개입이 필요했다. 그럼에도 전 세계 엘리트들의 부는 계속해서 늘어만 가고 있다. 치솟는 불평등이 포퓰리즘의 분열로 이어진다고 한들 이제 와서 놀라는 사람이 있을까?[14] 브렉시트와 트럼프를 지지했던 유권자들이 원했던 것은 '자신들의' 국가 경제를 돌려받는 것이었다.

한편, 중국의 눈부신 부상은 다른 의미로 경제에서 순수성을 앗아갔다. 성장을 관장하는 위대한 신들이 서구의 편이라는 사실이 더는 분명치 않았다. 이것은 개발도상국이 미국식 시장 경제 체제를 발전 모델로 삼게 한 합의인 워싱턴합의Washington consensus의 토대가 된 주요 가정을 뒤흔든 것으로 드러났다. 곧 미국은 더는 넘버원이 아니게 될 터였다. 사실, (최소한 자연의 여신 가이아가 대표하는) 신들이 경제 성장을 완전히 멈추는 것에는 반대한다는 사실이 점차 분명하게 드러나고 있다.[15] 한때 환경보호 운동에서만 몰두하는 대상이었던 기후변화는 이제 자연과 인간 사이의 더 커진 불균형을 나타내는 상징이 되었다. 2050년까지 탄소 중립 달성을 목표로 삼은 유럽연합European Union(EU)의 정책 '그린딜Green Deals'과 에너지 전환에 관한 이야기가 어디서나 들려왔다.

그러던 2020년 1월, 베이징에서 소식이 전해졌다. 중국은 신종 코로나바이러스의 대유행에 직면해 있었다. 이미 이 시점에서 상황은 2003년 등골을 오싹하게 했던 사스SARS 발발 당시보다 심각했다. 이는 환경운동가들이 오랫동안 경고해온 자연의 '역풍 blowback'이었다. 그러나 기후변화는 우리가 행성 규모로 생각하고 수십 년 단위의 시간표를 짜게 만든 반면, 코로나바이러스감염증-19coronavirus disease 2019(COVID-19, 이하 코로나19)는 현미경으로 봐야만 보이고 어디에나 만연해 있으며 주나 일 단위로 변화한다. 코로나19는 빙하나 해수면이 아니라 우리의 몸에 영향을 끼친다. 코로나19는 우리 숨결로 전파된다. 코로나19는 개별 국가 경제뿐만 아니라 세계 경제 그 자체를 불확실하게 한다.

2020년 1월까지는 SARS-CoV-2로 분류된 이 바이러스는 검은 백조가 아니었으며, 전혀 예상하지 못하거나 일어날 법하지 않은 사건이 아니었다. 이것은 회색 코뿔소였으며, 오히려 너무나 당연해 과소평가된 위험이었다.[16] 그림자 속에서 그 모습을 드러냈을 때, 회색 코뿔소인 SARS-CoV-2는 예정된 재앙의 형상을 취하고 있었다. 이 바이러스는 바이러스 학자들이 예측한 대로 전염성이 높은 독감과 유사한 종류의 감염병이었다. 그것은 바이러스 학자들이 예상한 장소 가운데 하나였던 동아시아 전역에 걸쳐 존재하는 박쥐 서식 지역에서 나왔다.[17] 예상대로 이 바이러스는 글로벌 운송과 여행 경로를 따라 확산되었다. 솔직히 이 바이러스는 이미 한참 전부터 우리에게 다가오고 있었다.

지구적 재앙 예측(2020년 6월): 연간 1인당 GDP가 위축되는 국가들의 비율
회색 영역은 세계 경기 침체기. 2020~2021년 데이터는 추정치.

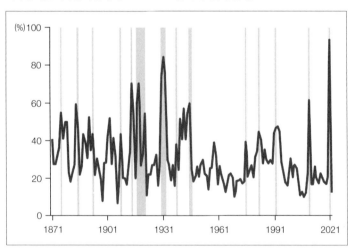

출처: A. Kose and N. Sugarawa, "Understanding the Depth of the 2020 Global Recession in 5 Charts", *World Bank Blogs*, June 15, 2020.

2000년대 초반부터 경제 분야에서는 '차이나 쇼크', 즉 세계화와 대중국 수입의 급증이 서구 노동시장에 어떤 충격을 미칠지에 관한 수많은 논의가 있었다.[18] SARS-CoV-2는 맹렬한 '차이나 쇼크'였다. 과거 실크로드 시절에도 감염병은 유라시아를 가로질러 동에서 서로 움직였다. 그러나 이 시절에는 여행 속도가 느렸기에 확산이 제한되었다. 돛을 이용해 항해하던 시대에는 병에 걸린 사람들이 항해 도중에 죽곤 했다. 2020년의 코로나바이러스는 제트기와 고속열차의 속도로 움직였다. 2020년의 우한은 최근에 이민자를 받은 부유한 대도시였다. 우한 인구 절반은 중국 춘절春節을 기념하러 도시를 떠날 예정이었다. 겨우 몇 주 만에 SARS-CoV-2는 우한에서 중국 전역으로, 나아가 세계 대부분으로 퍼져나갔다.

1년 뒤 세계는 휘청거렸다. 2020년 상반기와 같이 전 세계 국가의 약 95%에서 1인당 GDP가 동시에 감소한 사건은 현대 자본주의 역사에서 단 한 번도 없던 일이었다.

30억 명이 넘는 성인이 일시에 해고를 당하거나 재택근무를 하기 위해 고군분투했다.[19] 16억 명에 달하는 젊은이들의 교육이 중단되었다.[20] 유례가 없을 정도로 무너진 가정생활과는 별개로 세계은행은 인적 자본의 상실로 인한 평생 수입 손실이 10조 달러에 달할 것으로 추정했다.[21] 전 세계가 집단적으로 자발적인 셧다운을 실행하려고 한다는 점에서 이번 불황은 여태까지의 그 어떤 불황과도 전혀 다르다. 이 책의 중요한 과제는 누가, 어디에서, 어떤 상황에서 결정을 내렸는지 추적하는 것이다.

모두 경험했다시피 코로나19가 불러온 경기 침체는 GDP나

무역, 실업률 관련 통계에서 잡아낼 수 있는 그 무언가를 한참 뛰어넘는 혼란을 일으켰다. 사람들 대부분은 일상생활에 이렇게까지 심각한 지장을 받아본 적이 없었다. 경기 침체는 스트레스와 우울증, 정신적 고통을 일으켰다. 2020년 말까지 코로나19에 관한 과학적 연구 가운데는 정신건강에 관한 것이 가장 많았다.[22]

이번 위기로 어떤 경험을 했는지는 지역과 국가에 따라 갈렸다. 영국과 미국이 2020년에 경험한 것은 단순히 공중보건 비상사태나 심각한 경기 침체가 아니라, '트럼프'와 '브렉시트'라는 문구로 요약되는, 최고조에 달한 국가 위기였다. 한때 세계 패권 국가임을 뽐냈으며 공중보건 분야에서 논란의 여지가 없는 선진국이었던 나라들이 대체 어떻게 이렇게까지 질병을 통제하는 데 실패할 수 있단 말인가? 이는 두 나라에 더 깊은 문제가 있음을 나타내는 것이 틀림없다.[23] 어쩌면 두 나라의 신자유주의에 대한 공통된 열망이 문제였을까? 아니면 두 나라의 편협한 정치 문화가 문제였을까? 그도 아니면 수십 년에 걸친 지속적인 쇠퇴기 중 두 나라의 쇠퇴가 극에 달한 순간이었던 것일까?[24]

EU에서는 지난 10년 동안 '다중위기polycrisis'라는 용어를 사용해왔다. 장클로드 융커Jean-Claude Juncker EU 집행위원장은 프랑스의 복잡성complexity 이론가 에드가 모랭Edgar Morin에게서 다중위기라는 아이디어를 빌려왔다.[25] 융커는 이 아이디어를 활용하여 유로존 위기와 우크라이나 분쟁, 난민 위기, 브렉시트, 유럽 전역에서 나타난 민족주의 포퓰리즘의 급증 등 2010년에서 2016년 사이에 일어난 사건들이 하나로 수렴하고 있음을 포착했다.[26]

다중위기는 다양한 위기 사이의 일치성을 깔끔하게 포착하지만, 이렇게 일치하는 부분들이 서로 어떻게 상호작용하는지에 관해서 많은 것을 알려주진 못한다.[27] 2019년 1월 시진핑은 중국 공산당 간부들에게 검은 백조와 회색 코뿔소라는 위험을 모두 예측해야 하는 의무가 있다는 유명한 연설을 했다.[28] 그해 여름, 당에서 식자층 간부들에게 정책 성명을 전달하는 중국 공산당 기관지《스터디 타임스Study Times》와《치우스Qiushi》에는 시진핑 주석의 짤막하고 재치 있는 발언을 더 자세히 풀어서 설명하는 천이신陈怡欣의 글이 실렸다.[29] 천이신은 시진핑 주석의 후배이자 후계자 후보로, 코로나 사태 때 후베이성에서 당의 방역 작업을 주도했다.[30] 2019년의 글에서 천이신은 이런 물음을 던졌다. 위험은 어떻게 결합하는가? 경제 금융 위험은 어떻게 정치사회 위험으로 변화하는가? '사이버 공간의 위험'은 어떻게 '실제 사회의 위험'이 되는가? 외부의 위험은 어떻게 내재화되는가?

다중위기가 어떻게 발생하는지 이해하기 위해서, 천이신은 중국 보안 관계자들이 '6대 효과'에 집중해야 한다고 제시했다.

중국이 세계 무대의 중심으로 이동함에 따라서, 보안 관계자들은 외부 세계와의 교류로 인한 '역풍'을 경계해야 한다.

이와 동시에 표면적으로는 별개인 위험들이 '수렴convergence' 하여 하나의 새로운 위협이 되는 것을 경계해야 한다. 안과 밖의 차이와 새것과 옛것의 차이는 쉽게 흐려질 수 있다.

'수렴'과는 별개로 '층화 효과layering effect'와도 씨름해야 한다. 층화 효과란 "여러 공동체에 속한 이익집단들의 요구가 서로 중첩되면서 층화된 사회 문제가 되는 것이다. 역사적 문제가 얽힌 현재의 문제, 이념적 문제가 얽힌 실질적인 이권 문제, 비정치적 문제와 얽힌 정치적 문제처럼, 층화된 사회 문제에서는 모든 문제가 얽히고설킨다".

전 세계적으로 의사소통이 쉬워지면서 '연결 효과linkage effect'가 나타날 수 있다. 커뮤니티들은 "멀리 떨어진 곳에서도 서로를 부를 수 있고, 서로를 강화할 수 있다".

인터넷은 역풍과 연결을 일으켰을 뿐만 아니라 뉴스의 폭증을 불러왔다. 천이신은 중국 공산당이 '확대 효과magnifier effect'를 결코 무시해선 안 된다고 경고했다. "아무리 작은 것이라 한들 (…) 소용돌이를 일으킬 수 있으며, 소문 몇 개만으로도 (…) 손쉽게 '찻잔 속의 폭풍'을 일으키고, 나아가 현실 사회에서 '토네이도'를 일으킬 수 있다"라는 것이었다.

마지막으로, '유도 효과induction effect'는 한 지역의 문제가 간접적으로 다른 지역에서 동조와 모방을 유발하는 것인데, 흔히 기존에 있던 문제 때문에 그 효과가 더 강해지곤 한다.[31]

비록 중국 공산당 특유의 뻣뻣한 문체로 제시되긴 했지만, 천이신이 열거한 효과는 2020년에 우리가 겪은 일과 기묘하게 맞아떨어진다. 코로나19는 중국 시골에서 우한으로, 우한에서 전세계로 확산된 초超대규모 역풍의 예시였다. 서구의 정치인들은 중국 못지않게 융합과 층화, 연결 문제와 사투를 벌였다. 전 세계에 공명을 일으킨 '흑인의 생명도 소중하다Black Lives Matter(BLM)' 운동은 확대 효과와 유도 효과의 위력을 대규모로 실연했다.[32]

사실 원래의 맥락을 무시한다면, 천이신이 당 간부들을 위해 만든 점검표는 코로나 사태에 대처하는 자력 구제 안내서이자 우리 삶을 위한 가이드로 읽을 수도 있을 것이다. 얼마나 많은 가족이, 얼마나 많은 커플이, 그리고 얼마나 많은 사람이 방역 조치로 격리되고 고립되면서 확대 효과와 유도 효과를 입증하는 증거가 되었는가? 때때로 바이러스가 주는 보이지 않는 위협들은 마치 우리 성격의 가장 약한 부분과 가장 친밀한 관계의 가장 약한 연결고리를 압박하는 것처럼 느껴진다.

훨씬 더 치명적인 범유행 감염병들도 있었다. 2020년 코로나 사태에서 극적으로 새로웠던 것은 바로 대응의 규모였다. 이 사실은 의문을 불러일으킨다.《파이낸셜 타임스Financial tims》의 수석 경제 평론가 마틴 울프Martin Wolf는 이렇게 말했다.

어째서 (…) 이렇게 비교적 가벼운 범유행 감염병 때문에 발생한 경제적 피해가 이토록 거대했는가? 그 대답은, 그럴 수 있기 때문이다. 부유한 사람들은 평상시 지출의 대부분을 손쉽게 줄일 수 있다. 그리고 정부는 그동안 영향을 받은 사람들과 기업들을 대규모로 지원할 수 있다. (…) 범유행에 대한 대응은 오늘날의 경제적 가능성과 사회적 가치를 반영한다. 최소한 부유한 국가에서는 그렇다.[33]

사실, 2020년에 있었던 놀라운 일 가운데 하나는 빈곤 국가들과 중간소득 국가들 역시 기꺼이 막대한 대가를 치르려 했다는 점이다. 4월 초, 중국 밖의 세계 대부분은 이미 격리된 상태였고, 코로나바이러스를 막기 위한 전례가 없는 노력에 동참했다. 가장 큰 타격을 입은 나라 중 하나인 에콰도르의 대통령 레닌 모레노 Lenin Moreno는 수척한 표정으로 이렇게 말했다. "이것이 바로 진정한 제1차 세계대전이다. 다른 세계대전들은 [몇몇] 대륙에 국한되었으며 다른 대륙에서는 거의 개입하지 않았다. (⋯) 그러나 이 전쟁은 누구에게나 영향을 미친다. 이 전쟁은 특정 지역에 국한되지 않는다. 이 전쟁은 결코 피할 수 있는 전쟁이 아니다."[34]

피할 수 없는 전쟁이었고, 맞서 싸워야만 하는 전쟁이었다. 바로 이 점에서 2020년을 위기라고 표현하는 것이 정당화된다. 위기crisis 혹은 그리스어 크리시스Krisis는 본래 질병의 진행 과정에서 커다란 고비를 의미한다. 이 말은 '구분하다' '결정하다' '판단하다'라는 뜻을 지닌 크리네인krinein이라는 단어와 관련이 있는데, 이 크리네인이라는 말에서 '비평가critic'나 판단의 기준을 뜻하는 '표준criterion' 같은 단어가 파생되었다.[35] 코로나바이러스는 전 세계 사람들과 조직, 정부에게 모든 면에서 엄청나게 크고 힘든 일련의 결단을 내릴 것을 강요했다. 그러므로 위기라는 말은 코로나가 미친 영향을 묘사하기에 이중으로 적절한 표현으로 보인다.

'록다운lockdown(봉쇄)'은 우리의 집단적 대응을 묘사하기 위해 널리 쓰이기 시작한 말이다. 이 말은 그 자체로 논쟁거리다. 강압을 암시하기 때문이다. 2020년 이전, 록다운은 교도소에서 사용되던 집단 처벌과 관련된 용어였다. 그렇지만 코로나 대응을 록다운이라는 말로 나타내기에 적절한 때와 장소가 있었다. 델리, 더반, 파리에서는 무장한 경찰이 거리를 순찰하면서 통행금지를 어긴 사람들의 신상을 묻고 처벌했다.[36] 도미니카공화국에서는 놀랍게도 인구의 거의 1%에 해당하는 8만 5000명이 록다운을 위반한 혐의로 체포되었다.[37]

물리력이 개입되지 않는다 한들, 식당과 술집의 문을 모조리 닫으라는 정부의 지시는 가게 주인들과 고객들에게 억압감을 줄 수 있다. 그러나 우리가 사건이 진행되는 경로를 더 넓게 추적하고, 이 책에서 그러하듯이, 특히 범유행 감염병에 대한 경제적 대응에 초점을 맞춘다면 록다운이라는 말은 코로나바이러스 대응을 묘사하는 편파적인 방식으로 보인다. 정부의 명령이 떨어지기 한참 전에도 사람들의 이동은 급격히 줄어들었기 때문이다. 금융시장에서는 2월 말부터 안전자산을 선호하는 현상이 나타났다. 감옥 문을 쾅 닫고 열쇠를 돌리는 간수 따위는 없었다. 투자자들은 필사적으로 피신처를 찾았다. 소비자들은 집에 머물렀다. 기업들은 문을 닫거나 재택근무를 시행했다. 방글라데시에서는 집에 머물라는 정부 명령이 떨어지기 전에 이미 의류 노동자들의 직장이 폐쇄되었다. 때로는 정부의 조치가 민간의 결정을 뒤따른다. 그리고 때로는 민간이 정부의 행동을 예측한다. 3월 중순 전 세계는 상호 관찰과 경쟁이라는 제약 아래에서 행동했다. 셧다운은 일반적인 일이 되었다. 수십만 선원들처럼, 자국 영토 밖에 있던 사람들은 추방당해 물 위를 떠도는 신세가 되었다.

'셧다운shutdown(폐쇄)'이라는 용어를 쓰는 목적은 누가, 언제, 어디에서, 무슨 결정을 내렸으며, 누가 누구에게 무엇을 부과했는지에 관한 열린 질문을 하기 위해서다. '록다운'이라는 용어를 거부하는 것은, 그 과정이 자발적이었다거나 개인의 자유의지에 의한 것이었음을 드러내려는 목적에서가 아니다. 이는 분명 사실이 아니었기 때문이다. 도시 중심가에서 중앙은행에 이르기까지, 가족에서 공장에 이르기까지, 빈민가에서 교외 지하실에 마련한 급조된 작업대에 정신없이 몸을 기대고 있는 상인에 이르기까지,

전 세계에서는 엄청난 불확실성이 다양한 수준으로 나타난다. 그리고 이러한 불확실성 아래에서는 강요된 선택이 이루어진다. 이 책의 목표는 이렇게 강요된 선택들이 경제 측면에서 어떤 상호작용을 일으키는지 추적하는 것이다. 결정은 두려움이나 과학적 예측에 따라 이루어진다. 과학자들은 정부의 명령이나 사회적 관습에 의해 예측하기를 요구받았다. 그러나 아주 약간의 금리 변동만으로도 요동치는 수천억 달러가 과학적 예측의 동기가 되기도 했다.

'록다운'이라는 용어가 널리 채택된 것은, 바이러스와 관련된 정치적 논쟁이 얼마나 심한지 보여주는 지표다. 사회와 지역사회, 가족들은 마스크, 사회적 거리 두기, 격리 조치를 놓고 심하게 싸웠다. 이 싸움에는 대개 이해관계가 걸려 있는 것으로 보였으며, 때로는 실제로 걸려 있었다. 이해관계가 실제로 걸려 있던 싸움이 무엇인지 구분하기는 쉽지 않다. 우리가 겪은 이 모든 일은, 1980년대에 독일의 사회학자 울리히 벡Ulrich Beck이 명명한 "위험 사회risk society"가 엄청나게 거대한 규모로 나타난 예시다.[38] 현대 사회 발전의 결과로, 우리는 과학의 눈으로만 보이는, 보이지 않는 위협에 집단적으로 시달리게 되었다. 이 위험은 우리 몸이 아프기 전까지는, 그리고 우리 가운데 불운한 이들이 폐에 물이 차오르면서 서서히 익사하기 전까지는 추상적이고 실체가 없는 위험이다.

이러한 위험 상황에 대응하는 한 가지 방법은 위험을 부정하는 것이다. 이 방법은 분명 통할 수도 있다. 그럴 리 없다고 생각하는 것은 순진한 생각이다. 대규모 인명 손실을 초래하는 수많은 질병과 사회적 병폐는 무시되고, 자연스러운 일이 되고, '삶의 진실'로 여겨진다. 특히 기후변화와 관련된 가장 큰 환경 위험들을 고려해보면, 우리는 평소에 집단적인 부정 모드와 의식적인 무지 모드로 살아가고 있다고 봐도 좋다.[39] 심지어 범유행 감염병과 같은, 죽느냐 사느냐가 달린 긴급한 의료 비상사태조차도 정치와 권력의 검열을 받는다. 코로나바이러스에 직면했을 때 일부 사람들은 현실을 부정하는 전략을 분명하게 선호했다. 이 전략은 도박을 수반한다. 이 전략에는 갑작스럽고, 추잡한 정치화가 이루어질 위험이 있기 때문이다. 찬반양론이 계속해서 팽팽히 맞섰다. 그냥 참고 견디라고 하는 사람들은 흔히 자신들이 상식과 현실주의를 대변한다고 단언한다. 그러나 이들의 침착함은 실제 상황보다는 이론에서 더 잘 유지되는 경향이 있다.

전 세계 사람들 대부분이 이 범유행 감염병에 맞서고자 애썼다. 그러나 문제는, 울리히 벡이 지적했다시피, 현대의 거시적 위험에 대처하는 일은 말로만 쉽다는 사실이다.[40] 위험에 대처하려면 우선 이 위험이 무엇인지 합의해야만 하고, 합의를 하려면 과학이 우리의 논쟁과 얽히고설켜야만 하는데, 그러면 논쟁을 바라보는 사람들이 과학을 불확실한 것으로 받아들이는 불운한 대가를 치르게 된다.[41] 또한 위험에 대처하려면 우리 자신의 행동과 사회질서에 관한 자기성찰적이고 비판적인 사고가 필요하다. 위험에 대처하려면, 자원 분배와 크고 작은 우선순위 설정에 관한 정치적 선택을 놓고 기꺼이 다투려는 의지가 필요하다. 위기에 대처하려면, 지난 40년을 지배해온 욕망과 맞닥뜨려야 한다. 사람들을 탈정치화하고, 시장과 법을 이용하여 바로 이러한 선택을 내리지 못하게 해온 욕망과 말이다.[42] 바로 이것이 신자유주의나 시장 혁명이라고 알려진 것들의 배후에 있는 근본적인 동력이다. 노동, 환경 피해, 질병 같은 측면에서 전 세계가 구조적으로 변하면서 생기는 분배 문제를 탈정치화하고, 사회적 위험에 따른 대단히 불평등한 결과를 그냥 받아들이게 하려는 것이다.[43]

코로나바이러스는 우리의 제도적 준비가 미흡하다는 사실을 극명하게 드러냈다. 벡은 이런 현상을 "조직화된 무책임organized irresponsibility"이라고 불렀다. 조직화된 무책임은 국가 운영 기구들이 지닌 약점을 드러낸다. 가령, 정부 기관이 민간이나 정부 데이터베이스를 최신 정보로 제때 갱신하지 못하는 것과 같은 약점들 말이다. 위기에 맞서려면, 보살핌에 훨씬 더 큰 우선순위를 두는 사회가 필요했다.[44] 필수적인 노동자들의 가치를 적절히 평가하고 가장 운이 좋은 사람들이 누리는 세계화된 생활양식이 만들어내는 위험을 고려한 '새로운 사회 계약'을 요구하는 커다란 목소리가 예상치 못한 장소에서 흘러나왔다.[45] 새로운 천 년기가 시작된 이후 그린뉴딜green new deal 같은 계획들이 반복해서 등장했는데, 이러한 웅장한 구상은 사람들을 고무시키기 위한 것이었다.[46] 이런 계획의 목적은 사람들을 동원하는 것이었다. 이런 계획은 권력에 관해 질문을 던지게 한다. 만약 새로운 사회적 계약이 이루어진다면, 대체 누가 그 계약을 만들 것인가?

2020년에 거대한 사회 개혁을 부르짖은 수많은 요구에서는 이상한 뒷맛이 났다. 코로나바이러스 위기가 우리를 엄습하면서 유럽과 미국의 좌파들은, 최소한 제러미 코빈Jeremy Corbyn과 버니 샌더스Bernie Sanders에게 열광했던 이들은, 패배했다. 그린뉴딜이라는 아이디어를 중심으로 조직된, 급진적이고 활기 넘치는 좌파들이 약속한 미래는 범유행 감염병 속에서 사라진 듯이 보였다. 코로나 대응은 주로 중도파와 우파로 구성된 정부의 손에 맡겨졌다. 중도파와 우파라니, 실로 이상한 모임이었다. 브라질의 자이르 보우소나루Jair Bolsonaro 대통령과 미국의 도널드 트럼프 대통령은 현실 부정 실험을 진행했다. 이들에게는 기후변화 회의론과 바이러스 회의론이 함께 작용했다. 멕시코에서는 관념상 좌파 정부인 안드레스 마누엘 로페스 오브라도르Andres Manuel Lopez Obrador 정부가 과감한 대응에 나서기를 거부한 뒤 독자적인 길을 걷기 시작했다. 필리핀의 로드리고 두테르테Rodrigo Duterte, 인도의 나렌드라 모디Narendra Modi, 러시아의 블라디미르 푸틴Vladimir Putin, 터키의 레제프 타이이프 에르도안Recep Tayyip Erdoğan 같은 민족주의 독재자들은 바이러스를 부정하지는 않았지만, 처음부터 끝까지 애국적인 호소와 배제 전술에 의존했다. 가장 큰 압박을 받은 이들은 관리주의를 지향하는 중도주의자들이었다. 미국의 낸시 펠로시Nancy Pelosi와 척 슈머Chuck Schumer, 칠레의 세바스티안 피녜라Sebastian Pinera, 남아프리카의 시릴 라마포사Cyril Ramaphosa, 유럽의 에마뉘엘 마크롱Emmanuel Macron, 앙겔라 메르켈Angela Merkel, 우르줄라 폰데어라이엔Ursula von der Leyen 같은 인물들 말이다. 이들은 과학을 받아들였다. 현실을 부정하는 것은 선택지가 아니었다. 이들은 자신들이 '포퓰리스트'보다 낫다는 사실을 보여주기 위해 필사적이었다. 위기에 대응하려면 가장 온전한 중도파 정치인들도 매우 극단적인 일을 해야만 했다. 이들이 한 일은 대부분 임시방편을 만들고 타협을 끌어낸 것이었지만, 이들 덕분에 EU의 '차세대 계획Next Generation program'이나 2020년에 바이든이 내놓은 '더 나은 재건 계획Build Back Better program' 같은 계획에 따른 위기 대응이 더 원활하게 이루어질 수 있었다. 이런 계획들은 녹색 현대화, 지속 가능한 발전, 그린뉴딜의 변주곡이었다.

그 결과는 쓰라린 역사적 아이러니였다. 그린뉴딜 정책의 옹호자들이 정치적 패배로 무너졌음에도, 2020년은 이들의 진단이 옳다는 사실이 울려퍼지게 했다. 그린뉴딜 정책은 거대한 환경적 도전의 시급성을 정면으로 다루고, 이를 극심한 사회적 불평등과 연결했다. 그린뉴딜 정책은 이러한 도전에 대응하려면 민주주의 국가들이 과거 1970년대로부터 물려받은 보수적인 재정 및 통화 원칙에 구애되거나 2008년 금융위기 같은 일로 신용을 잃어선 안 된다고 주장했다. 그린뉴딜 정책 이후 활기차고 적극적이며 미래지향적인 젊은 시민들이 결집했다. 민주주의가 밝은 미래를 맞이하려면, 틀림없이 이런 젊은이들에게 의존해야만 할 것이다. 물론 그린뉴딜 정책 역시 불평등과 불안정, 위기를 만들어내는 시스템을 계속해서 땜질하기보다는 시스템을 근본적으로 개혁할 것을 요구한다. 그리고 이것은 중도주의자들에게 대단히 어려운 일이다. 그러나 위기가 지닌 매력 가운데 하나는 먼 미래에 관한 질문을 제쳐두게 한다는 것이다. 2020년에는 오직 생존만이 중요했다.

코로나바이러스가 경제에 준 충격에 대한 즉각적인 정책 대응은 2008년의 교훈에 직접적으로 의존했다. 재정 정책은 점점 더 대규모로 신속하게 이루어졌다. 중앙은행의 개입은 심지어 이보다 더 극적이었다. 마음속에서 재정 정책과 통화 정책을 하나로 합쳐보면, 한때 급진적 케인스주의자들이 옹호한 경제 교리이자, 현대화폐이론Modern Monetary Theory(MMT)에 의해 새로이 유행하는 경제 교리가 가지고 있는 본질적인 통찰이 드러난다.[47] 그것은 바로 국가재정은 가계재정처럼 제한되지 않는다는 것이다. 통화 주권국 입장에서 '자금을 어떻게 조달할 것인가?'라는 질문은 기술적인 문제인 동시에 정치적인 선택이다. 존 메이너드 케인스 John Maynard Keynes가 제2차 세계대전이 벌어지는 동안에 독자들에게 상기시켰다시피, "우리는 실제로 할 수 있는 일이라면 무엇이든 할 수 있다".[48] 진정으로 정치적인 질문이자, 진정으로 어려운 일은 우리가 원하는 것이 무엇인지 합의하고, 그것을 어떻게 이룰지 밝혀내는 것이다.

2020년에 여러 경제 정책을 실험해본 나라는 부유한 나라들만이 아니었다. 연방준비은행이 공급한 엄청난 달러 유동성과 수십 년 동안 요동치는 세계 자본 흐름을 겪으면서 쌓은 경험에 힘입어, 여러 신흥시장국 정부들은 위기에 대응하는 주목할 만한 계획들을 선보였다. 이들은 글로벌 금융 통합의 리스크를 회피할 수 있는 정책적 방편들을 이용했다.[49] 2008년과 달리 중국이 바이러스를 억제하는 데 대성공을 거두면서, 역설적으로도 중국의 경제 정책이 오히려 보수적으로 보이게 되었다. 멕시코와 인도처럼, 유행이 빠르게 확산되었지만 정부가 대규모 경제 정책으로 직질히 대응하지 못한 나라들은 점점 더 시대에 뒤처지는 듯이 보였다. 2020년 세계는 IMF가 관념상 좌파 정부인 멕시코 정부를 충분히 큰 규모의 적자 재정 운영을 하지 않았다는 이유로 꾸

짖는 깜짝 놀랄 만한 모습을 목격했다.[50]

전환점이 왔다는 느낌을 지울 수 없었다. 1980년대 이후 경제 정책에서 우위를 점해온 정설이 마침내 죽은 것일까? 이것이 바로 신자유주의의 죽음을 알리는 종소리일까?[51] 정부의 일관된 이념으로서는, 아마 그럴 것이다. 자연스러운 경기 변동을 무시해야 한다거나 규제를 시장에 맡긴다는 생각은 명백히 현실과 동떨어져 있었다. 그 어떤 사회적·경제적 충격이 오더라도 시장이 스스로 평정심을 지킬 수 있다는 생각 역시 마찬가지였다. 2008년보다 급박한 위기 속에서, 생존을 위해 제2차 세계대전 시절에 마지막으로 본 규모의 개입이 일어났다.

이 모든 일은 교조적인 경제학자들의 숨을 헐떡이게 했다. 이는 그 자체로 놀랄 만한 일은 아니다. 정통파 경제 정책에 대한 이해는 항상 비현실적이었다. 권력의 실천으로서, 신자유주의는 항상 철저히 실용주의적이었다. 신자유주의의 진짜 역사는 국가가 자본 축적을 위해 반복적으로 개입한 역사이며, 반대 세력을 불도저로 밀어버리기 위해 국가가 무력을 강제로 투입한 역사다.[52] 그 교리가 어떤 우여곡절을 겪었든, 1970년대 이후로 시장 혁명과 얽힌 사회적 현실, 즉 부가 정치와 법, 언론에 확고한 영향을 미치고, 노동자들의 권력이 박탈되는 사회적 현실은 오랫동안 지속되었다. 그렇다면 신자유주의 질서의 둑을 터트린 것은 대체 어떤 역사적 힘이었는가? 이 책에서 우리가 살펴볼 이야기는 계급투쟁의 부활이나 급진적인 포퓰리스트들의 도전에 관한 이야기가 아니다. 신자유주의를 훼손한 것은 부주의한 글로벌 성장과 막대한 재정 축적의 수레바퀴가 촉발한 범유행 감염병이었다.[53]

2008년 위기는 은행의 과잉 확장과 주택담보증권의 과도한 발행 때문에 터졌다. 2020년의 코로나바이러스는 금융 시스템을 외부에서 강타했지만, 이 충격은 금융 시스템 내부에서 만들어진 취약한 부분을 드러냈다. 이번에는 은행이 아니라 자산시장 그 자체가 약한 고리였다. 코로나바이러스가 준 충격은 금융 시스템의 핵심이자, 전 세계 신용 피라미드의 기초라고 알려진 안전자산인 미국 국채시장까지 미쳤다. 미국 국채시장이 붕괴했다면, 전 세계가 붕괴했을 것이다. 2020년 3월 셋째 주, 시티오브런던과 유럽도 위기에 처했다. 다시 한번 연방준비제도(연준)와 미국 재무부, 미국 의회가 나서서 민간 신용 시스템의 대부분을 지원하고자 임시변통식으로 개입했다. 이 효과는 달러 기반 금융 시스템을 통해 전 세계로 퍼져나갔다. 중요한 것은 다니엘라 가보르Daniela Gabor가 월스트리트합의Wall Street consensus라는 적절한 용어로 표현한 글로벌 시장 기반 금융 네트워크가 살아남는 것이었다.[54]

2020년 안정화를 위해 개입한 규모는 인상적이었다. 이것은 의지만 있다면, 민주주의 국가들은 경제를 통제하는 데 필요한 도구를 가지고 있다는 그린뉴딜 정책의 기본 주장을 증명해주었다. 그러나 이것은 양날의 의미를 지닌 깨달음이었다. 만약 이러한 개입이 주권의 행사라고 한들, 개입을 주도한 것은 위기 그 자체였기 때문이다.[55] 2008년과 마찬가지로, 이런 개입은 잃을 것이 가장 많은 사람들의 이익을 지켜주었다. 이번에는 개별 은행뿐만 아니라 전체 시장이 대마불사too big to fail인 형국이었다.[56] 위기의 순환을 끊고, 사회를 안정시키고, 경제 정책을 민주 주권의 진정한 실천으로 만들기 위해서는 철저한 개혁이 필요할 것이다.

철저한 개혁을 위해서는 실질적인 권력이 이동해야 하지만, 그럴 가능성은 크지 않다.

1970년대의 시장 혁명은 경제사상에 혁명을 일으킨 대사건이었지만, 실제로는 이보다 훨씬 더 큰 의미를 지니고 있었다. 대처와 로널드 레이건Ronald Reagan이 벌인 인플레이션과의 전쟁은 사회 안팎에서 밀려오는 사회 격변을 일으킬 만한 위협에 대항하려는 전면적인 캠페인이었다. 인플레이션과의 전쟁은 맹렬한 캠페인이었다. 1970년대부터 1980년대 초까지 유럽, 아시아, 미국에서는 계급 갈등을 여전히 탈식민지화와 냉전을 놓고 벌어지는 세계적 투쟁의 관점에서 바라보았기 때문이다.[57] 1971에서 1973년 사이에 브레턴우즈체제Bretton Woods system가 붕괴하면서 화폐가 금으로부터 분리되고 경제 확장 정책의 문이 열렸기에 보수적인 캠페인이 시급히 필요했다. 위협을 가한 것은 전후 시대의 점잖은 케인스주의가 아니라, 그보다 훨씬 더 과격한 무언가였다. 이 리스크를 억제하려면 국가와 사회의 경계를 다시 그어야 했다. 이 싸움에서 가장 결정적이었던 제도적 움직임은 화폐를 독립적인 중앙은행의 권한 아래 둠으로써 민주주의 정치가 화폐를 통제하지 못하도록 방지한 것이었다. 동시대 가장 영향력 있는 경제학자 가운데 하나였던 MIT의 루디거 돈부시Rudiger Dornbusch는 2000년에 이렇게 말했다. "독립적인 중앙은행들이 부상한 지난 20년은 우선순위를 바르게 세우고, 항상 근시안적이고 악화bad money였던 민주적 화폐democratic money를 제거하는 것이 전부인 시기였다."[58]

이 말은 씁쓸한 의미를 함축하고 있다. 2008년 이후 중앙은행들의 담당 영역이 대폭 확대되었다고 한다면, 그것은 금융 시스템의 불안정성을 억제하기 위해 부득이하게 이루어진 것이었다. 그러나 중앙은행의 영역 확대가 정치적으로 가능했던 것, 그리고 이런 일을 여태껏 조용히 진행할 수 있었던 것은 1970년대와 1980년대의 전투에서 승리한 덕분이었다. 돈부시 세대를 끊임없이 괴롭히던 위협은 사라졌다. 수년에 걸친 신자유주의의 투쟁에서 민주주의는 이제 더는 위협이 아니었다. 이 사실은 경제 정책의 영역 내에서, 인플레이션 리스크란 없다는 놀라운 깨달음으로 표현되었다. 중도주의자들이 '포퓰리즘'을 바라보며 노심초사하고 있음에도 불구하고, 계급 간 적대감은 완화되었고, 임금 압력은 최소한으로 유지되었으며, 파업은 일어나지 않았다.

2008년과 마찬가지로, 2020년의 대규모 경제 정책 개입은 두 얼굴의 야누스와 같았다. 한편으로, 개입의 엄청난 규모는 신자유주의적 제약의 경계를 무너뜨렸으며, 개입의 바탕에 있는 경제 논리는 케인스로 거슬러 올라가는 개입주의 거시경제학의 기본 진단이 옳았음을 확인해주었다. 이러한 개입은 신자유주의 너머에 있는 새로운 체제의 전령처럼 보였다. 다른 한편으로, 이러한 개입은 위에서 아래로 이루어졌다. 정치적으로 이러한 개입이 있을 수 있는 일이 되었던 것은, 오직 좌파의 반대가 없었고 금융 시스템의 안정화를 위해서 이러한 개입이 긴급히 필요한 덕분이었다. 그리고 개입은 이루어졌다. 2020년 동안 미국의 가계 순자산은 15조 달러 이상 증가했다. 개입은 전체 주식의 거의 40%를 소유한 상위 1%에게 압도적으로 많은 혜택을 주었다.[59] 그리고 상위 10%는 전체 주식의 84%를 소유하고 있었다.

만약 진정으로 이것이 '새로운 사회 계약'이라면, 이것은 우려스러울 만큼 한쪽으로 치우친 계약이었다. 그럼에도 2020년의 위기 대응이 수입 증가에 불과하다고 여기는 것은 온당치 않은 일이다. 정치적 생명을 놓고 싸우던 중도파 의원들은 사회적·경제적 위기가 지닌 엄청난 힘을 무시할 수 없었다. 민족주의 우파는 심각한 위협을 가했다. 국가 경제 회복을 위해서 사회적으로 더 강하게 연대해야 한다는 호소는 진정한 반향을 불러일으켰다. 비록 소수파에 머물긴 했지만, '녹색' 정치 운동은 점점 더 무시할 수 없는 힘이 되었다.[60] 우파가 강력한 감정에 편승하는 동안, 그린뉴딜 정책 옹호자들이 제시한 전략적 분석은 적중했으며, 지적인 중도파 의원들은 그 사실을 알아차렸다. EU나 미국의 민주당 지도부는 구조개혁에 대한 의지가 없을지도 모르지만, 현대성과 환경, 불균형하고 불안정한 경제 성장과 불평등 사이에 상호연관성이 있음을 파악했다. 어쨌든 이것은 너무나도 명백한 진실이었으므로, 이를 무시하려면 의식적 의지가 필요했다. 2020년은 이익에 관한 순간이었을 뿐만 아니라, 개혁 실험의 순간이었다. 사회 위기의 위협에 대응하여, 유럽과 미국, 많은 신흥시장국들은 새로운 형태의 복지 제도를 실험했다. 그리고 긍정적인 의제를 찾는 과정에서 중도주의자들은 환경 정책과 기후변화 문제를 이전과는 다른 방식으로 받아들였다. 코로나19가 다른 우선순위들로부터 눈을 떼게 할 것이라는 우려와는 달리, 그린뉴딜은 정치와 경제 분야의 주류로 남았다. "녹색 성장" "더 나은 재건" "그린딜" 등 표어는 변하지만, 이 모든 것들은 중도파들이 위기에 대응하기 위해 공통으로 내놓은 대책인 녹색 현대화를 나타내는

말이었다.[61]

　2020년에는 경제 활동이 자연환경의 안정성에 얼마나 의존하는지가 드러났다. 미생물 안에서 일어난 작은 바이러스 변이가 전 세계 경제를 위협할 수 있다. 또한 2020년은 큰 곤경에 처해 있던 전체 통화 시스템과 금융 시스템이 어떻게 시장과 민생을 지원하는 방향으로 나아갈 수 있는지 드러냈다. 그리고 이는 자연스럽게 누가 어떻게 지원을 받았느냐는 질문으로 이어졌다. 두 충격은 모두 지난 반세기 동안 정치와 경제에서 근본적인 역할을 했던 칸막이를 허물었다. 경제를 자연으로부터 분리하고, 경제학을 사회정치학으로부터, 나아가 정치 그 자체로부터 분리했던 칸막이들을 말이다. 게다가 2020년에 신자유주의 시대의 바탕을 이루던 가정들을 해체하는 세 번째 변화가 있었다. 그것은 바로 중국의 부상이었다.

　이용 가능한 최선의 과학에 따르면, 코로나19 바이러스가 중국에서 나온 것은 놀라운 일이 아니었다. 후베이성의 생물학적·사회적·경제적 상황을 보면, 급격한 동물원성 감염증 변이가 일어날 수 있음을 충분히 예측할 수 있었다. 이것을 자연스러운 과정이라고 부르는 것은, 이러한 변이가 상당 부분 경제적·사회적 요인에 의해 이루어진다는 사실을 흐릿하게 만들지만, 세상에는 이 변이가 일어나는 과정에서 이보다 더 많은 우여곡절이 있었을 거라고 생각하는 사람들이 항상 있다. 이런 사람들이 보기에 조금 더 그럴듯한 대체 이론 가운데 하나는, 코로나19가 중국의 생물 연구소로부터 새어나왔다는 견해다.[62] 그렇게 보면 이것은 체르노빌 같은 사고지만 전 세계 규모로 일어난 더 잘 은폐된 사고가 되며, 위험 사회를 잘 나타내는 예시이되 위험한 부작용을 부주의하게 만들어낸 경우가 아니라 자연을 지배하려는 시도가 어긋난 경우에 가깝게 된다. 더욱 우려되는 견해는 이것이 생물학 전쟁 계획에서 비롯된 바이러스이며, 중국 중앙정부가 서구 사회를 불안정하게 만들려는 목적으로 의도적으로 확산을 허용했다는 견해였다.[63] 중국 중앙정부는 독립적인 국제 조사를 하려는 모든 시도를 거부하고, 음모론적인 대항 담론이 퍼지는 것을 막지 않음으로써 의혹을 더했다.[64] 어쨌든, 어떤 해석을 지지하든 이것은 바이러스 자체에 관한 이론이라기보다는 바이러스가 어디에서 왔느냐에 관한 이론이다. 이 이론들은 세계화와 중국의 부상에 대한 해석이다. 불안이 이렇게 얽히고설키는 것은 새로운 일이었다.

2005년 토니 블레어가 세계화를 비판하는 자들을 비웃었을 때, 블레어는 이들의 두려움을 조롱했다. 블레어는 이들의 편협한 우려를 아시아 국가들의 현대화를 위한 긍정적인 에너지와 대비했으며, 세계화는 이런 아시아 국가에 밝은 지평을 열어주었다. 블레어가 인정한 세계 안보 위협은 이슬람 테러리즘과 사담 후세인Saddam Hussein의 대량살상무기였다. 이는 끔찍한 위험이었다. 만약 이 위협이 실존했다면 많은 사상자가 나왔을지도 모른다. 이것들은 세계화가 불량화됨에 따라 나타나는 증상이었다. 그러나 이들의 엄청난 폭력성에도 불구하고, 이들이 세계의 현상유지를 실제로 깨뜨릴 가능성은 없었다. 바로 이 점에서 이들은 자멸적이고 비현실적이며 비이성적이다. 그러나 2008년 이후 10년 동안, 세상이 견고하게 유지되고 있다는 신뢰가 사라졌다.

석유와 가스 수출로 다시 부상한 러시아는 세계화가 지정학적으로 순진한 생각이라는 사실을 처음으로 드러냈다. 그러나 러시아의 도전은 제한적이었다. 그리고 중국의 도전은 그렇지 않다. 오바마 행정부는 2011년에 '아시아 중심 전략pivot to Asia'을 세웠다.[65] 2017년 12월, 미국은 처음으로 인도-태평양을 패권 경쟁의 주무대로 지정했다.[66] 2019년 3월, EU는 같은 취지의 전략 문서를 발행했다.[67] 2020년 프랑스 대사관과 독일 대사관도 마찬가지였다.[68] 한편, 2015년에 중국-영국 관계의 새로운 '황금기'를 기념한 영국은 이제 남중국해에 항공모함을 배치하는 놀라운 반전을 보여주었다.[69]

우리는 군사 논리에 익숙하다. 강대국은 모두 경쟁자다. 최소한 '현실주의' 논리에서는 그렇다. 중국의 경우, 여기에 이데올로기라는 요소가 덧붙는다. 2021년에 중국 공산당은 소련 공산당이 결코 하지 못했던 일을 했다. 100주년 기념 행사를 연 것이다. 중국 중앙정부는 자신들이 마르크스와 엥겔스를 거쳐, 레닌, 스탈린, 마오쩌둥에게 이어진 이념적 유산을 고수한다는 사실을 숨기지 않았다. 시진핑은 이념적 전통을 고수해야 할 필요성을 이보다 더 강조할 수 없었을 것이며, 소련의 이념적 나침반을 빼앗긴 미하일 고르바초프Mikhail Gorbachev를 이보다 더 분명하게 비난할 수 없었을 것이다.[70] 그러므로 이 '새로운' 냉전은 서양이 결코 승리하지 못했던 '옛' 냉전인 아시아 냉전이 부활한 것이다.

그러나 신구 냉전을 나누는 두 가지 엄청난 차이가 있다. 하나는 경제다. 중국은 세계 역사상 가장 큰 경제 호황의 결과로 나타난 위협이다. 이것은 제조업에 종사하는 일부 서방 노동자들에게 피해를 줬지만, 서방 세계와 전 세계의 기업과 소비자들은 중국의 발전으로 엄청난 이익을 보았으며, 미래에는 심지어 더 큰 이익을 보게 될 것이다. 이 사실은 우리를 진퇴양난에 빠지게 한다. 중국과 다시 냉전을 벌이는 것은 어느 면에서 봐도 이치에 맞는다. "문제는 경제야, 바보야"라는 관점만 제외하면 말이다.

근본적으로 다른 두 번째 점은 지구 환경 문제와 경제 성장이 그 문제를 가속하고 심화하는 역할을 한다는 것이다. 세계 기후 정치가 최초로 현대적 형태로 나타난 1990년대, 이것은 단극 체제의 시대unipolar moment라는 신호 아래서 나타났다. 미국은 가장 크고 가장 완강하게 저항하는 환경오염 국가였다. 중국은 가난했으며 중국의 탄소 배출량은 전 세계 탄소 배출량에 거의 영향을 미치지 못했다. 2020년 중국은 미국과 유럽을 합친 것보다 더 많은 이산화탄소를 배출했으며, 이 배출 격차는 적어도 향후 10년 동안 더 크게 벌어질 것으로 예상된다. 중국 없이 기후 문제를 해결할 방법을 상상할 수 없듯이, 중국 없이 신종 감염병 위험에 대처할 방법은 없다. 중국은 이 두 문제를 낳는 가장 강력한 배양기였다.

EU의 녹색 현대화주의자들은 자신들의 전략 문서에서 중국을 체제 경쟁국이자 전략적 경쟁자인 동시에 기후변화에 대처하는 협력국으로 정의함으로써 이 이중 딜레마를 해결했다. 트럼프 행정부는 기후 문제를 부정함으로써 자신들의 삶을 더 쉽게 만들었다. 그러나 미국 역시 중국에 대한 이념적 비난과 전략적 계산, 장기 기업 투자와 협상을 빠르게 체결하려는 트럼프 대통령의 욕망 사이에서 나타난 경제적 딜레마 때문에 진퇴양난에 빠졌다. 이것은 불안정한 조합이었으며, 그 균형은 2020년에 기울어졌다. 트럼프 대통령이 1단계 무역 협상 체결 축하 행사로 한 해를 시작하고 싶어 했음에도 불구하고, 여름이 될 때까지 전략적 경쟁과 이념적 비난이 경제적 이익을 앞질렀다. 중국은 미국에 대한 전략적 위협이자 경제적 위협으로 재정의되었다. 중국은 미국의 일자리를 빼앗았고, 정권의 이익을 위해 미국의 지적재산 수십억 달러를 무단 도용했다.[71] 이에 대응하여 미국의 정보, 보안, 사법 당국은 중국에 경제 전쟁을 선포했다. 이들은 의도적으로 중국의 첨단기술 분야의 발전을 방해하기 시작했다. 중국의 첨단기술 분야는 곧 현대 경제의 심장이었다.

이처럼 사태가 격해진 것은 어느 정도는 우연한 일이었다. 중국의 부상은 장기간에 걸친 세계 역사의 변화이며, 전 세계의 모든 이들은 결국 중국의 부상에 대응해야 했다. 그러나 중국 중앙정부가 코로나바이러스 통제에 성공한 것과 그로 인해 엄청난 자신감을 얻은 것은, 트럼프 행정부에게는 적신호였다. 게다가 미국 대선의 과열된 분위기는, 천이신의 다소 완곡한 어휘를 사용해 표현하자면, 확대 효과와 유도 효과를 낳았다. 트럼프 팀은 코로나바이러스에 대해 중국을 비난했을 뿐만 아니라, 자신들이 본국에서 퍼뜨리고 있는 문화 전쟁을 중국에 있는 미국의 협력자들에게까지 확대했다. 여기에 더해, 2020년 여름에 무언가 다른 일이 벌어지고 있다는 사실은 점점 더 부인하기 어려웠다. 미국에는 심각한 문제가 있었다.

이것은 현대 미국의 문제가 드러난 첫 번째 순간이 아니었다.

이란혁명과 제2차 에너지 위기의 여파 속에서, 1979년 여름 카터 대통령은 바로 이 주제로 미국 국민에게 연설을 한 일로 악명을 떨치게 되었다.[72] 1980년 시장 혁명기의 약속 가운데 하나는, 대처가 영국에게 한 약속과 마찬가지로, 로널드 레이건이 미국을 침체에서 벗어나게 하겠다며 약속한 "미국의 아침"이었다. 맨해튼에서 파티를 즐기며 1980년대를 보냈던 도널드 트럼프는 이 새로운 허풍의 시대의 살아 있는 화신이었다. 그러나 트럼프는 또한 그 시대의 추악한 진실의 화신이기도 했다. 그 진실은 바로 시장 혁명이 미국 사회의 많은 부분을 내팽개쳤다는 것이었다. 미국은 여전히 세계적인 금융, 기술, 군사 강국이었지만, 그 국내 기반은 불완전했다. 코로나19가 고통스럽게 드러냈듯이, 미국의 보건 시스템은 망가지기 일보 직전이며, 미국의 사회안전망은 수천만 명의 사람들을 빈곤의 위험에 빠뜨렸다. 시진핑의 '중국몽中國夢'은 2020년을 거치면서도 온전히 살아남았지만, 미국의 '아메리칸 드림'은 그렇지 못했다.

2020년에 신자유주의가 겪은 전반적인 위기는 미국과 미국 정치 스펙트럼의 한 부분에 구체적이고 충격적인 중요성을 가지고 있다. 우드로 윌슨Woodrow Wilson과 프랭클린 D. 루스벨트Franklin D. Roosevelt 대통령을 시작으로 줄줄이 들어선 민주당 행정부가 만든 정부 비전은 미국의 자유주의자들에게 코로나바이러스 위기에 대처할 수 있는 방편을 제공했다. 심지어 알렉산드리아 오카시오 코르테스Alexandria Ocasio-Cortez가 이끄는 급진주의적인 미국의 신세대들도 뉴딜 정책에서 마음에 드는 부분을 찾아낼 수 있었다.[73] 이와 대조적으로, 공화당과 그 민족주의적이고 보수적인 지지자들은 2020년에 실존적 위기라고 묘사할 수밖에 없는 위기를 겪었다. 그리고 공화당의 실존적 위기는 미국 정부와 미국 헌법, 그리고 미국과 더 넓은 세계와의 관계에 심각한 피해를 주는 결과를 초래했다. 위기는 2020년 11월 3일부터 2021년 1월 6일 사이에 절정에 달했다. 트럼프는 패배를 인정하지 않았으며, 공화당원 대다수는 대선 결과를 뒤집으려는 시도를 적극적으로 지지했고, 사회 위기와 코로나19 위기는 방치되었으며, 마침내 1월 6일이 되자 트럼프 대통령과 공화당 주요 인사들의 부추김을 받은 폭도들이 국회의사당을 습격했다.

당연히 이것은 미국 민주주의의 미래에 깊은 우려를 불러일으켰다. 미국 정치계의 극우파들에게는 마땅히 파시스트라고 묘사할 만한 요소들이 있다.[74] 그러나 2020년의 미국에는 원래의 파시스트 방정식에서 두 가지 근본적인 요소가 빠져 있었다. 그중 하나는 전쟁이다. 미국인들은 남북전쟁을 기억하며 미래에 벌어질 다른 내전을 상상한다. 미국의 파시스트들은 최근 군사 원정에 참여하고 있는데, 그 목표는 미국 사회를 군대가 치안을 유지하고 준군사적 환상이 있던 시절로 되돌릴 역풍을 일으키는 것이다.[75] 그러나 전면전이 사회를 바꾸는 방식은 이와는 전혀 다르다. 전면전은 거대한 집단으로서 이루어지지, 2020년처럼 개별화된 특공대들을 통해 이루어지지 않는다.

고전적인 파시스트 방정식에서 빠진 다른 재료는, 이 책 입장에서는 앞선 재료보다 더 중요한데, 그것이 상상 속에서만 존재하든 실제로 존재하든 사회와 경제의 현상 유지를 깨뜨릴 수 있는 위협인 사회적 적대감이다. 2020년에 미국 헌법을 위협하는 폭풍우를 일으킬 먹구름이 몰려들자, 미국 기업들은 대규모로, 그리고 정면으로 트럼프에게 맞섰다. 또한 우리가 앞으로 살펴보게 될 것처럼, 미국 기업계를 대변하는 주요 목소리들은 트럼프에 맞서는 과정에서 기업의 내부적 이야기를 설명하기를 주저하지 않았다. 이런 이야기에는 주주 가치, 법치주의의 경제적 중요성, 기업을 정치적으로 분열된 직원들로 운영하면서 발생하는 문제, 그리고 내전 상황에서나 볼 법한 엄청난 매출 감소 등이 포함되었다. 2020년에 자본이 민주주의를 지지하는 모습에 우리는 어느 정도 안도한다. 그러나 잠시 다른 시나리오를 생각해보자. 만약 코로나19가 몇 주 더 일찍 미국에 당도했다면 무슨 일이 벌어졌을까? 유행병 확산으로 버니 샌더스와 그가 주장하는 보편적 건강보험universal health care에 대한 대중의 지지가 결집되었다면, 그래서 조 바이든이 아니라 사회주의자를 자칭하는 후보가 민주당 예비선거를 휩쓸었다면 어떻게 되었을까?[76] 트럼프의 당선을 막기 위해 뭉친 미국 기업계가 이번에는 정반대로 샌더스의 당선을 막기 위해서 똘똘 뭉쳐 트럼프를 지원하는 시나리오를 떠올리기는 그리 어렵지 않을 것이다.[77] 그리고 만약 샌더스가 실제로 당선되었다면 무슨 일이 생겼을까? 그런 일이 생겼다면, 미국에서 가장 강력한 사회적 이익집단들이 미국 헌법에 과연 얼마나 충성하는지가 진정으로 시험대에 올랐을 것이다.

2020년을 신자유주의 시대가 총체적 위기를 맞이한 시기로 보는 것은, 그리고 이와 관련하여 신자유주의가 환경을 어떻게 변하게 하는지, 나라 안에서 신자유주의의 사회적·경제적·정치적 토대가 무엇인지, 그리고 신자유주의적 국제 질서가 무엇인지 생각해보는 것은, 역사가 나아가는 방향을 찾는 데 도움이 된다. 이러한 면에서 볼 때 코로나바이러스 위기는 1970년대에 시작된 신자유주의의 궤적이 끝났음을 나타낸다. 또한 코로나바이러스는 앞으로 계속해서 찾아올 인류세 시대의 총체적인 위기 가운데 첫 번째 위기, 즉 인류와 환경의 관계가 무너지면서 그 역풍으로 나타난 첫 번째 위기로 볼 수도 있다.[78]

그러나 반세기 동안 연속성을 띠며 이어져온 역사를 섣불리 그리거나 미래에 대한 추측성 전망을 내놓는 대신, 이 책은 가능한 한 이 순간 자체에 집중할 것이다. 맥락을 이해할 필요가 있는 상황이라면 사건의 전후 사정을 설명하겠지만, 이 책의 주 초점은 코로나19가 발생한 2020년 1월부터 조 바이든이 대통령에 취임할 때까지 벌어진 일련의 사건들이다.

이렇게 시기를 엄격하게 제한한 것은 의도적 선택이다. 이것은 역사 서술의 의미를 정의하는, 과거와 현재 사이의 갈등을 더 다루기 쉽게 하고자 함이다. 또한 이 순간의 압도적인 지적·심리적 스트레스를 다스리기 위한 개인적 전략이기도 하다.

전 세계 수십억 사람들과 마찬가지로, 나 역시 코로나바이러스로 계획이 바뀌었다. 나는 에너지 정책의 역사에 관한 책을 쓰면서, 석유 위기 시대로 거슬러 올라가는 탄소의 정치·경제를 추적하고, 그린뉴딜의 역사적 배경을 도해화하면서 한 해를 시작했다. 다른 많은 이들처럼, 나도 인류세에 몰두하게 되었다. 인류세는 자본주의 경제 성장에 의해 이루어진 변화로서, 자연과 인류의 역사 사이의 분리, 그 자체에 의문을 제기한다.[79]

2020년 2월, 바이러스가 조용히 전 세계로 퍼지고 있을 때, 나는 동아프리카를 여행하며 처음으로 아프리카 대륙의 역사에 몰두하고 있었다. 나는 공항 한편에서 생소한 건강 검사가 이루어지고 있음을 알아차렸지만, 나 역시 대부분의 사람처럼 드라마 같은 일이 펼쳐지기 일보 직전인 줄은 꿈에도 몰랐다. 고국으로 돌아오는 중이었던 3월 6일 금요일, 이스탄불 신공항의 휑한 홀에서야, 나는 공포가 엄청난 규모로 쌓여가고 있음을 깨달았다. 세계 각지에서 온 여행자들이 온갖 형태와 크기의 마스크를 쓰고 있었다. 마스크는 내게 신기한 물건이었지만, 내 몸에 잘 맞지는 않았고, 장거리 비행 내내 착용하기는 거의 불가능한 물건이었다.

그 주말에 뉴욕에서는, 내가 시차 적응의 아지랑이에 빠져 있는 동안, 아수라장이 펼쳐졌다. 이제 코로나바이러스가 거대한 경제 위축을 주도하고 있었다. 갑자기 기자들이 내게 질문을 쏟아내며 답을 재촉하기 시작했다. 이들은 2008년 금융위기에 관한 내 책《붕괴Crashed》에서 일어난 사건의 재림처럼 보이는 이번 사건을 이해하는 데 내 도움을 받고 싶어 했다.

《붕괴》는 그 자체로 사건에 압도당한 역사였다. 나는 2008년 금융위기 10주년을 기념하는 책을 쓰기 시작했지만, 브렉시트와 트럼프의 승리 이후로 이어지는, 끝나지 않는 위기의 한복판에 놓이게 되었다. 이때, 어느 현명한 친구가 내게 농담 삼아 말했다. 내가 스스로 마음의 문을 열어젖히고, 계속해서 개정판을 써달라는 한도 끝도 없는 요구를 받아들이고 있다는 것이었다. 2020년 3월, 나는 친구의 말에 핵심이 있음을 깨달았다. 주가가 폭락하고 채권시장이 곤두박질치면서, 환매시장repo markets의 기능 마비가 대서특필되면서, 중앙은행의 스와프 라인이 다시 한번 주요 의제가 되면서, 《붕괴》의 이야기가 내 발목을 잡고 있었다.

4월이 되자 지미 카터Jimmy Cater의 에너지 정책에 관해 생각하는 동시에 현 상황을 매분 매초 주시해야 하는 상황이 너무나도 큰 부담으로 느껴졌다. 나는 사건의 흐름에 순순히 굴복했다.

알고 보니, 2020년의 역사는 개별 역사인 소문자 역사histories 가 아니라, 개별 역사를 포괄하는 거대한 역사인 대문자 역사 History였다. 2020년에는 우리가 전에 보았던 그 어떤 것과도 완전히 다른 일들이 벌어졌다. 그러므로 이 책은 심지어 《붕괴》보다 더 동시대적이다. 다소 역설적으로 들리겠지만, 이 대문자 역사의 순간에 '이 순간을 놓칠' 가능성은 머리카락을 쭈뼛하게 하는 심각한 위험이 되었다. 우리가 여전히 겪고 있는 소란 위에 이야기의 프레임을 드리우려는 노력은, 훗날 수정해야만 하는 불완전한 노력이 될 수밖에 없을 것이다. 그러나 우리 주변에서 일어나는 사건들을 이해하고자 한다면, 이것은 감수해야만 하는 위험이다. 한 가지 위안을 주는 사실은 이런 노력을 기울이는 사람들이 우리 혼자만이 아니라는 것이다. 2020년은 서로 대화하고 이야기를 들려주고 논쟁하고 분석하는 1년이었다.

이런 종류의 이야기를 꺼내는 것은 시기상조일지도 모르지만, 그것이 옳든 그르든, 해석을 시도하고 지적인 내기를 할 때, 우리는 무언가 귀중한 것을 얻을 수 있다. 그것은 바로 "모든 진정한 역사는 현대의 역사다"라는 명제가 진정으로 의미하는 것이 무엇인지 더 깊게 이해할 수 있다는 것이다.[80] 2020년에 비추어 볼 때, 베네데토 크로체Benedetto Croce의 통찰력은 새로운 의미를 갖게 된다. 기후위기에 관한 논의는 자연의 역사적인 변화와 그 변화가 우리 역사에 미치는 영향에 관한 논의다. 기후위기에 관해 이야기하면서 뉴욕 맨해튼 어퍼웨스트사이드에 있는 아파트의 안전성에 관해 논하는 것은 아직은 머나먼 일처럼 느껴질 것이다. 이것은 인류세가 여전히 추상적인 지적 명제로 남아 있다는 의미다. 그러나 코로나바이러스 위기는 우리 가운데 가장 안전한 이들에게서조차 이러한 환상을 앗아갔다.

Shutdown

1부

질병 X

1장

조직화된 무책임

코로나 위기의 놀라운 점은 우리가 평범한 무언가를 글로벌 위기로 탈바꿈시킨 점이라고 지적하는 회의론자들은 처음부터 있었다. 우리가 무엇을 하든, 사람들은 죽는다. 코로나로 죽는 사람들은 자연히 죽을 사람들이다. 기저질환이 있는 노인들 말이다. 평범한 해에 이런 노인들은 독감과 폐렴으로 죽는다. 특권을 누리는 부유한 세계 밖에서는 수백만 명의 사람들이 말라리아, 결핵, HIV 같은 전염병으로 죽는다. 그럼에도 '삶은 계속된다'. SARS-CoV-2는 역대 전염병 기준에서 볼 때 아주 치명적이지는 않았다. 전례가 없던 것은 대응이었다. 전 세계에서 공공 생활이 중단되었다. 상거래 대부분과 정기적인 업무 흐름 역시 마찬가지였다. 이 거대한 정상성의 중단은 전 세계를 다양한 정도로 뒤흔들었다. 비포용, 분개, 저항, 불복종, 항의가 일어났다. 반대자들의 정치적 견해에 공감하지는 않더라도, 이들의 논지가 역사적으로 위력적이었다는 점은 인정할 수 있다. 새롭고 놀라운 방식으로 의학적 역경은 훨씬 더 광범위한 위기가 되었다. 대체 어떻게 이런 일이 일어날 수 있는지 설명하면서, 그 원인으로 노쇠하고 지나치게 방어적인 정치 문화가 아니라 21세기 초 사회의 구조적 갈등을 지목하는 것은, 2020년 위기를 이해하는 장을 마련하는 데 도움이 될 것이다.

사실이다. 노인들은 죽는다. 그러나 노인들이 얼마나 많이, 어떤 비율로, 무슨 원인으로 죽는지가 중요하다. 각 시점의 사망률

사망 원인

	총사망자 수		감염성 질환, 모성 질환, 신생아 질환, 영양 결핍 질환 (%)		비감염성 질환 (%)		부상 (%)	
	m	m	%	%	%	%	%	%
	1990	2017	1990	2017	1990	2017	1990	2017
서유럽	3.86	4.16	4	5	90	91	6	4
미국	2.14	2.86	6	5	87	89	7	7
라틴아메리카 및 카리브해	2.36	3.39	28	12	57	76	15	13
중국	8.14	10.45	17	3	72	89	11	7
인도	8.38	9.91	51	27	40	63	9	10
사하라사막 이남 아프리카	6.77	7.48	69	58	24	34	7	7
세계	4.65	5.59	33	19	58	73	9	8

출처: https://ourworldindata.org/causes-of-death.

1부 질병 X

순위는 확률 행렬로 나타나는데, 이 확률들은 의료 전망과 보건 경제, 사회적 장단점의 패턴에 따라 고정되기도 하고 시간이 흐르면서 변화하기도 한다.

세계적으로 봤을 때, 지난 수십 년간 가장 눈에 띄는 사건 가운데 하나는 감염성 질환이나 모성maternal 질환, 신생아 질환, 영양결핍처럼 가난으로 인한 질병으로 죽는 사람들이 크게 줄어든 것이다. 그럼에도 저소득 국가의 가난한 사람들은 여전히 수명이 가장 짧으며, 여전히 아주 간단히 예방할 수 있는 질환으로 죽어간다. 출생 시 기대수명이 55세인 나이지리아 같은 저소득 국가에서는 전체 사망자의 68%가 가난에서 비롯된 질병으로 죽는다. 출생 시 기대수명이 81세인 독일에서는 이 비율이 3.5%이며, 영국은 6.8%다. 미국은 두 나라 사이에 있다. 2017년 동일한 상품의 나라별 가격을 비교하여 각국 통화 가치를 나타내는 지표인 구매력 평가지수purchasing power parity를 기준으로 봤을 때, 고소득 국가의 1인당 의료비 지출은 저소득 국가의 49배였다.[1]

부유한 국가 안에서도, 인종과 계급에 따라서 유아 및 산모 사망률과 전반적인 기대수명에는 끔찍한 차이가 있다. 취약 계층과 소외 계층의 약물 오남용 문제나 천식, 납중독 같은 문제는 처리되지 않는다. 독일에서는 최저 소득층 남성의 27%가 65세 이전에 사망한 반면, 최고 소득층 남성은 14%만이 65세 이전에 사망했다. 여성의 경우에도 차이는 아주 약간 덜한 정도다.[2] 공공보험과 민간보험으로 구성된 이중 건강보험 체계를 유지하는 독일에서는 민간보험에 가입한 11%의 사람들이 공공보험에 가입한 나머지 사람들보다 기대수명이 4년 더 길다.[3] 흔히 세계에서 가장 부유한 나라로 묘사되는 미국의 경우, 2009년 논문에 따르면 건강보험이 없어서 죽는 사람이 4만 5000명에 달한다고 한다.[4] 미국의 저소득 인구조사 표준지역census tract에 사는 사람들은 고소득 지역에 사는 사람들보다 독감으로 입원하거나, 집중 치료를 받아야 하거나 사망할 확률이 2배 높았다.[5] 이 차이는 65세 이상의 가난한 사람들에게서 가장 심했다.

이러한 확률이 사회적으로 기꺼이 받아들여진다는 말은 아니다. 이는 문자 그대로 부끄러운 일이다. 이러한 확률은 우리의 공통 우선순위가 사람들을 살리는 것이라 주장하는 그 어떤 사상도 거짓임을 드러낸다. 이러한 차이와 비율은 냉엄하지만 적어도 친숙하기는 하다. 확률은 변하지만, 오직 점진적으로만 그리고 대개 유리한 방향으로만 변한다. 코로나 위기와 관련되어 중요한 점은 2020년이 시작되었을 무렵, 고중소득 국가의 문턱을 넘어선 국가의 평균적인 국민을 여전히 괴롭히는 감염병은 오직 하기도(인후, 기관지, 허파 등을 포함한 호흡기. ─옮긴이) 감염증과 독감뿐이며, 이러한 감염병은 일반적으로 고령자들에게만 위험하다는 점이다. 평범한 해 미국에서는 전체 사망자의 오직 2.5%만이 폐렴과 독감으로 사망한다. 여러 하기도 감염증으로 인한 죽음을 전부 합치면 전체 사망자의 10%에 이른다.[6] 그리고 이 둘을 합친 수치는 감염병으로 인한 사망자의 80%에 해당한다. 그리고 나머지는 설사병, 특히 클로스트리디움 디피실 감염증과 HIV/AIDS가 차지한다. SARS-CoV-2는 이 확률에 대한 신뢰를 뒤흔들었다.

주요 전염병 정복은 1945년 이후 시대의 위대한 승리 가운데 하나였다. 이것은 기근의 종결, 문맹 퇴치, 수도관 설치, 산아제한과 맞먹는 역사적 성과였다. 기대수명 증가는 경제 성장의 비밀스러운 원인이었다.[7] 더 많은 소비는 정말 멋진 일이다. 게다가 수십 년을 더 살면서 소비의 즐거움을 누릴 수 있기까지 하다면 금상첨화다. 한 추정치에 따르면, 만약 20세기 동안 늘어난 수명을 적절히 고려할 경우, 미국 생활 수준의 성장치는 2배 높아질 것으로 추정된다.[8] 1970년대에는 천연두와 소아마비에 대한 최종 승리가 손에 잡혔는데, 이러한 승리는 역학적 이행epidemiological transition(질병 구조의 변화)이라는 발상을 낳았다.[9] 전염병은 이제 옛날 일이 될 것이라는 발상이었다.

진보는 부유한 서구 국가들에서 가장 두드러졌다. 그러나 역학적 이행을 달성하는 것은 현대의 일반적인 염원이었다. 역학적 이행은 서양과 마찬가지로 소련과 공산주의 중국과도 큰 관련이 있었다.[10] 사실, 공공기관이 주도하는 집단 프로젝트로서, 역학적 이행은 서구보다 소련이나 중국의 정치적 비전에 더 잘 어울렸다. 심각한 문제를 겪고 있는 쿠바가 탄탄한 공공의료 시스템과 거대한 글로벌 의료 지원 프로그램을 갖추고 있다는 사실은 이러한 점을 극적으로 보여준다. 공산주의 정권에게는 사회주의 발전을 위해 수천만 명의 목숨을 희생하는 것이나, 중국의 한 자녀 정책처럼 강압적인 산아제한 운동을 펼치는 것이나, 생명을 구하고 전염병을 정복하기 위해 집단적으로 엄청난 노력을 하는 것 사이에 아무런 모순이 없다.

1970년대에 거둔 승리는 분명 기념비적이긴 했지만, 전염병을 정복한다는 생각은 이 승리를 거둔 직후부터 의혹에 휩싸이기 시작했다. 독감은 여전히 정복되지 않았다. 독감은 어디에나 있는 동시에 과소평가되기 쉬운 사망 원인이다. 독감은 해마다 정기적으로 발생하는 사망률 급증을 전부 설명해내는 원인이다.[11] 이 수치는 독감으로 인한 사망자 다수가 폐렴이나 심장마비 같은 더 즉각적인 원인으로 사망하기 때문에 정규화된다. 독감은 전염성이 강한 동시에 감염부터 감염성infectivity이 생기기까지 시간적 간격이 없다. 즉 검사와 격리가 불가능하다는 뜻이다. 독감은 급속도로 변이한다. 따라서 백신은 고작해야 부분적인 효과만 있을 뿐이다. 독감에 단 하나 위안이 되는 점이 있다면 치사율이 낮다는 것이다.

1970년대부터 전문가들이 맞서 싸우기 시작한 몇몇 신종 전염병에는 그런 위안이 없었다. 악몽 같은 에볼라 바이러스는 1976년에, 에이즈는 1981년에 식별되었다. 서양에서는 HIV/AIDS가 낙인찍힌 소수 민족에 국한되어 있었다. 그러나 사하라 이남 아프리카에서는 동성애자와 특히 여성 사이에서 유행하는 젊은 세대의 위기가 되었다.[12] 2020년까지 HIV/AIDS는 3300만 명의 목숨을 앗아갔다. 2020년에는 대략 69만 명의 사람들이 이 질병으로 사망할 것이다.[13] 즉 전염병의 역사를 종식하기까지는 멀어도 아직 한참 멀었다.

사실 과학자들이 질병의 변이와 순환을 연구하면서 현 상황이 매우 위태로운 균형을 이루고 있음이 드러났다. 현대 과학과 기술, 의학, 경제 발전은 우리에게 질병과 싸울 더 큰 능력을 주는 힘이기도 하지만, 새로운 질병이라는 위협을 낳는 원인이기도 하다.[14] 1970년대 이후로 과학자들이 제안한 '신종 감염병 패러다임emerging infectious diseases paradigm'은 같은 시기에 나타난 기후변화 모델 및 지구 생태 환경 모델과 마찬가지로, 현대인이 살아가는 방식과 그 위에 세워진 우리 경제와 사회 시스템에 대한 심오한 비판을 담고 있었다.[15] 우리는 전 세계에 걸쳐 땅을 사용하고, 남아 있는 황야를 무자비하게 침범하고, 돼지와 닭을 공장식으로 축산하고, 거대한 광역 도시권을 형성하고, 제트기 시대를 맞아 전 세계에 걸친 놀라운 이동 능력을 확보하고, 마구잡이로 낭비하고, 상업적 동기로 항생제를 사용하고, 백신에 관한 가짜 뉴스를 무분별하게 유통한다. 이 모든 힘이 결합하면서 질병 환경은 더 안전해지는 것이 아니라 날이 갈수록 더 위험해진다. 이 모든 요소가 적어도 지난 2000년 동안 크든 작든 어느 정도 존재해왔다는 점에는 의심의 여지가 없다. 로마제국의 세련된 도시 공동체들은 진작부터 유라시아를 휩쓴 전염병의 먹이가 되었다. 그러나 20세기 후반에는 의료 기술이 향상되고 새로운 부가 창출되었음에도 잠재적 위협이 극단적으로 증가하였다. 눈치챘든 아니든, 우리는 군비 경쟁에 휘말렸다.

신종 감염병 패러다임은 현대적 삶의 방식이 만들어내는 위협에 대한 심오한 진단이었다. 신종 감염병 패러다임의 타당성에 이의를 제기하는 반反백신주의자들이 이끄는 단체들이 있다. 그러나 그들은 부수적인 요소일 뿐이다. 실제로 논란이 된 것은 신종 감염병에 대한 경고 그 자체가 아니라, 과연 우리에게 그 경고에 담긴 시사점을 받아들이고 끝까지 밀고 나갈 의지가 있느냐는 것이었다. 만약 현대 경제·사회 시스템이 체계적으로 질병 위험을 발생시키고 있다면, 대체 우리는 어떻게 해야 하는가?

이 문제를 근본적으로 해결하려면, 잠재적 바이러스 위협을 측정하는 포괄적인 노력을 하는 동시에 토지 사용을 체계적으로 통제하고 공장식 축산을 극적으로 변화시켜야 한다.[16] 이러한 변화는 거대한 글로벌 농축산업 기업들부터 양돈과 양계로 재산을 모은 아시아의 거부들, 중국 남부의 부패한 공무원들, 그리고 세계의 일부 가난한 지역에 사는 궁핍한 농부들에 이르기까지 온갖 이해당사자들과 충돌해야 한다는 것을 의미한다.[17] 소득 증가가 더 많은 육류와 유제품이 포함된 식단으로 흘러가는 추세는 반드시 반전되어야만 한다. 전혀 놀랍지 않게도, 실제 정책 대응은 기대에 미치지 못한다. 보건당국은 공장식 축산에 대한 위생 규제를 시행하고 야생동물 육류 시장을 정리하기 위해 노력하고 있다. '식용 야생동물' 사냥은 지역에 따라 산발적으로 금지되고 있다. 그러나 신종 감염병의 더 근본적인 원동력은 여전히 처리되지 않고 있다.

세계 수준에서 볼 때, 우리에게는 세계보건기구World Health Organization(WHO)처럼 고도로 전문적이고 의욕적이며 선한 의도를 지닌 수천 명의 사람들이 선한 싸움을 벌이기 위해 전 세계에서 모인 조직들이 있다. 그러나 78억 인구가 거주하는 급속도로 발전하는 지구의 세계 보건 기관인 WHO는 포템킨 마을Potemkin village(바람직하지 못한 상태를 감추기 위한 겉치레. ─옮긴이)일 뿐이다. 2018년부터 2019년까지 2년 동안, WHO가 승인한 프로그램 예산은 44억 달러를 넘지 않았는데, 이는 대형 시립병원 하나의 프로그램 예산보다 적은 액수였다.[18] WHO는 각국 중앙정부와 민간 자선단체, 세계은행, 거대 제약회사 등으로부터 뒤죽박죽으로 기금을 조달하고 있다. 2019년 가장 큰 기부자 가운데 하나인 게

이츠재단은 미국과 영국 같은 국가 정부와 어깨를 나란히 했으며 독일에 앞섰다. 존경받는 로터리클럽은 중국이나 프랑스 정부보다 더 많지는 않지만 대등하게 기여했다. 그러나 기부금을 모두 합쳐도 WHO는 지구촌 모든 사람에게 연간 30센트 이상을 지출할 수 없다.

기부자에 대한 의존성은 WHO의 역할을 결정한다. WHO의 주요 의제는 소아마비 등의 질병 퇴치 캠페인이다. WHO는 전 세계 질병의 추이를 감시하는 데 핵심적인 역할을 한다. 이것은 기술적인 사업인 동시에 매우 정치적인 사업이다. 국제 보건 규제에 관해서는 두 가지 근본적이고 뿌리 깊은 관념이 있는데, 이는 규제 초창기였던 19세기 전반기까지 거슬러 올라간다. 하나는 서구의 두려움이 반영된 것으로, 동쪽에서 서쪽으로 질병이 확산되는 것을 막아야 한다는 관념이다. 다른 하나는 자유무역 옹호론자들의 관심이 반영된 것으로, 긴 격리와 같은 성가신 공중보건 규제의 사용을 제한해야 한다는 관념이다.[19] 후자의 요점은 전염병이 상거래를 중단시키는 구실이 되지 않게끔 보장하는 것이었다. 이 두 관념 사이의 갈등은 여전히 WHO를 괴롭힌다. WHO는 전 세계의 보건 안보 위협에 대한 대처를 조율하려는 노력과 특정 국가를 감염원으로 표시함으로써 반감을 사는 두려움 사이에서 진퇴양난에 빠져 있다. 전문가 집단으로서 WHO에는 신속하고 단호하게 대처하려는 열망이 있으나, 만약 그 조치가 비용이 많이 들고 불필요하게 이동과 무역을 제한할 경우 격렬한 반발에 직면해야 한다는 두려움도 있다. 1994년 인도 수라트에서 등장한 전염병이 세계적 공황을 유발한 뒤로, 그

WHO에 대한 기부자별 총 기부금 내역(2020년 6월 30일 기준, 단위: %)

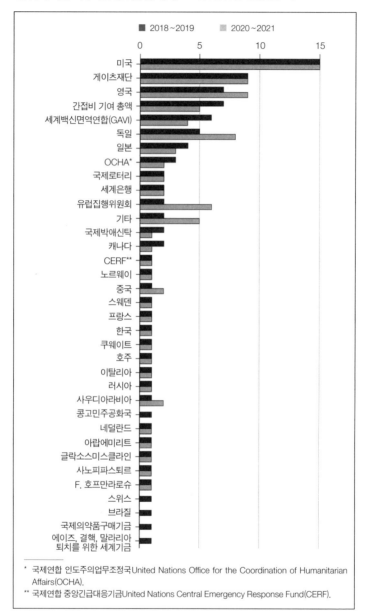

■ 2018~2019 ■ 2020~2021

* 국제연합 인도주의업무조정국United Nations Office for the Coordination of Humanitarian Affairs(OCHA).
** 국제연합 중앙긴급대응기금United Nations Central Emergency Response Fund(CERF).

출처: A. Gross and J. Pickard, "Johnson to boost WHO backing with £571m vaccine pledge", *Financial Times*, September 25, 2020.

1부 질병 X

리고 2003년 사스 위기가 전면적인 여행 중단으로 이어진 뒤로, WHO는 여행 제한 조치를 채택할 때 더 신중하게 접근해야 한다는 압박을 받았다.[20] 마찬가지로 2009년 돼지독감 유행이 맥 빠지는 절정을 맞았을 때, WHO는 일부 임원들이 인위적으로 값비싼 백신 시장을 부풀리고 있다고 소리 높여 추궁하는 캠페인에 직면했다.[21] 이토록 어려운 결정을 이렇게나 위태롭고 아슬아슬한 재정에 의지하여 내리게 하는 것은, 재앙을 만드는 조리법이다.[22]

영국의 경제학자 니컬러스 스턴Nicholas Stern은, 기후변화는 역사상 가장 큰 시장 실패, 즉 이산화탄소 배출 비용에 가격을 매기는 데 실패했기 때문에 생겼다고 했다.[23] 만약 이것이 사실이라면, 2020년 코로나바이러스 위기가 입증하였듯이, 범유행 감염병에 대한 충분한 대비책을 세우는 데 실패한 것은 1위에 아주 근접한, 역사상 두 번째로 큰 시장 실패일 것이다. 심지어 자금이 가장 잘 조달되는 글로벌 공중보건 기반시설조차도 자금이 조달된다는 보장이 없으며, 2020년이 시작되었을 때, 범유행 감염병의 위험과 글로벌 공중보건에 대한 투자 사이의 불균형은 기괴하리만큼 터무니없었다.

'시장 실패market failure'라는 용어로 말하면, 이 위협의 위력을 과소평가하게 된다. 범유행 감염병 위협 대응에 성패가 달린 것은 단지 막대한 경제적 가치만이 아니다. 성패가 달린 것은 사회질서와 정치적 정당성에 관한 근본적 물음들이다.

만약 정부가 범유행 감염병 위협을 그냥 무시해도 된다면, 그래서 범유행을 미리 방지하기 위해 별다른 일을 하지 않아도 괜

찮다면, 만약 사망률이 갑작스럽게 치솟아도 삶이 그냥 지속될 수 있다면, 공공의료에 대한 과소 투자는 냉소적일지언정 근거를 얻게 될 것이다. 그러나 사실 현대 국가의 토대 중 하나는 국민의 생명을 보호하겠다는 약속이다. 토머스 홉스Thomas Hobbes의 《리바이어던Leviathan》의 표지 삽화에 역병 의사가 등장하는 것은 우연이 아니다.[24] 이 기본적인 사항을 고려할 때, 현대 국가에서 위험한 범유행 감염병을 억제하지 않은 채로 전국에 확산되게 내버려두려면 과감한 탈정치화 전략이나 최소한 대중의 태도를 '무디게' 하는 점진적인 과정이 필요할 것이다. 2020년, 코로나는 '그저 독감일 뿐'이라는 생각은, 그 주장의 옹호자들이 상상했던 것보다 훨씬 사람들을 납득시키기 어려운 것으로 드러났다.

최근 수십 년 동안 세계 각국 정부는 범유행 감염병 위협을 무시하는 대신 생물의학적 재앙에 대비하는 전문 부처를 갖추어왔다. 이들은 군대식으로 생각한다.[25] 이들은 범유행 감염병 위협을 실제로 극복할 수는 없으며, 감염병을 길들일 수 있다는 믿음은 낙천적인 공중보건 운동가들의 자만일 뿐이라 가정한다. 유행병 전문가들의 일은, 절대 사라지지 않을 범유행 위협과 그 무엇이든 범유행 위협의 심각성을 높이는 것들에 대비하는 것이다. 불길하게도 1990년대 이후, '대비'는 전 세계적으로 점점 더 많은 정부 부처의 사명이 되어왔다.

이는 지극히 심각한 일인 동시에 끔찍하게 무익한 일이다. 잠재적 위협은 어마어마하게 크다. 우리는 에볼라 같은 질병이나 스페인독감 수준의 치명률을 갖춘 전염성 높은 독감이 세계를 휩쓰는 모습을 쉽게 상상할 수 있다. 그러나 이와 동시에 우리에게는 범유행 리스크를 줄이기 위해 푸드 체인이나 운송 시스템을 구조적으로 바꾸려는 의지가 없으며, 공중보건 시스템에 충분한 자금을 투자하려는 의지도 없다. 그러므로 2019년에 사실상 전 세계 모든 나라에서 범유행 감염병에 대한 대비가 부족했던 것은 놀랄 만한 일이 아니다.[26] 이것은 울리히 벡이 말한 "조직화된 무책임"의 전형적인 예다.[27] 그리고 조직화된 무책임은 경제적·사회적 피해로 이어질 가능성뿐만 아니라 잠재적인 정치적 위기를 품고 있다.

생명이 걸린 갑작스럽고 예측하지 못한 위협 앞에서, 공적 책임을 져야 하는 당국이 무관심할 수는 없는 법이다. 이들은 앞다투어 질병에 대응한다. 사실, 책임 당국의 대응에는 원칙상 제한이 없다. 뉴욕주에서 전염병이 한창일 때, 앤드루 쿠오모Andrew Cuomo 주지사는 대담하게 선언했다. "사람 목숨의 가치는 얼마입니까? (…) 제게 사람의 목숨이란 값을 매길 수 없는 것입니다."[28] 명백히 비현실적인 진술이었으나 누구도 애써 그에게 반박하려 들지 않았다.

공개 담론은 현실과는 전혀 다르다. 실제 일상생활이 돌아가는 방식도, 실제 삶의 기회life chances가 분포된 형태도, 실제 사망률도 제대로 반영하지 못한다. 그렇기에 공개 담론에서는 다른 우선순위들이 삶과 죽음의 문제와 같은 선상에 놓이지 않는다. 우선순위를 매겨야 하는 상황에서 우리는 삶과 죽음을 아예 별도의 범주로 분류한다. 누군가의 죽음이 예상되는 상황은 손쉽게 공개 토론과 정치 논쟁을 중단시킨다. 집단 사망 사건이 터질 조짐이 보일 때는 말할 것도 없다. 범유행과 같은 충격적인 사태는 우리의 정신을 번쩍 들게 한다. 그러나 삶과 죽음의 행렬은, 심지어 범유행 이전의 정상적인 상황에서도 정치적으로 불안정하다. 죽음의 일반적인 상태는 온갖 불평등으로 가득 차 있으며, 특별히 정당화해야 할 필요가 없는 한 그대로 받아들여진다. 공공의 영역에서 지속적인 도전을 받는다면, 그것을 결코 부인할 수 없을 것이다. 그러므로 범유행이 2020년 여름 내내 이어진 정치적 격변이었던 BLM운동과 동시에 발생한 데는 타당한 이유가 있었다. BLM운동이 강력하게 입증했듯이, 부당하게 앗아간 한 사람의 생명은 거대한 정치 운동을 일으킬 수 있다. 순교가 되는 순간, 죽음은 엄청난 위력을 발휘한다.

BLM운동은 역사적 불평등이라는 깊은 우물의 물을 마시며 자라났다. BLM운동은 현재를 과거와 묶었다. BLM운동은 2020년 5월 25일에 일어난 살인을, 그 이전 수 세기 동안 이어진 부당함과 연결지었다. 이 운동은 강력했으며 전염병이 유행하는 상황에서 더욱 강력해졌다. 과거에 대한 분노와 분개가 미래에 대한 두려움과 결합한 것이다.[29] 2020년의 불평등에 비추어 볼 때, 얼마나 많은 흑인 미국인이 폭력과 차별, 빈곤의 희생자가 될 것인가?

정치적 책임은 앞으로의 예측, 전망, 경고와 비교하여 평가된다.[30] 미래 위협이 커질수록 정치적 책임도 커진다. 국가가 흔히 점쟁이들과 파멸의 예언자들에게 적대적인 법안을 통과시킨 데는 그럴 만한 이유가 있다.[31] 단지 그들의 방식이 의심스럽기 때문만이 아니다. 옳든 그르든 그들의 예측이 대중의 마음의 평화를 위태롭게 하기 십상이기 때문이다. 그러나 21세기에는 사회과학자와 유행병 학자들이 재앙을 예측하는 것을 금지하는 법이 없다. 실제로 돈과 권력을 휘두르는 사람들은 그들이 주는 예지에 매달린다.

2020년 초 우리는 인종을 불문하고 얼마나 많은 사람이 코로나19에 굴복할지 몰랐다. 우리가 알고 있던 것은, 2003년 사스와 2012년에 나타난 신종 메르스MERS의 끔찍한 사망률이었다. 임페리얼칼리지런던의 연구팀 등 여러 유행병 연구팀은 중국과 이탈리아의 초기 데이터로 예측 모델을 돌려본 뒤, 코로나19로 인한 사망자가 수백만 명에 이를 것으로 예측했다.[32] 이는 심지어 관념적으로 신중한 접근법에 전념하고 있는 정부들조차 무시하기 어려운 수치였다.

비상사태를 맞아 대재앙이 터질 가능성을 마음속에 그려볼 때, 현대 사회의 규모는 그 자체로 외경심을 불러일으킨다. 미국인의 1%가 바이러스로 사망한다면, 사망자는 곧 330만 명이다. 건국 이후 미국의 모든 전쟁에서 죽은 사람의 2배가 넘는 숫자다. 유럽 인구의 1%는 500만~600만 명이며, 이는 홀로코스트의 기준과 일치한다. 세계 인구의 1%는 7800만 명이며, 이는 제1차 세계대전과 제2차 세계대전의 사상자를 모두 합친 것보다 많은 숫자다. 만약, 1918~1919년에 스페인독감으로 죽은 사람들의 비율로 현재 세계 인구가 코로나로 죽는다면 사망자는 2억 명이 넘을 것이다. 21세기의 세계는 매우 커다란 장소다. 2020년 공중보건 관계자들은 순전히 세계의 규모만으로도 초췌해졌다.

단호한 회의론자들은 계속해서 밀고나가려 들 것이다. 이들은 "당신은 생명이 중요하다고 말한다. 그리고 그 말은 대가가 얼마나 크든 셧다운을 정당화한다. 그렇지만 생명의 값이 대체 얼마란 말인가?'라고 물을 것이다.

생명은 신성하다거나 협상 가능한 것이 아니라는 말은 명백히 사실이 아니다. 사회 통계에 따르면 부유한 세계를 포함한 전 세계에서 수백만 명이 방치와 치료 부족으로 사망하고 있을 뿐 아니라, 현대의 많은 관료 체계는 자원을 배분할 때 삶과 죽음의 확률과 비용을 엄연히 따지고 있다. 매일, 전 세계에서, 노동자들은 고용주의 추가 비용을 절감하기 위해서 치명적인 위험에 노출된다. 작업장의 안전 대책을 개발하면서 비용을 부담할 때, 의약품을 개발할 때, 병실을 할당할 때, 환경오염 감소의 가치를 따질 때, 우리는 삶의 가치에 가격표를 붙인다.

경제적 계산식에 죽음을 집어넣는 것은 불가피한 일이며, 이는 죽음을 정치에 집어넣을 때와 마찬가지로 불안정하고 논쟁적인 일이다. 두 저명한 경제학자는 다음과 같이 조심스럽게 발언했다. "사람의 생명에 값을 매기는 것은 불가능하지만, 경제학자들은 '통계적 생명statistical lives'의 가치를 평가하는 기법을 개발해 왔다. 이것은 사람들의 사망률과 이환율morbidity(병에 걸리는 비율)을 줄이는 것이 그 사람들에게 얼마나 가치 있는지 측정하는 방법이다."[33] 미국의 설문조사에 따르면 노동자들은 직장에서 1만 명당 1명꼴로 사망할 확률을 줄이기 위해서 약 1000달러의 임금 삭감을 받아들일 의향이 있다고 한다. 경제학자들의 논리에 따르면, 직원이 1만 명 있는 대기업에서 모든 노동자들은 한 사람의 생명을 구하기 위해 기꺼이 1000만 달러를 내놓을 것이라는 뜻이다. 이것이 소위 '통계적 생명 가치Value of a Statistical Life(VSL)'를 도출하는 방법이다. 1000만 달러라는 숫자는 미국 보건복지부(HHS)와 미국 환경보호청(EPA), 미국 교통부(DOT)에서 받아들여진다. 세계은행은 비용편익 문제를 다룰 때 380만 달러를 VSL 수치로 사용한다. OECD에 속한 부유한 국가 집단은 유럽인의 목숨값으로 360만 달러라는 숫자를 사용한다.[34]

VSL 기법에는 심각한 한계가 있다. VSL은 예산이 무제한으로 있을 때, 자신의 목숨을 구하기 위해서 모든 사람이 일괄적으로 내놓을 값이 아니다. 예산 제한이 있을 때 실제로 내놓을 값 또한 아니다. VSL은 단순히 금액이 큰, 저비용 선택 문제로 도출한 집단적 금액일 뿐이다. 더 나은 대안이 없기에 VSL 추정치는 계속해서 쓰이고 있다. 그러나 VSL에는 단순하고 평등하다는 장점이 있다. 게다가 300만에서 1000만 달러라는 범위에 속하는 VSL은 기괴한 액수라는 느낌을 주지 않는 동시에 실제로 중요한 문제가 되기에 충분한 액수다. 이러한 수치를 올바른 예측 모형과 결합하면 손쉽게 인상적인 결과를 얻을 수 있다. 가령, 예방 조치가 100만 명의 생명을 구할 수 있다고 가정하면(이는 미국 인구 1%의 3분의 1에 미치지 못하는 수치다), 경제적 이익은 대략 10조 달러에 이를 것이며, 이는 위기 이전의 전체 아메리카 대륙의 GDP 총액의 절반이다. 100만 명의 죽음이 가할 사회적 충격을 무시하더라도, 10조 달러는 행동에 나서게 하는 설득력 있는 동기다.

그러나 VSL은 임시방편일 뿐이다. VSL은 건강한 젊은이와 여러 만성 질환을 앓는 80세 노인을 똑같이 취급한다. 모든 생명의 가치가 동일하다고 가정함으로써, VSL은 코로나바이러스 위기에서 가장 근본적인 문제였던 문제를 무시한다. 코로나바이러스의 희생자는 주로 노인이었으며, 한 주요 전문가가 관찰한 바와 같이, 65세 이상 사람들에게 '적절한' VSL이 얼마인지는 "매우 불확실하다".[35] 이 주제는 재산과 소득의 한 요소가 될 때 심지어 더 폭발적으로 변한다. 부유한 노인들은 그들의 삶을 연장하는 데 매우 높은 값어치를 매긴다. 이들의 지출은 부유층 사회의 엄청난 건강 관련 지출 대부분을 차지하지만, 그들이 자신들의 삶을 몇 년 연장하는 것에 두는 가치가 소득이 훨씬 낮은 젊은이들에게 불균등하게 해를 끼치는 정책 조치의 근간이 되기에 마땅한가? 대체 어떻게 이러한 선택들 사이에서 중재를 할 수 있단 말인가?

부족한 의료 자원을 할당하는 의사 결정을 내릴 때, 일부 국가의 보건 시스템에서는 삶의 질을 더 넓게 측정하는 방식을 사용한다. 영국 국립보건임상연구소National Institute for Health and Care Excellence(NICE)는 질-보정 생존연수Quality-Adjusted Life Years(QALY)를 국민건강보험(NHS)의 의약품 조달 및 치료를 평가하는 기준으로 사용한다. 그러나 QALY는 삶과 죽음의 의사 결정을 내릴 때 오직 제한된 범위에서만 쓸 수 있는 방식이다. 이런 의사 결정은 특정한 대안 사이에서 비밀리에 이루어지지, 위기가 터진 순간 미디어의 관심이 한껏 집중되는 가운데 이루어지지 않는다.[36] 잠시 이와 비슷한 계산을 코로나바이러스에 대한 전체 집단 대응으로 확대해본다고 상상해보자. 질문은 이것이다. 갑작스러운 대규모 셧다운 덕분에 목숨을 구할 수 있을지도 모르는 노년층 환자의 여생과 셧다운으로 방지한 코로나 후유증이 주는 고통에는 얼마의 가치가 있을까? 그리고 대규모 셧다운 때문에 교육에 지장을 받을 16억 젊은이들과 직장을 잃을 수억 실직자들과 세계 경제 혼란의 결과로 굶주리게 될 수천만 명은 어느 정도의 대가를 치르게 될까? 전체 이익과 비용을 저울에 달아보면 어떻게 될까?

이것은 논쟁을 불러일으키는 불쾌하고 조잡한 질문이다. 이 질문을 진지하게 받아들이려면 거대 범유행 감염병이 시스템에 일으키는 파문을 고려해야 한다. 단지 몇 가지 측면만 언급해봐도 집단 트라우마와 공공기관이 입는 손상, 장기적으로 건강에 영향을 줄 가능성, 변이가 일어날 위험성 등을 따져봐야 한다는 얘기다. 어떤 경우에도, 이러한 종류의 계산 가운데 일부는 코로나19 대응에 대한 '경제적' 비평의 근거가 된다. 불쾌하게 느껴질지도 모르지만, 경제적 비평은 현실에는 상충 관계가 존재하며 이러한 상충 관계를 우리에게 친숙한 언어로 표현할 수 있다고 주장한다.

2020년 3월 마지막 주에 댄 패트릭Dan Patrick 텍사스 부지사는 〈폭스 뉴스Fox News〉에 출현한 뒤 잠시 유명인이 되었다. 노인으로서, 자신에게 경제를 위해서 목숨을 건 모험을 해볼 뜻이 있음을 밝히면서였다. 패트릭 부지사는 계속해서 이렇게 덧붙였다. "이 나라에는 같은 뜻을 지닌 조부모들이 많이 있습니다. (…) 누구도 내게 다가와 이렇게 묻지 않았어요. 어르신, 어르신의 자식과 손자를 위해서, 미국이 모든 미국인이 사랑하는 미국으로 계속해서 남을 수 있도록 목숨을 건 모험을 하실 의향이 있으십니까? 그런 거래라면, 난 내 모든 것을 걸겠습니다."[37] 이와 비슷한 정신으로, 중국의 텔레비전에서는 병원 침대에서 애국심을 가득 담아 경례하는 노인 코로나 환자들의 모습이 방영되었다. 격리된 채 고독한 죽음을 맞이할 가능성을 받아들임으로써, 그들은 대의를 위해 소임을 다하고 있었다.

중국 방송을 단순한 프로파간다로 치부하고, 교외에 있는 잘 꾸민 집에서 편안한 환경을 즐기면서 각자 자가 격리하는 전략을 지지하는 패트릭 부지사를 텍사스의 경제적 이익만 생각하는 골 빈 이익 옹호자로 여기는 것은 달콤한 유혹이다. 그러나 이들을 그냥 무시하기 전에, 이들의 호소에 담긴 강력한 정서적·사회적 주제에 관해 숙고해보는 것은 그럴 만한 가치가 있는 일이다. '경제를 위해 죽고 싶다'라는 생각은 분명 그로테스크하지만, 국가와 가족을 위해 죽을 위험을 감수하는 것은, 전통적인 개념의 국가와 사회를 이루던 근간이다. 전쟁의 기본 논리는 소수의 사람들이, 대개 싸울 수 있는 나이의 남성들이, 공공의 이익을 위해 위험을 무릅쓰는 것이다. 총력전에서는 이 위험이 인구 전체로 확대된다. 경제는 부수적인 것이 아니라, 틀림없는 투쟁의 중심이다. 이러한 상충 관계를 이해할 수 있게 하는 것은, 소유물과 실존적 집단 위협에 관한 관념이다. 전쟁터에서든, 보급로에서든, 국내 전선에서든, 희생은 극기심에서 나온다. 우리가 우리의 영웅들에게 빚진 것은, 그들의 희생을 헛되지 않게 하고 그들을 기리는 것이다.

사실, 위험과 희생, 명예에 관한 이 미사여구가 2020년에 널리 동원되었다. 그러나 실제로는 특정한 집단에서만 그랬다. 위기 내내 의료 종사자들은 때때로 매우 심각한 위험에 노출되었다. 창고 직원, 식료품 배달원, 버스운전사 등 새로이 '필수 노동자'로 분류된 사람들도 더 큰 위험을 부담했다. 드러그스토어와 약국에서는 계산대 직원이 영웅 취급을 받았다. 그들은 '싸움의 최전선에서 복무'하는 것으로 인정받았다. 그리고 최소한 의료 종사자들은 영예를 얻었다. 의료 종사자들에게 감사를 표하기 위해 많은 도시에서 응원이나 팟뱅잉pot-banging(냄비 따위를 두들겨 소리를 내는 행위.—옮긴이) 같은 저녁 행사가 열렸다.

그러나 2020년에 드러난 것은, 공개 토론이 있었던 장소 대부분에서 극기심, 영웅심, 희생 같은 언어가 융통성 있게 쓰이지 못했다는 것이다. 충분한 개인보호 장비 없이 간호사로 일하면서 사투를 벌이는 80대 환자들에게 삽관 시술을 하는 젊은 엄마들은 영웅으로 떠받들어 마땅하다. 하지만 이 논리를 확대하기는 어렵다. 이런 간호사가 아이를 맡기던 학교들이 정상적으로 운영되기를 기대해야 하는가? 이러한 조치가 교사와 직원들을 더 위험하게 할 텐데도? 고기를 포장하는 사람들은 햄버거를 계속해서 식료품 망에 공급하기 위해 목숨을 걸어야 하는가? 할아버지 할머니를 보호하기 위해서 젊은이들이 얼마나 많은 자제력을 발휘하기를 기대해야 하는가? 새로운 위협이 드러낸 낯설고 불가사의한 사실은, 우리는 누가 누구에게 빚지고 있는지 몰랐다는 사실이다. 우리는 어떻게 결정해야 할지 결정하느라 발버둥을 쳤다.[38]

예전에는 이러한 질문에 답하기가 더 쉬웠을 거라고 상상하는 것은, 역사적으로 볼 때 순진한 생각이다. 제2차 세계대전을 회고하는 수많은 글에서 나타나는 일치단결한 집단적 행동은 터무니없는 사탕발림이다.[39] 20세기 최초의 전면전인 제1차 세계대전은 전 세계에 혁명적인 격변을 일으켰다. 코로나바이러스는 그런 드라마틱한 일을 일으키지 않았다. 코로나가 일으킨 불화와 분열은 지극히 현실적이었다. 복잡한 사회적 상충을 아우르고, 그러한 상충을 합리적이고 납득할 수 있는 방식으로 정리하는 언어를 찾아내기 어렵다는 사실은 다툼과 오해, 비인간적인 미사여구, 비난, 제도적 혼란chaos으로 이어졌다.

어쨌든, 2020년 초에 바이러스가 들이닥쳤을 때 천천히 생각할 시간은 거의 없었다. 미지의 질병이 대규모 사망과 제도 붕괴를 일으킬 거라는 위협은, 전략적 상충과 비용편익 분석을 무시하게 했다. 이러한 공포는 우한의 병원, 이탈리아의 베르가모, 뉴욕의 퀸즈, 에콰도르의 과야킬스트리트에서 찍은 사진에 담겨 있다. 한계점까지 내몰린 중환자실, 겁에 질린 환자, 공포가 만연한 선별진료소, 냉동고가 가득 찬 영안실, 길거리 임시 관에 놓인 시신…. 실로 악몽의 콜라주였다.

즉각적으로 문제가 된 것은 넓은 범위에서 일어나는 집단적인 상충의 문제가 아니라, 삶과 죽음이 걸린 중대한 순간에 우리가 어느 정도의 통제력을 갖추기 위해서 의존하는 기관들의 기능이었다. 바이러스를 막으려는 초기 노력이 실패하면서, 범유행 감염병 대책의 본질적인 근거는 의료 시스템을 지키는 것이 되었다. 그것이 '곡선 평탄화flattening the curve(코로나 감염자의 수와 확산 속도를 의료 시스템이 감당할 수 있는 수준으로 조절하는 것. ─옮긴이)' 전략의 의미였다.[40] 질병을 막을 수 없다면, 우리가 무엇을 하든 결국 똑같은 숫자의 사람들이 병에 걸릴 것이라면, 이 사람들이 한꺼번에 병에 걸리지 않게 하는 것은 대단히 중요하다. 그래야만 병원이 계속해서 기능하면서 생명을 구할 수 있기 때문이다. 궁극적인 목표는 사망자를 최소화하는 것이다. 이를 위해서는 집중치료실에 과부하가 걸리지 않게 하는 것이 중요했다.

병원은 의료 기관의 중심이며, 생사와 질병을 관리하는 중추적인 역할을 한다.[41] 병원은 또한 현대성을 정의하는 구조의 일부다. 19세기 초, 프랑스의 사상가 미셸 푸코Michel Foucault는 자유와 질서라는 자유주의적 비전을 위한 기반을 형성하고자, 병원과 교도소, 병영, 공장, 학교를 연계하는 시설 집합체(푸코식 파놉티콘을 뜻한다. ─옮긴이)를 고안한 것으로 유명하다.[42] 현대 세계에서 사람들은 사무실, 쇼핑몰, 호텔, 카지노, 놀이공원, 스포츠 경기장 같은 현대 생활의 훌륭한 측면을 삶에 더하고 싶을 수 있다. 그리고 정적인 인프라 시설과 마찬가지로, 우리는 지하철, 철도, 항공기 같은 고도로 조직화된 현대적 교통수단을 고려해야 한다. 우리가 줄을 서고, 검사와 감시를 받고, 집단으로 움직이는 모든 곳을 고려해야만 하는 것이다.

감염 위험 때문에 현대 생활의 기본적인 부분들이 집단으로 거대한 압박을 받게 되었다. 학교와 레스토랑, 쇼핑몰과 스포츠 경기장을 다시 여는 것을 고려하면서, 우리는 병원이 무너질까 봐 두려워한다. 그러나 다른 한편으로는, 이런 기본적인 시설들이 계속해서 제 기능을 하지 못하는 것은 극도의 혼란을 일으킨다. 실제로, 이런 장소에서 일상적인 교통정체가 일어났을 때, 그 끝은 결국 혼란으로 이어졌다. 대규모 시설 단지를 폐쇄하는 것은 우리에게 익숙한 삶을 중단시키고, 다시금 작고 낯선 가족관계망에 의존하게끔 우리를 내몰았다. 도시공원과 같이 덜 조직화된 야외 공간이 인기를 끌었다. 온라인 가상세계도 마찬가지였다. 폐쇄하지 않으면, 현대 사회의 중심부를 집단 감염의 중심지로 바꾸고, 파놉티콘panopticon을 세균 배양 접시로 만들 위험이 있다.

이러한 공공 생활의 중심지들에서 폭발적인 감염 확산이 일어날 가능성이 있다는 사실은, 질병 통제와 '경제'가 상충하는 관계라는 관념을 지적으로 혼란스럽고 정치적·도덕적으로 논쟁적일 뿐만 아니라 지극히 비현실적인 관념으로 만들었다.

경제는 관념이다. 진짜 관념일지도 모르지만, 어쨌든 실제 사람과 사물, 현실의 생산과 재생산 네트워크를 집계한 통계와 일련의 생각과 개념을 결합한 관념에 불과하다.[43] 일반적으로 GDP 같은 수치들은 총액은 적절히 잡아내지만, 혼란스러운 분리감을 만들어낸다. GDP 성장률과 다른 사회적 과제 사이의 '교환'이 의미 있는 일처럼 보이게 하는 것이다. 바이러스는 경제라는 사회와 분리된 무언가가 있다는 생각이 허상임을 드러낸다. 노동자들의 몸을 통해서, 일터에서 순환하는 공기를 통해서, 바이러스는 급속히 증식했다. 이것은 모든 것이 동등하게 연결되어 있다는 말은 아니다. 곧 알게 되겠지만, 범유행 감염병과 무관하게 어느 정도는 계속해서 기능할 수 있는 재화와 화폐가 있다. 그러나 바로 그 점에서 국가 경제라는 관념의 한계가 드러난다. 글로벌 자본주의와 기업 활동은 국가 경제와 부분적으로만 겹친다. 작은 기업을 운영한다면 코로나에서 벗어날 수 있을지도 모르고, 심지어 큰 기업이라고 해도 직원들을 격리할 수만 있다면 코로나에서 벗어날 수 있을지도 모르지만, 학교와 공공장소, 버스와 지하철, 그리고 가정에서 전염성이 높은 질병과 각개 전투를 하면서 '미국 경제'나 '독일 경제'를 유지하자는 얘기는 말이 안 된다.

몇몇 아시아 사회에서는 사회·경제 시스템 전반에 걸쳐 코로나를 완전히 억누를 수 있었고, 코로나가 준 충격 역시 짧고 날카로웠으며, 경제와 사회와 정치 사이의 정상적인 관계를 유지할 수 있었다. 승리한 전쟁에서처럼, 그들은 회복과 정상화를 집단적 승리로 축하할 수 있었다. 얼마나 큰 비용이 발생했든, 그것은 위대한 승리에 따르는 합리적인 대가에 포함시킬 수 있었다. 유럽과 아메리카 대륙에서 그러했듯이 범유행 감염병을 통제하는 데 실패한 상황이라면, 선택은 더욱더 냉엄해진다. 상충에 관한 논쟁적이고 적대적인 언어는, 통제력을 상실했다는 사실과 통제력을 되찾는 데 터무니없이 거대한 집단적 조치가 필요하다는 점에서 비롯되었다. 예전으로 돌아가는 것이 불가능하진 않았다. 어쩌면 2020년 한 해 동안 유럽과 아메리카의 여러 지역이 깨달았듯이, 이 질병을 억제하면서도 대부분의 경제 활동을 재개할 수 있을 것이다. 그러나 이렇게 균형을 잡는 데 성공한 사람들은, 경제를 사회적·의료적 필요와 교환한 사람들이 아니라 경제와 사회, 의료를 관통하는 관련성을 인식하고 세 영역을 총체적으로 관리한 사람들이었다. 이것은 사회적 연대라는 환상으로 들릴 수도 있고, 감시의 악몽으로 들릴 수도 있다. 이것은 흔히 있는 논쟁거리다. 상황은 오랫동안 계속되는 사회적 거리 두기를 대처하기에 여력이 부족한 사람들에게 불리하게 돌아갔다. 그러나 더욱 극적인 것은 트럼프 행정부가 2020년 여름 내내 보여주었던 것처럼, 싸움을 포기했을 때 나타나는 결과였다. 그러면 미국이 의식이 혼미한 채로 몇 달간 목격했듯이, 정치·사회·경제 사이의 총체적인 관계에서 문제가 터질 수 있다.

문제는 결국 의료 시스템으로 귀결되었다. 어떤 질병이 두려운 질병인지 통제할 수 있는 질병인지 좌우하는 것은 의료 시스템의 수용력과 복원력이었다. 가장 큰 두려움은 병원 시스템에 과부하가 걸리는 것이었다. 병원 시스템의 예비 수용력이 더 향상되면 생존 한계점이 올라가고, 경제적·사회적 삶이 정상화되는 속도가 빨라진다. 그러나 병원은 경제나 사회 외부에 있는 것이 아니다. 2020년의 병원은 더는 20세기 중반의 거대한 단일조직 monolith이 아니었다.[44] 병원은 항상 경제의 일부였지만, 1980년대 이후 경제에 편입되는 것을 넘어 시장에 편입되었다. 병원은 현대 경영의 실험 장소가 되었다.[45] 병원은 몸집을 줄이고, '적시 생산관리 시스템Just-in-time system(JIT)'을 추구했으며, 최소한 '정상적인' 기업들처럼 효율성에 따라 운영되기를 열망했다. 미국의 많은 병원들은 정크 등급 채권을 발행하여 자금을 조달하는 영리 기업이다. 이런 영리 병원들은 시간당 환자 수를 극대화하고 유휴 병상을 최소화했다. 이들은 필수 장비를 최소한도까지 줄였다. 마스크나 장갑 같은 기본 물품들은 세계 반 바퀴 너머에서 조달되었다.

기존에 우세했던 관리 원칙에 비추어 볼 때, 병원의 예비 수용력은 책임감 있는 예방 조치가 아니라 효율성을 떨어뜨리는 유감스러운 걸림돌로 여겨졌다. 만약 업무량이 안정적이고 상황이 예측대로만 돌아간다면 이 모든 일은 이치에 맞는다. 일반적인 사회생활이 그러하듯이, 의료 시스템 역시 특정한 이환율 패턴에 맞춰져 있다. 물론, 긴급 대책과 최악의 시나리오는 있었다. 재앙이 일어날 가능성은 분명했다. 하지만 전 세계 어느 곳에도 고삐 풀린 범유행 감염병의 업무량을 소화할 수 있는 병원 시스템은 없었다. 조직화된 무책임이 지배했다.

2020년 코로나19 위기는 당황스럽고 충격적이기는 했지만, 예정된 위기였다. 현대인이 살아가는 방식은 잠재적으로 위험한 바이러스의 변이를 엄청나게 가속시킨다. 그럴 뿐만 아니라 우리는 바이러스를 제트기의 속도로 전 세계로 실어 나른다. 전문가들은 이 위험성을 이해하고 있었으며 우리가 어떻게 대처하면 좋을지 가상 계획을 세워놓았다. 전체 인구로서, 우리는 통제와 예측성에 관한 높은 기대를 품고 있다. 우리 모두의 삶은 집단 감염에 매우 취약한 시스템을 중심으로 돌아간다. 그럼에도 집단 감염 사태를 감당할 여력이 있는 사람들에게는 진정으로 의미 있는 대책을 세우기 위해 돈을 내려는 의지가 없었다. 비상사태에 대비해 서류상의 계획을 세운 직원들이 있었지만, 그들이 세운 가설이 실제 현실이 될 수도 있다는 그림자 아래에서 살고 싶어 하는 사람은 아무도 없었다. 누군들 일상생활에 지장을 받으면서 냉전 시대에나 하던 '웅크리고 숨기duck and cover' 훈련을 하고 싶겠는가? 한편, 민주 정치는 너무도 쇠약해지고 양극화되어서, 범유행 위기에 어떻게 대응할지에 관한 정치적 합의에 도달하는 것조차 상상하기 어려운 지경이었다. 이것을 해결책을 만드는 공식이 아니라 문제를 만드는 공식이었다. 돌이켜 보면, 지난 세기의 역사는 예견된 재앙의 이야기라고 말할 수 있을 듯하다.

2020년, 모든 사람의 마음속에 떠오른 비슷한 사건은 1918에서 1919년 사이에 터졌던 스페인독감 범유행이었다.[46] 스페인독감 범유행은 전 세계의 사람들 수억 명에게 영향을 미쳤다. 수천만 명이 죽었으며, 지금 우리가 겪는 재앙보다 더 큰 재앙이었다. 스페인독감은 전체 세대에 걸쳐 깊은 상처를 남겼다. 스페인독감은 몇몇 도시에서 수개월에 걸쳐 공적 생활을 중단시키고, 폐업을 일으키고, 사람들 사이의 사회적 거리를 늘렸다. 그러나 우리가 현시점에서 돌이켜 볼 때 주목할 만한 것은, 이 끔찍한 재앙이 사회적으로 얼마나 빠르게 흡수되었으며, 당시의 정치 역사에 미친 영향이 얼마나 적은가다. 제1차 세계대전 이후의 베르사유조약을 맺기 위한 협상은 스페인독감과 상관없이 진행되었다. 현대인으로서는 슬프고도 당황스럽게도, 그들은 역학적 변천이 일어난 역사적 순간 이전에 살았다. 연령과 상관없이, 당시에는 전염병에 쓰러지는 것이 드문 일이 아니었다. 결핵, 콜레라, 역병은 전 세계적으로 주요한 사망 요인이었다. 세계대전이라는 배경에 비추어 볼 때, 범유행 감염병은 놀라운 일이 아니었다.

비록 뒤늦은 깨달음이긴 하지만, 스페인독감은 지난 세기 중반에 전환점이 되었다. 여태까지 사용되고 있는 감염병 감시 체계와 독감 예방접종이라는 공중보건 체제를 개발하게 한 것이다. 1920년대와 1930년대에는 초기 안이 만들어졌으며, 1950년대에는 독감이 전 세계로 퍼져나가는 것을 식별하고 감시하는 영속적인 시스템이 확립되었다. 이러한 감시 체계에 따라 1957~1958년의 아시아독감 범유행과 1968~1969년의 홍콩독감을 실시간으로 추적할 수 있었다.[47] 그러나 아시아독감과 홍콩독감은 스페인독감은 말할 것도 없고 코로나19보다 치명률이 낮았으며, 전반적인 셧다운도 일어나지 않았다.

다음번 커다란 시험은 1976년에 찾아왔다. 돼지독감의 신종 변이 때문에 포드 행정부는 미국 인구의 대부분에 실시간으로 예방 접종을 시키는 전례 없는 시도를 했다. 그것은 엇갈린 성공이었다. 이 바이러스는 우려보다 훨씬 덜 위험한 것으로 판명되었지만, 백신에는 심각한 부작용이 있었다(이는 현재까지도 미국에서 백신에 대한 대중의 인식을 뒤흔드는 불행한 사고였다). 1976년의 백신 참사는 향후 수년간 공중보건 기구의 확신과 자신감을 떨어뜨렸다.[48]

1990년대 공중보건은 '신종 감염병'에 맞서는 싸움이라는 기치 아래 새로운 세계화 시대로 진입했다. 우려할 만한 신종 조류독감이 홍콩에서 출현했다. 1995년 도쿄 지하철 사린 사건은 이질적인 신종 테러에 대한 인식을 높였다. 당시의 유일한 패권 국가에 걸맞게, '세계 공중보건 안보'라는 새로운 의제를 정의하는 데 그 누구보다 앞장선 것은 바로 미국이었다.[49] 9·11 테러는 경계 수준을 높였다. 클린턴, 조지 W. 부시, 오바마 등 잇따른 미국 행정부는 민주당 정권이든 공화당 정권이든 모두 범유행 감염병 위험을 탐구하는 데 자원을 쏟아부었다.

새 천 년이 시작된 후, 실제든 상상이든, 일련의 공황이 급속도로 이어졌다. 2003년의 사스, 2005년의 무시무시한 조류독감, 2008~2009년의 돼지독감 사건은 모두 잠재된 위협을 강조하는 사건이었다. 바이러스 학자들 사이에서는 동물원성 돌연변이라는 운명의 바퀴가 점점 더 빠른 주기로 회전하고 있다는 공감대가 형성되었다. 그러나 행동에 나설 정확한 순간을 판단하는 것은 그 어느 때보다 복잡미묘한 작업이었다. 2009년 돼지독감 사건에서 WHO의 대응은 지나치게 이르고 과도한 것으로 널리 받아들여졌다. 이 때문에 WHO는 2014년 에볼라 사태 때 조심스럽게 대응했는데, 그 결과 늑장 대응이라는 엄청난 비판을 받게 되었다.[50] 에볼라는 사하라 이남 아프리카의 일부 극빈 지역에 계속해서 국한되어 있었지만, 이 질병의 끔찍한 특성은 전 세계가 백신 개발에 노력을 기울이게 하는 원동력이 되었다.

아프리카 지역의 전염병은 빈곤과 저개발의 문제로 간주할 수 있지만, 중국은 세계화라는 측면과 신종 감염병에 맞선 전쟁의 최전선이라는 측면 모두에서 아프리카와는 다른 범주에 속했다. 홍콩은 번번이 유행병의 물결에 휩쓸렸다. 조류독감 위험을 제한하기 위해서 엄청난 수의 가금류가 살처분되었다. 2003년 중국 남부의 광둥 지역에서 터진 사스 위기로 전 세계적으로 8098명이 감염되고 774명이 죽었다. 사스 사태는 현세대 중국 공산당 지도자들을 정의하는 사건이었다.[51] 미국의 질병통제예방센터Center for Disease Control(CDC)에서 영감을 받은 중국은 질병 보고 시스템을 구축했으며, 이 시스템이 정치적 압력에 영향을 받지 않고 각 지역에서 유행병 발병에 관한 신뢰성 있는 보고가 이루어질 수 있게끔 보장하길 바랐다.[52] 중국이란 나라의 거대한 크기를 고려할 때, 이것은 항상 실현되기 힘든 바람이었다. 그러나 중국은 당국의 인터넷 검열 프로그램인 만리방화벽Great Firewall 뒤에 숨지 않았다. 전문 지식을 공유하는 정신에 입각하여, 중국은 미국 CDC에 중국 기관에 직원을 파견할 수 있는 독점적인 권리를 허락했다.

한편, 중국의 이웃 국가들 역시 저마다 유행병과 충돌했다. 한국 정부는 2015년 메르스 확산 방지에 실패하면서 우려스러울 정도의 무능력을 드러냈다.[53] 유행병 확산 방지 실패는 현대적 국정 운영에 전념하는 민주당계 정부가 선거에서 승리하고, 한국의 생명공학 분야가 발전하는 데 기여했다.[54] 생명공학은 한국의 눈부신 경제 발전의 원동력이었던 중공업의 후계자가 될 것이다.[55]

그러나 경보를 알리는 북소리가 계속해서 울려 퍼졌음에도 불구하고, 에볼라 사태와 지카바이러스Zika virus 사태를 겪은 뒤, 범유행 감염병에 대한 전 세계적인 관심은 시들해졌다. 조류독감의 위험한 변이인 H7N9 바이러스가 2017년에 중국 대부분 지역에서 기승을 부린 사건은 별다른 뉴스거리가 되지 못했다.[56] 인류가 지구 환경에 큰 영향을 미친 시기인 인류세에 몰두하는 사람들에게 '최우선 문제'는 기후변화였다. 그리고 세상에는 '트럼프 요인'이 있었다.

돌이켜볼 때, 2020년 이전에 있었던 명백한 실수에 초점을 맞추지 않기란 어렵다. 그리고 이러한 사후 검토를 할 때 미국의 도널드 트럼프 행정부가 그 중심에 서는 것은 필연이다. 2020년이 시작될 때, 트럼프의 참모들은 세계 질병 통제 기금을 삭감하는 예산안을 세우고 있었다. 미국 국가안보 기구 내에서, 오바마 대통령이 질병 통제와 국가안보 정책을 연계하기 위해 창설한 단체가 제거되었다. 중국과의 무역 긴장이 고조되는 가운데, 미국은 중국 질병예방통제센터(CCDC)에서 미국 측 참관인들을 일방적으로 철수시켰다. 폭풍이 다가오는데 미국은 스스로 눈을 멀게 했다. 이 모든 조치는 이전의 민주당 정권과 공화당 정권이 모두 세계 보건 안보에 강력히 초점을 맞춘 것과는 현격한 대조를 보인다. 이는 포퓰리즘과 민족주의, 트럼프 행정부의 무식한 태도에 걸맞은 행위였다. 이런 조치는 트럼프 행정부가 중국을 적대적으로 대하는 편을 선호한다는 점을 드러냈다. 그러나 대부분의 조치는 현실 정치보다는 트럼프의 허세와 상징적 의미가 반영된 것이었다. 세계 보건 예산을 삭감하자는 제안과 의회에서 그 제안에 대한 동의를 받아내는 것은 전혀 다른 문제였다. 미국 공공의료 관료제처럼 굳건히 확립된 조직을 쉽게 망쳐놓을 수는 없다. 제안된 삭감안을 거부하면서, 2019년 의회는 세계 공중보건 기구에 대한 미국의 기여를 원래대로 회복시켰다.[57] 미국 국립 기구의 전문 인력들이 이끄는 범유행 감염병 대책 수립은 계속되었다. 정상 상태는 트럼프의 공격으로부터 회복되었지만, 그것이 위안이 될 수는 없었다.

조직화된 무책임은 2017년에 시작된 것이 아니다. 수십 년 동안, 우리는 예측 가능한 역풍에 맞서기에 충분한 자금을 글로벌 공중보건 기관에 지원하지 않은 채로, 새로운 위협이 태어나고 생물학적 부하가 심화되는, 위험성이 갈수록 높아지는 미래를 향해 돌진해왔다. 기능 장애는 트럼프만 일으킨 예외적인 일이 아니다. 기능 장애가 곧 정상 상태다.[58] 우리는 모두 준비해야 한다는 생각에 사로잡혀 있었다. 그러나 우리 가운데 실제로 준비한 사람은 거의 없었다.

2장

체르노빌이 아닌 우한

코로나바이러스는 2019년 11월 말 중국 후베이성의 인구 1100만 명 도시 우한에서 퍼지기 시작했다. 중국의 질병 보고 시스템은 분명 작동했을 것이다. 그러나 타이밍이 최악이었다. 중국 지방정부 지도부는 주요 정치 회의와 신년 축하 행사의 정상적인 흐름을 방해할 생각이 전혀 없었다. 지도부가 신경 쓴 것은 인민정치협상회의와 전국인민대표회의를 베이징에 있는 인민대회당에서 3월에 개최하는 것이었다. 두 회의는 중국 정치계에서 가장 중요한 행사다. 코로나바이러스는 진지한 회의와 정치 공작을 방해하는 불청객이었다. 우한은 베이징에서 1000킬로미터 떨어진 곳에 있다. 후베이성은 그 자체로 유럽의 큰 나라만 하다. 중앙정부를 개입시킬 필요가 없었다. 우한과 후베이성의 관료들은 이 신종 바이러스에 대한 불편한 뉴스를 막기 위해 최선을 다했다.

2020년의 1월 첫째 날, 중국 전역의 연구소에 있는 과학자들은 신종 바이러스가 출현했다는 사실을 알아차렸다. 1월 6일에는 시진핑 주석도 통보를 받은 것으로 보인다.[1] '인간 대 인간 감염'이 위험한 속도로 일어나고 있다는 우려에도 불구하고, 중앙정부는 위험의 규모를 뒤늦게 파악했다. 중앙정부는 바쁜 1월 일정 때문에 정신이 없었다. 시진핑 주석의 우선순위는 공산주의적 가치를 중국 공직 사회에 심어주기 위한 캠페인과 미국과의 무역 협상이었다. 1월 8일, 중국 질병예방통제센터의 수장은 미국 CDC의 수장에게 이 질병의 감염력이 높다는 사실을 인정했으나, 우한 지방정부는 경보 수준을 높이기를 거부했다.[2] 중국 밖에서 최초의 감염 사례가 발견되면서, 국가위생건강위원회國家卫生健康委员会는 지방 공무원들에게 경각심을 심어주고 베이징에서 온 '지시'를 전달하기 위해 전국 화상 회의를 소집했다. 이 지시가 무엇이었는지는 여전히 불명확하다. 중국 질병예방통제센터는 이제 초비상 상태에 들어갔지만, 그럼에도 대중은 경고를 받지 못했다. 사람 간 감염은 아직 확인되지 않았다.[3] 1월 18일, 국가위생건강위원회는 방해물을 극복하기 위해서 충직한 공산당원이자 사스와 싸운 영웅이었던 중난산钟南山 박사를 설득하여 우한에 직접 방문하게 했다. 빠른 속도로 사람 간 감염이 일어나고, 병원들이 사태에 대처하기 위해 고군분투하고 있음을 확인한 중난산 박사는 다급히 경보음을 울렸다. 이튿날, 베이징 중난하이中南海 안에 있는 중국 공산당 집무실에서 중난산 박사는 리커창李克强 총리와 대면하여 이 소식을 전했다. 시진핑 주석은 중국 남서부 지역을 순방 중이었으나, 1월 20일 중국 국무원이 준비한 화상 회의에서 원격으로 연설하며, 이 바이러스를 "심각하게" 다룰 것을 요구했다. 몇 시간 뒤 중난산 박사는 인간 대 인간 감염이 일어난다는 사실을 공개적으로 인정했다. 이 시점에 이미 코로나바이러스는 중국 전역과 더 넓은 세계로 퍼져나간 상태였다.

2019~2020년 겨울에 바이러스의 확산을 방지하는 데 실패한 사건은, 중국과 서방 간의 긴장이 고조되는 가운데 일어났다. 2017년 이후 중미 관계는 무역 전쟁과 휴전 사이를 오갔다. 국경 밖에서는 영향력을 키우고, 국내에서는 억압의 강도를 높이는 중국에 대한 우려가 커지고 있었다. 홍콩 내 민중 시위가 급증하면서, 중국 중앙정부 내에서는 언제까지 홍콩에 일국양제에 따른 권리를 보장해줘야 하느냐는 의문이 생겨났다. 이런 배경에서 서방 세계의 중국 회의론자들은 코로나 발발 사태를 이용하고자 달려들었다. 중국 회의론자들은 불명예스러운 사고가 중국 공산당 정권을 무너뜨릴 거라고 오랫동안 예측해왔는데, 그들이 보기에는 코로나 사태가 바로 그런 사건이었다.

1986년 소련 정권의 신뢰성을 크게 떨어뜨린 체르노빌 원전 사고가 가장 비슷했다.[4] 공교롭게도, HBO는 2019년 5월에 체르노빌 사고에 관한 설득력 있는 다큐드라마를 선보였다. 1월 말에 코로나19 위기가 심화되면서, 중국 네티즌들은 영화 리뷰 사이트를 이용하여 두 사건 사이에서 명확한 유사성을 끌어냈다.[5] 시진핑 주석의 자의적인 개인 통치personal rule를 공개적으로 비판하면서 징계를 받은 자유주의 학자 쉬장룬許章潤 교수는 이제 중국 공산당의 정치 체계가 스스로의 "폭정"의 무게에 짓눌리고 있다고 비판하는 기사를 냈다. 관료들의 정부는 "허우적거리고 있었다". 시진핑 주석의 1인 통치는 시대를 역행하는 방향으로 나아갔다.

"후베이성의 혼란은 빙산의 일각일 뿐이며, 다른 지역도 전부 똑같다"고 쉬장룬 교수는 말했다.[6] 그러므로 공산당 정권이 천벌을 받는 것은 시간문제였다.

쉬장룬 교수는 해고와 가택 연금으로 대담무쌍한 행동의 대가를 치렀다. 그러나 그보다 더 가혹한 벌은, 공산당 정권이 총체적으로 실패할 거라는 그의 예측이 빗나간 것이었다. 만약 우한을 체르노빌로 착각한다면, 서방은 크나큰 대가를 치르게 될 것이다. 우한은 철의 장막Iron Curtain 깊숙한 곳에 숨어 있지 않다. 우한은 세계화된 거대 도시이며, 바로 그렇기에 코로나 사태는 지극히 위험했다. 명절이 다가오자 전체 우한 인구의 대략 절반이 친지를 방문하고자 도시를 떠났다. 이는 여행객 500만 명이 자동차, 고속열차, 비행기를 타고 중국의 다른 지역뿐만 아니라 전 세계로 전염병을 퍼뜨린다는 뜻이다.[7] 1월에는 우한 국제공항에서 일본 한 곳으로만 중국인 관광객 1만 5000명이 떠났다.[8] 몇 주가 지나지 않아, 태국을 시작으로 25개 나라에서 감염 사례가 보고되었다.

감염력을 고려했을 때, SARS-CoV-2는 지연을 용납하지 않는 긴급한 위협이었다. 중국 중앙정부는 이 점을 파악했지만, 서방은 그렇지 못했다. 만약 중국에서 공중보건 실패가 이탈리아나 영국, 미국에서 일어난 규모로 일어났다면, 수백만 명이 사망했을 것이다. 만약, 워싱턴이나 런던에서 그러했듯이, 시진핑 주석의 정치적 위기 대처가 허술했다면, 시진핑 주석의 공고한 권력은 흔들렸을 것이다. 그러나 그런 일은 일어나지 않았다. 중국은 소련처럼 붕괴하지도 않았을 뿐더러, 형세를 뒤집고 해외의 비판

1부 질병 X

자들을 상대로 우위를 점했다. 이 질병과 처음 맞닥뜨린 국가인 중국에서는 위협이 급속도로 억제되었으며, 이 덕에 시진핑 정권은 마음껏 추가 조치를 할 수 있었다. 코로나바이러스가 통제 불능 상태였던 곳은 유럽과 미국, 라틴아메리카였다. 이 근본적인 차이가 2020년과 그 이후에 일어난 다른 모든 일의 틀을 잡았다.

2020년 1월 우한의 질병 보고 실패는 중국 중앙정부를 뒤흔들었다. 위험 관리는 시진핑 주석의 전체 권력 구상의 핵심이었다.[9] 시진핑 주석의 개인 통치는, 중국이 "한 세기 동안 볼 수 없던" 전례 없이 심각한 도전의 시기에 접어들고 있으며, 오직 중국 공산당의 "중심"에서 탄생한 단호한 지도자만이 이 시기를 극복할 수 있다는 주장에 근거한 것이었다.[10] 이러한 위협에 대처하기 위해, 정치적 반대파 짓밟기부터 부동산 호황 길들이기까지 광범위한 대책이 뒤따랐다. 외환보유고에서 1조 달러가 유출되었으며, 금융 위기 일보 직전까지 간 2015년 사태의 기억은 여전히 생생했다. 그리고 시진핑 정권은 사스 또한 기억했다. 이 유행병은 2003년에 중국을 뒤흔들었다. 시진핑 주석의 수행단 가운데 몇몇은 뒤이어 일어난 공산당 내 서열 정리를 통해 권력을 얻었다.[11] 마침내 우한 사태의 규모가 공산당 수뇌부에게 분명해졌을 때 시진핑 주석의 간부들은 무자비하고 신속하게 행동했다.

서방에서는 중국식의 가혹한 조치를 공산당의 일상적인 방식으로 여기는 경향이 있다. 그러나 그러한 생각은 중국의 현실을 잘못 본 것인 동시에 중국 중앙정부의 과감성을 과소평가한 것이다. 우한 봉쇄 조치는 최근 중국 역사에서 전례가 없는 일이었다.

2003년 사스에 노출된 베이징 주민 4000명이 격리 수용되었으며, 대학생 300명이 2주 동안 군부대에 억류되었다.[12] 이런 조치는 그 자체로 주 혹은 나라 하나와 맞먹는 인구 1100만 명의 도시를 통째로 봉쇄하는 것과는 완전히 달랐다.[13]

베이징 중앙정부는 우한이나 후베이성 지방정부의 지지를 전혀 받지 못했다. 중국 질병예방통제센터의 수석 유행병 학자 쩡광曾光이 말했다시피 "[지방정부는] 정치적 관점에서 사회 안정성과 경제, 사람들이 춘절을 만끽할 수 있을지 여부를 따졌다".[14] 서방의 전문가들 역시 도시 전체를 봉쇄할 가능성에 회의적이었다. 실용적이지도 못할뿐더러 인권을 침해하는 조치라는 이유에서였다.[15] 앞뒤가 맞지 않는 일이지만, 이들은 1918~1919년에 도시 전체를 봉쇄하는 방식이 통하지 않았다고 주장하기 위해서 역사 기록을 다시 파헤쳤다. 또한 라이베리아에서 에볼라를 억제하기 위해 방역선cordons sanitaire을 이용한 것이 결국에는 폭동으로 이어졌음을 지적했다.

이러한 사례들이 2020년 중국과 어떤 관련이 있든, 전면 봉쇄는 중난산 박사와 그의 팀이 공산당 지도부에 제일 먼저 제시한 정책적 선택지가 아니었다. 전면 봉쇄는 리커창 총리와 국무원이 사전에 준비한 뒤 시진핑 주석에게 추천한 방식이었을 가능성이 크다.[16] 이 극단적 결정은 시진핑 정권의 독재적 성향과 더불어 전염병이 통제를 벗어나고 있다는 증거가 쌓여가고 있음을 드러낼 뿐만 아니라, 중국 중앙정부가 처음부터 신종 코로나바이러스를 사스나 메르스라는 렌즈를 통해서 바라보았다는 사실을 보여준다. 서양과 달리, 중국에서는 코로나바이러스를 독감과 결부하는 데 결코 어떠한 의심도 없었다. '집단 면역herd immunity'를 얻기 위해 아무런 손도 쓰지 않은 채로 질병이 전체 인구에 퍼져나가게 내버려두는 것은 선택지로 취급되지 않았다. 정당성에 집착하는 베이징 중앙정부에 "순리에 맡기는 것"은 생각조차 할 수 없는 일이었다.[17] 유럽과 미국의 정책 입안자들은 독감 패러다임의 냉혹한 계산식으로부터 스스로를 분리하는 것이 어렵다는 사실을 커다란 손실을 보아가며 깨달았다.

중국 지도부는 1월 22일 전국적인 셧다운을 선택했고, 25일에는 고위 지도부 회의를 공개 방송하면서 공산 국가의 거대한 통치 기구를 가동했다. 그리고 춘절 연휴를 2월 2일 일요일까지 연장했으며, 상하이 금융지구 등 주요 경제 중심지의 영업을 2월 9일까지 열지 않겠다고 선언했고, 학교는 2월 17일에 다시 열릴 것이라고 발표했다. 2월 초까지, 중국 전체 인구의 거의 70%를 차지하는 14개 성과 도시가 봉쇄되었다. 세계에서 두 번째로 크며 세계 성장의 주요 동력인 중국 경제가 작동을 중단했다.

일부 봉쇄 조치는 첨단기술이었다. 상하이에서는 여행객들이 기차역이나 공항에서 출발하기 전에 접촉 추적 애플리케이션에 가입해야만 했다.[18] 설령 여행자가 자신의 동선을 기억하지 못하더라도, 재빨리 문자 한 통만 보내면 휴대전화 공급자들이 동선 리스트를 제공한다. 윈난성에서는 모든 공공장소에 QR 코드를 설치하여 출입 시 사람들이 자기 자신을 스캔할 수 있게 했다.[19] 중국 대부분 지역에서는 주민위원회가 주도하는 실천적 방법으로 방역이 이루어졌으며, 지역 공산당 조직에서는 이를 시진핑 정권식 "왕거화관리網格化管理(격자망화 관리)" 시스템으로 뒷받침했다.

이 시스템은 제멋대로 뻗어나가는 거대 신도시들에 대한 중국 공산당의 지배력을 강화하려는 최근 노력의 주안점이었다.[20] 그렇게 소위 "사회 관리 혁신social administration innovation" 부문에 투자해왔던 그들의 노력은 2020년에 결실로 이어졌다.

중국 남동부 해안에 있는 저장성은 시진핑 주석이 성부급 공무원으로 이름을 날린 곳이다. 저장성은 인구가 6000만 명에 달하며, 그중 33만 명이 "왕거원網格員(격자망 관리원)"으로 등록되어 있다. 후베이성의 격자망 관리원은 17만 명이며, 광둥성은 17만 7000명이다. 쓰촨성은 30만 8000명을 동원하고 있으며, 거대 도시 충칭은 11만 8000명의 격자망 노동자들이 모든 주민을 감시한다. 격자망 관리원의 행정구역당 밀도는, 미국 대도시 경찰 인력의 행정구역당 밀도와 대등한 수준이다.[21] 격자망 관리원은 민영 아파트 단지에 서비스를 제공하는 자산관리 회사들과 협력하여, 수백만 명의 공산당원들을 등록하고, 각 구역을 봉쇄 구역으로 만들었다.[22]

목표는 감염된 사람들을 찾아내고 그들을 격리하는 것이었다. 사람의 행동을 유도하기 위한 '부드러운 개입'으로서, 항저우 당국은 약국에서 진통제 판매를 금지했다. 이는 시민들이 자가 처치를 하지 못하게 막고 병원 치료를 받게끔 강요하는 조치였다. 우한에서 남동쪽으로 900킬로미터 떨어진 곳에 있는 해안 도시 원저우에서는 한 가구당 한 명의 가족 구성원이 이틀에 한 번씩만 쇼핑할 수 있도록 제한했다. 고속도로는 폐쇄되었다. 장시성의 포양현에서는 지역 공무원이 모든 신호등을 영구적으로 빨간색으로 바꾸는 창의적인 방편에 의존했다.[23]

한 유럽인 관찰자의 말을 빌리면, "모든 도시가 작은 알라모Alamo 요새(텍사스주 독립전쟁에서 텍사스 의용군이 최후의 보루로 삼아 결사항전한 요새.—옮긴이)로 변했다".[24] 2월 3일부터 한 주 동안, 중국 철도의 일일 여객 수송량은 75%가량 감소했다.[25] 쇼핑몰과 세련된 쇼핑 지구는 텅텅 비었다. 스타벅스는 매장 절반의 셔터를 내렸다. 전국의 이케아 매장이 문을 닫았다. 이는 중국의 요식 업계와 관광 업계, 영화 산업 입장에서는 연중 가장 큰 대목이 날아갔다는 의미였다. 춘절 잔치 금지 조치는 중국의 요식 업계에 단 한 주 동안 1440억 달러의 손실을 입힌 것으로 추정된다.[26]

공장들도 문을 닫았다. 서양 유명 브랜드의 제조 공장도 마찬가지였다. 아이폰 계약 업체인 폭스콘Foxconn, 존슨앤드존슨Johnson & Johnson, 삼성전자 등의 공장이 몰려 있는 쑤저우의 이주 노동자들은 돌아오지 말라는 요구를 받았다. 테슬라Tesla는 제너럴모터스General Motors(GM)과 도요타Toyota, 폭스바겐Volkswagen과 마찬가지로, 지방 당국의 요청에 따라 상하이 공장 운영을 중단했다.[27] 닛산Nissan과 프랑스 자동차 회사 PSA와 르노Renault는 해외 파견 직원들을 철수시키겠다고 발표했다.[28]

그러나 록다운은 대도시나 세계적으로 유명한 기업들만의 문제가 아니었다. 스탠퍼드에 기반을 둔 연구팀의 전화 조사에 따르면, 연구팀이 접촉한 중국의 농촌 마을들은 하나도 빠짐없이 봉쇄된 상태였다고 한다.

주중유럽상공회의소European Chamber of Commerce in China의 외르크 부트케Jorg Wuttke 소장은 "마치 중세 유럽 같다. 도시마다 검사와 교차 검사가 이루어진다"라고 말했다.[29] 시골에서는 지역 주민들이 도로를 가로막게끔 트럭 몇 대를 주차하거나 휘발유 드럼통을 세워두기만 하면 되었다. 지역 주민들은 그곳을 통과하려는 여행객들에게 다가가 험상궂은 태도로 말을 붙일 것이다. 친숙한 방언을 쓰는 사람은 그것만으로 통행을 허가받을 수 있었다. 그렇지 않은 사람은 모두 기다려야만 한다.

우한에서도 셧다운이 시작된 후 첫 일주일은 최악의 혼란기였다. 건설 인부 4만 명이 밤낮으로 응급 병원 두 개를 완공하기 위해 고군분투했는데, 그중 첫 번째인 훠선산火神山 의원은 2월 4일 운영을 개시했다. 그러나 업무 관리가 마구잡이식으로 이루어지면서, 중증 환자들이 방치되어 집에서 죽는 일이 생겼다. 2월 2일 일요일이 되어서야 환자를 네 가지 범주로 분류하고 격리하는 새로운 시스템이 확립되었다. 결정적으로, 이 시스템은 확진자와 의심 환자를 가족으로부터 빠르게 격리하여 감염을 제한하였다. 이때는 아직 아무도 알지 못했지만, 중국은 위기에 대처할 방법을 찾아냈던 것이다.

2월 3일, 시진핑 주석은 연휴가 끝나고 중국이 다시 일하기 시작한 것을 환영하는 대신, 중앙정치국에 세세한 사항을 전달했는데, 이는 현재 선포된 코로나 방역 "인민 전쟁"의 요지였다.[30] "인민 전쟁"이라는 말은 마오쩌둥 시대의 기억을 불러일으키는 흥분되는 구호였을지도 모르지만, 상하이 주식시장에는 약간의 설득력이 필요했다. 중국 춘절 이후 거래 첫날 트레이더들이 단말기를 켤 무렵에는, 주요 은행과 보험사, 펀드매니저로 이루어진 "국가대표팀"의 매수세가 시장을 떠받칠 것이라는 관측이 지배적이었다.[31] 그러나 중국 인민은행이 트레이더들에게 1710억 달러의 융자를 제공했음에도 주식시장에서는 대규모 매도세가 나타났다. 상하이 증권거래소의 시가총액은 단 하루 만에 7.9% 감소했다.[32] 2015년 8월의 위기 이후 최악의 거래일이었다.[33]

우한과 후베이성은 심각한 상황이었고 중국 언론은 이 사실을 숨기지 않았다. 봉쇄된 병원은 암울한 분위기였고, 병원이라기보다는 창고처럼 보였다. 의사들은 밀려오는 죽음의 물결에 맞서 헛되이 고군분투했다.[34] 희생자 가운데는 의사들도 있었다. 의사 리원량李文亮은 코로나19를 처음으로 경고한 사람들 가운데 하나였는데, 이 일로 지방정부로부터 징계 위협을 받았다. 2월 초, 리원량은 심하게 아팠고, 산소마스크에 의존하여 힘겹게 버티고 있는 자신의 사진을 중국판 트위터인 웨이보Weibo에 공유했다. 2월 6일 리원량은 사망했고, 이는 PR계의 재앙이었다. "우한 정부는 리원량에게 사과해야 한다"라는 해시태그는 검열에 걸려 차단되기 전까지 1억 8000만 회 조회되었다.[35]

사람들은 범유행 사태에 잘못 대처한 시진핑 정권에 실망했고, 이러한 실망감은 더 일반적인 정치적 요구로 빠르게 번져나갔다. 2월 7일 금요일, 우한의 유명 대학의 교수들은 당국에 공개 서한을 보내 중국 헌법이 보장하는 표현의 자유를 존중할 것을 촉구했다. 주요 지식인들이 중국 전국인민대표회의에 보낸 또 다른 서한은 다음과 같은 선언으로 시작한다. "우리는 오늘부로 어떠한 중국 시민도 그들이 한 말로 인해 그 어떤 국가 기관이나 정치 단체로부터 위협받아서는 안 된다고 주장한다. (…) 국가는 즉시 소셜 미디어 검열과 계정 삭제 및 차단을 중단해야 한다."[36] 고작 몇 주 전만 해도 시진핑 주석의 권위는 의심의 여지가 없어 보였다. 이제 검열관들은 웹 사용자들이 〈민중의 노래가 들리는가?Do you hear the people sing?〉의 가사를 게시하는 것을 막기 위해 사투를 벌였다. 이 곡은 뮤지컬 〈레 미제라블Les Miserables〉의 주제곡으로, 홍콩의 시위자들이 저항의 노래로 채택한 곡이었다.

2월 7일은 중국 공산당의 권위가 가장 심각하게 도전받은 순간이었다. 그렇지만 이날은 정부 대응이 전환점을 맞은 순간이기도 했다. 급증한 시위는 강경한 진압과 만났다. 검열은 과열 상태에 돌입했다. 소셜 미디어 게시물이 급속도로 삭제되었다. 감히 온라인에 비판 영상을 올린 우한의 기자들이 실종되었다. 쉬장룬 교수는 가택 연금되었고 바깥세상과 단절되었다.[37]

중국 공산당의 안보 기관은 무시무시했으며, 진압은 매우 효과적이었다. 진압이 전염병 통제에서 거둔 성공과 결합되었기 때문이다. 이용 가능한 데이터를 통해 판단할 수 있는 것은, 2월 중순 무렵 중국의 바이러스 확진자가 격감했다는 것이다. 이것은 중국 중앙정부가 후베이성 단 한 곳에서 전염병과 싸우는 데 인구 14억 국가의 자원을 총동원하고 있다는 사실을 의미했다. 4만 명 이상의 의료 인력이 군부 주도하에 결집하여 우선 우한의 감염 중심지에 집중한 뒤 다른 지역에 파견되었다.[38]

이러한 전략적 유연성을 확보하려면 확산을 방지해야 했다. 베이징은 이 싸움의 핵심이었다. 2003년 사스가 유행했을 때 중국 수도의 시 당국은 실패했다. 2020년 2월 10일까지 베이징에서는 337건의 코로나19 확진자가 발생했으며, 의사 환자들은 더 많았다. 시 당국은 만약 연휴가 끝나고 일상이 재개된다면, 베이징 주민과 노동자 60만 명이 기차를 타고 돌아오고 14만 명이 항공기를 타고 돌아오면서 감염자가 급증할지도 모른다고 우려했다.[39] 재앙을 방지하기 위해, 베이징 당국은 공공위생을 종합적으로 관리하기 시작했으며 "외부인 출입금지" 정책을 시행했다. 사람들에게 평온감을 주기 위해서, 2월 10일 월요일 시진핑 주석은 수도 베이징을 직접 순시했다. 메시지는 명확했다. 후베이성 밖에서 중국은 정상화되고 있다.

2월 중순 무렵, 중국 중앙정부의 관점에서 볼 때, 위기는 한 극단에서 다른 극단으로 옮겨갔다. 문제는 다른 지방들이 후베이성처럼 방역에 실패한 것이 아니라, 방역에 실패할지도 모른다는 두려움 때문에 지방 공무원들이 과잉 대응하고 있다는 점이었다. 셧다운이 자체적인 모멘텀을 얻으면서 중국 경제의 성장 동력을 마비시킬 수 있는 위협이 되었다. 상하이나 저장성, 장쑤성, 광둥성 같은 경제 중심지들은 휴교 연장, 이주 노동자들의 이동 제한 등의 조치로 얼어붙었다. 작은 도시들은 코로나19 감염자가 발생한 도시에서 화물을 실었거나 그곳을 통과한 트럭 운전자들에게 2주간의 격리를 요구했다. 그러는 동안, 폭스콘이나 폭스바겐 같은 글로벌 기업들은 공장을 너무 일찍 재가동하는 것은 아닌지 리스크를 저울질하고 있었다.[40] 부둣가에 서서 국가 보건을 위험에 빠뜨렸다는 비난을 받고 싶어 하는 사람은 아무도 없었다. 상하이시 당국의 2월 10일 자 보고서에 따르면, 세계 경제 거점 가운데 하나인 상하이에서, 실제로 생산 재개 허가서를 받으러 오기는커녕, 생산 재개에 조금이나마 관심을 보인 것은 현지 공장의 겨우 70%에 불과했다. 주중 미국상공회의소 회장이 말했듯이, 고용주들은 "직원들을 보호하고 싶어 하지만, 노동법이나 정부의 일일 발표를 어겨 체포당하고 싶은 사람은 아무도 없다".[41]

중앙정부가 걱정한 것은 더는 후베이성식 부정행위와 늑장 대응이 아니었다. 지방정부가 지나치게 열성적으로 대응하면서 지방이 중앙으로부터 분리되는 경향성이 생겼다는 점이었다. 국무원 판공청国务院办公厅이 "고속도로 무단 폐쇄, 주요 지방 고속도로 차단, 마을 강제 봉쇄, 마을 도로 훼손, 응급 차량 이동 중단"을 엄격히 금지하는 공시를 내는 것이 적절하다고 보았다는 점은 시사하는 바가 크다.[42] 그러나 중앙정부가 중국이 다시 정상화되기를 원한다고 한들, 지방 위원회를 설득하기는 쉽지 않은 일이었다. 사람과 물류의 순환이 다시 시작되는 것이 중요하다는 점은 명백했으나, 누구도 제2의 우한이 되기를 바라지는 않았다. 법에 따르라는 중앙정부의 요구와 맞닥뜨린 지방정부 관계자들은 "질병 통제는 법규에 대한 추상적이고, 때때로 현학적인 논쟁에서 벗어나야 한다"라고 선을 그었다. 베이징에 있는 잔소리꾼 입장에서 지방정부의 가혹한 처사를 비판하기란 손쉬운 일이었다. 그러나 유행병이 다시금 통제 불능 상태가 되면, 책임을 져야 하는 것은 지방정부가 아닌가? 일부 방역 조치가 다소 가혹한 것은 사실이지만, 실책과 오용은 나중에 시정할 수 있지 않은가? 우선순위는 지금 당장 단호하게 행동하는 것 아닌가? 만약 이 때문에 생긴 지장이 마음에 들지 않는다면, 중앙정부가 나서서 "더 나은 대안"을 제시해야 하는 것 아닌가?[43]

지방정부가 가혹하다는 증거를 찾아내기는 손쉬운 일이었다.

다른 누구보다 외지인들이 크게 고통받았기 때문이다. 중국의 거대한 이주 노동자 인구는 총 2억 9100만에 달하며, 중국 전체 노동력 7억 7500만의 3분의 1을 차지한다. 어떻게든 직장으로 돌아가려고 애쓰는 이주 노동자들은 "세 관문"과 마주해야만 한다. 출발지의 "지방 출구 관문"과 목적지로 가는 동안의 "교통 관문" 마지막으로 도착지의 "격리 관문"을 통과해야만 하는 것이다.[44] 후베이성과 관련된 사람들에게 세 관문을 통과하기란 절망적인 일이었다. 베이징에서는 후베이성 출신 가족들이 임대주택에서 쫓겨날 상황에 직면했다. 지역 주민위원회는 발병 지역과 관련된 사람들이 살고 있다고 알려진 아파트에 딱지를 붙이기 시작했다. 지역 운동가들은 후베이성 출신이거나 후베이성에 연고가 있는 사람에 대한 정보에 500위안(약 71달러)의 보상금을 걸었다. 의심받는 사람들에게는 불행하게도, 후베이 억양은 매우 독특하여 착각의 여지가 없었다. 여기에 덧붙여 모든 신분증에는 그 사람의 출신지가 표시되어 있었다.[45] 공산당 수뇌부는 차별 금지를 선언했지만, 그 선언은 무시당했다.

2월 중순 공식 집계에 따르면, 여느 때라면 명절을 보내고 돌아왔을 터인 2억 9000만에서 3억 명의 이주 노동자 가운데 오직 8000만 명만이 직장으로 돌아왔다. 그달 말까지 1억 2000만 명이 추가로 직장에 복귀할 것으로 예상되었으므로, 나머지 3분의 1은 계속해서 실직 상태로 남는 셈이었다.[46] 이것은 경제 활동에 부인할 수 없는 충격을 주었다.[47] 2월 중순 여객 수송량은 전년 대비 85% 감소했으며, 6개 대형 발전소 그룹의 일일 석탄 소비량은 43% 감소했다. 주요 도시의 하늘이 맑게 개면서 중국의 이산

화탄소 배출량은 급감했다.[48]

이것이 시진핑 주석이 2월 10일 베이징 시찰 도중 "대규모 정리해고"를 막고 지방정부가 법을 존중하게 하는 것이 급선무라고 말한 배경이었다.[49] 중국 관영 언론은 "(유행병에 대한) 과잉 대응 행위를 바로잡고, 덮어놓고 폐쇄하거나 무작정 영업을 중단하는 지나치게 단순한 접근 방식을 피할 필요가 있다"는 시진핑 주석의 말을 인용했다.[50] 그러나 심지어 국가발전개혁위원회마저도 이 사안에 유연하게 접근해야 하며 각 성과 도시가 "바이러스 확산에 근거하여 자신들의 재량에 따라" 업무를 재개하게끔 내버려둬야 할 필요성이 있음을 인식하고 있었다.[51] 2월 17일, 관영 언론 신화통신은 '두 회의', 즉 전국인민대표회의와 인민정치협상회의를 연기하는 것에 관한 논의가 시작되었다고 발표했다.[52] 중국의 입법자들 가운데 3분의 1은 지방정부 소속이었으며, 이들은 자신들의 일로 이미 급급한 상황이었다.

세계적으로 유통되는 애플 아이폰의 40%를 조립하는 대만의 기업 폭스콘보다 록다운에 대처할 때 생기는 딜레마를 뚜렷이 보여주는 예시는 없다. 허난성 장저우에 있는 폭스콘의 거대한 공장은 완전히 가동할 경우 20만 명을 고용한다. 도시 밖에서 돌아오는 노동자들은 반드시 격리되어야만 했는데, 폭스콘의 기숙사는 이들을 수용하기에 충분하지 않았다.[53] 애플의 주력 생산설비의 가동 중단은 단순한 국내 문제가 아니었다. 2월 21일에는 시진핑 주석 스스로 중국의 전 세계적 공급자로서의 지위가 점점 더 위협받고 있다고 경고했다. 이 적대적인 세상에서 중국이 '가장 선호되는 계약자' 자리를 지키려면, 생산 능력을 회복할 수 있

음을 가능한 한 빨리 증명하는 것이 중요했다.[54]

리스크를 관리하기 위해 폭스콘은 일종의 제도를 시행하기 시작했는데, 이는 곧 전 세계로 퍼져나갔다. 고위험 지역에서 온 노동자는 14일 동안 자가 격리해야 했다. 중위험 지역에서 온 노동자는 직장에 복귀하기 전에 건강증명서를 제출하여 몸에 이상이 없음을 증명해야 했다. 이때부터 폭스콘은 코로나 발병률이 매우 낮았던 허난성에서 주로 신입사원을 모집하기로 했다.[55] 트럭들이 다시 달리게 하기 위한 노력의 일환으로 중국 전역의 고속도로에서 통행료가 면제되었다.[56] 그러나 항구도시 상하이와 닝보의 트럭 운전사 90%는 여전히 업무에 복귀하지 않았다.[57] 저장성 같은 해안 지대에 있는 생산 중심지는 너무도 절박하여 직접 전용 운송편 계약을 맺을 정도였다. 텔레비전에서는 웃으면서 깃발을 흔드는 노동자들이 줄줄이 전용 고속열차에 올라타는 모습이 방영되었다.

전면 봉쇄를 추진하고 한 달이 지난 2월 23일 일요일, 시진핑 주석은 중국 지도부에 연설을 했다.[58] 이 연설은 2020년에 전 세계에서 열린 모든 화상 회의와 줌Zoom 회의 가운데 가장 빼어났을 회의에서 이루어졌다. 중국 전역에서 최소 17만 명의 간부가 참석했으며, 현급 이상의 지방정부와 연대급 이상의 군 간부가 빠짐없이 참여했다. 모든 데이터가 코로나 확진자 수가 급속히 감소하고 있음을 보여주었다. 이제 기어를 바꿀 시간이었다. 《사우스차이나 모닝포스트South China Morning Post(남화조보)》는 시진핑 주석이 "중국 경제 성장에 대한 경종"을 울리고 있다고 보도했다. 중국의 사회경제 시스템이 "오랫동안 중단되어선 안 된다"는 것이었다. 바이러스가 억제됨에 따라, 이제 중점은 생산 회복이었다. 공무원들은 신규 감염에 관해 보고하기보다는, 경제 정상화 속도에 관해 보고하라는 명령을 받았다. 시진핑 주석의 권력 기반인 저장성이 이에 앞장섰다. 비록 가동률은 낮았지만, 저장성의 대형 공단의 90%가 운영을 재개했다.[59]

시진핑 주석이 나직하게 말했듯이, 코로나19 위기는 틀림없이 "중국 사회·경제 발전에 심각한 타격을 줄 것이다. 그러나 이러한 시기일수록 중국의 발전을 포괄적이고 변증법적이고 장기적인 관점에서 고려하는 것이 중요하며, 자신감을 키우고 확고히 하는 것이 중요하다". 이제 중점이 되는 것은 선별과 규율이었다. 중국의 전체 현 가운데 절반가량에는 코로나 감염자가 없었다. 이런 저위험 지역에서는 "코로나 환자가 유입되는 것을 사전에 방지하고, 생산과 삶을 총체적으로 정상화하는 것"이 우선순위가 되어야 마땅했다. 중위험 지역에서는 "지역 유행병 통제 상황에 기초하여 질서정연하게 작업과 생산을 재개하는 것"이 우선순위가 되어야 했다. 그리고 고위험 지역에서는 록다운이 계속되어야 했다.[60] 통상적인 표현이었지만, 그 안에 담긴 메시지는 분명했다. 중국 공산당 중앙 지도부는 통제력을 회복하고자 했다.

2월 24일 월요일, WHO는 중국의 코로나바이러스 통제 노력을 환영하며, 가장 위험한 순간은 지나갔다고 선언했다.[61] 시진핑 주석의 요구에 응답하여, 광둥성의 공장 단지는 공중보건 위기 단계를 낮췄으며, 산시성, 간쑤성, 랴오닝성, 구이저우성, 여난성도 똑같이 조치했다.[62] 지방정부는 현지 공무원들에게 "폭스콘테크놀로지그룹의 장저우 공장이 가동을 재개하도록 협조하라"고

명령했다. 안전한 지역에서 온 노동자들은 직장에 복귀하라고 재촉받았다. 건강 설문지에 도장을 찍고, 체온을 측정하면 노동자들은 적합 판정을 받았다. 최소한 한 번은 경찰 호위 차량이 공장 정문으로 향하는 버스 행렬에 동행했다. 그러는 동안 폭스콘의 라이벌 페가트론Pegatron은 1만 위안의 보너스를 제공하여 노동자들이 상하이 공장으로 돌아오게끔 유도했다.

모두가 다 그럴 수 있는 처지는 아니었다. 작업을 재개하라는 시진핑 주석의 요구에도 불구하고, 심지어 가장 활발한 지역에서조차 2월 말까지 영업을 재개한 중소기업은 30%에 불과했는데, 이는 60%가 영업을 재개한 대기업과 대비되는 수치였다.[63] 비록 관심이 쏠린 것은 폭스콘 같은 기업이나 여타 거대 국영기업들이긴 했지만, 거의 대다수가 개인 소유인 중소기업은 중국에서 등록된 기업의 99.8%를 차지하며, 전체의 80%에 가까운 노동자를 고용하고 있다. 중소기업들을 합친 거대한 집단은 중국 국내총생산의 60% 이상을 차지하며 전체 세수의 절반 이상을 차지한다.[64] 중소기업은 록다운에 직격타를 맞았다. 공업 생산이 빠르게 회복한 반면, 도심의 대량 소비는 1년 내내 회복이 지연될 수 있다. 은행 시스템은 대출 조건을 최대한 관대하게 하라는 지시를 받았다. 리커창 총리가 인정했듯이, 불행하게도 중소기업 대다수는 금융 시스템에 온전히 등록되어 있지 않았다. 중국의 수많은 중소기업 가운데 오직 5분의 1만이 은행 대출을 신청하고 받아본 적이 있었다.[65] 중앙정부의 부양책은 중소기업에 쉽게 닿을 수 없었다. 중소기업의 생존은 전반적인 경제 회복과 삶의 정상화에 달려 있었으나, 그 여부는 아직 불투명했다.

경제 건전성을 보여주는 최고의 일반 지표는 고용률과 실업률이다. 중국의 공식 실업률 통계는 위기 기간 동안 5.3%에서 6%로 아주 소폭 증가했다. 그러나 실업보험 제도는 도시 노동 인구의 절반과 이주 노동자의 5분의 1만을 보장할 뿐이었다. 생산 재개를 위한 혼신의 노력에도 불구하고, 2020년 3월, 1억 7400만 명의 장거리 노동 이주자 가운데 오직 1억 2900만 명만이 일하고 있었다.[66] 이는 최소 4500만 명이 일자리를 잃었음을 뜻한다. 공식 데이터에 집계되지 않은 이주 노동자까지 고려한다면, 3월 실직자 수는 아마 8000만 명에 가까울 것이다. 심지어 통계청도 위기가 극에 달한 시점에서 중국 도시들의 유휴 노동력이 18.3%에 달한다는 사실을 기꺼이 인정했다. BNP 파리바BNP Paribas의 분석가들은 이 데이터를 주의 깊게 살펴본 뒤, 1억 3200만 명에 달하는 노동자들이 일시적 실업 상태이거나, 영구적으로 해고되었거나, 일시 해고당했다고 결론 내렸는데, 이는 중국 도시 노동 인구의 30%에 달하는 수치였다.[67] 이 수치는 추정치이며, 중국 중앙정부는 사회 위기에 대한 심도 있는 논의를 억제하기 위해 최선을 다했다. 노동시장이 거대한 충격을 받았음은 명백했다. 경기 불황이 있었던 2008년이나 사스가 유행했던 2003년보다 상황이 훨씬 심각했다.[68] 이때만 해도, 이것은 전 세계 어느 국가도 경험하지 못한 최악의 노동시장 쇼크였다.

시진핑 주석이 17만 명의 충성파에게 연설하고 이틀이 지난 2월 25일, 베이징의 주요 경영대학 중 한 곳이 내놓는, 가장 주목받는 기업신뢰지수Business Confidence Index 가운데 하나가 그 평결을 내렸다. 이 지수에서 50이라는 수치는 경기가 중립 상태임을 나타난다. 1월에 이 지수는 적당한 자신감을 나타내는 56.2였다. 2월 말, 이 지수는 37.3으로 급락했는데, 이는 심각한 위축이 있음을 나타냈다. 연구자들은 공포에 떨었다. 리웨이李巍 교수가 말했듯이, "좋지 않은 결과가 나오리라고 마음의 준비를 하고는 있었지만 (…) 실제 수치는 우리가 상상했던 것보다 더 나빴다".[69]

중국은 지금 과거 냉전 시대에 있었던 일과 비슷한 일을 겪고 있는 것이 아니며, 중국판 '체르노빌 사태'를 겪고 있는 것도 아니다. 중국은 지금 새롭고 유례가 없는 사회적·경제적 충격을 경험하고 있다. 신속하고 효과적인 대응을 통해, 중국의 정권과 국민은 바이러스를 억제하고 있다. 그러나 성공에는 엄청난 대가가 따랐다. 2020년 상반기 동안 중국은, 경제 체제를 전환하여 새로운 시대를 연 이후 처음으로 경제 성장에 심각한 차질을 빚었다. 책임 소재는 의심의 여지가 없었다. 코로나바이러스가 이렇게 퍼지게 된 것은, 끔찍할 정도로 근시안적인 관점으로 방역을 방해한 후베이성 지도부의 잘못이었다. 2003년에 중국 공산당의 신뢰성을 떨어뜨린 사스 사태와 비교해, 코로나 사태는 분명 더 심각한 상황이었다. 2월의 성공적인 억제 작전에도 불구하고, 2020년 코로나19 위기는 시진핑 정권에게 커다란 골칫거리가 될 수도 있었다. 그 대신, 코로나 사태는 공산당 지도부의 주도하에 중국의 집단적 복원력을 증명하는 계기가 되었으며, 그 결과 "재난 민족주의disaster nationalism"라는 적절한 이름이 붙은 민족주의가 등장하게 되었다.[70]

공동체 의식은 안쪽을 향할 수도 있지만 바깥쪽을 향할 수도 있다. 세계화된 세계에서, 사람들이 중국의 성과를 어떻게 평가하느냐는 세계의 나머지 국가들이 코로나바이러스 위기에 어떻게 대처했는가와 밀접한 관계를 맺고 있다. 만약 유럽과 미국의 통제 조치가 더 효과적이었더라면, 만약 중국만 홀로 셧다운 조치를 시행하여 극심한 고역을 치렀더라면, 시진핑 주석의 권위는 아마도 심대한 타격을 받았을 것이다. 그런 일은 일어나지 않았다. 세계의 나머지 국가들은 대응에 실패했으며, 서방의 관찰자들은 중국을 손가락질하며 비난했으나, 이 비난은 그저 중국 공산당이 직접 배양한, 중국인의 호전적인 집단의식을 강화하는 역할을 했을 뿐이었다. 중국은 사실 엄청난 대가를 치렀지만, 억제조치가 성공하면서 그 대가는 정당화되었으며, 시진핑 정권은 빠르게 통제력을 회복할 수 있었다. 이 전체 에피소드를 공중보건과 경제 면에서 모두 국민을 최우선으로 하는 단호한 지도자가 지도력을 발휘한 사례로 소개해도 좋을 정도다. 2020년 5월 21일부터 22일까지, 마침내 '두 회의'가 베이징에서 열렸을 때, 시진핑 정권이 사람들에게 들려준 이야기는 중국의 영웅적인 재건이었다.[71] 서방의 실패는 중국 공산당에 역사적 승리를 건네주었다.

2월, 시간과의 싸움

1월 말, 우한에서 전해진 소식은 전 세계에 경고의 물결을 일으켰다. 이것이 오랫동안 예견된 악몽의 범유행 감염병이었을까? 중국에서 바이러스가 발발하는 내용의 할리우드 스릴러 영화 〈컨테이젼Contagion〉(2011)이 잠시 아이튠즈 영화 부문에서 상위 10위에 진입했다.[1] 그러나 중국 밖의 사람들에게 코로나 위기는 여전히 비현실적이었다. 바이러스는 멀리 떨어져 있었다. "중국판 체르노빌"이라는 말은 바이러스 위험을 이국적으로 느껴지게 했다. 중국의 엄격한 대응책은 전체주의의 탈을 쓰기에 딱 좋았다. 물론, 서양에서는 그러한 대응을 상상조차 할 수 없었다. 중국이 맨땅에 순식간에 병원을 세우는 마법 같은 광경조차, 앞으로 닥칠 일에 대한 경고로 받아들여지기보다는, 공산주의 정권에 대한 고정관념을 확고히 했을 뿐이다.

참혹했던 한 달 동안, 나머지 세계의 대부분은 중국에서 일어난 사건을 자신들과는 당장은 상관이 없는 일로 여겼다.[2] 그것은 코로나에 대한 심각한 과소평가와 질병 대처 능력에 대한 자만심과 더불어, 중국의 문제는 중국의 문제라는 의식, 즉 세계화와 관련된 모든 이야기의 이면에 있지만, 누구도 말하지 못하는 생각을 드러낸다. 중국 중앙정부는 베이징에서 1000킬로미터 떨어진 우한에서 발발한 사태에 대응하기 위해 급진적인 조치를 취해야만 했을지도 모른다. 그러나 중국 중부의 한 도시에서 퍼져나오는 바이러스를 억제하려면, 런던이나 뉴욕처럼 먼 곳에서도 즉각적인 조치를 해야 한다는 생각은 상상조차 하기 어려웠다. 2020년은 세계를 날아다니는 우리의 능력이, 상호연결성 interconnectedness에 무엇에 뒤따르는지에 관한 우리의 이해를 훨씬 앞서고 있다는 사실을 드러냈다.

이것은 역사적인 실패였다. 2월 초 중국 외부의 전문가들은 신종 코로나바이러스가 일으킨 위협의 정도와 긴급성을 충분히 측정할 수 있었다.[3] 중국이 바이러스의 확산을 막기 위해 해야만 했던 일은, 그 자체로 충분한 경고가 되었어야 했다. 이상적인 세계였다면 이런 상상을 할 수 있었을 것이다. 가령 G20 같은 국가 모임에서 미국과 EU가 앞장서서, 항공 여행 조건 조정과 항공기 단계별 운항 중지에 즉각 동의하고, 여기에 덧붙여 서로 협력하여 코로나 검사 도구와 다른 개인 보호 장비를 집중적으로 생산하고 공유한다는 상상 말이다. 이것은 본질적으로 중국이 국가 차원에서, 14억 인구가 사는 한 나라로서 실행한 일이다. 이러한 작업을 전 세계 운송망에서 가장 밀접하게 연결된 핵심 연결점들을 포함하여 진행하려면, 중국의 대바이러스 "인민 전쟁"은 2배 규모로 확대되어야만 했을 것이다.

판타지와 현실이 얼마나 다른지 알아보고 싶다면 그냥 적어보기만 하면 된다. 일치단결한 리더십 따위는 나오지 않았다. WHO나 IMF 같은 국제기구가 경고를 보내긴 했으나, 미국도 EU도 이런 경고에 힘을 실어주지 않았다. 중국 역시 자발적으로 검역 조치를 취하지도 않았고, 구조적인 이동 제한 조치에 찬성하지도 않았다.[4] WHO는 필수적이지 않은 여행 금지에 반대하는 입장을 용인했다.[5] 2020년 2월, 전 세계의 엘리트들이 자신들이 만들어낸 상호 연결된 글로벌 세계를 통치하는 것이 실제로 무엇을 의미하는지 전혀 이해하지 못하고 있다는 충격적인 사실이 사방팔방에서 증명되었다.

코로나바이러스를 심각하게 받아들여야 할 즉각적인 이유가 있는 사람들 가운데는 글로벌 공급망을 관리하는 이들이 있었다. 사스 위기 당시 중국은 세계 경제의 4%만을 차지했다. 2020년, 중국이 전 세계 경제에서 차지하는 비율은 20%에 가까웠다. 자동차 제조와 같은 제조업 부문에서 중국은 가장 큰 시장인 동시에 가장 큰 생산 중심지다. 2019년 전 세계에서 생산된 차량의 80%에는 중국산 부품이 포함되어 있다.[6] 한 자동차 제조사가 말했듯이, "모두가 다 중국에서 공급받는다". 만약 중국에서 셧다운이 일어난다면 '나랑은 상관없는 일'이라고 말할 수 있는 사람은 없다. 지난 2월, 한국의 현대자동차는 생산을 전면 중단해야만 했다. 닛산과 피아트크라이슬러오토모빌스Fiat Chrysler Automobiles 모두 공장을 가동하기 위해 고군분투했다. 몇몇 유럽 제조사들은 중국에서 부품을 공수하는 데 의존했다. 여기에는 위험이 따랐다. 독일의 경우, 바이에른에서 최초로 코로나 집단 감염 사태가 발생했는데, 이는 자동차 부품 공급업체 베바스토Webasto에 중국의 합작 투자 회사 관계자가 방문한 뒤 일어난 일이었다.[7]

최근 수십 년 동안, 세계 금융 중심지의 노련한 트레이더들은 상품의 움직임을 실시간으로 추적하기 위해 위성사진을 이용하는 법을 배웠다.[8] 유조선과 달리, 우주에서 코로나바이러스를 볼 수는 없다. 그러나 셧다운의 결과를 볼 수는 있다. 2월 중순에 촬영한 위성사진은 중국 전역에서 대기 오염이 전례 없을 정도로 감소한 것을 보여준다. 톰톰TomTom 같은 위성항법장치(GPS)의 사용 현황 데이터는 도로 교통량이 급감했음을 보여준다.[9] 중국의 주요 검색엔진인 바이두에서 스크랩한 데이터는 '해고' '실업' '셧다운' '파산' 등의 키워드 검색량이 놀랄 만큼 급증한 것을 보여준다.[10]

그러나 중국에서 일어난 위기가 세계에 미칠 충격을 걱정하는 것과 중국의 위기가 세계화되는 것을 걱정하는 것은 전혀 다르다. 제약 업계의 선두주자들조차 이 차이를 쉽게 뛰어넘지 못했다. 곧 백신 경쟁에서 주역을 맡게 될 화이자Pfizer의 CEO 앨버트 불라Albert Bourlar는 훗날 코로나19가 처음 등장했을 때를 떠올리며, 당시에는 "이것이 커다란 개입이 필요한 중요한 글로벌 문제가 될 것이라는 (…) 인상을 받지 못했다"는 사실을 인정했다.[11] 불라는 혼자가 아니었다. 일부 코로나19 백신 제조사들이 SARS-CoV-2 염기서열이 공개된 지 며칠 만에 프로젝트를 개시했지만, 칸시노바이오로직스Cansino Biologics의 CEO 위쉐펑喻学锋 역시 의구심을 품고 있었다. 위셰펑은 코로나19가 사스처럼 잠깐 "반짝하고" 끝날 것을 우려했다.[12] 과학계에서는 SARS-CoV-2의 극심한 감염력과 심상치 않은 입원 비율이 분위기를 바꿔놓았다. 만약 이 수치를 표준 유행병학 모델에 적용한다면, 아무런 조치도 취하지 않을 경우, SARS-CoV-2가 수억 명을 감염시킬 것이라는 결론을 피하기 어려웠다. 수백만 명이 죽을 수도 있었다.

블라디미르 푸틴 러시아 대통령은 1월 29일 러시아가 중국과 국경선을 폐쇄하기 직전에 처음으로 이 바이러스를 공개적으로 언급했다.[13] 1월 말, 몇몇 나라들은 중국에서 오는 여행객들을 규제하기 시작했다. 1월 31일, 이탈리아와 미국은 중국으로부터 내국인이 아닌 사람의 입국을 일방적으로 중단했으나, 이 조치는 논쟁을 불렀다. 중국 정부는 즉시 항의했다.

'우한 바이러스'의 소식이 들려오자, 워싱턴 DC에서는 오랫동안 중국과의 단교를 주장해온 피터 나바로Peter Navarro 무역자문관 같은 대對중국 매파들이 기회를 놓치지 않고 달려들었다. 2월 9일 나바로는 "우리는 미국에서 심각한 코로나 범유행 사태가 일어날 상당한 가능성과 마주하고 있으며, 범유행은 2021년까지 이어질 수 있다"는 경고를 적은 보고서를 제출했다.[14] 2월 23일, 나바로는 수백만 명의 목숨을 앗아갈 재난을 경고하고 있었다.[15]

나바로는 세계가 동방과 서방의 장대한 대결로 치닫고 있다고 열렬히 믿고 있었다. 중국이 고의로 바이러스의 "씨를 뿌렸다"라는 아이디어는 그 대본에 적합했다.[16] 그러나 모두가 그의 어두운 환영에 공감하지는 않았다. 트럼프 대통령은 자신이 민족주의자임을 뽐냈으며 중국에 강경한 발언을 쏟아내곤 했지만, 그가 그보다 더 좋아한 것은 바로 거래였다. 2020년 2월, 트럼프 대통령은 자신의 1단계 무역 협정을 홍보하는 것을 한낱 바이러스 따위가 방해하게 내버려두지 않았다. 트럼프 대통령은 중국이 혼자 유행병을 상대하는 상황을 너무나도 만족스러워했다. 그는 트위터에 이렇게 올렸다. "중국은 코로나바이러스를 억제하기 위해 최선을 다하고 있습니다. 미국은 중국의 노력과 투명성을 높이 평가하고 있습니다. 다 잘 될 겁니다. 특히, 미국 국민을 대표해서, 나는 시진핑 주석께 감사를 표하고 싶습니다!"[17] 더 강경한 수준의 대응이 필요하다는 몇몇 보좌진의 충고를 무시하며, 트럼프 대통령은 2월에만 시진핑 주석의 범유행 감염병 대처에 관해 13차례나 더 언급했다. 그리고 그것은 감탄사에 그치지 않았다. 2월 7일, 마이크 폼페이오Mike Pompeo 국무장관은 미국에서 중국으로 의료 기기 18톤을 수송한다고 발표했다. 몇몇 유럽 국가들도 중국으로 물자를 공수했다. 중국인들의 손에만 코로나19를 맡기는 것은 너무나도 편리한 일이었다. 트럼프와 유럽 국가들 모두 국내에 걱정거리가 차고 넘쳤다.

위기가 시작되었을 때, 트럼프 대통령은 탄핵 추문에 대처하고 있었다. 그는 2월 5일이 되어서야 상원에서 무죄 선고를 받았다. 시련이 끝나자 트럼프 대통령은 공화당을 지지하는 주 전역의 지지자들과 함께 승리를 자축했다. 공중보건 자문관들이 트럼프 대통령에게 코로나 위협을 심각하게 받아들일 것을 촉구했을 때, 스티븐 므누신Steven Mnuchin 재무부 장관과 트럼프의 사위 재러드 쿠슈너Jared Kushner는 이들을 밀어냈다.[18] 두 사람에게 더 중요한 것은 허황된 바이러스 이야기로 금융시장을 어지럽히지 않는 것이었다. 2월 10일, 트럼프 정부는 WHO와 세계보건기금Global Health Funding에 대한 예산의 대폭 삭감을 촉구하는 예산안을 제안했다. 한편, 윌버 로스Wilbur Ross 상무부 장관에게 중국의 위기는 제조업체들이 미국의 더 안전한 해안으로 돌아오게끔 고무할 기회였다.[19]

영국에서는 보리스 존슨Boris Johnson 총리의 행정부가 비슷하게 분열되어 있었다. 1월 31일에는 영국인 83명이 우한시에서 대피용 항공편을 타고 고국으로 돌아왔으며, 영국의 첫 번째 발병자는 영국 북부 요크에서 확인된 중국인 방문자였다.[20] 그러나 그날의 헤드라인은 브렉시트가 지배했다. 1월 31일, 영국은 EU에서 탈퇴했다. 그날 저녁, 희색이 만면한 존슨 총리는 다우닝가 10번지에서 온 영국을 향해, 이것이 "새벽이 밝아오고, 우리 국가의 위대한 연극에서 새로운 막이 오르는 순간"이라고 단언하는 정치 대담을 했다. "자주권"을 되찾으면 "이 빛나는 나라의 잠재력이 전부" 해방되리란 것이었다.[21] 2월 3일, 구舊영국 해군사관학교가 있는 그리니치에서 존슨 총리는 영국이 자유무역에 대한 의지로 EU뿐만 아니라 범유행 공포와도 맞서야 한다고 연설했다. "코로나바이러스 같은 새로운 질병이 의학적으로 합리적인 수준을 넘어갈 정도로 공포를 불러일으키고 시장 분리market segregation에 대한 열망을 일으킬 위험이 있을 때, 그리하여 경제에 불필요하고 실질적인 피해를 줄 위험이 있을 때, 바로 그럴 때 어딘가에는 인류를 위해 (…) 기꺼이 교환의 자유를 지지하는 (…) 국가가 있어야만 합니다. 클라크 켄트Clark Kent처럼 안경을 벗고 공중전화 부스로 뛰쳐들어간 뒤 망토를 펄럭이며 나타날 준비가 된 나라가, 온 지구인의 서로 자유롭게 사고팔 권리를 수호하는 강력한 챔피언이 될 준비가 된 국가가 말입니다."[22] 존슨 총리가 망토를 두르고 전화 부스에서 뛰쳐나오는 꿈을 꾸고 있는 동안, 영국 국가감사원National Audit Office(NAO)은 영국 공무원 2만 7500명이 브렉시트를 실제로 어떻게 실행할지 파악하느라 몇 날 며칠을 보내고 있다고 추정했다.[23]

　EU가 처리할 사안들 가운데 공중보건이 우선순위에 있었던 적은 단 한 번도 없었다. 2003년 사스 위기 이후에야 EU는 유럽질병예방통제센터European Centre for Disease Prevention and Control(ECDC)를 설립했다.[24] 2월 13일, ECDC가 회원국을 소집해 코로나19 위기에 관해 논의했을 때, 초점은 유럽 그 자체가 아니라 유럽이 유행병에 대처하는 다른 나라들을 어떻게 도울 수 있을지였다.[25] WHO의 마이크 라이언Mike Ryan 비상대책위원장은 잠재적 문제 지역으로서 아프리카를 강조했다. 만약 코로나가 아프리카에 발판을 마련한다면, 인구가 EU의 거의 세 배이며 온 대륙을 통틀어 연구소가 딱 두 곳밖에 없는 이곳에 대체 어떤 일이 일어나겠느냐는 것이었다. 같은 날, 네팔에서 귀국한 지 얼마 되지 않은 69세 남성이 발렌시아의 한 병원에서 폐렴으로 사망했다. 당국이 그가 스페인에서 최초로 코로나19에 희생된 사람임을 파악하는 데는 3주가 걸렸다. 공식적으로 확인된 유럽의 첫 코로나 사망자는 하루 뒤인 2월 14일 프랑스에서 나왔다. 그럼에도 상황은 통제되고 있는 것처럼 보였다. 유럽 전체에서 확인된 코로나 환자는 오직 40명뿐이었다. 중국의 유행병 억제 성공을 보고 담이 커진 독일의 엔스 슈판Jens Spahn 보건부 장관은 코로나19를 "지역 유행병"으로 묘사했다.[26] 유럽 입장에서 코로나19에 도시 전체에 대한 록다운으로 대응하는 것이 침소봉대로 보였을 것이다.

2월 15일, 뮌헨안보회의Munich Security Conference가 소집되었을 때 사람들은 단 한 가지 주제에만 골몰하고 있었다. 그것은 공중보건 시스템의 적절성이 아니라, 바로 미국과 유럽 사이에서 무역과 북대서양조약기구North Atlantic Treaty Organization(NATO), 기후 정책을 놓고 벌어지는, 대서양을 분단하는 분열이었다. WHO 사무총장 테워드로스 아드하놈 거브러이여수스Tedros Adhanom Ghebreyesus와 IMF의 크리스탈리나 게오르기에바Kristalina Georgieva 를 포함하여, 코로나19에 관해 경고하려는 사람들은 주목받기 위해 고군분투했다. 회의의 주 무대는 마크롱 프랑스 대통령과 폼페이오 미국 국무장관의 경합에 주어졌다.[27]

2월 셋째 주 주식시장의 분위기는 점점 더 양극화되어갔다. 한쪽에서는 애널리스트들이 중국 경제가 받은 충격의 규모를 이해하기 시작하면서 안전 채권에 대한 수요가 늘어나고 있었다. 달러화가 상승했다. 중국을 상대로 상품을 수출하는 나라들은 간접적으로 충격을 받았다. 2월 말, 브라질 통화는 연초와 비교해서 10% 평가절하되었다. 다른 쪽에서는, 골드만삭스Goldman Sachs나 블랙록BlackRock 같은 영향력 있는 투자 자문사들이 침착하라고 조언했다. 이들은 만약 코로나19가 사스나 돼지독감, 지카바이러스와 마찬가지라면, 이 사건은 순식간에 지나가고 경기가 금세 회복될 것이라고 했다. 그리고 만약 어떤 투자자들이 안전을 좇아서 채권에 몰려들고 있다면, 거래의 반대 포지션을 잡아서 이익을 볼 수 있다고 했다.[28] 주식에 대한 자신감은 여전히 강했다. 셧다운 사태는 분명 악재였지만, 중국에서 최근에 들려온 소식은 낙관론의 토대를 제공했다. 뒤죽박죽된 21세기 자본주의 세계에서는, 시진핑 주석과 수많은 공산당 간부들이 참여한 2월 23일의 장엄한 화상회의가, 서방 주식시장에 엄청난 호재로 작용했다. 만약 중국 경제가 흔들린다면, 시진핑 정권이 더 많은 부양책을 내놓을 것이 틀림없다는 믿음이 있었다.

한편, 유럽인들은 2월 휴가를 고대하고 있었다. 수십만 명이 알프스산맥의 스키 리조트로 몰려들었다. 이탈리아 북부에서는 큰 축구 시합이 있었다. 그리고 이들에게는 불행하게도, 부유한 라틴아메리카 사람들 수천 명도 유럽에서 휴가를 즐기고 있었다. 소리 없이, 감염이 퍼져나갔다.

2월 22일 토요일, 겨울 기후가 온화한 사우디아라비아의 수도 리야드에 모인 G20 재무부 장관들 사이에는 아직 경각심이 퍼져 있지 않았다.[29] 스티븐 므누신 미국 재무부 장관과 제롬 파월 Jerome Powell 미국 연방준비제도 의장은 중국이 급격히 반등할 거라는 민간 경제학자들의 말을 인용했다. 물론 회의론자들도 있었다. 그 가운데서 바이러스 확산에 대해 심각한 우려를 표한 브뤼노 르메르Bruno Le Maire 프랑스 재무부 장관이 특히 눈에 띄었다. 크리스탈리나 게오르기에바 IMF 총재는 그 전주 뮌헨안보회의에서 했던 경고를 되풀이했다. 그러나 이러한 경고가 합쳐진 결과는 IMF의 중국 경제 성장률 전망치를 6%에서 5.6%로 하향 조정하는 데 그쳤다. 이것은 나쁜 소식이지만, 재앙이라기엔 턱도 없었다.

사태는 급변하기 일보 직전이었다. 지금 살펴보면, 글로벌 범유행이 본격적으로 시작된 것은 2월 셋째 주였다. 2월 15일을 기점으로 한국과 이란, 이탈리아에서 심각한 유행이 발생했다. 어쩌면 이란에서 첫 사망자가 발생한 것은 1월 22일이었을지도 모르지만, 이 당시에는 등록되지 않았다.[30] 이란 정권은 아야톨라 루홀라 호메이니Ayatollah Ruhollah Khomeini의 테헤란 귀환 41주년을 기념하고 지방선거 결과를 조작하느라 너무 바빴다. 이란이 코로나 발발을 공식 인정한 2월 19일에는 이미 52명이 사망한 상태였다. 현재 데이터로 과거에 무슨 일이 있었는지 추적하는 후향적 분석Retrospective analysis에 따르면, 이미 이 시기에 코로나바이러스는 프랑스, 스페인, 런던, 뉴욕과 라틴아메리카 특히, 에콰도르에서 소리소문없이 퍼지고 있었다.

2월 20일 목요일, 한국에서 네 번째로 큰 도시인 대구의 시장은 대구 시민들에게 집에 머물 것을 호소했다. 발병의 진원지로 신천지예수교회가 지목되었다. 마찬가지로, 이란의 성지 곰Qom에서는 주민들에게 이동 제한을 요구했다. 이탈리아에서는 2월 22일 토요일 국립시민보호청Dipartimento della Protezione Civile 회의실에서 내각 회의가 소집되었다. 주세페 콘테Giuseppe Conte 총리의 주재하에, 내각은 북이탈리아 로디 지역의 11개 소도시에 5만 명을 격리하기로 결정했다.[31] 공공 행사는 모조리 취소되었고, 경찰과 군대는 방역선을 형성했다. 슈퍼마켓을 향한 질주가 시작되었다. 이튿날, 시진핑 주석이 중국의 코로나 확산 억제 성공을 자축한 바로 그날, 밀라노의 패션위크는 비공개로 생중계된 아르마니의 의상 발표회 무대로 마무리되었다.[32] 예전에는 중국에서 일어난 이국적인 위기였던 것이, 하루하루 다가오고 있었다.

2월 24일 월요일, EU가 아프리카연구소를 위해 1억 2900만 유로를 기부한 것을 기념하는 기자회견을 준비하고 있을 때, 관객들은 초조해했다. 왜 EU의 관료들은 한국이나 이란 얘기는 하지 않으면서, 특히 이탈리아 얘기는 하지도 않으면서, 왜 아프리카 얘기만 하는가? "아프지 않은 유일한 사람들이 바로 아프리카 사람들이라고!" 한 기자가 이렇게 외쳤다. 그러나 EU 집행위원회 관계자들은 그저 잠자코 기다렸다. 그들은 계속해서 코로나19는 유럽과 상관없는 이야기라고 주장했다. 그들은 코로나19가 적절한 의료 시스템을 갖추지 못한 개발도상국에 위협적인 "세계적인 이야기"라고 했다. EU 집행위원회는 집요한 심문을 받은 뒤에야 코로나가 실제로 유럽에도 도전이 될 수 있다는 사실을 인정했다.[33]

유럽 각국의 정부들은 같은 결론에 더 빨리 도달했다. 혹은 최소한 이탈리아에 문제가 있다는 결론에는 도달했다. 스위스와 오스트리아는 국경 통제를 강화하고 있다고 발표했다. 독일의 슈판 보건장관은 이탈리아에서 신규 감염 사례가 폭발적으로 늘어나면서 독일에서 신규 감염 경로를 추적하는 것이 점차 불가능해지고 있음을 시인했다. 휴양객들이 많아도 너무 많았다. 런던 히스로공항에서는 밀라노행 항공기가 겁에 질린 승객들을 항공기에서 내리게 하고자 활주로에서 돌아나오고 있었다.[34]

금융시장에서 코로나바이러스가 주로 아시아와 관련된 이야기에 머물렀던 것은 2월 24일 월요일이 되기 전까지였다. 우울했던 채권 수익률과 낙관적이었던 주식시장의 가치 평가 사이의 불일치는 끝이 났다. 안 좋은 쪽으로. 한 특파원은 "갑작스러운 정지에 날카로운 브레이크 소리가 울려퍼지고 뜨거운 타이어가 미끄러질 때 나는 냄새"가 났다고 묘사했다.[35] 투자자들은 이탈리아 주식을 투매했다. 저가 항공사 이지젯easyJet과 라이언에어Ryanair의 주가가 폭락했다. 같은 날 얼마 뒤 뉴욕 증시가 개장했을 때, 벤치마크인 10년 만기 미국 국채의 수요가 급증했다. 이것은 전형적인 안전자산 선호 현상이었다. 수익률 곡선이 역전되면서, 단기 대출보다 장기 대출의 이자율이 더 낮아졌다. 투자자들은 먼 미래보다 당장의 내일을 더 걱정했는데, 이는 불황을 나타내는 전형적인 전조였다.

최초로, 전염병이 중국에만 머무는 것이 아니라 전 세계로 퍼졌을 때 예상되는 피해액에 관한 추정치가 나돌기 시작했다. 대충 계산해봐도 피해액이 엄청날 것임을 짐작할 수 있었다.[36] 글로벌 관광 산업 하나만 봐도 9조 달러에 달하는데, 관광 사업은 광범위한 국가에 영향을 미친다.[37] 2월 마지막 주, FTSE 올월드지수FTSE All-World index는 거의 13% 하락했다. 세계 주식시장의 역사에서 최악의 주간 가운데 하나였다. 2000년에 닷컴 버블이 꺼지는 재앙의 과정 동안, 나스닥이 4조 6000억 달러의 손실을 보는 데 2년이 걸렸다.[38] 20년 뒤, 시장에서는 단 일주일 만에 전 세계 주식 가치가 6조 달러 가까이 토막 났다.

주가가 내려가자 금융 분석가들은 의학 논문을 미친 듯이 뒤적였다. 대체 얼마나 나빠질까? 판단할 수 있는 사람은 누구일까? 따지고 보면, 주식시장을 박살 내고 있던 비관론자들 역시 의학

학위를 가지고 있지 않기는 마찬가지였다.[39] 은행가들은 유행병
학자들에게 전화를 걸었다. 시체 수를 보고 승패를 가늠하던 베트
남전쟁 시절의 방법론인 "맥나마라의 오류McNamara fallacy"가 거론
됐다.[40]

위험이 국경선을 존중하지 않는다는 것은 전 세계에서 통하는
진리다. SARS-CoV-2가 인류 대다수에게 영향을 미칠 수 있는
질병이라는 점에서 볼 때, 이것은 자명한 사실이었다. 그러나 유
행병이 확산되고 심화되는 순간, 국가별 대응에서 극명한 차이가
드러났다. 범유행 사태는 국가 통치의 올림픽이 되었다.

일본 정부는 빠른 스타트를 끊지 못했다. 아베 신조安倍晋三 총리
는 하계 올림픽에 온 마음을 쏟고 있었다. 일본 중앙정부는 운이
좋았다. 지역에서 발발하자 홋카이도 도지사가 법적 권한 없이
즉시 록다운을 지시하여 확산을 방지한 것이다.[41]

한국은 단호한 조기 대응이 무엇을 가능하게 하는지 가장 잘
보여주는 예시였다. 한국인들은 2015년 38명의 목숨을 앗아간
메르스 위기 당시의 아픈 기억을 간직하고 있었다. 한국에 코로
나 확진자가 단 4명밖에 없었던 1월 27일에 이미 공중보건 당국
은 서울역의 어느 회의실에서 긴급회의를 소집했다. 정부는 한국
의 생명공학 회사에 치료제나 백신이 아닌 진단 검사 기기를 요
구했다.[42] 진단 검사 기기만 있으면, 코로나19 감염이 일어나자마
자 추적 관리할 수 있기 때문이다.

한국은 진단 검사 기기 관련 기술을 독점하고 있지 않다. 독일,

1부 질병 X

영국, 미국 모두 출발은 빨랐다. 그러나 영국은 코로나19의 위기 관리 모델로서 독감의 대응 모델에 초점을 맞추었기 때문에, 수 주가 지날 때까지 코로나 대응에 진단 검사를 포함하지 않았다. 독감만큼 빠르게 퍼지는 질병 앞에서 진단 검사는 무용지물이기 때문이다. 미국에서는 CDC의 첫 번째 진단 기기 물량이 2월 4일부터 전국에 있는 100여 개의 주요 연구소로 발송되기 시작했다. 이 진단 기기는 결함이 있는 것으로 밝혀졌다.[43] 새로운 진단 기기를 개발하는 데 수 주가 걸렸다. 그러는 동안 미국 식품의약국 Food and Drug Administration(FDA)은 대체 진단 기기 승인을 거부했다. 규제 당국은 코로나19 위기가 폭리를 취하는 데 악용될 수 있다고 우려했다. 규제 당국은 "와일드 웨스트Wild West"가 펼쳐지길 원하지 않았다. 그러나 효과적인 진단 기기 없이, 미국 당국은 양쪽 해안에 퍼지는 유행병의 규모에 관해 알 방법이 없었다. 진단할 방법도 없이 유행병과 맞서는 일은, 심지어 당국이 예상했던 최악의 시나리오에서도 상상조차 못 했던 일이다.[44]

한국 생명공학 기업의 우선순위는 진단 검사 기기의 절대적인 신뢰성이 아니라 속도였다.[45] 2월 4일, 코젠Kogene의 진단 기기가 최초로 승인되었다. 두 번째 진단 기기는 2월 12일에 승인되었다. 진단에 실패할 염려가 없는 것은 아니었으나, 이 진단 기기들은 대량 생산이 가능했다. 2월 중순 유행병이 진짜로 강타한 바로 그 순간에 한국이 이미 유행병을 추적할 수단을 가지고 있었다는 사실은 조기 대응의 의의를 잘 보여준다.

그것은 시간과의 싸움이었다. 2월 7일부터 2월 말까지, 한국의 진단 능력은 하루당 3000건에서 2만 건으로 급증했다. 여름을 기준으로 볼 때, 이는 작은 숫자였다. 그러나 초기 단계에서 유행병에 대처하기에는 충분한 숫자였다. 게다가 결정적으로 한국인들은 6시간에서 24시간 안에 빠르게 결과가 나오게 하는 데 성공했다. 2월 20일 무렵, 증상이 있는 사람은 여행 이력과 관계없이 검사를 받을 수 있었다. 1월 27일 이후 7주 동안, 한국은 29만 명이 훨씬 넘는 사람들을 검사했고, 8000명 이상의 감염자를 확진했다. 셧다운 조치로 대구의 교통량은 80% 감소했으며, 2월 23일에는 전국의 학교에 휴교령이 내렸다. 학생들은 세계 최고의 광대역 네트워크를 이용하여 원격으로 수업에 참석했다. 그 결과, 한국은 중국과 같은 속도로 유행병 통제에 성공했다. 한국에서 감염이 극에 달했던 때는 2월 29일로, 중국에서 감염이 극에 달한 지 며칠 뒤였다.

만약 세계의 다른 나라들이 한국과 같은 방식으로 도전에 대응했더라면, 코로나 발생 초기에 신속하고 집중적으로 검사를 시행하고 선택적 사회적 거리 두기 조치를 했더라면, 어쩌면 2020년의 역사는 크게 달랐을지도 모른다. 한국에 거의 근접하게 대응한 서유럽 국가는 독일이었다. 한국과 마찬가지로 독일은 대규모 진단 검사 능력을 갖추었다. 그러나 2월 말 무렵 유럽 전역에서 코로나가 대규모로 확산되었다는 점을 고려할 때, 독일이 대유행을 피할 가망은 거의 없었다. 독일은 계속해서 추적하고 관찰했다. 유럽의 다른 지역에서는, 유행병 확산 속도를 늦추고 의료 서비스를 자체를 보호하는 "곡선 평탄화" 전략으로 우선순위가 점점 더 옮겨가고 있었다.

이탈리아에서는 곡선 평탄화조차 무리한 주문이었다. 2월 25일, 북이탈리아에서의 유행 규모를 깨달은 이탈리아 정부는 유럽의 협력국들에 도움을 요청했다. 그러나 일치단결한 대응은 없었다. 현실 부정은 쉽게 죽지 않는다. 이탈리아 범유행의 진원지인 롬바르디아 북부 지역은 자신들의 직업윤리 의식에 자부심을 지닌 곳이다. 밀라노는 쉽사리 폐쇄되지 않았다. 3월 2일, 명성 높은 밀라노대성당이 방문객들을 위해 다시 문을 열었다.

이런 태도는 유럽 전역에서 점차 궤멸sauve quipeut을 달리 일컫는 말이 되어갔다. 3월 3일, 프랑스가 개인 보호 장비의 수출을 금지하려는 움직임을 보이면서, 유럽에서 개인 보호 장비 확보 경쟁이 촉발되었다. 독일은 자신들 또한 개인 보호 장비 수출을 제한하겠다고 선언했다. EU의 두 강대국이 일방적으로 행동하는 상황에서, 대응을 조율하기는 어려웠다. 브뤼셀에서 EU 지도부는 계속해서 다른 문제, 특히 시리아 사태 격화에 집중했다. 2015년의 난민 위기가 반복되는 것은 EU가 절대 원치 않는 일이었다.[46] 3월 3일, 유럽의 고위 관료들은 그리스와 불가리아의 난민 수용소에서 개인 사찰을 수행하고 있었다. 다음 목적지는 앙카라에서 에르도안 터키 대통령을 만나는 것이었다. 3월 초 브뤼셀에서는 코로나바이러스가 빠른 속도로 확산되고 있었다.

한편, 미국 정부는 분열된 상태였다. 2월 25일, 샌프란시스코는 최초로 비상사태를 선포한 미국 도시가 되었다. 같은 날, CDC 국립면역호흡기질환센터National Center for Immunization and Respiratory Diseases(NCIRD)의 낸시 메소니에Nancy Messonnier 센터장은 미국에서 대규모 코로나 유행이 불가피하며, 그 결과 일상생활에 큰 지장이 생길 수도 있다고 선언했다. 메소니에 센터장은 즉시 미국 보건복지부의 알렉스 에이자Alex Azar와 트럼프 대통령의 경제학 스승이자 우군인 래리 커들로Larry Kudlow에게 반박당했다. 커들로는 이렇게 의견을 밝혔다. "우리는 이것을 억제했다. 빈틈이 없다고는 말하지 못하겠지만, 빈틈이 없는 것에 가깝다. (…) 나는 이것이 경제적 비극이 될 것이라고 전혀 생각하지 않는다."[47]

트럼프 대통령도 단호히 낙관적인 태도를 보였다. 주식시장에서 투매가 일어난 2월 24일 월요일, 트럼프 대통령이 투자자들에게 한 조언은 "저가에 매수하세요"였다. 이틀 뒤, 공중보건 관료들이 보낸 암담한 메시지에 좌절한 트럼프 대통령은 마이크 펜스Mike Pence 부통령을 코로나바이러스 대책위원회의 책임자로 임명했다. 트럼프 대통령은 이렇게 큰소리쳤다. "우리 다섯 사람만 있으면 금방 해결될 겁니다. 우리가 일을 꽤 잘하거든요." 트럼프 대통령이 총애하는 경제 보좌관 중 한 명인 스티븐 무어Stephen Moore가 말했듯이, 3월 초 백악관의 분위기는 "황홀경에 가까웠다 (…) 경제는 순조로웠고, 주식시장은 전력으로 질주하고 있었고, 일자리 보고서는 환상적이었다. 꼭 거짓말처럼 완벽한 상황이었다".[48] 모든 사람의 시선이 11월 3일에 있을 대선에 쏠려 있었다. 사위 재러드 쿠슈너는 중요한 문지기였다. 쿠슈너에게는 그 어떤 일이든 시장을 놀라게 하는 일은 피해야만 했다. 너무 많은 사람을 검사하거나 산소호흡기를 대량으로 주문하는 것과 같은 일들 말이다.

3월 3일, G7의 주요 재무 관료들이 다시 소집되었을 때, 대서양을 가르는 분열이 일어났다. 임기가 며칠만 남은 마크 카니Mark

Carney 영국은행 총재가 브뤼노 르메르 프랑스 재무부 장관과 합세하여 범유행 감염병에 대한 심각한 우려를 표한 반면, 트럼프 행정부의 므누신과 커들로에게선 희망 가득한 낙관론의 기운이 넘쳐흘렀다.[49] 커들로는 감세와 규제 완화라는 트럼프식 성공 공식의 경이로움에 관해 떠들었다. 커들로는 미국이 주도하기를 원했으나, 미국이 범유행 대응을 주도하게 하고 싶진 않았다. 커들로의 우선순위는 경제 성장이었다. 커들로는 어째서 "우리가 서방 동맹이라고 부르던 곳"에서 "물품을 인도하지 않는지" 물었다. 더 중요한 것은 연방준비은행의 입장이었다. 제롬 파월은 G7 회의에서 다음 행보에 관해 아무런 언급도 하지 않았지만, 그날이 끝나갈 무렵, 긴급 금리 인하를 승인했다. 연방준비제도는 이 정보를 그 어떤 협력국에도 사전에 알려선 안 된다고 보았다. 그러나 이제 시장에 도움이 필요하다는 사실은 명백했고, 그 첫수를 두는 것은 연방준비제도에 달려 있었다. 첫수를 둠으로써, 연방준비제도는 다른 중앙은행들이 따라 들어올 공간을 열어주었다. 질문은 기존의 통화 정책이 실제로 얼마나 도움이 될 수 있느냐였다. 《파이낸셜 타임스》의 케이티 마틴Katie Martin은 이렇게 말했다. "〔중앙은행〕 정책이, 죽음과 비행 금지, 공장 폐쇄, 유령 도시에서 비롯된 경기 침체를 고치는 일을 얼마나 더 쉽게 해줄 수 있는지 분명하게 설명하실 수 있는 분께서 연락해주시길 고대하고 있습니다."[50] 새롭게 익숙해져야 할 사실은, 한 투자자의 말을 빌려 표현하자면, "이 문제의 책임자는 중앙은행들이 아니라 WHO"라는 것이었다.[51]

이 사실을 에둘러 인정한 트럼프 대통령과 수행원들은 3월 6일 금요일 지지자들을 결집시키고자 CDC에 방문했다. 그것은 트럼프식 명품 공연이었다. 그는 언론과 언쟁을 벌였고, 〈폭스〉에서 기록한 높은 지지율과 최근 주식시장의 최고가 행진을 자랑했으며, 미국에서 터진 최악의 초기 유행 가운데 하나를 막기 위해 사투를 벌이고 있던 민주당계 워싱턴 주지사를 공격했다. 그런 다음에 트럼프 대통령은 자신이 매년 독감으로 얼마나 많은 사람이 죽는지 여태껏 알지 못했다고 시인했다. 그는 그 수치에 큰 인상을 받았다. 그가 MIT 교수로 있던 자신의 "슈퍼 천재" 삼촌을 떠올린 것은, 아마도 대중을 안심시키기 위해서였을 터이다. 트럼프 대통령은 자신이 슈퍼 천재 삼촌의 타고난 과학적 능력을 물려받은 게 아닌가 의심했다. 실제 위기 문제로 돌아온 그는 이렇게 약속했다. "일주일 안에 진단 기기 400만 개를 사용할 수 있습니다." "[진단 기기는] 정말 아름다웠죠. 진단 검사가 필요한 사람은 누구나 검사를 받게 될 겁니다." 사실, 미국의 전체 진단 검사 시스템은 혼란에 빠진 상태였다. 그러나 이 사실은 트럼프 대통령이 한국이 미국에 도움을 요청하고 있다고 선언하는 것을 막지 못했다. "한국에는 감염된 사람들이 많지만, 우리는 그렇지 않습니다. 제가 드릴 말씀은 '침착하시라'라는 말씀뿐입니다. 전 세계가 우리를 의지하고 있습니다."[52] 체르노빌 사태에 대응하는 미하일 고르바초프Mikhail Gorbachev보다는 충격과 공포에 직면한 사담 후세인을 떠올리게 하는 말이었다.

트럼프는 의심할 여지없이 특수한 망상에 빠져 있었지만, 그는 혼자가 아니었다. 멕시코에서는 포퓰리스트 대통령 안드레스 마누엘 로페스 오브라도르가 이에 못지않게 심드렁한 태도를 보였다. 2009년 오브라도르는 당시 펠리페 칼데론Felipe Calderon 대통령 치하에서 돼지 열병을 막기 위해 진행한 록다운 조치에 반대하는 시위를 벌였었다.[53] 11년 뒤 그는 멕시코 사람들에게 침착함을 잃지 말고 코로나가 독감보다는 낫다는 사실을 기억하라고 요구했다.[54] 보우소나루 브라질 대통령의 접근법에서는 마초 기질이 유난히 돋보였다. 그것은 그냥 참고 견디라는 것이었다. 탄자니아에서는 존 마구풀리John Magufuli 대통령이 신의 도움으로 병을 물리칠 것을 약속했다.[55]

이러한 대응을 조롱하기는 쉽지만, 과학적 전문 지식이 대응에 대한 확고한 길잡이가 될 것이라는 생각은 그 자체로 허상에 불과하다.[56] 3월 3일, 다우닝가에서 소집된 기자회견에 존슨 총리가 수석 의료 자문관 크리스 위티Chris Whitty와 함께 나타났다. 존슨 총리는 병원 투어를 다니며 악수를 하고 다녔다고 떠벌였는데, 이 회견은 그로 인해 훗날 악명을 떨치게 되었다. 한 달도 채 지나지 않아, 존슨 총리는 중환자실에서 사투를 벌이게 된다. 그러나 위티의 업무 수행 역시 이에 못지않게 중요하다. 한편으로 그는 "사람들 80%가 감염될 수 있고, 감염자 1%가 사망할 수 있다"는 최악의 시나리오를 제시했다. 그러나 이 수치가 담고 있는 비극적 의미를 강조하는 대신, 위티는 이 수치가 가설에 불과하다고 주장하면서 평가절하하는 선택을 했다. 이 수치가 가설에 불과하다고 인정함으로써, 위티는 존슨 총리에게 영국의 훌륭한 보건 서비스와 검사 시설에 대한 브로마이드를 흩뿌릴 기회를 열어주었다.[57] 무대 뒤편에서, 영국의 과학 자문관들은 중국식 록다운에 관한 긴급 논의를 일축해버렸다. 섣불리 행동하지 않는 것이 중요했다. 그러면 피로감과 불응이 따를 테니까.

훗날 밝혀진 바와 같이, 이것은 영국인들이 중국인들의 경험으로부터 도출한 완전히 잘못된 결론이었다. 그들이 깨달은 교훈은 더 빨리 더 철저히 행동할수록 셧다운 기간이 짧아지며 정상화가 더 쉬워진다는 것이었어야만 했다. 정상성을 기꺼이 희생하는 것이야말로 정상성을 지키는 사실상 가장 좋은 방법이었다. 이토록 반직관적인 도약을 하기는 쉽지 않은 일이었다. 즉각 대응한 한국이 예외 중의 예외였다. 다른 어떤 위기를 기준으로 판단해도, 세계 각국 정부들의 대응에서 부족함을 찾기란 어려웠다. 문제를 인식하고 근본적인 조치를 하는 데 불과 몇 주밖에 걸리지 않았다. 대부분의 상황에서는 그만하면 족했을 것이다. 그러나 빠르게 움직이는 범유행 감염병을 다루기에는 처참하리만큼 느렸다.

3월 첫째 주, 롬바르디아의 코로나19 확산 사태가 걷잡을 수 없음이 분명해졌다.[58] 3월 7일부터 8일까지의 주말 동안, 이탈리아 정부가 전면 폐쇄 명령을 내릴 것이라는 소문이 퍼지자 수십만 명의 사람들이 적절한 장소에서 격리되기 위해 전국 각지로 막판 질주를 시작했다. 서양인들은 중국의 위기를 쉽사리 이국적인 것으로 받아들였다. 이탈리아의 위기는 이야기가 달랐다. 2월 휴가철에는 수백만 명의 사람이 이탈리아를 방문했다. 만약 이탈리아에서 코로나 위기를 통제할 수 없게 된다면, 이 유행병은 유럽 전역으로, 나아가 미국과 라틴아메리카로 걷잡을 수 없이 퍼져나가게 될 것이다. 만약 이탈리아에서 셧다운이 일어난다면, 다른 유럽 국가와 미국, 라틴아메리카에서도 셧다운을 해야만 하는 상황이 일어날 수 있을 것이다.

4장

3월, 문을 닫은 세계

세계 경제의 공통분모는 에너지다. 연간 판매량이 350억 배럴에 이르는 원유 시장은 다른 모든 상품 시장을 합친 것보다 크다.[1] 원유의 일일 가격 변동은 국가 경제 전체에 영향을 미친다. 공급 측면에서는, 양대 생산국인 러시아와 OPEC의 수장 사우디아라비아가 서로 복잡한 상호작용을 하면서, 수익에 대한 필요성과 시장에 원유를 과잉공급할 리스크 사이에서 균형을 맞춘다. 수요 측면에서는, 새 천 년기가 시작한 이후로, 중국의 급속한 경제 성장이 주된 동력이었다. 2020년 2월 중국의 셧다운은 시장을 뒤흔들었다. 국제에너지기구International Energy Agency(IEA)는 세계 금융위기 이후 처음으로 분기별 석유 수요가 위축될 것이라고 경고했다.[2] 유럽과 아시아로 코로나가 확산되면서 부하는 더 가중되었다. 수요 감소에 직면한 사우디아라비아는 생산 감축을 통해 가격을 안정화하기를 원했다. 러시아는 가격 전쟁price war을 더 선호했다.

두 나라는 이런 조치를 통해 미국의 셰일오일 생산 업체들을 압박할 수 있을 거라고 기대했다. 3월 6일 금요일, 양자가 합의에 이를 수 없음이 분명해졌다.[3] 사우디아라비아 정부는 생산량을 늘려 시장에 석유 홍수를 일으킬 것이라고 발표했다. 소비자들에게는 유리하겠지만, 고비용 생산자들에겐 엄청난 피해를 줄 조치였다. 다음 5주 동안, 유가는 그냥 떨어지지 않을 것이다. 24시간이라는 무시무시한 거래 시간 동안, 미국 전역의 원유 저장 시절에 잉여 재고가 쌓이면서, 선물 계약의 가격은 마이너스 영역으로 곤두박질칠 것이다.

유가 시장에서 일어난 혼란은 더 넓은 경제 분야에 분명한 신호를 보냈다. 세계적 불황이 코앞에 있다고 말이다. 사우디아라비아와 러시아의 협상이 결렬되었다는 소식이 들려오자, 3월 9일 아침 아시아 주식시장을 시작으로 유럽 주식시장에서 투매가 시작되었다.[4] 장이 열리자, 월스트리트 역시 이들의 뒤를 따랐다. 혼란스러웠던 2월 마지막 주 이후로, 세계의 돈을 관리하는 사람들은 앞으로 닥칠 위기의 진정한 위력에 직면하고 있었다.

트럼프 대통령은 자신의 플로리다 리조트에서 아들과 아들 여자친구와 함께 파티를 벌이고, 소울메이트인 자이르 보우소나루 브라질 대통령과 어울리면서 즐거운 주말을 보냈다. 이로부터 며칠 안에 20명 남짓한 보우소나루의 수행원들은 코로나 진단 검사에서 양성 판정을 받았다. 그러나 3월 9일 월요일 트럼프 대통령의 머릿속을 휘어잡은 것은 바이러스가 아니라 시장이었다. S&P 500은 여태껏 트럼프에게 좋은 소식을 전해주었다. 이제 S&P 500은 급락하고 있었다. 트럼프는 가짜 뉴스를 탓했다. 트럼프 대통령은 분노에 가득 찬 트위터를 올렸다. "작년에는 그냥 독감에 미국인 3만 7000명이 죽었습니다. 연간 평균 2만 7000명에서 7만 명이 죽죠. 셧다운은 없었습니다. 삶과 경제는 계속되었죠. 지금 이 순간 코로나바이러스 확진자 수는 546명이고 사망자는 22명입니다. 그 점을 생각해보세요!"[5]

WHO는 그렇게 했다. 유럽과 일부 아시아 지역에서 지역 전파Community transmission가 확인되었다. 110여 개 나라에서 코로나바이러스가 보고되었다. 3월 11일, WHO는 공식적으로 범유행 사태를 선포했다.[6]

무엇을 했어야만 했을까? 한국은 대량 검사와 격리로 확산 방지에 성공했다. 그러나 이 전략을 성공적으로 실행하려면 유행병을 초기 단계에 추적할 수 있어야 한다. 미국과 유럽 국가 대부분에서 초기 단계는 이미 한참 전에 지나갔다. 이제 유럽과 미국에는 냉혹한 선택지만 남아 있었고, 그 선택지는 날이 갈수록 점점 더 냉혹해졌다. 만약 코로나바이러스가 억제된다면, 그것은 대규모 사회적 거리 두기와 일상생활의 완전한 중단을 수반할 것이다. 타임라인은 이제 하루 단위와 시간 단위로 집계되었다.

범유행 감염병은 그 무엇보다도 도시에 큰 위협이 되었다. 3월 9일, 뉴욕에서 학자와 지역사회 지도자 18명으로 이루어진 집단이 드 블라시오de Blasio 뉴욕 시장과 그의 보건국장을 로비하여, 학교를 휴교하고 업무 시간을 단축하는 안을 고려해달라고 요청했다.[7] 뉴욕 보건국에서는 만약 이후에 아무런 조치를 취하지 않는다면 폭동이 일어날 것이라는 이야기가 있었다.

3월 둘째 주, 뉴욕은 세계적인 감염의 중심지가 되었다. 아시아와 유럽에서 매일 수많은 사람이 뉴욕에 찾아온다는 점을 고려했을 때, 이는 예정된 수순이었다. 이런 일을 방지하려면 전면적인 여행 금지와 진단 검사, 격리에 관한 계획이 필요했을 것이다. 이런 계획에는 국가 차원의 정책 결정이 필요했다. 그러나 트럼프 행정부는 다른 서방 정부들이 그러했듯이 임시방편식으로 대처했다. 중국은 자국민 입국 제한에 격렬하게 항의했다. 행동을 요구하는 목소리가 거세지자, 3월 11일 저녁, 트럼프 대통령은 텔레비전에 출연해 유럽 대륙에서 온 여행객들의 미국 입국을 금지하겠다고 발표했다.[8] 그는 유럽 정부들에 미리 경고하지 않았다. 그는 귀국하는 미국인들이 어떤 취급을 받을지 확실히 밝히지 않았다. 그러면서도 영국과 아일랜드는 입국 금지 조치를 면제해주기로 했다. 절박한 미국인 군중이 샤를드골공항에 모인 가운데, 브뤼노 르메르 프랑스 재무부 장관은 트럼프의 행동은 "정신착란aberration"이라며 거침없이 비난했다.[9] "유럽과 미국 사이에는 더는 어떤 조정도 없다." 르메르는 더 광범위한 결론을 도출하는 데까지 나아갔다. "유럽은 홀로 유럽을 지켜내야 한다. 유럽은 홀로 유럽을 보호해야 한다. 유럽은 그 무엇이든 홀로 맞설 수 있어야만 한다. 유럽은 경제적 이익을 지키기 위해 주권연합sovereign bloc으로서 뭉쳐야 한다. 미국을 포함한 그 누구도 우릴 돕지 않을 것이 명백하기 때문이다."[10] 코로나19는 다중위기polycrisis가 되어가고 있었다.

영국은 트럼프 대통령에게 입국 금지 조치를 면제받았지만, 기뻐할 만한 이유는 거의 없었다. 3월 12일, 존슨 총리는 웬일로 심각한 어조로 말했다. 슈퍼히어로와 악수 얘기는 온데간데없었고, 허풍은 싹 사라졌다. "여러분께 솔직하게 말씀드리겠습니다. 영국 대중에게 솔직하게 말씀드리겠습니다. 앞으로 수많은 가족이 사랑하는 사람들을 때 이르게 떠나보내게 될 겁니다."[11] 존슨 총리는 영국인들에게 "향후 몇 주 안에" 강경한 조치를 할 필요가 생길 수도 있으니 이에 대비하라고 요청했다. 그러나 존슨 총리는 셧다운 명령을 내리지는 않았다. 영국 정부 안에서는 무엇이 적절한 대응인지를 놓고 싸움이 벌어지고 있었다. 만약 바이러스가 전염성이 매우 높고 백신이 없다면, 결국 모든 사람이 감염되는 것은 당연한 수순이다. 절대다수의 사례에서 증상은 경미했다. 가장 취약한 사람들을 보호하면서 바이러스가 전체 인구를 훑고 가도록 하는 것이 이치에 맞지 않겠는가?[12] 완전한 억제보다는 "집단 면역" 달성을 목표로 삼아야 하지 않겠는가?

다른 나라들은 그냥 평상시랑 똑같이 했다. 3월 8일 일요일, 스페인 정부는 '국제 여성의 날'을 기념하는 대규모 행진을 중단하려 하지 않았다.[13] 다음 주, 영국 당국은 아틀레티코 마드리드의 스페인 팬 3000명이 자신들의 응원팀이 출전한 챔피언스리그 경기를 보러 리버풀 안필드경기장에 오는 것을 허가했다.[14] 아일랜드 정부는 3월 9일에 세인트패트릭데이(성 파트리치오 축일) 행사를 취소하고 술집을 폐쇄하는 절차를 시작했는데, 아일랜드 정부처럼 행동하는 데는 용기가 필요하다.[15] 한편, 독일에서는 앙겔라 메르켈의 중앙정부가 16개 주정부와 400여 개의 지역 보건부서와 분주히 대응을 조율하고 있었다. 3월 12일, 에마뉘엘 마크롱 프랑스 대통령은 학교 휴교와 1000명 이상의 집합 금지를 발표했다.

비록 코로나19 대응이 나라별, 도시별, 조직별, 기업별로 이루어진 주먹구구식 대처로 시작되긴 했지만, 3월 9일의 시장 공황과 3월 11일의 WHO 발표 이후로 전 세계적 대응에 속도가 붙었다. 개별적, 지역적 셧다운 결정이 누적되면서 정부 차원의 의무적인 록다운에 대한 일반 대중의 기대가 커지고 있었다. 한 적극적인 과학자 단체가 영국 정부에 조언했다시피 "다른 나라에서 시행된 조치가 영국에서 채택되지 않는다면, 민간 부문에서 신뢰가 사라질 것이다". 세계 표준에서 벗어나는 일은 그 무엇이든 "제대로 된 해명"이 필요할 것이다.[16] 개인과 조직은 더는 지시를 기다리지 않았다. 스위스, 이탈리아, 스페인, 프랑스 축구 리그가 중단 결정을 내린 뒤로, 가장 인지도 높은 축구 리그인 잉글랜드 프리미어리그도 중단 결정을 내렸다. 3월 13일 타블로이드 신문 《데일리 미러Daily Mirror》 1면 헤드라인은 영국뿐만 아니라 영국 밖에서도 제기된 질문을 함축적으로 담고 있었다. 그것은 바로 "이만하면 충분한가?"였다.[17] 같은 날, 트럼프 대통령은 결국 국가 비상사태를 선포할 수밖에 없었다.

전 세계 대규모 조직과 기관의 의사결정자들은 모두 행동에 나설 수밖에 없었다. 3월 13일 멕시코국립자치대학교(UNAM)는 학생들 35만 명의 수업을 온라인으로 전환하고 있다고 발표했다. 같은 날, 로스앤젤레스는 휴교령을 내렸다. 저소득층 자녀 100만 명 이상이 학교 무상급식에 의존하는 학군에서 내리기는 쉽지 않은 결정이었다.[18] 3월 14일에는 캘리포니아에서 논의가 시작되었는데, 그 논의는 3월 16일에는 샌프란시스코 휴교로, 3월 19일에는 주 전역의 휴교로 이어졌다. 러시아 교육부도 이와 똑같은 시

　　　　　　　　　　　　　　　　　　1부 질병 X

각표대로 움직였다. 러시아 교육부는 학교에 3월 14일에 원거리 학습을 준비하라고 요구했고, 3월 14일에 휴교를 명령했다. 한편, 뉴욕에서는 범유행 감염병의 잔혹한 논리를 쉽사리 받아들이지 못하던 드 블라시오 시장이 이제 앤드루 쿠오모 뉴욕 주지사에게 행동을 촉구했다.[19] 3월 20일이 되어서야, 그는 뉴욕 시민들에게 집에 머물라고 지시했다.

프랑스는 3월 12일 학교 휴교를 시작으로, 3월 14일에는 술집과 레스토랑을 폐쇄했으며, 3월 16일에는 전면 록다운을 선포했다.[20] 그날 저녁 3500만 명이라는 기록적인 수의 프랑스 시민이 지켜보는 가운데, 마크롱 프랑스 대통령은 텔레비전 연설에서 "국가 총동원general mobilization"을 촉구했다. 그는 "우리는 전쟁 중이다"라고 여섯 차례나 강조했다.[21] 이 연설은 명백히, 제1차 세계대전 시절의 지도자 조르주 클레망소Georges Clemenceau의 연설에서 영감을 얻은 것이었다. 예전에 자살 폭탄 테러범과 노란 조끼 시위대를 진압하는 활동에 관여했던 경찰 10만 명이 새로운 법규를 집행하기 위해 재배치되었다. 사람들이 집에서 나오려면 허가가 필요했다. 허가 없이 나오는 사람은 벌금을 물어야만 했다. 이 조치는 프랑스 본토뿐만 아니라, 카리브해에 있는 멀리 떨어진 영토를 포함한 모든 국외령에 적용되었다.

폐쇄 조치는 결코 선진국에만 국한되지 않았다. 중간소득 국가와 저소득 국가는 의료 시스템의 취약성이 더욱 크며, 이주 노동자의 유입에 노출되어 있다. 이들은 어떤 점에서 보든 나쁜 상황에 놓여 있었다. 3월 12일, 필리핀에서는 두테르테 대통령이 마닐라 지역의 일부에서 록다운을 시행한다고 발표했는데, 이는 3월

15일에 시작될 예정이었다.[22] 아수라장이 벌어지는 가운데, 일부 지역에서만 시행될 예정이었던 록다운은 인구 5700만 명이 사는 루손섬 전체로 확대되었다. 세계에서 네 번째로 큰 나라인 인도네시아는 3월 15일 사회적 거리 두기를 국가 규정으로 채택했고, 학교는 그다음 주부터 휴교했다.[23] 3월 14일부터 15일의 주말 사이 학령인구가 5000만 명이 넘는 파키스탄은 휴교를 발표했다. 이란에서 돌아온 순례자들에 의해 코로나 유행이 촉발될 수 있다는 두려움이 있는데도 임란 칸Imran Khan 총리는 전국적인 록다운 명령을 내리기를 거부했으나, 지방 주지사들은 라호르와 카라치에 식량 부족 현상이 나타날 정도로 엄격한 제한 조치를 부과했다.[24] 이집트는 3월 15일에 학교와 대학을 폐쇄했다. 그리고 3월 19일에는 항공 여행을 금지했고, 3월 21일에는 모스크 예배를 잠정 금지했다.[25] 3월 중순 에티오피아는 정규 교육을 잠정 중단했다.[26]

전 세계 국가들이 하나둘씩 세계적 추세를 따라가면서, 셧다운은 마크롱 대통령이 말하는 "심각한 인류학적 충격"이 되었다.[27] 전 세계의 가족들은 확실히 그렇게 느꼈다. 4월 중순 무렵, UN은 젊은이 15억 명이 일시적으로 학교 교육을 받지 못하고 있다고 보고했다.[28]

위험에 처한 사람은 대개 아이들이 아니었으며, 심지어 교사들도 아니었다. 이탈리아의 경험에서 드러났듯이, 심각한 문제는 더 취약한 노인 인구에 감염이 집중되는 것과 이러한 노인 확진자들이 공중보건 시스템, 특히 중환자실에 부담을 가하는 것이었다. 중요한 변수는 질병이 얼마나 빠르게 퍼지는지를 설명하는 수치인 '기초감염 재생산지수R-naught(R0)'였다. 만약 어떤 감염병의 R0가 1보다 현격히 크다면, 그 감염병은 어떠한 의료 시스템도 현실적으로 억제할 수 없는 급격한 유행을 일으킨다. 그러면 중환자실의 수용 여력은 기하급수적으로 증가하는 감염 앞에서 포화상태에 이르게 된다.

이탈리아에서 온 최신 수치로 역학 모형을 업데이트했을 때 나온 결과는 실로 불길했다. 임페리얼칼리지런던의 유행병 연구팀이 3월 16일에 발표한 결과는 특히 충격적이다. 연구팀은 유행 완화 조치가 없을 경우, 코로나19가 주는 부담이 영국의 중환자실 수용 능력을 30배 초과할 것으로 예측했다. 그러한 규모로 병원 시스템이 과부하된다면, 영국에서는 51만 명이, 미국에서는 220만 명이 사망하는 결과가 나타난다. 심지어 사망자 수를 절반으로 줄이는 효과적인 완화 정책이 나온다고 하더라도 영국과 미국의 공중보건 시스템은 모두 붕괴하게 될 것이다. 너무 늦기는 했지만, 목표로 삼을 수 있는 남은 유일한 선택지는 전면적인 바이러스 억제, 즉 확진자 수를 최대한 줄이는 것뿐이었다. 연구팀은 이 목표를 달성하려면, "전체 인구 차원의 사회적 거리 두기, 확진자 격리, 가정 격리, 학교 및 대학 휴교"를 최소 5개월 동안 시행해야 한다고 권고했다. "바이러스 억제에 장기간 성공할 수 있을지는 전혀 확실치 않다. 사회에 이토록 큰 문제를 일으키는 공중보건 개입을 이토록 오랜 기간에 걸쳐 시도하는 것은 유례가 없는 일이기 때문이다. 사람들과 사회가 어떻게 반응할지는 불확실하다."[29] 그러나 이런 사실에도 불구하고, 연구팀은 앞서 언급한 권고안을 제시했다.

이러한 우려스러운 선택지에 직면한 상황에서, 전 세계가 일반적으로 더욱더 엄격한 셧다운을 향해 나아가는 가운데, 그 흐름에서 벗어난 유일한 나라는 유일하게 관료와 정치인의 권한이 엄격히 제한된 스웨덴이었다.[30] 스웨덴에서 공중보건을 관리하는 주체는 정부에 권고안을 내놓는 전문 전담 기관이다. 스웨덴의 공중보건청 폴크헬소뮌딕헤텐Folkhälsomyndigheten은 여행에 일부 제한을 두고, 노령층에서 사회적 거리 두기를 실시하고, 중학교와 고등학교에 휴교령을 내릴 것을 권고했다. 그러나 전면 록다운이나 마스크 의무 착용을 권하지는 않았다. 스웨덴 공중보건청이 주로 경제적인 이유로 이러한 결정을 내렸다고 볼 만한 근거는 없다. 이들은 그저 공중보건 논리를 알지 못했을 뿐이다. 중요한 질문은 스웨덴의 의료 시스템이 이에 따른 부하를 견뎌낼 수 있느냐였다. 스웨덴 말고는 다른 어떤 나라도 이런 도박을 하려고 들지 않았다.

임페리얼칼리지런던의 보고서는 주로 영국과 미국을 겨냥한 것이었는데, 이 보고서는 의도한 효과를 거두었다. 우유부단한 영국의 의사 결정권자들은 이 보고서를 본 뒤에 전면 셧다운으로 돌아섰다.[31] 이제 "국민건강보험을 지켜주십시오"가 기도문이 되었다. 국민건강보험이 코로나 환자들 때문에 붕괴하는 것을 막기 위해서, 병들고 취약한 환자들은 한계에 다다른 병원으로부터 열악한 장비를 갖춘 요양원으로 떠넘겨졌으며, 그 결과 요양원에서는 사망률이 치솟았다.[32] 임페리얼칼리지런던의 보고서는 대서양 건너 백악관의 분위기가 바뀌는 데도 영향을 준 듯하다.《파이낸셜 타임스》의 에드워드 루스Edward Luce는 "트럼프 대통령의 머릿속에 무언가가 떠올랐다"라고 말했다. 아들 한 명과 한 통화를 언급하면서, 트럼프는 3월 16일에 이렇게 말했다. "좋지 않아요. 좋지 않습니다. (…) 그들은 〔감염이 최고조에 달하는 것이〕 8월이라 생각하더군요. 7월일 수도 있고요. 8월보다 더 나중일 수도 있고요."[33] 그날, 백악관은 처음으로 국가적인 사회적 거리 두기 지침을 발표했고, 미국인들에게 10인 이상 집단으로 모이지 말라고 권고했다. 백악관에서 나온 새로운 슬로건은 "확산 속도를 늦추는 15일"이었다.[34]

이제 사방에서 셧다운을 요구하는 압력이 밀려 들어왔다.[35] 3월 16일 아침, 스페인 바스크 비토리아에 있는 메르세데스-벤츠 공장에서는 노동자들이 공장 폐쇄를 강요하는 파업에 돌입했다. 검사 결과, 확진자 한 명이 발생했다. 노동자 23명이 격리되었다. 스페인 전역에서 닛산, 폭스바겐 세아트SEAT, 르노, 미쉐린Michelin은 이미 공장을 폐쇄한 상태였다. 이탈리아에서도 피아트크라이슬러 공장의 노동자들은 고용주에게 책임 있게 공중보건 정책에 따르라고 주장하며, 노동조합의 허가 없이 벌이는 비공식 파업인 살쾡이 파업wildcat strike에 돌입했다. 막강한 전국 기업 협회인 이탈리아 공업총연합Confindustria의 압력을 받아, 이탈리아 정부는 "필수적이지 않은" 공장의 폐쇄를 권고했지만, 시행 여부는 기업들에게 맡겼다. 이 조치는 노동조합들로부터 성난 반응을 불러일으켰다. 금속노조 FIOM-CGIL의 프란체스카 레 다비드Francesca Re David는 이렇게 선언했다. "공장 노동자들은 24시간 가운데 8시간을 빼면 시민이 아니다. 우리 공장 노동자들은 여러 법규가 일상생활을 보호하고 보장함에도, 공장 문에 들어선 순간 무인지대가 펼쳐지는 현실을 참을 수 없다."[36]

3월 18일, 대서양 반대편에서는 전미자동차노조United Auto Workers의 압력을 받은 디트로이트의 3대 자동차 제조사 GM, 포드Ford, 피아트크라이슬러가 조건이 다소 완화된 조건의 전국적인 전면 셧다운에 동의했다. 끝까지 저항한 것은, 누구나 쉽게 예측할 수 있다시피, 테슬라였다. 일론 머스크Elon Musk는 중국에서는 공식 지침에 따랐지만, 캘리포니아에서는 저항하기로 했다. 머스크는 코로나19에 대한 우려가 과장되었다고 발표했다. 머스크는 직원들에게 "제 솔직한 의견은 여전히 코로나바이러스 자체가 준 피해보다 바이러스 공황으로 인한 피해가 훨씬 더 크다는 것입니다"라고 말했다.[37] 하루 뒤, 머스크 역시 패배를 시인했다.

셧다운 문제를 자신이 사적으로 판단할 사안으로 뒤바꾼 것은, 호전적이고 자기중심적인 일론 머스크다운 일이었다. 사실, 공식 셧다운은 노동자뿐만 아니라 소비자의 승인도 필요한 결정이다. 쇼핑객들은 자동차는 물론이고, 평소에 집 밖에서 사던 그 어떤 물건도 사지 않았다. 3월 중순 무렵, 유럽 전역에 매장이 있는 패션 체인점 프라이마크는 전면 셧다운을 발표했다.[38] 스웨덴의 H&M과 나이키, 언더아머, 룰루레몬, 어반아웃피터스, 아베크롬비앤드피치도 마찬가지였다. 직원도 고객도 매장 근처에 가고 싶어 하지 않았다. 수요 붕괴가 공급망과 방글라데시, 인도, 스리랑카, 베트남, 중국의 의료 공장으로 퍼져나갔다.[39] 노동자도 없고, 공급자도 없고, 시장도 없고, 재고 상품이 쌓여만 가는 상황에서 셧다운은 과잉 보호적인 공중보건 정책이 아니라, 사업상

이치에 맞는 유일한 결정이었다.

　정부의 록다운 조치는 민간의 결정을 일반화하고 지원하는 역할을 했다. 이런 일이 국가, 지역, 도시 차원에서 일어났다. 브라질에서는 양성 판정을 받은 리우데자네이루 주지사가 3월 18일 주 비상사태를 선포했으며, 랜드마크인 크리스투 헤덴토르Cristo Redentor(구세주 그리스도상) 주변을 폐쇄하고 해변을 봉쇄했다.[40] 그는 "수천 명의 피를 자신의 손"에 묻히고 싶어 하지 않았다. 의무 폐쇄 명령을 내리는 것과 지시에 따르게 하는 것은 별개의 문제였다. 그 점에서 주지사는 뜻밖의 도움을 받았다. 리우의 빈민가를 지배하는 악명 높은 갱단 코만두 베르멜류Comando Vermelho, 즉 '붉은 특공대'가 전면 폐쇄에 찬성하면서, 통행금지령을 위반하는 모든 사람에게 가혹한 처벌을 가하겠다고 위협한 것이다.[41] 한편, 아마존의 수많은 원주민 공동체는 도로를 차단하고 숲속 깊숙한 곳으로 철수했다. 자신들이 외부인들이 들여온 전염병에 취약하다는 사실을 역사적으로 잘 알고 있기 때문이었다.

　3월 18일 백악관에서 트럼프 대통령은 새로운 메시지를 전달했다. 허풍 떠는 말투는 여전했지만, 2월의 경박함은 사라졌다. 이제 미국은 전쟁 중이었다. "오늘까지, 누구도 제2차 세계대전 동안 일어난 것과 같은 대단한 일을 본 적이 없었습니다." 트럼프는 기자들에게 말했다. "그리고 지금은 우리의 시대입니다. 우리는 함께 희생해야 합니다. 왜냐하면, 우리는 함께 이 일을 겪고 있으며, 함께 헤쳐나갈 것이기 때문입니다." 그는 힘을 과시하고자, 위기 시에 필요한 물자를 우선 생산하라고 제조사에 지시할 권한을 주는, 냉전 시대의 법인 국방물자생산법Defense Production Act을

들먹였다. 그렇지만 그는 "최악의 시나리오"일 때만 이 법에 의지하겠다고 했다.[42]

영국과 미국에 대한 예측이 나빴다고 한다면, 인도에 대한 예측은 마치 종말을 보는 듯했다. 3월 셋째 주까지, 인도의 제한적인 진단 능력으로 확인한 확진자는 600명 미만이었다. 그러나 역학 모형들에 따르면, 만약 대책이 마련되지 않는다면, "7월 말까지 3억~5억 명의 인도인이 감염될 수 있고, 3000만~5000만 명의 인도인이 중증 환자가 될 수 있었다".[43] 인도에는 위생이 열악한 환경에서 밀집하여 사는 가난한 도시 거주자 인구가 엄청나게 많았다. 인도의 인구 1000명당 병상 수는 0.7개로, 2.9개인 미국이나 3.4개인 이탈리아와는 대조적이었다. 13억 인구가 사는 곳인데 산소호흡기는 딱 5만 개밖에 없었다.[44]

인도는 이른 시기에 국경을 폐쇄했다. 확진자 수는 여전히 낮았다. 그러나 누구도 진단 검사가 충분히 이루어지고 있다고 믿지 않았다. 질문은 인도 중앙정부가 대체 언제 행동할 것인가였다. 나렌드라 모디 인도 총리는 예측하기가 매우 어려운 사람이었다. 모디 총리가 저녁 8시에 대국민 연설을 할 예정이라고 발표했을 때, 전국적인 불안의 파문이 일었다. 마지막으로 저녁 8시에 연설했던 2016년, 모디 총리는 86%의 화폐를 유통 금지했고, 인도 경제를 급격한 침체 속으로 몰아넣었다. 2020년 3월 19일, 모디 총리는 조금 더 정신이 맑은 상태였다. 모디 총리는 인도인들에게 3월 22일 일요일 하루 동안 "국민통행금지령Janata curfew"을 준수하고 간호사, 보안요원 등 최전선에서 일하는 사람들을 응원하기 위해서 전국적인 박수갈채를 보내달라고 요청했다.[45] 당일,

인도인 수억 명이 지시에 따라 실내에 머물렀다. 그러다 저녁이 되자, 그들은 축하를 위해 거리로 쏟아져 나왔다. 민족주의자 지지자들은 모디 총리의 "절묘한 한 수"에 환호했다. 소셜 미디어에서는 인도의 전통 "에너지 의학"인 아유르베다의 열렬한 지지자들이 코로나19가 "대규모 박수의 반향에 의해 증발할 것"이라고 약속했다.[46]

다음 날, 영국은 마침내 쿠바, 나이지리아, 짐바브웨가 그러했듯이 전면 록다운을 발표했다. 불가피한 일에 굴복하여, 일본 정부는 올림픽을 연기했다. 3월 24일, 모든 주와 연방 직할지가 폐쇄와 록다운을 선언한 가운데, 모디 총리는 또다시 오후 8시에 텔레비전에 모습을 드러냈고, 이번에는 훨씬 두려운 속보를 전했다. 인도가 정말로 셧다운에 들어간다는 것이었다.[47] 도시 하나나 주 하나가 아니라, 인도 전국이 3시간 전에 경고를 듣고 셧다운을 시작했다. 14억에 가까운 사람들이 갑작스럽게 자신들의 집에 격리될 상황에 직면했으며, 수많은 사람이 생계 수단이 없는 채로 임시변통으로 버텨야 하는 처지에 놓였다.

방글라데시는 3월 26일에, 남아프리카공화국은 3월 27일에 인도의 뒤를 쫓았다. 이제 전 세계가 셧다운하고 있었다. 전례 없는 일이었다. 한 조각씩 한 조각씩, 지구 전체의 공공 생활이 멈춰갔다. 국제노동기구International Labour Organization(ILO)는 2020년 4월 초를 기준으로, 전 세계 노동력의 81%가 어떤 식으로든 제한을 받고 있다고 추정했다.[48]

많은 사람에게 이것은 충격적이고 도저히 받아들일 수 없는 일이었다. 전 세계에서 각국 특유의 언어로 표현된 저항이 나타났다. 프랑스와 이탈리아에서 급진 좌파는 "예외 상태state of exception"의 정상화를 촉구하고, 예외 상태가 정부에 부여하는 막대한 권한에 반대하는 시위를 벌였다.[49] 보리스 존슨 총리는 뻐딱한 태도로 시인했다. "우리는 영국에서 자유롭게 태어난 사람들이 고대로부터 지녀왔던 양도할 수 없는 권리를 빼앗고 있다. 술집에 갈 권리 말이다. 나는 사람들이 어떤 기분일지 이해할 수 있다. (…) 이것이 얼마나 어려운 일인지, 이것이 자유를 사랑하는 영국 국민의 본성을 얼마나 거스르는 것처럼 보이는지 잘 알고 있다."[50]

브라질에서는 처음부터 회의론자였던 보우소나루 대통령이 록다운 조치에 대한 반대 목소리를 이어갔다. 그의 측근들은 격렬한 중국 공포증에 빠져 "코뮤나바이러스Communavirus(공산주의바이러스)"를 공격하고 중국식 억양을 조롱했다.[51] 3월 마지막 주, 브라질 보건부를 건너뛴 대통령 집무실은 지역 셧다운 조치에 대한 총공세에 나섰다.[52] 거리에서는 보우소나루 대통령의 지지자들이 트럭에 올라탄 채 요란하게 정상화 촉구 캠페인을 벌였다.[53] 오직 사법 개입만이 대통령이 #Brazilcannotstop(브라질은 멈출 수 없다)라는 슬로건 아래에서 벌어진 공개 캠페인을 전력으로 지원하는 것을 막을 수 있었다. 광고에는 이렇게 적혀 있었다. "이웃집 외판원을 위해, 도심 속 상점 주인을 위해, 국내 노동자들을 위해, 수백만 브라질 사람들을 위해, 브라질은 멈출 수 없다." 사상자가 있을까? 그럴 것이다. 보우소나루 대통령이 어깨를 으쓱하며 "미안합니다. 몇몇은 죽을 겁니다"라고 말했듯이 말이다.

널리 알려진 좌파-우파 정치 스펙트럼으로 볼 때, 오브라도르 멕시코 대통령은 보우소나루 대통령의 안티테제지만, 글로벌 범유행 감염병 사태가 공식 선포된 이후에도 오브라도르 대통령은 코로나19에 대해 예전과 비슷하게 무시하는 태도를 보였다. 미국에서 휴가를 보낸 부유한 멕시코인들에 의해 초기 확진자가 대량으로 유입되었다. 이것은 멕시코 대중이 집단 면역을 누릴 수 있다는 생각에 크게 기여하였다.[54] 오브라도르 대통령은 전국의 청자들에게 과장된 언론 보도에 현혹되지 말라고 촉구했다.[55] 그는 정부를 불안정하게 만들려고 하는 보수주의자들이 유행병 확산에 즐거워하고 정책 실패를 과장하고 있다고 비난했다.[56] 유력 언론이 씩씩거리며 분개의 말을 쏟아내는 동안, 오브라도르 대통령은 과학적 충고를 무시하며, 마스크 착용이나 사회적 거리 두기를 거부했다. 3월 29일 늦게, 그는 악명 높은 구스만Guzman 갱단의 우두머리들이 자주 출몰하는 시날로아로 여행을 떠났는데, 그곳에서 떠들썩한 지역 관리들과 갱단 심복들에게 둘러싸인 채로 "엘 차포El Chapo(땅딸보)" 구스만의 어머니와 인사를 나누는 모습이 찍혔다.[57]

미국 국경선 너머에는, 오브라도르 대통령의 의견에 동조하는 광범위한 공화당 세력이 있었다. 백악관의 내부 보고서에 따르면 트럼프 대통령에게 "재계 지도자들과 부유한 지지자들, 보수주의 우군들로부터, 보건 위험을 감수하고서라도 미국이 다시 일을 시작하게 하여 더 큰 재난이 일어나는 것을 막아야만 한다고 촉구하는 전화가 쇄도했다".[58] 대통령은 전시戰時 대통령 시늉을 한 지 일주일도 지나지 않은 3월 23일 월요일에 기자회견에서 이렇게 말했다. "우리 나라는 셧다운되게끔 만들어지지 않았습니다." 이튿날 그는 "이 치료법은 문제보다 더 나쁩니다"라는 친숙한 대사로 말을 이어갔다. 그러면서 "제 의견으로는, 우리가 이런 일이 계속되도록 내버려둔다면 더 많은 사람이 죽을 겁니다"라고 덧붙였다. 트럼프 대통령은 4월 12일 부활절까지 미국이 다시 일하는 모습을 보고 싶다고 발표하여 의학 자문관들을 공포에 떨게 했다. 다시 한번 트럼프 대통령은 독감 비유로 돌아왔다. "우리는 매년 수많은 사람을 독감으로 잃습니다. 그렇지만 매년 나라의 전원을 내리진 않지요."[59] 미국 안에서 코로나19 유행은 주로 민주당 지지 주에 국한되어 있었으므로, 트럼프 대통령은 한 달 전 시진핑 주석이 그러했듯이 카운티별로 점진적 통제 완화를 주장했다. 중국과의 차이점은 이 당시 미국에서는 전국 어디에서도 바이러스를 통제하지 못했으며, 사람들의 이동을 통제하거나 질병 발생 현황을 진단할 수 있는 수단도 없었다는 것이다.

존슨, 보우소나루, 오브라도르, 트럼프는 각자 자신들의 정치적 관용어로 록다운에 반대했다. 그러나 표면적으로 그들의 입장을 이해하기란 어렵지 않다. 따지고 보면, 록다운이 경제에 미치는 영향은 재앙에 가까웠으니 말이다. 중국과 한국은 록다운을 마치 쉬운 일처럼 보이게 했다. 그들은 바이러스를 효과적으로 억제한 뒤, 이제 정상화되는 중이었다. 3월 무렵, 유럽과 미국, 라틴아메리카에서 이것은 가능한 선택지가 아니었다. 경제를 빨리 정상화하라는 요구는 결국 대량 사망의 위험을 받아들이라는 말과 다름없었다.

3월 마지막 주, 미국의 주요 공중보건 전문가들은 록다운 조치를 유지하기 위한 긴급 캠페인을 벌였다. 매일 거의 1000명에 가까운 뉴욕 시민들이 죽어가는 상황에서, 트럼프 대통령의 록다운 조치 완화 논의는 위험할 정도로 시기상조였다. 미국은 유행이 심하지 않은 지역을 정상화했을 때 안전을 보장해줄 진단 검사 및 추적 능력이 부족했다. 백악관에서 열린 토론에서 데버라 버크스Deborah Birx와 앤서니 S. 파우치Anthony S. Fauci는 셧다운 옹호 측을 이끌었다. 이들의 주 무기는 바이러스 억제를 시도하지 않으면 160만에서 220만 명의 미국인이 사망할 수도 있음을 보여주는 예측 모형이었다. 록다운을 지속할 경우 이 수는 10만~24만 명 사이로 줄어들었다.[60] 가설상의 수치기는 하지만, '가용한 최선의 과학best available science'의 뒷받침을 받고 있었으므로, 그 예측에 담긴 극적인 결과는 부정할 수 없는 것이었다.

　나중에 파우치는 트럼프 대통령과의 대면을 이렇게 묘사했다. "데버라 버크스 박사와 나는 대통령 집무실에 들어가 책상에 몸을 기울이며 말했다. '여기 데이터가 있습니다. 살펴보시죠.' (…) 우리는 트럼프 대통령에게 데이터를 보여줬다. 그는 데이터를 살펴봤다. 그리고 즉시 이해했다." 데이터는 인상적이었지만, 대통령의 어린 시절 고향인 뉴욕 퀸즈의 엘름허스트병원에서 시신들이 자루에 담겨 실려 나오는 영상도 인상적이기는 마찬가지였다. 트럼프 대통령은 "여긴 뉴욕 퀸즈, 퀸즈입니다. 사실상 우리 동네라고요. 우리 동네에서 이런 일이 일어나고 있어요. 전에 결코 본 적이 없는 일들을 보게 되는군요"라고 말했다.[61] 파우치의 회상에 따르면, 트럼프 대통령은 고개를 가로젓더니 "해야 할 수밖에 없겠군요"라며 승복했다.

　퀸즈는 미국 위기의 진원지였다. 그리고 세계 최악의 감염 지역 가운데 하나였다. 트럼프는 퀸즈를 포기하고 예외로 취급해버릴 수도 있었다. 그 대신, 상상력과 텔레비전 이미지, 데이터를 통해 미국 다른 지역으로 유사한 재앙이 퍼져나가는 것을 떠올려본 트럼프 대통령은 더는 강경한 발언을 내놓지 않았다. 3월 29일, 그는 4월까지 록다운을 연장하겠다고 발표했다. 트럼프는 이렇게 선언했다. "저는 모든 미국인이 눈앞에 놓인 고난의 나날에 대비하길 바랍니다." "〔이 바이러스는〕 우리가 이전에 겪어본 적이 없는 거대한 국가적 시험입니다." "〔감염자 수를 최소화하려면〕 우리의 집단적 힘과 사랑, 헌신을 최대한 발휘해야 합니다. (…) 솔직히, 이것은 죽느냐 사느냐의 문제입니다. (…) 죽느냐 사느냐의 문제입니다."[62] 아무리 애쓴다 한들, 그리고 트럼프처럼 모든 선택지를 다 살펴본다고 한들, 2020년 봄 코로나바이러스 쇼크의 위력에서 벗어날 방법은 없었다.

Shutdown

2부

유례없는 글로벌 위기

5장

추락하는 경제

3월 7일에서 8일까지의 주말 동안 이탈리아 정부가 내린 결정은, 전 세계 국가 정부들이 눈사태처럼 쏟아낸 의사 결정의 발단이 되었다. 이것은 유례가 없는 일이었다. 문자 그대로 수십억 명의 사람들이 코로나19에 실제로 대응하는 과정에서, 혹은 미디어를 통해 바이러스를 접하면서, 삶의 방식을 조정한 것은 더더욱 유례가 없는 일이었다. 사람들이 삶의 방식을 바꾸게 된 계기는 스마트폰 카메라에 담긴 병원에서 일어나는 극적인 일들과 박사와 과학자, 유행병 학자들이 만들어낸 어두운 전망이었다. 처음에는 중국에서, 그다음에는 유럽과 미국, 라틴아메리카에서, 전 세계의 언론이 이 소식을 전하자 극적이고 다양한 반응이 나타났다. 온갖 종류의 조직과 기업, 소비자, 가족, 학교, 노동자, 전 세계의 수십억 명의 개인이 대응하기 시작했다. 사람들의 대응이 한꺼번에 일어난 것은 아니다. 국가 정부든 지방 정부든, 정부가 앞서 나간 경우도 있었다. 보통은 그렇지 못했지만 말이다. 때때로 사회는, 그리고 가족, 기업, 조직은 정부가 아무런 대응도 하지 않는 상황에서 자기 자신을 지키기 위해 행동했다. 요점은 어디에서나 복합적이고 집단적인 움직임이 있었다는 것이다. 정부가 앞장 섰을 때도, 정부가 시행한 조치의 실효성은 대부분 시민과 기업, 조직이 적극적으로 준수하는 데 달려 있었으며, 정부의 지침은 이들의 대응을 조율하고 합리화하는 기능을 했다.

우리는 경제 데이터에서 이런 자기 보호적인 행동을 살펴볼 수 있다. 영국 정부가 마침내 전국 봉쇄령을 내리기 몇 주 전이었던 3월 초, 가계재량지출household discretionary spending은 주당 300파운드에서 180파운드로 급감했다.[1] 미국에서도 마찬가지로 수치가 갑작스럽게 요동치는 모습을 볼 수 있다. 미국에서는 3월 9일 주식시장이 폭락했는데, 코로나 회의론자들에게까지 사태의 심각성을 전달할 정도였다. 결과적으로 소비자가 주축이 된 셧다운은 정부가 지시한 록다운보다 훨씬 일찍 일어났다. 이런 일이 어디서나 일어난 것은 아니다. 그것은 전체 인구가 얼마나 낙관적인가, 그리고 정부가 얼마나 급하게 행동하느냐에 달린 문제였다. 스페인에서는 3월 14일에 전면 록다운이 발표되었다. 같은 날 신용카드 사용액이 급감했다.[2] 열흘 뒤에 있었던 인도의 록다운 명령도 급하기는 마찬가지였다.

IMF는 휴대전화 데이터에 계량경제학 기법을 적용하여 셧다운의 강도를 측정했는데, 이는 이동 거리 감소량 중에서 자발적 사회적 거리 두기가 아닌 정부 명령에 의해 감소한 부분을 추정하는 방식이었다. 결론은 명확했다. 부유한 국가에서는 자발적인

　　　　　　　　　　　　2부 유례없는 글로벌 위기

사회적 거리 두기의 중요성이 정부 명령의 중요성보다 훨씬 크게 나타났다. 최초로 감염이 기록된 이후 90일 동안 나타난 19%의 이동 거리 감소량 가운데, 록다운의 상대적 강도로 설명할 수 있는 부분은 3분의 1이 약간 넘는 정도였다. 나머지는 자발적 사회적 거리 두기에 의한 것이었다.[3]

코로나바이러스에 대한 대응을 집단적 행위 주체성collective agency이 발현되는 순간으로 묘사하고 록다운 대신 셧다운이라는 용어를 사용하는 것은, 대응에 따르는 대가나 제약을 부정하려는 목적에서가 아니다. 정부의 권한이 민간 부문의 행위에 보완적이었다고 말한다고 해서 정부가 권한을 행사하는 과정이 조화로웠다거나 그 과정에 억압적인 요소가 없었다는 말은 아니다. 대응에 따르는 대가는 너무나도 현실적인 문제였다. 그것은 이에 따르는 정치적 갈등 역시 마찬가지였다.

경제학자들은 충격을 분석할 때 수요 변화와 공급 변화를 분리하곤 한다.[4] 이 구분은 중요하다. 원인이 다르면 치료법도 다르기 때문이다. 만약 생산, 고용, 소득이 공급 충격으로 인해 위축된다면, 경제 활동 회복을 위해서 재화와 서비스를 생산하고 제공하고 소비하는 방식을 조정할 필요가 있다. 경제학자들은 이것을 "실물 부문real" 조정이라고 부르는 경향이 있다. 불충분한 수요가 문제라면, 생산과 유통 시스템은 그대로 두어도 좋다. 그때 할 일은 세금을 낮추거나 정부 지출을 늘리거나 대출 조건을 완화하는 식으로 예산 제약을 완화함으로써 사람들이 더 지출을 늘리게끔 촉진하는 것이다.

코로나바이러스가 미친 즉각적인 영향은 공급 충격이었다. 대규모 부정적 공급 충격negative supply shock은 드물다. 그 한 가지 예로, 허리케인이 대서양을 휩쓸고 감에 따라 멕시코만의 정유 단지가 셧다운하는 것을 들 수 있을 것이다.[5] 더 일반적인 것은 긍정적 공급 충격인데, 이는 새로운 일을 더 싼 값에 할 수 있게 하는 기술 혁신과 같은 것이다. 범유행 감염병은 기술의 퇴보와 같다. 항공 여행을 예로 들어보자. 2020년의 문제는 항공기 운항 능력이 조금이라도 떨어진·것이 아니다. 문제는 안전한 비행이 어려워졌다는 것이다. 좌석이 꽉 찬 혼잡한 일반석 객실은 코로나19 감염 위험을 높인다. 그 위험이 얼마나 크냐에 관해서는 많은 논란이 있었지만, 위험을 최소화하는 방법은 아주 간단했다.[6] 만약 항공기 하나에 한 가족만 태우고, 공항에서 안전 장비를 완비한 VIP 환승편을 제공한다면, 그들은 여전히 안전하게 여행할 수 있을 것이다. 달리 말해, 여행은 여전히 안전했다. 만약 부유한 사람들이 그러하듯이, 공항을 통과하여 개인 제트기로 직행한다면 말이다. 사실 2020년 내내 개인 제트기는 비교적 중단 없이 계속 운항되었다. 이것은 여느 때와 마찬가지로 터무니없이 비싼 여행이었다. 마찬가지로, 사적인 요트, 별장, 섬 대여 계약 역시 잘 유지되었다.[7] 이와 대조적으로, 상업용 항공기에서 안전을 보장하려면, 모든 좌석의 티켓을 구매해야 했고 승무원들이 검사를 받았는지 확인해야 했다. 즉 엄두도 못 낼 만큼 비싼 값을 치러야 했다. 또한 경기 부양을 위해 국고에서 무료 민간 항공권을 발행하는 식으로 문제를 해결할 수도 없었다. 한 번에 한 가족만 태우고 운항하면서 이전 수준의 이동성을 유지하기에는 비행기 숫자가 충분하지 않았다. 이렇게 하려면 대기자 명단에 이름을 올린 채로 10년을 기다려야 할 것이다. 바로 이것이 공급 충격의 정의다. 경기 지원금이나 추가 항공 마일리지로는 이 문제를 해결할 수 없다.

항공 산업이 받은 영향은 잔혹했다. 2020년 4월 런던 히스로 공항의 여객 처리량은 97% 감소하여, 1950년대 수준이 되었다. 전 세계적으로 항공 교통량이 94% 감소했다. 2020년 여름의 추정치에 따르면, 2020년 항공 산업의 예상 손실액은 전 세계적으로 843억 달러에 달했다.[8] 1000만 개가 넘는 일자리가 직접적인 위험에 처했다.[9]

유행병은 일반적이지 않은 공급 충격이다. 우리가 일반적으로 초점을 맞추는 기술 혹은 부나 소득의 부존endowment 같은 경제 변수를 통해 나타나지 않기 때문이다. 대신, 유행병은 우리 몸을 통해 나타난다. 유행병은, 집단으로서 그리고 개인으로서 인류의 신체가 사회적인 삶과 경제적인 삶의 공통분모임을 드러냈다.[10] 우리 몸을 통해서 유행병은 우리에게 포괄적인 영향을 미치며, 직장과 가정생활, 생산과 생식의 세계에 얽혀들었다.

학교에 가면 아이들은 질병의 매개체가 될 위험에 처했다. 그렇다고 집에 머물면, 수억 맞벌이 가정의 보육에 지장이 생겼다. 가령, 위기 동안 남성 학자들과 여성 학자들의 출판 비율에 큰 차이가 났다는 사실에서 명확히 드러나듯이, 보육 부담의 증가는 압도적으로 여성들의 어깨를 짓눌렀다.[11] 만약 가족들이 세대 간 연결망이나 지역사회에 의지하여 자녀를 부양하는 상황이라면, 만약 직장과 가정의 경계가 흐릿해진 상황이라면, 만약 어떤 사람이 수도와 주방, 화장실과 세면장을 공유하는 임시 판자촌이나 빈민가, 혹은 특정 인종의 거주 구역에 속하는 곳에 산다면, 딜레마는 심지어 더 크게 나타났다.

어떤 경우든 추상적이고 몸을 쓰지 않는 노동에 더 큰 보상을 주는 계층구조의 노동시장에서, 코로나19 위기는 기존의 불평들과 단단히 결합했다. 만약 여러분에게 충분한 능력이 있다면, 여러분에겐 아무런 문제가 없다. 일은 원격으로 하면 된다. 장도 원격으로 보면 된다. 여행도 마음속에서 원격으로 하면 된다. 심지어 온갖 종류의 친밀감도 원격으로 느끼면 된다. 사적인 매춘을 금지한 독일과 네덜란드 같은 나라에서는 공창licensed prostitute들이 일시 해고 기간에 대한 지원을 요구한 반면, 뉴욕에서는 지방정부가 시민들에게 범유행 기간에는 자위만 하라고 권하는 초현실적인 순간이 있었다.[12] 쿠오모 주지사는 남성적인 매력을 물씬 발휘하여, TV로 반영되는 자신의 일일 코로나19 위기 브리핑에서 적절한 수준의 자극적인 자료를 제공했다.

만약 여러분이 인터넷이 잘되는 안락한 장소에서 효율적으로 온갖 배달 음식을 시켜 먹을 수 있는 상황이라면, 세상에서 자신을 분리하는 것은 더욱더 손쉬운 일이었다. 코로나19 위기가 세계를 강타했을 때, 상시 광대역 연결을 할 수 있을 정도로 운이 좋은 가구와 기업의 수는 전 세계적으로 11억 이상이었는데, 이는 2010년보다 2배 이상 늘어난 숫자였다.[13] 20년 전만 해도 거의 존재하지 않았던, 인터넷이라는 인프라 덕분에 서구에서는 대다수 사무 업무가 사실상 중단 없이 계속되었다. 그러나 인터넷이라는 편의시설은 부유한 나라에서조차 어디서나 이용할 수 있는 것이 아니었다. 코로나 위기는 영국 어린이 가운데 9%는 집에 컴퓨터나 노트북, 태블릿이 없다는 사실을 드러냈다.[14] 국제연합 아동기금United Nations Children's Fund(UNICEF)에 따르면, 전 세계 아동의 3분의 2 이상, 즉 8억 3000만 명의 젊은이들이 집에서 인터넷에 접속할 수 없다고 한다.[15]

인도에서는 IT 업계와 아웃소싱 업계가 적응하느라 필사적이었다. 가정용 인터넷 연결은 불안정한 경우가 많았을 뿐만 아니라, 서양 고객사들은 엄격한 보안 규정을 요구했다. 이는 인도에서 원격 근무를 제한하는 요소였다. 고급 소프트웨어 개발자들은 직원들을 위해 안전한 접속망을 설립했다. 노동자가 130만 명에 이르는 비즈니스 프로세스 아웃소싱 산업은, 자신들은 필수적인 금융 서비스 산업에 속하므로, 록다운에서 제외되어야 한다고 주장했다.[16] 대기 시간이 너무 길다는 산사태 같은 불만에 직면한 서구의 고객사들은 뛸 듯이 기쁜 마음으로 이 주장을 지지했다.

원격 생활이라는 새로운 삶의 형태로 도약할 가능성은 기술과 기반시설뿐 아니라 직접 손으로 하는 육체노동에도 달려 있다. 사회적 계층 구조가 분명하게 드러났다. 미국에서는 20만 달러 이상을 버는 노동자의 75%가 재택근무를 할 수 있던 반면, 2만 5000달러 미만을 버는 노동자는 11%만 재택근무를 할 수 있었다. 아마존Amazon의 배송 서비스는 실질적으로 공공 서비스가 되었다. 수요에 맞추기 위해, 2020년 1월에서 10월 사이에 아마존은 직원 42만 7300명을 추가로 고용했다. 위기가 절정에 달했을 무렵, 아마존은 하루에 2800명씩 신입사원을 채용했다. 올해 말까지, 전 세계의 아마존 직원은 120만 명에 달하게 될 것이며, 이는 1년 전의 2배에 달하는 수치이다. 페덱스, UPS, DHL 등의 택

배 서비스 업체들은 모두 엄청난 수요 급증에 발맞추기 위해 고군분투했다. 안전 요구 사항은 한계 이상으로 늘어나 있었다.[17]

감염 위협은 미디어와 서비스 산업 전반에 퍼져나갔다. 영화관은 혼잡한 비행기 다음으로 코로나에 걸리기에 이상적인 장소다.[18] 2020년, 중국은 미국을 제치고 세계 최대의 박스오피스가 될 궤도에 올라 있었다. 하지만 그렇게 되지 않았다. 중국은 1월 23일에 7만 2000개의 영화관을 모두 닫았다. 2020년 2월 16일, 미국의 영화 배급사 MGM은 2021년 개봉 예정인 새로운 제임스 본드 영화 〈007 노 타임 투 다이No Time To Die〉의 중국 시사회를 취소한다고 발표했다. 실로 영화 제목에 너무나도 잘 어울리는 행보였다. 이것은 시작에 불과했다. 4월부터 6월 사이에 할리우드 영화는 중국에서 단 한 편도 개봉하지 않았다. 인도에서는 100만 명의 사람들이 발리우드 영화 산업에 의존해 생계를 꾸려간다. 평년에 발리우드는 연간 1800여 편의 영화를 인도 아대륙의 28개 주요 언어로 제작한다. 3월 중반, 영화 제작과 출시가 모두 중단되었다. 체육관이나 공항으로 가는 스타들의 스냅 사진을 찍음으로써, 여느 때는 발리우드 홍보 기관을 먹여 살리던 존재였던 파파라치들을 지원하기 위한 구제 기금이 조성되었다. 영화 제작이 재개되었을 때, 나이 든 배우들은 그대로 집에 머물렀으며, 인도 영화를 유명하게 한 바글바글한 군중이 나오는 장면이나 로맨틱한 장면들은 어디서도 찾아볼 수 없게 되었다. 중국이 3월 22일 형식적으로 영화관 상영 재개를 시도했을 때, 아무도 오지 않았다. 일주일 뒤, 영화관들은 두 번째로 폐쇄되었다. 시진핑 주석은 "영화를 보고 싶다면, 그냥 온라인으로 보십시오!"라고 말했다.[19]

쇼핑이나 여행과 미용실, 치과, 병원, 체육관, 영화관 방문 같은 일을 경제의 하루살이 같은 부분으로 여기는 것은 구미가 당기는 일이다. 보통, 경기 순환의 서사를 지배하는 것은 건설과 제조업이다. 우리는 한국의 반도체 수출이나 미국의 대형 트럭 수주와 같은 변수들을 추적한다. 이렇듯 경기에 아주 민감한 산업 부문의 변동성이 극적으로 보일지도 모르지만, 이런 산업 부문은 현대 경제에서 작은 부분만을 차지할 뿐이다. 서비스 부문이 고용과 부가가치 측면 모두에서 훨씬 더 크다. 2020년 봄, 미국의 GDP가 급락한 가장 큰 단일 원인은 치과와 병원의 폐쇄였다. 의료 및 사회복지 부문 하나에서만 전체 제조 부문을 다 합친 것보다 더 많은 미국인이 일자리를 잃었다.[20]

전 세계 모든 도시에서 일상적인 상거래가 영향을 받았다. 2020년 4월은, 거주민이 2000만 명에 달하는 나이지리아의 거대한 경제 수도 라고스에서 가게 주인과 노점상, 버스 잡상인들에게 "배고픈 달"이었다.[21] 즉석에서 만든 26센트짜리 마스크조차 살 엄두를 못 낼 정도로 현금이 너무나도 부족했다.[22] 록다운이 만든 공백 속으로 무시무시한 소문이 퍼져나갔다. 악명 높은 "원 밀리언 보이스One Million Boys" 갱단 소속 폭력배가 조만간 조직적인 약탈을 시작할 거라고 통보하는 협박 전단을 배포했다는 것이었다. 인근 지역에서는 습격으로부터 자신들을 보호하기 위해 자경단을 구성했지만, 대부분 지역에 습격은 없었다.[23]

밖으로 모험을 나선 사람들에게, 인상적으로 다가온 것은 바로 적막함이었다. 상업적 멸종 위기 속에서 오랜 세월 동안 어떤 일이 있더라도 버티고 또 버티던 쇼핑몰들이 위태롭게 휘청거리고 있었다. 미국에서는 일련의 유서 깊은 소매상들이 파산을 선언했다.[24] 제이시페니J. C. Penney는 점포 242개의 문을 닫는다고 발표했다. 니만마커스Neiman Marcus, 제이크루J.Crew, 브룩스브라더스Brooks Brothers 모두 파산 보호를 신청했다. 브룩스브라더스는 1818년부터 미국 비즈니스 정장 업계에서 중요한 회사였다. 그러나 줌Zoom을 써서 원격으로 회의하는 세상에서는 정장 수요가 많지 않았다.[25] 독일에서는 백화점 체인 갈레리아카르슈타트카우프호프Galeria Karstadt Kaufhof의 지점들이 줄줄이 폐점을 발표하면서 수천 명의 실직자가 발생했다. 1940년부터 저렴한 소매업의 기둥이었으며, 파리 북부 바흐베 지역의 상징적인 할인 소매점이었던 타티Tati가 7월에 문을 닫았다.[26] 파리의 전설적인 서점 중 하나인 지베르죈느Gibert Jeune는 노조원들과 폐쇄 협상을 시작했다.[27] 영국에서는 1980년대에 다이애나 왕세자비의 시크함과 동의어였던 로라애슐리Laura Ashley가 이제는 쇠락하여 법정 관리에 들어갔다.[28] 데버넘스Debenhams 백화점과 패스트패션계의 선구자 탑숍Topshop이 제공하는 일자리 2만 5000개가 위험에 처했다.[29] 의류와 샌드위치계의 건장한 기업이었던 마크스앤드스펜서Marks & Spencer는 살아남았지만, 그 채권은 종잇조각이 되었으며, 직원 8000명이 일자리를 잃었다.

코로나 불황은 서비스업 부문의 위기였기 때문에 그 충격은 젠더별로 차이가 있었다. 이것은 여성들에게 더 심각한 불황인 "쉬세션Shecession"이었다.[30] 이것은 실로 쓰라린 아이러니였다. 2019년 하반기는 주요 경기 침체기가 아닌 상태에서, 미국에서 처음으로 여성 고용이 남성 고용을 앞선 시기였기 때문이다.[31] 단 1년 뒤,

2020년은 여성의 실직과 실업률이 남성을 앞선 최초의 불황기가 되었다.[32] 가장 큰 피해를 본 사람은 육체노동 위주 서비스 업계의 대들보인 라틴계 여성이었다. 라틴계 여성의 실업률은 20% 이상으로 치솟았다. 유럽에서도 가장 큰 고용 손실을 본 사람들은 소득 분포상 하위 20%에 속하는 여성 노동자들이었다.[33] 보육시설의 대량 폐쇄는 부모가 겪는 어려움과 여성들이 겪는 어려움을 결합시켰다. 여름이 끝나갈 무렵, 미국에서 100만 명이 넘는 여성 노동자들이 가족원을 돌보기 위해 임금 근로paid employment 상태에서 벗어났다.[34]

범유행 감염병의 일차적 영향이 재화를 안전하게 공급하는 능력을 감소시키고 수억 명 사람들의 생계를 곤란하게 한 것이라면, 이차적 영향은 수요 면에서 나타났다. 불안감이 소비와 투자를 대폭 줄였다. 수요 붕괴는 더 많은 실업으로 이어졌다. 코로나19 특유의 충격은 이렇게 우리에게 더 친숙한 수요주도형 경기 침체로 변형되어 세계의 전 분야로 뻗어나갔다.

다시 한번 관광 및 여행 부문으로 돌아가보자. 만약 서양 관광객들이 더는 비행기를 타지 않는다면, 글로벌 관광 산업은 위험에 처하게 된다. 세계여행관광협의회World Travel and Tourism Council는 7500만 개의 일자리가 위태롭다고 경고했다. 수익 손실이 2조 1000억 달러에 달할 수 있다는 것이었다.[35] 여행 및 관광 부문을 합치면 전 세계 GDP의 3.3%에 이른다는 점을 고려해보면 이 수치가 더욱 그럴듯하게 여겨질 것이다.[36] 야생동물 관광과 같은 틈새 부문조차도 2018년 1200억 달러의 부가가치를 창출했으며,

전 세계적으로 910만 개의 일자리를 직접적으로 먹여 살렸다.[37]

2020년 봄 태국의 롭부리에는 원숭이 무리가 득실거렸다. 원숭이들은 본래 관광객들이 주는 먹이로 편하게 배를 채웠지만, 이제는 뭐라도 먹을 것을 찾아내면 서로 다투어야만 했다.[38] 태국에서 사육되는 코끼리 3000여 마리의 안위에 대한 우려가 생겼다.[39] 동아프리카와 남아프리카의 사파리 사업은 매년 124억 달러를 벌어들였다. 2020년의 시작은 좋았다. 2월에는 공원과 숙소, 개방된 랜드크루저들이 사람으로 가득 찼다. 그러다가 3월이 되자 갑작스럽게 예약 취소가 시작되었다. 4월이 되자 사업은 완전히 중단되었다. 가이드와 방문객이 없는 공원은 버려진 채 밀렵꾼들의 먹잇감이 되었다. 최악의 상황을 피하고자, 남아프리카공화국의 3대 대형 동물보호구역은 예방 조치로 코뿔소 뿔을 제거하면서, "이것으로 우리 코뿔소들이 밀렵꾼들에게 덜 먹음직스러운 목표물이 되었으면 좋겠다"라고 밝혔다. 한편, 음마몰로코 쿠바이-응구바네Mmamoloko Kubayi-Ngubane 관광부 장관은 남아프리카공화국 의회에 관광 산업에서만 최대 60만 개의 일자리가 위험에 처해 있다고 경고했다.[40] 아프리카에서 두 번째로 큰 경제 대국인 남아프리카공화국에서, 2월부터 4월까지 전반적인 고용이 약 18% 감소했다. 2월에 소득이 있었던 사람들 세 명 가운데 한 명은 4월에는 소득이 없었으며, 실직은 누구보다도 여성과 육체노동자들 사이에 집중되었다.[41]

스리랑카, 베트남, 인도, 방글라데시의 의류 공장들은 중국의 공급망을 통해서 2월에 범유행 감염병의 영향을 처음 느꼈다. 중국 공장으로부터 옷감과 실이 들어오지 않았다. 그러다가 3월이 되자, 서양 브랜드들은 수십억 달러 규모의 주문을 취소했으며, 대개 불가항력force majeure 조항을 내세워 이미 발생한 재료비와 인건비에 대한 지급을 거부하였다.[42] 방글라데시의 의류 수출은 85% 급감했다.[43] 그 후 코로나19 확산에 대한 두려움이 남아시아 전체로 퍼져나갔다. 이것은 공급망 붕괴, 수요 붕괴, 노동자와 그 가족에 대한 위협으로 구성된 삼중 충격이었다. 4월 초까지, 방글라데시 한 곳에서만 최소 100만 명의 의류 노동자들이 실직하거나 일시 해고 상태가 되었는데, 이는 방글라데시 전체 의류 노동자의 4분의 1에 해당하는 숫자이며, 이들 가운데 80%는 여성이었다.[44] 해외에서 들어오는 돈과 국내 일자리가 동시에 바싹 메마르면서, 빈곤율이 40%까지 치솟을 것으로 예측되었다.[45] 파키스탄에서 의류 노동자들은 보통 아무런 경고도 듣지 못한 채 공장 폐쇄 조치를 당했다. 위협적인 무장 경비대 앞에서, 의류 노동자들은 임금 체납에 항의하였다.[46] 이들 뒤에는 심지어 훨씬 더 많은 재택 노동자들이 있었는데, 이들은 고용주나 국가 사회보험 시스템의 장부에 등록된 사람들은 아니었지만, 갑작스러운 폐쇄 조치로 궁핍한 처지에 놓였다. 파키스탄 한 곳에만 시간당 40센트 미만을 받고 일하는 재택근무자가 1200만 명이 있다고 여겨지는데, 이들 모두의 생계가 위험에 처했다.[47]

평상시 의류 노동자들은 비교적 안정적인 현금 수입을 거두기 때문에 가령 고향에 집을 짓거나 할 때, 더 유리한 조건으로 소액 대출을 이용할 수 있었다. 캄보디아에서 의류 노동자들이 전체 소액 대출에서 차지하는 비율은 약 5분의 1로, 이들이 진 빚은 총 수십억 달러에 달한다.[48] 이는 실업에 대한 공포를 크게 가중시켰다.

대출금을 납입하지 않으면 담보물을 몰수당하게 되는데, 최악의 경우에는 가족들이 사는 집을 잃을 수도 있기 때문이었다. 실직한 의류 노동자들은 대체 수입원을 찾고자 고군분투했는데, 이들은 설상가상으로 이웃 태국으로부터 물밀 듯이 몰려오는 수십만 명의 이주 노동자들과도 경쟁해야만 했다.

거대한 노동 인구가 유휴 상태가 되고 격리되면서, 코로나19는 전 세계 노동시장 제도의 내구성을 시험하게 되었다.

세계적으로 비교해볼 때 유럽의 사회복지 제도는 유난히 관대하다. 코로나19는 유럽의 사회복지 제도를 새로운 시험대에 들게 했다. 가장 중요한 혁신은 단시간 근무의 광범위한 채택이었다. 이것은 2008년 위기의 충격을 완화하고자 했던 독일에서 성공적으로 시행된 시스템이었다.[49] 노동자들은 임금의 전부 혹은 일부를 지급하는 공적자금의 도움을 받아 계속 고용 상태를 유지했다. 셧다운이 극에 달한 2020년 5월에는 오스트리아, 프랑스, 네덜란드 피고용자의 약 3분의 1과 독일, 스페인, 아일랜드 피고용자의 약 5분의 1이 단시간 근무 제도를 이용했다.[50] 이러한 제도는 고용주, 특히 이 제도가 없더라도 자비로 노동자 고용을 유지했을 고용주들에게 더 많은 공공 보조금을 제공했다. 이것은 치를 만한 가치가 있는 대가였다. 유럽에서는 이 제도가 사회적 위기를 억제하는 주요한 수단이었다.

단시간 근로제는 원래 고전적인 산업을 위해 고안되었다. 그리고 2020년 동안, 단시간 근로제는 자영업자와 "임시직 경제gig economy(긱이코노미)" 종사자, 심지어 성 노동자처럼 낙인찍힌 집단에까지 확대되었다.[51] 이 계획은 혁신적이고 노사 협력적이었으나, 여러 복지 조항 가운데 하나일 뿐 사회적 불평등을 지우진 못했다. 기관에 고용된 계약직 노동자들은 일자리도, 복지 지원도 받지 못한 채 비좁은 숙소에 갇혀 이러지도 저러지도 못하는 상황에 놓여 있었다. 가장 밑바닥에 있는 사람들은 여느 때처럼 부유한 유럽 국가들을 향해 배를 타고 찾아온 이주 노동자들로, 이들은 이제 보건 규제와 상관없이 심지어 전보다 더 굴욕적인 상황에 놓이게 되었다.[52] 루마니아와 불가리아의 시골 사람들이 이주할 만큼 절박했다는 사실은, EU 전역에서 삶의 기회에 커다란 차이가 있음을 강조하여 드러낸다. 운명의 기이한 비틀림 속에서, 2020년 4월 유럽 사회에서 마지막까지 이동하고 있는 사람들은, 바로 저임금 동유럽 이주 노동자들이었다.[53]

유럽의 복지 제도가 위기 상황에서 최악의 충격을 억제하기 위해 채택되었다고 한다면, 대형 개발도상국들은 훨씬 더 기본적인 문제들과 씨름을 벌였다.

인도의 노동 인구 4억 7100만 명 가운데, 오직 19%만이 사회 보장의 혜택을 받고 있으며, 3분의 2는 정식 고용 계약을 맺고 있지 않으며, 최소 1억 명은 시골과 도시를 오가며 무허가 판잣집에서 가까스로 살아가거나 아예 길거리에서 잠을 청하는 이주 노동자들이다.[54] 모디 인도 총리의 급작스러운 록다운 조치로 2000만 명에 이르는 사람들이 도시에서 시골로 도피하게 되었는데, 이 사건은 "록다운과 흩뿌리기scatter"라고 묘사되었다.[55] 도피 도중, 아마 절반가량의 이주민이 주 차원의 엄격한 규제들 사이에서 발이 묶이면서 급조한 수용소에서 생활하게 되었다.[56] 1947년에 인도와 파키스탄 사이에서 있었던 폭력적인 분할 사건 이후로 이런 일은 없었다. 록다운 기간 동안 인도의 실업률이 어떻게 되었는지는 추정만 가능할 뿐이지만, 실업 규모가 엄청났음은 분명하다. 이용 가능한 최선의 데이터는 2020년 4월 취업자 수가 2019년에 비해 1억 2200만 명 줄어들었음을 암시한다. 실업자 가운데 일부가 고향 마을로 돌아가 다시금 농장 노동자가 되긴 했겠지만, 2020년 5월 3일로 끝난 주에 실업률은 아마 27%를 초과했을 것이다.[57] 인도의 록다운은 노동시장에서 나타난 역사상 최악의 쇼크를 불러온 지난 2월 중국의 록다운과 맞먹는 것이었다.

만약 노동시장 스펙트럼의 한쪽 끝에 인도가 있고 다른 쪽 끝에 유럽이 있다면, 미국은 그 중간 어딘가 불편한 곳에 있다. 미국은 정식 노동시장을 갖추고 있고 정기적인 실업 통계를 집계하고는 있으나, 유럽식 단축 근로제를 실행할 수 있게 하는 행정 시스템이나 법적 안전장치가 전혀 없다. 미국에는 국가 차원의 실업보험 제도가 없다. 1930년대 뉴딜New Deal 정책에서 시행할 수 있었던 최대 한도는, 주 단위의 실업보험을 짜깁기하는 것이었다. 수령액은 적으며, 대부분 26주가 지나면 만료된다. 플로리다나 노스캐롤라이나는 12주 이상을 보장하지 않는다.[58] 이 낡고 가혹한 실업보험 제도는 잠재적인 신청자들을 단념시키고, 실제 신청자들 다수에게 지급을 거절하기 위해 다소 노골적으로 설계되었다. 2020년 3월, 이 제도는 전에 경험해본 적 없는 무게에 짓눌려 신음하고 있었다. 건강상의 위험에도 불구하고, 사람들 수만 명이 대면 신청서를 작성하기 위해 줄을 섰고, 뉴욕에서는 제한된 수의 ATM 기기에서 실업보험금을 수령하기 위해 줄을 섰다.[59]

매주 목요일 아침, 미국 노동부는 실업급여를 새로 신청하는 사람들의 숫자를 자료로 만들어 발간한다. 국가 차원의 신청자 수는 주정부 단위의 신청자 수를 합산하여 계산된다. 2020년 3월 셋째 주, 재앙이 일어나고 있다는 사실은 분명했다. 주정부 청사에서 접수하는 지원서가 엄청나게 급증했다는 이야기가 떠돌았다. 몇몇 온라인 등록 시스템은 과부하에 걸려서 작동을 중단했다. 트럼프 행정부는 이 놀라운 뉴스에 보도금지 조치를 걸려고 시도했다.[60] 그러다가 3월 26일 오전 8시 30분, 충격적인 뉴스가 미디어를 탔다. 지난주에 미국인 330만 명이 실업보험 혜택을 받기 위해 신청서를 제출했다는 소식이었다. 유례가 없는 일이었다. 평범한 시기에는 주당 20만~30만 명이 신청서를 제출했다. 2008년 금융위기 이후로 최악의 주간은 2009년 3월로, 이때 총 신청자는 66만 5000명이었다.[61] 3월 26일의 수치는 이보다 무려 5배나 나빴다. 지난 반세기 동안 옆으로 쭉 뻗어오던 그래프가 갑자기 수직으로 솟구쳤다. 그다음 주에 신청자 숫자는 훨씬 더 증가해 충격적이게도 664만 8000여 명에 이르렀다. 4월에 미국이 직면한 경제위기는 종말을 일으킬 수 있는 성질의 것이었다. 3개월 만에 25세 이하 인구의 4분의 1 이상이 일자리를 잃었다.[62] 평소 의연한 성격으로 유명한 제임스 불러드James Bullard 세인트루이스 연방준비은행 총재는 만약 록다운이 필요한 만큼 지속된다면, 미국의 전체 실업률이 30%에 달할 것이라 경고했는데, 이는 1930년대 대공황 시절보다 높은 수치였다.[63]

　　전 세계적으로 생산과 소비가 위축되면서 무역 전망이 처참해

졌다. 4월 8일, IMF와 세계은행의 봄 회의에 앞서, 세계무역기구
World Trade Organization(WTO)는 2020년 국제무역이 12~30%가량
감소할 것으로 예측했다. 오차 범위만 봐도 범유행 감염병으로
인한 불확실성이 얼마나 큰지 드러났다.[64]

이 영향을 가장 직접적으로 느낀 산업은 해운업이었다. 화물의
무게로 따져봤을 때, 바다는 세계 무역의 90% 이상을 실어나른
다. 화물선 6만여 척이 세계의 재화를 운송한다. 벌크선이 석유,
석탄, 곡물, 철광석을 운송한다. 컨테이너선은 더 가치가 높은 화
물을 운송한다. 화물선 선원은 120만 명에 이른다.[65] 여기에 추가
로 60만 명의 남녀가 전 세계의 관광객을 실어나르는 유람선에서
일한다. 주요 노동력 공급원은 인도와 인도네시아, 중국, 필리핀
이다. 두바이나 홍콩, 싱가포르 같은 관광 중심지에서는 매주 복
잡한 일정에 맞춰 5만 명의 선원들이 승선하고 하선하고 근무 교
대를 한다.

2020년 셧다운은 업계를 경악시켰다. 화물 통행은 취소되었
다. 항구에는 컨테이너가 쌓여갔다. 범유행 규제는 화물 하역은
허용했지만, 선원들의 하선 허가를 받지 못했다. 수십만 뱃사람
들의 고향인 필리핀은 검역 수출입항 역할을 자처했다. 5월 셋째
주, 21척의 거대한 유람선 선단이 선원들을 하선시킬 수 있다는
희망에 마닐라만에 모여들었다.

그러나 행정적인 지연이 발생하고 마닐라에서 출발하는 모든 항
공편이 취소되면서, 선원 수만 명은 대개 외부 세계와 연락이 끊긴
채로 배 위에서 표류하는 신세가 되었다.[66] 6월 말, 최대 40만 명으
로 추산되는 선원이 해안가에 떠 있는 대형 선박에 탄 채로 격리

되어 있어야만 했다.[67] 그러나 연말이 될 때까지도 아무런 결정도 내려지지 않았으며, 승선한 채로 갇혀 있는 사람들은 수십만 명에 이르렀다.[68] 이것은 록다운(봉쇄)이라기보다는 록인(감금)에 가까웠으며, 선원들은 자신들의 일터에서 끝이 보이지 않는 감금에 직면했다.

공급 충격은 수요 충격을 불렀으며, 수요 충격은 매출과 소득, 고용을 감소시켰고, 이는 소비와 투자가 더더욱 위축되는 결과로 이어졌다. 이런 총체적인 악순환이 2020년 봄처럼 대규모로, 그리고 급속도로 일어난 적은 없었다. 세계 경제가 전체로서 기능할 수 있도록 묶어주는 연결고리에 이토록 급격히 부하가 걸린 적도 없었고, 이 연결고리가 이렇게까지 문제가 되었던 적도 없었다.

사회적 거리 두기와 록다운 조치에 대한 실시간 데이터를 이용하여 우리는 가장 큰 총계인 글로벌 GDP를 하루 단위로 추정할 수 있다. 그 결과 놀랍도록 극적인 그림이 나왔다. 2019년 말 글로벌 GDP는 대략 87조 5500억 달러에 달했다. 평범한 해에는 한 해에 걸쳐 글로벌 GDP가 3.2% 정도 증가한다. 최근 가장 안 좋은 기록이었던 2009년에는 글로벌 GDP가 1.67% 위축되었다. 2020년 2월, 중국에서 셧다운이 일어난 결과로 이 거대한 생산 흐름이 자그마치 6%나 위축되었다. 그러다가 3월에는 아예 절벽에서 굴러떨어졌다. 글로벌 GDP는 4월 10일 금요일 즈음에 최저치에 달했는데, 이는 연초에 비해서 20%나 하락한 수치였다.[69] 역사상, 전 세계에서 경기가 이토록 빠르고 총체적으로 위축된

적은 없었다. 이것은 심지어 1930년대 대공황 시절보다 더 갑작스럽고 급격한 위축이었다.

이 전례 없는 경기 침체는 생산에 차질을 일으키고 일자리를 앗아가는 데 그치지 않고, 신용 시스템마저 뒤흔들었다. 기업, 정부, 가계는 모두 대출에 의존한다. 대차대조표 반대편에서는 이러한 대출이 다른 기업이나 정부, 가계의 자산으로 나타난다. 권력과 불평등, 위험과 수익은 누가 누구에게 무엇을 어떤 조건으로 빚지고 있느냐에 따라 부호화된다. 이 부서지기 쉬운 거대한 구조가 성립하는 조건은 미래에 대한 기대이다. 2020년 3월과 4월에 그러했듯이, 만약 이러한 기대들이 급격하게 변하면, 전체 구조

코로나19 관련 제한 조치가 글로벌 GDP에 미치는 영향
골드만삭스 록다운 효과 지수를 이용한 추정, 7일 이동 평균.

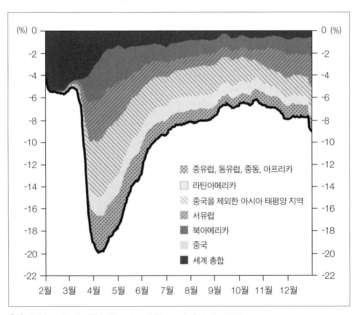

출처: *Goldman Sachs Global Investment Research*, Dailyshot.com.

2부 유례없는 글로벌 위기

가 완전히 붕괴할 수 있다.

안전자산 선호 현상은 2월 세계 금융시장에서 시작되었다. 3월 9일에는 공황 발작 수준에 이르게 되었다. 유럽과 미국 대부분 지역에서 정부가 의무적으로 록다운 조치를 시행하기 몇 주 전에, 전 세계 금융시장은 이미 도피 모드에 들어가 있었다. 금융시장은 코로나19 소식이 사적으로 안전을 추구하게 한, 즉 셧다운을 추구하게 유도한 가장 완벽한 사례였다. 안전 금융 자산 선호 현상은 대단히 빠르게 나타났다. 이것은 개인으로서는 타당한 선택이었다. 그러나 전 세계적으로 수십조 달러를 관리하는 남성과 여성들이 이를 동시에 실행하였을 때, 이 선택은 시스템을 완전히 붕괴시킬 수 있는 위협이 되었으며 국가가 대규모로 개입할 수밖에 없게 했다.

코로나19 위기의 주요 뉴스는 갑작스러운 주가 폭락이었다. 중상류층이 개인 퇴직 포트폴리오에 깊은 관심을 보이는 미국 같은 사회에서는 주가 폭락 뉴스가 공포의 파도를 일으켰다. 산처럼 쌓인 신흥시장국의 채무와 대기업의 대차대조표에 나타난 부채는 불안감을 더 가중시켰다. 3월 중순, 유럽이 코로나19의 충격에 휘청거리면서, 유로 지역 국채시장은 부하를 받고 있었다. 이 모든 것이 안 좋은 소식이었지만, 2020년 3월의 진정으로 두려운 사건은 미국 정부가 발행하는 채권인 미국 국채시장이 엄청나게 동요한 것이었다.

주식시장의 붕괴는 부와 새로운 기업 자본의 형성에 좋지 않은 소식이었다. 신용 붕괴는 기업을 쇠약하게 한다. 유로존 국가의 채무 위기는 이탈리아, 스페인, 프랑스 정부의 유행병 대응 능력을 떨어뜨렸을 것이다. 그러나 미국 국채시장의 반전은 차원이 다른 문제였다. 그 여파는 심지어 2008년 북대서양 금융위기 때 보다도 더 심각했다. 미국 국채는 전체 민간 금융 구조를 떠받치는 안전자산이다. 미국 국채는 미국의 재정적인 힘의 기반이며, 따라서 우리가 알고 있는 세계 질서의 근간이다.

또다시, "필요한 것은 무엇이든"

3월 12일 목요일, 금융시장에서 암울한 소식이 들려왔다. 미국의 주식시장이 2008년의 그 어느 때보다 심한 손실을 본 것이다. 이보다 상황이 더 안 좋았던 때는 오직 1987년 10월의 "검은 월요일Black Monday"과 1929년의 가장 암울했던 나날뿐이었다.[1] 상황이 나쁘긴 했지만, 내부자 입장에서 진짜 걱정은 주식시장이 아니었다. "조정"은 순서대로 이루어지고 있었다. 세계는 셧다운을 향해 나아가고 있었다. 주가 하락은 예상된 일이었다. 위험 부담 자본으로서 주식은 어려운 시기에 충격 완화제 역할을 한다. 주식시장보다 훨씬 더 우려스러웠던 것은 채권시장, 특히 미국 국채시장에서 일어나는 일이었다. 안전자산인 미국 국채는 보통 변동성이 있는 주식과 균형을 맞추는 용도로 쓰인다.

불확실성이 크고 경기가 침체된 시기에는 투자자들이 자신감을 잃으면서, 가격과 배당이 사업적인 운에 따라 변동하는 주식시장에서 상대적으로 안전한 국채시장으로 이동한다. 국채는 안정적인 가격에 판매할 수도 있고 차입 조건을 더 좋게 하기 위해 담보물로 쓸 수도 있다. 안전자산의 피라미드 꼭대기에는 달러로 발행된 미국 국채가 있다.[2] 미국 국채가 궁극의 안전자산이라는 위상을 가진 것은 달러의 힘 덕분이 아니다. 달러화는 반세기에 걸쳐 점진적으로 가치가 하락해왔다. 또한 미국의 재정 정책이 건전성 면에서 누구보다 뛰어난 평판을 받고 있다는 점에서 비롯된 것도 아니다. 미국 국채가 궁극의 안전자산인 것은 그 시장이 엄청나게 거대하기 때문이다. 2020년 초, 시장에서는 거의 17조 달러에 달하는 미국 국채가 유통되고 있었다. 미국 국채는 세상에서 가장 부유하고 가장 강력한 나라가 그 뒤를 받치고 있으며, 세계에서 가장 깊고 정교한 시장에서 거래된다.[3] 미국 국채를 사는 이유는 미국 국채시장이 너무나도 큰 덕분에 위기 시 급히 판매하더라도 시장 가격에 영향을 미치지 않기 때문이다. 미국 국채를 사고 싶어 하는 사람은 언제나 있을 것이다. 그리고 달러로 결제할 수 있는 중요한 청구서 역시 언제나 있을 것이다. 미국 달러가 세계의 예비 통화라고 말할 때, 이야기하는 것은 미국의 밋밋한 녹색 지폐가 아니다. 이자가 붙는 미국 국채 안에 담긴 부에 관해 이야기하는 것이다.

그러므로 일반적인 경기 침체에서 일어나는 연쇄 작용은 주식 가격이 내려가고 미국 국채 가격이 상승하는 것이다. 미국 국채 가격이 상승하면, 연간 이자 지급액을 채권 매입 시 지불한 가격으로 나눈 값인 채권 수익률은 하락한다. 그리고 코로나19가 가한 첫 번째 충격에 대한 반응으로, 2020년 2월 이런 일이 일어났다.

주가가 떨어졌다. 채권 가격은 오르고 수익률은 내렸다. 수익률 저하는 이자율을 낮추고, 기업이 자금을 조달하기 쉽게 하며, 이윽고 신규 투자를 촉진한다. 금융시장은 경제가 적응하게끔 돕고 있었다. 그러나 3월 9일 월요일, 압력이 집중되면서 무언가 더 우려스러운 일이 일어나기 시작했다. 안전자산 선호 현상이 이제는 아예 현금을 향한 공황 발작에 가까운 질주로 변모한 것이다.[4] 투자자들은 모든 것을 팔았다. 주식뿐만 아니라 채권까지 팔았다. 이것은 경제에 대단히 안 좋은 소식이었다. 기업에 필요한 것과는 정반대로 금리를 올렸기 때문이다. 채권 가격과 수익률의 기대와 어긋난 움직임보다 한층 더 불안감을 주었던 것은, 한 시장 참가자의 말을 빌리자면, 세계 최대의 금융시장이 "제 기능을 못한다"는 사실이었다.[5] 다른 모든 금융 거래의 토대인 수조 달러 규모의 미국 국채시장은, 발작적으로 멀미하듯 위아래로 들썩거렸다. 거래 단말기 화면에서는 채권 가격이 괴상하게 춤췄다. 아니면 심지어 아예 가격이 없는 경우도 있었다. 항상 매수자를 찾을 수 있다고 확신하던 단 하나의 시장에서 순식간에 매수자가 사라졌다. 3월 13일, J.P.모건은 미국 국채시장의 정상적인 시장 깊이 market depth는 수억 달러지만, 현재는 겨우 1200만 달러 이하로만 눈에 띄는 가격 변동을 일으키지 않은 채로 거래할 수 있다고 보고했다.[6] 이것은 정상적일 때의 시장 유동성의 10분의 1도 안 되는 금액이었다. 시장은 금융 공황 상태에 빠져 있었으며, 만약 이를 그대로 방치해두었다면, 심지어 2008년 9월 리먼브라더스 Lehman Brothers 사태보다 더 불안정한 상황으로 번졌을 것이다.

2008년 주택저당증권mortgage backed securities(MBS)은 부동산 시장을 거의 무너뜨렸다.[7] 리스크는 대서양 양쪽 해안의 은행 대차대조표에 집중되었다. 부동산 침체는 MBS 부도를 촉발시켰고, 이는 은행 위기로 이어졌다. 은행 파산이 전망되었기에 중앙은행과 재무부는 개입할 수밖에 없었다. 자산을 매입하고, MBS 시장을 지원하고, 부실 은행에 유동성을 공급하기 위해 필사적으로 노력하고, 엄격한 의미의 구제 금융을 실시하여 가장 취약한 은

미국 은행의 자기자본 비율과 위험 조정 자산

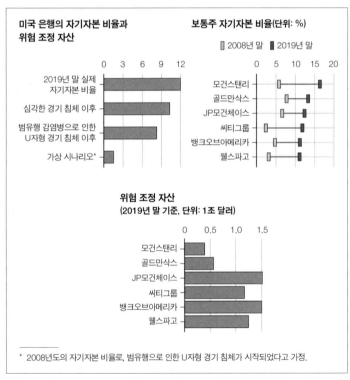

* 2008년도의 자기자본 비율로, 범유행으로 인한 U자형 경기 침체가 시작되었다고 가정.

출처: https://www.economist.com/finance-and-economics/2020/07/02/how-resilient-are-the-banks.

행에 정부 지분을 넣는 식이었다.

2020년 부동산 시장은 탄탄했다. 사실, 2020년에는 여러 곳에서 집값이 올랐다.[8] 사람들은 교외로 이사하고 싶어 했다. 주택 개조 시장은 호황을 맞이했다. 반면에 은행들은 대출 장부에서 손실에 직면하게 되었다. 저금리는 대출 이익률을 나쁘게 한다. 그래서 은행의 주식은 대량으로 매도되었다. 은행에 너무나도 심각한 차질이 생기면서 규제 당국 사이에서는 불안의 파문이 일었다.[9] 만약 2020년의 은행들이 2008년 때처럼 약했더라면 상황은 대재앙으로 치달았을 것이다.

코로나19가 일으킨 은행 위기는 얼마나 큰 재앙일까? 이론적으로는, 주택담보대출로 위기가 일어난 2008년 당시의 주요 은행 대차대조표에 2020년 봄에 예상되는 손실을 적용하는 식으로 가늠할 수 있다. 결과는 끔찍했다. 만약 2020년의 은행이 2008년의 은행처럼 약했더라면, 전체 은행 시스템에서 손실을 흡수해주는 기본 자본이 자산의 1.5% 수준으로 대폭 줄어들었을 것이다. 이는 안전하다고 여겨지는 기본 자산 비율의 6분의 1보다도 낮은 수치이다. 미국에서 가장 큰 은행들 가운데 몇 곳은 파산했을 것이고, 정치적으로 유독한 구제 금융이 거대한 규모로 필요했을 것이다.[10] 다행스럽게도, 강력한 신규 법규와 은행들의 자기 보호를 위한 자발적인 노력 덕분에 대서양 양쪽의 은행들의 2020년 대차대조표는 2008년 대차대조표보다 훨씬 더 강했다. 은행들을 계속해서 안정적인 상태를 유지하게 하기 위해서, 전 세계의 은행 감독기관들은 2020년 3월 은행들이 가까운 시일 안에 배당금을 지급하거나 자기 주식을 취득하는 것을 금지했다.[11]

그러나 만약 이 리스크가 다른 어딘가로 옮겨갔을 뿐이라면, 은행 대차대조표가 상대적으로 탄탄하다는 사실은 큰 위안을 줄 수 없다. 금융 자본주의는 계속해서 확장하고 진화한다. 2008년 이후 규제 당국과 금융 분석가들이 몰두한 것은, 고위험 기업 부채와 대출, 상업용 부동산 담보 대출 등을 전문적으로 재포장repacking하는 자산운용사들의 대차대조표와 펀드에 쌓여가는 새로운 유형의 리스크였다.[12] 또한 달러로 대출을 받은, 전 세계 신흥시장국의 차입 기업들의 안정성에 대한 우려도 있었다.[13] 이 모든 것은 시장 기반 금융market-based finance에 해당하는 사례다. 즉 은행의 대차대조표에 기반을 둔 금융 관계가 아니라, 대출과 채권, 그리고 대출과 채권을 기초 자산으로 삼은 파생상품을 사고, 팔고, 되사고, 되파는 방식으로 시장에서 이루어지는 금융 관계다. 시장 기반 금융의 주요 중심지는 이른바 레포시장repo market이다. 레포는 환매조건부채권repurchase agreement의 줄임말인데, 레포시장에서는 채권을 단기간 안에 재매입하는 조건으로, 즉 환매조건부로 현금화할 수 있다.[14] 매일 수조 달러의 장기 채권이 레포시장에서 일 단위나 월 단위 단기 채권으로 차환refinance된다. 채권을 계속해서 매도하고 재매입함으로써, 소량의 자본을 기반으로 대규모 포트폴리오를 보유할 수 있다. 2008년의 주택담보대출 위기와 2020년의 채권시장 혼란을 연결하는 선은, 바로 이러한 시장 기반 금융 계약이었다.

2008년에 씨티그룹이나 도이치방크Deutsche Bank와 같은 거대 은행들을 위기에 빠뜨린 것은 결코 소매 은행 업무가 아니었으며, 심지어 부실 주택담보대출 그 자체도 아니었다. 은행들의 몸집이 너무 커지면서 예금으로만 자금을 조달하기 어려워졌으므로, 은행들은 대신 보유한 MBS를 레포시장에서 지속적으로 사고파는 식으로 자금을 조달했다. 그리고 여기에서 리스크가 발생했다. 리먼이 그 대표적인 사례였다. 2008년 9월에 리먼을 무릎 꿇린 것은 주택담보대출에서 본 큰 손실이 아니었다. 리먼을 파산하게 하고 다른 모든 은행들을 위협한 것은, 여태껏 거대한 MBS 대차대조표에 자금을 공급해주던 레포시장을 더는 이용할 수 없었다는 점이다.[15] 레포시장의 거래 상대방counterparty들이 집단으로 신용을 철회했다는 것은 수천억 달러 규모의 뱅크런bankrun이 즉시 터진 것과 같은 의미였다.

MBS가 그토록 광범위하게 환매조건부 거래에 쓰였던 것은 MBS의 신용등급이 AAA였기 때문이다. 달리 말해, MBS는 안전자산으로 보이게끔 포장되어 있었다. 대부분의 MBS는 사실 꽤 안전했지만, 엄청나게 빠르게 움직이는 시장에서 MBS나 다른 종류의 민간 부채에 자금 공급을 완전히 끊어버리는 데 필요했던 것은 의심의 속삭임 한마디뿐이었다. 만약 이러한 시장 기반 금융 시스템이 계속해서 기능하고 확장하려면, 진정으로 필요했던 것은 의심할 여지가 없는 안전자산이었으며, 안전자산 가운데 가장 안전한 자산은 바로 미국 국채였다.

2008년 금융위기와 도널드 트럼프 대통령의 감세 조치에 힘입어, 2008년부터 2019년까지 미국 국채 발행은 급증했으며, 이 신규 공급은 기존에 존재하던 수요와 만났다.[16] 연방준비제도의 독려로 2016년부터 2019년 사이에 이자율이 약간 상승했지만, 역사적으로 보면 낮은 수준을 유지했다. 미국 국채는 빠르게 변화하는 복잡한 금융시장에 이상적인 원재료였기 때문에 미국 국채 수요가 부족한 일은 없었다. 뮤추얼펀드는 이자가 붙는 유동성 준비금으로서 미국 국채를 흡수했다. 헤지펀드는 국채 가격의 미세한 변동으로부터 이익을 보기 위해 정교한 전략을 고안했다. 은행들은 새로운 바젤 III Basel III 규제의 유동성 완충 요건에 맞추기 위해 미국 국채를 보유했다. 2014년 이후로 외국인 투자자들은 더는 순매수 측면에서 큰손이 아니었지만, 그들은 이미 막대한 미국 국채를 보유하고 있었으며 아무런 불만 없이 국채를 롤오버roll over(같은 조건으로 만기 연장)해주었다. 신흥시장국 중앙은행의 외화 보유고 관리자들은, 관할 구역 안에 있는 차입 기업들이 달러화로 차입을 하면서 발생시킬 통화 리스크에 대항하여 미국 국채를 보유했다. 모두가 미국 국채를 보유했다. 그것을 무한대의 유동성을 지닌 시장에서 팔거나 환매할 수 있다는 가정에 따라, 그리고 미국 국채 가격에 영향을 미치지 않으면서도 미국 국채를 유동화할 수 있다는 중요한 가정에 따라. 만약 이 가정이 잘못된다면, 다른 모든 가정도 잘못되게 된다. 미국 국채시장에서 3월 9일부터 일어나기 시작한 사건들이 그토록 두려웠던 것은 바로 이 때문이었다.

아무리 미국 국채시장이라 한들 모두가 다 같이 한꺼번에 팔 수는 없다는 사실이 드러났다. 최소한 2020년 3월에는 그랬다. 그리고 이는 다른 모든 것의 급매로 이어질 위험을 불러일으켰다. 2020년 3월, 급매는 금융 시스템의 모든 종류의 자산으로 확대되었다. 이것은 더는 안전한 투자를 향한 질주가 아니라 현금을 향한 집단 질주였다. 그리고 모두가 원하는 돈은 바로 달러화

였다. 사람들은 자산에서 벗어나 달러에 달려들었다.[17]

달러화에 대한 수요는 특별히 강조할 만큼 중요하다. 이용 가능한 최선의 데이터에 따르면, 2020년 3월 미국 국채 매도세의 3분의 2는 미국 내 자산을 보유한 외국인에 의한 것이었으며 이 액수는 4000억 달러에 달하기 때문이다.[18]

중국의 미국 국채 투매는 오랫동안 미국 전략가들의 악몽이었다. 중국의 대규모 매도는 미국 국채 가격을 하락시키고, 금리를 상승시키면서 달러화를 폭락시킬 것이다. 이것은 2008년에 엄청난 공포를 주었다. 그런 일은 일어나지 않았다. 중국은 2013년까지 미국 국채 보유량을 지속적으로 늘려왔다. 2020년, 신흥시장 국가들이 실제로 미국 국채를 팔면서 미국 국채시장을 불안에 빠뜨렸지만, 이것 역시 많은 사람이 그토록 우려해왔던, 자산 가격 하락을 위한 집중 공매 행위인 "약세화 공격bear raid"이 아니었다. 달러 가격은 떨어지는 게 아니라 상승했다. 사실 그게 바로 문제였다. 신흥시장국의 외화 보유고 관리자들은 미국 국채를 팔아서 그들의 관할 구역에 속한, 만기 연장이 어려워 재정적 어려움을 겪고 있는 차입 기업에 달러화를 공급하려고 했다. 달러화 시스템이 전 세계로 뻗어나가면서, 세계의 많은 부분이 사실상 미국 금융 시스템의 일부가 되었다. 신흥시장국의 외화 보유고 관리자들은 출구 전략을 모색하던 것이 아니었다. 이들은 다른 모든 이들과 마찬가지로 충격에 대비하고, 손실 위험이 있는 외화 보유액을 단계별로 축소하고, 달러 포트폴리오를 재배분하려고 했다.

2020년 3월의 미국 국채 매도량의 나머지 부분은 미국 금융 시스템 내에서 발생했다. 주연 배우는 뮤추얼펀드와 헤지펀드였다.

이들의 미국 국채 매도가 신흥시장국의 매도에 더해지면서, 시장 기반 금융 시스템의 취약성이 은행과 MBS 시장뿐만 아니라 심지어 미국 국채시장까지도 요동치게 할 수 있음이 드러났다.

뮤추얼 펀드매니저들은 대규모 인출 사태에 직면해 현금이 급히 필요했고, 어떤 자산을 먼저 팔지 결정해야 했다. 의심할 여지 없이, 이들은 장부에서 주식이나 회사채 같은 가장 리스크가 큰 자산을 파는 편을 선호했다. 정상적인 시장에서는 그것이 최선의 전략일 것이다. 그러나 2020년 3월에는 엄청난 손실을 보지 않는 한 이런 자산을 처분할 수 없었다. 그래서 펀드매니저들은 그 대신 가장 유동성이 높고 안전한 자산인 국고채를 팔았다. 그 결과 주식시장과 회사채 시장의 불확실성이 미국 국채시장으로 퍼졌다. 매도 압력이 증가하면서, 주식이 하락하면 채권이 상승하고 채권이 하락하면 주식이 상승한다는 기존의 가정이 무너졌다. 균형을 잡는 대신, 주식 가격과 채권 가격이 함께 폭락했다.

익숙한 상관관계가 무너지면서 거래는 점점 더 혼란스러워졌다. 월스트리트와 시티오브런던이 재택근무를 시행하기로 합의했다는 사실은 공포를 가중시켰다. 트레이더들은 가정용 거래 단말기를 급히 고안했는데, 이런 단말기들은 2020년 3월부터 "로나 굴착기RONA rigs"라는 새로운 은어로 불리기 시작했다. 트레이더들은 절망한 채로 로나 굴착기 위에 엎어져 자신들의 느려터진 가정용 와이파이가 시장의 움직임을 따라가지 못한다고 절규했다. 어느 펀드매니저는 이렇게 말했다. "월스트리트의 평균적인 트레이더는 경험이 부족하고 리스크를 감당하지 못한다. 그런데 이제는 심지어 동료들과 적절히 소통할 수조차 없다. (…) 이들은

2부 유례없는 글로벌 위기

트레이닝복 차림으로 집에 고립되어 있다. (…) 심리학적 관점에서 볼 때, 이것은 좋지 않은 상황이다."[19] 트레이더들의 상황이 좋지 않았지만, 컴퓨터 알고리즘은 엄청난 피해를 주었다. 세계에서 가장 정교한 시장 가운데 하나인 미국 국채시장에서는 75%의 거래가 알고리즘 거래로 이루어진다. 변동성이 급증하고 리스크가 커짐에 따라, 알고리즘은 자동으로 자신들이 취하는 포지션의 크기를 줄였다. 이와 동시에, 알고리즘은 채권의 매수 호가와 매도 호가 사이의 스프레드를 키웠다. 이것은 하락세로 돌아선 요동치는 시장에서 취할 수 있는 합리적인 반응이며, 바로 그렇기에 알고리즘으로 프로그램화된 것이다. 알고리즘이 상황을 불안정하게 만들었던 것은, 이 취약한 시장 기반 금융 시스템의 또 다른 핵심 연결점인 헤지펀드에 압력을 가했기 때문이다.

채권 가격의 급격한 하락과 매매 스프레드의 급상승은, 미국 국채 가격과 미국 국채를 담보로 삼은 선물 가격 사이에서 나타나는 미세한 가격 차이를 이용하는 헤지펀드에 악재였다. 헤지펀드는 거대 은행이나 블랙록 같은 대형 자산운용사에 비하면 상대적으로 미약한 배우지만, 레포시장에 기반을 둔 레버리지 전략 덕분에 헤지펀드는 미국 국채시장에서 커다란 역할을 맡고 있다고 여겨진다. 이익 증대를 위해서, 헤지펀드는 차곡차곡 쌓은 미국 국채를 레포시장에서 차환하고, 미국 국채를 스와프하여 현금을 얻고, 그렇게 얻은 현금으로 더 많은 미국 국채를 산다. 각 스와프 거래는 최소한의 자본금을 거래를 담보하는 거래증거금으로 삼는다. 헤지펀드 측이 거래로 손실을 보게 될 것임이 명백해지면서, 헤지펀드는 마진콜margin call 위험에 직면했고, 그 때문에 더 많은 증거금을 예치해야만 했다. 2020년 3월은 새로운 투자자를 찾을 만한 때가 아니었다. 그래서 헤지펀드들은 어쩔 수 없이 그들의 포지션을 청산해야만 했다. 그리고 그 결과, 이미 신흥시장 국가들의 외환보유고 관리자들과 뮤추얼펀드들의 매도로 혼란스러웠던 시장에 1000억 달러가 넘는 미국 국채가 갑작스럽게 떠넘겨졌다.

절박한 매도자들이 엄청나게 많았으므로, 매수 측에서는 마땅히 이익이 발생했어야만 했다. 미국 국채를 급매가에 산 뒤 시장이 안정화될 때까지 보관하다가 훗날 정상가에 가까운 값으로 파는 식으로 말이다. 보통 이런 역할은 시장 조성자market maker인 대형 은행들이 맡으며, 그 가운데서도 특히 레포시장을 지배하는 JP모건이 맡았어야만 했다. 그러나 2020년에는 은행들이 이미 미국 국채를 물릴 정도로 많이 확보한 상태였다. 트럼프 행정부 동안 2017년부터 누적된 막대한 재정 적자로 인해 미국 금융시장은 채권으로 뒤덮여 있었다. 이 때문에 레포시장에서는 2019년 가을에 이미 중대한 기능 이상이 일어났으며, 가격이 너무나 크게 요동쳐 연방준비제도가 개입해야만 했다. 2020년 대형 은행들은 채권을 더는 원치 않았다. 대형 중개인에게 채권을 대량 매도할 때, 전에는 몇 분이면 끝났을 거래가 이제는 몇 시간이나 걸렸으며, 그나마도 최고위급 인사들이 나서서 계약을 맺어야만 했다. JP모건을 앞세운 은행들은 2008년 이후로 생긴 수많은 규제에 제약을 받지 않았더라면 상황이 더 나았을 것이라고 주장했다. 만약 그랬다면 상황이 아주 약간 달랐을 수는 있겠지만, 진실은 2020년에 매도된 미국 국채는 그 규모가 너무나도 거대해서,

상상할 수 있는 그 어떤 방법으로 은행 대차대조표를 확장한다고 한들 이 국채를 흡수할 수는 없었다는 것이다.[20] 2020년에 있었던 몇 안 되는 위안거리 가운데 하나는 어떤 대형 은행도 당장은 피해를 보지 않았다는 점이다.

그러나 무언가 조치를 하긴 해야만 했다. 미국 국채시장의 기능 장애가 심화될 것이라는 전망은 너무나도 끔찍했다. 더는 쉽게 팔 수 없거나 오직 변동하는 할인가에만 팔 수 있는 "안전" 자산은, 더는 안전자산이 아니었다. 미국 국채의 안전성에 의문이 생기는 것은, 결코 있어서는 안 될 일이었다. 그리고 만약 금융 시스템의 붕괴가 충분히 나쁜 소식으로 느껴지지 않는다면, 여기 뱅크오브아메리카의 전략가 마크 카바나Mark Cabana가 그것의 더 넓은 의미에 관해 이야기해줄 것이다. 그가 3월 중순에 경고했다시피, 만약 미국 국채시장의 기능이 정지한다면, 이는 "코로나바이러스에 대응하는 미국 정부의 능력을 제한하는 국가 안보 문제"가 될 것이다. 실로 불길한 전망이었지만, "카바나에게도 가장 큰 리스크는 금융시장이었다. 만약 미국 국채시장이 대규모 유동성 부족을 겪을 경우, 다른 시장은 가격을 효과적으로 책정하기 어려울 것이며, 다른 어딘가에서 포지션의 대규모 유동화로 이어질 수 있다".[21] 만약 안전한 돼지 저금통인 미국 국채를 현금으로 바꿀 수 있다는 확신이 없다면, 자산 포트폴리오의 다른 부분 역시 보유하기에 안전하지 않다. 그리고 만약 이런 일이 미국에서 일어난다면 전 세계 다른 곳에서도 일어나게 된다. 3월 12일부터 유럽중앙은행European Central Bank(ECB)은 유로 지역 전역의 펀드에서 2008년 9월 이후로 유례가 없었던 규모로 자금 유출이 일어나고 있음을 확인했다.[22] 유동성 완충액을 최소한으로 줄인 펀드들은 자금 부족에 허덕였으며, 자금 유출 통제 같은 절박한 대책에 매달렸다. 시장에서 빠져나갈 수 없다는 공포가 공황이 퍼지는 데 일조했다.

2020년 3월에 시작된 것처럼 시장 전체에서 매도가 일어날 경우, 시장 자신감을 회복할 수 있는 방법은 단 하나, 현금의 무제한 공급뿐이다. 그리고 달러 중심의 세계 금융 시스템에서 무한한 현금을 제공할 수 있는 단 하나의 배우는 미국 연방준비제도였다. 이제 연방준비제도는 최종 대출자lender of last resort 역할뿐만 아니라 시장 조성자 역할까지 해야 했다.[23]

3월 3일, 코로나19 위기에 대한 연방준비제도의 첫 대응은 금리 인하였는데, 이는 시장을 지원하는 전통적인 방법이었다. 그러나 2020년 3월 둘째 주, 코로나19는 전통적인 위기가 아니라는 점이 점차 분명해졌다. 주식시장은 역사적인 손실로 고통받고 있었다. 미국 국채시장은 혼돈에 빠져 있었다. 모두 다 현금만을 원했고 그 가운데서도 미국 달러를 가장 원했다. 달러가 급등하자 전 세계에 재정 압박이 전파되었다. 달러로 발행된 채권을 보유한 자는 누구든 재정 압박을 받게 되었다. 사실상 모든 대기업과 수많은 국가가 압박을 받았다는 의미다.

트럼프 대통령은 헤지펀드 전략에 관한 전문지식을 갖춘 사람도 아니었으며, 미국 국채시장에 관해 상세히 아는 사람도 아니었으나, S&P 500을 맹목적으로 추종하는 사람이었다. 3월 9일 월요일, 그는 격노했다. 시장이 붕괴하는데 연준의 "돌대가리"들은 대체 왜 아무런 대응도 하지 않는가? 트럼프 대통령은 므누신 재무부 장관을 소환하여, 므누신이 연방준비제도 이사회 의장으로 제롬 파월을 선택한 것을 비난했으며, 재무부가 직접 나서서 연방준비제도가 행동을 취하게 하라고 요구했다.[24] 화요일, 화를 억누를 수 없었던 트럼프 대통령은 트위터에 글을 올렸다. "한심하고 느러터진 우리 연방준비제도와 그 수장 제롬 파월은 금리를 올릴 때는 너무 빨리 올리고 내릴 때는 너무 늦게 내립니다. 연방준비제도 이사회는 우리 이자율을 경쟁국 수준으로 낮춰야만 합니다. 저들은 이제 2점을 앞서 나가고 있는데, 심지어 더 큰 통화정책 지원까지 받고 있습니다. 게다가, 경기 부양책까지요!"[25] 트럼프 대통령의 어조가 너무나도 심상치 않아서 보좌진들은 트럼프가 위기 중간에 파월을 몰아내려 할지도 모른다고 두려워했다. 시장의 신뢰도 측면에서 그보다 더 큰 악재는 없을 것이다.

3월 11일 저녁, 대통령은 유럽 여행자들로부터 미국 국경을 폐쇄하겠다는 폭탄선언을 했다. 전 스위스 국립은행 총재이자 거대 펀드 운용사 블랙록의 현 부회장인 필리프 힐데브란트Philipp Hildebrand는 다소 가시 돋친 발언을 했다. "이것은 지금 당장 전체 시스템에 영향을 주는 대단히 중요한 문제다. 리더십은 어디 있는가? 2008년 위기 때 분명하게 드러났던 미국의 리더십은 대체 어디 있는가?"[26] 이 질문에 답한 것은 백악관이 아니라 연방준비제도였다.

제롬 파월은 뜻밖의 영웅이었다. 파월이 영웅 역할에 어울리지 않는다는 말이 아니다. 전설에 따르면, 파월은 트럼프 대통령이 재닛 옐런Janet Yellen을 대체하고자 뽑은 사람이었다. 트럼프가 보기에 키가 160센티미터인 옐런은 미국 중앙은행의 수장이 되기에 너무 작았던 반면, 파월은 풍채가 당당했기 때문이다.[27] 파월은 부유했는데, 그 또한 트럼프 마음에 든 점이었다. 파월에게 부족했던 것은 옐런이나 벤 버냉키Ben Bernanke가 지닌 인상적인 학문적 자격이었다. 이런 의미에서 파월은 더는 전문성을 귀히 여기지 않는 시대의 연방준비제도 의장으로서 적합했다. 파월에게 차고 넘쳤던 것은 기업 변호사로서 비즈니스 분야에서 쌓은 경험이었다. 또한 파월은 정치의 중요성을 알고 있었다. 초당적 후보였던 파월은 2011년 연방준비제도 이사회 의장으로 지명되었는데, 파월이 나서서 국회에 끈질기게 남아 있던 우파 성향의 강경 재정 보수주의자들인 티파티Tea Party에게 신규 차입 승인을 거부하고 미국 정부가 오직 세수에만 의지하여 근근이 먹고 살게끔 강요하는 것은 실제로는 재앙이 될 것이라고 설득하는 데 도움을 준 뒤였다.[28] 파월은 단순히 유능한 운영자가 아니었다. 박애주의적인 양심을 가진 사람이기도 했다. 파월은 불평등 문제 해결을 위한 최고의 방법으로서 엄격한 노동시장을 선호했는데, 파월이 물려받은 연방준비제도 이사회는, 이미 버냉키와 옐런 모두의 치하에서 미국의 엄청난 사회적 불평등을 더는 묵과할 수 없음을 인식한 상태였다.[29] 파월은 2008년 위기를 경험한 베테랑들을 휘하에 둔 연방준비제도의 핵심 관료들에게 지지를 받았다. 로리 로건Lorie Logan은 뉴욕 연방준비은행의 1세대 양적완화에서 최전방에 있었던 사람이다. 그녀는 자산 매입에 능통했다. 2019년 12월, 로건은 연방준비제도의 포트폴리오를 총괄했다.[30] 파월은 정책 결정 차원에서는 행동주의 세대의 지원을 받았는데, 오바마 정부의 재무부 출신인 레이얼 브레이너드Lael Brainard가 그의 대표

　　　　　　　　　　　　　　2부 유례없는 글로벌 위기

적인 지지자였다.[31] 이에 따라 연방준비제도 이사회 의장으로서 파월은 근래의 전임자들 가운데 그 누구보다도 적은 반대표를 받았다.[32]

연방준비제도는 미국 국가 기구들 가운데 유능하고 기능이 뛰어난 기구였다. 따라서 2020년 이전 몇 해 동안 연방준비제도가 트럼프 대통령의 격노를 샀던 것은 놀라운 일이 아니다. 놀라운 것은 연방준비제도가 2020년에 다시 한번 경제 안정을 위한 광범위한 개입 계획의 추진 동력이 되었다는 점이다. 우리가 기록으로 남은 증거 자료에 근거하여 연방준비제도의 내부 견해를 살펴보려면 수년이 걸릴 것이다. 현재로서 가장 간단한 해석은, 2008년 위기를 겪으며 단련된 베테랑 팀이, 날카로운 정치적 감각을 지닌 독단적이지 않고 마음씨 넓은 리더 아래에서, 실질적인 위기가 되는 수순을 착착 밟아나가고 있던 신뢰의 위기에 맞서, 가장 강경하게 대응했다는 것이다. 그리고 이 대응에 극적인 우여곡절이 따르지 않았다는 사실은 시장 신뢰를 키우는 데 도움이 되었다. 그렇지만 극적인 우여곡절이 없었다고 해서 연방준비제도가 행한 개입의 규모를 과소평가해선 안 된다.

시장에 대한 첫 번째 직접 개입은 뉴욕 연방준비은행이 주도했는데, 이는 월스트리트에 대한 조치에 가깝다. 즉각적인 목표는 미국 국채 가격을 최대한 낮춰 딜러들이 포트폴리오에 자금을 댈 수 있게 함으로써 미국 국채시장의 깊이를 회복하는 것이었다. 3월 9일 뉴욕 연방준비은행은 하룻밤 사이에 레포시장에 1500억 달러를 지원했다. 3월 11일, 뉴욕 연방준비은행은 지원액을 1750억 달러로 늘릴 것이며, 2주 만기와 1개월 만기인 환매조건부 채권에도 950억 달러를 지원하겠다고 발표했다. 3월 12일, 연방준비 제도는 1개월 만기 및 3개월 만기 레포 거래를 1일 한도 5000억 달러 내에서 운영하겠다고 밝혔다. 연방준비제도가 시장의 유동 성 수요 증가에 일일 단위로 반응하고 있다는 사실은 시장의 곤두 선 신경을 가라앉히는 데 도움이 되었다. 에버코어 ISI Evercore ISI의 글로벌 정책 및 중앙은행 전략팀을 이끄는 크리슈나 구하 Krishna Guha는 "이 모든 조치는 조금 늦긴 했지만 매우 환영할 만하다"라 는 의견을 내면서 "이것으로 충분할지는 확신할 수 없다"라는 말 을 덧붙였다.[33] 연방준비제도는 레포 시장의 대출 기관 역할을 하 여, 다른 시장 참여자들이 미국 국채를 구매할 수 있도록 돕는 식 으로 국채시장을 떠받쳤다. 이제 질문은 연방준비제도가 과연 언 제 직접 개입할 것인가였다.

그 주 주말이 되자, 불확실성은 전 세계로 확산되었다. 유로 지 역의 채권시장은 유럽중앙은행의 혼란스러운 메시지에 의해 불안 정해졌다. G20 회원국인 브라질과 멕시코, 인도네시아를 포함한 거대 신흥시장국들은 급등하는 달러 때문에 압박을 받았다. 3월 15일 일요일, 파월은 극적인 다음 조치를 했다. 파월은 예정에 없 던 기자회견을 소집해 지금 즉시 연방준비제도가 금리를 제로로 인하할 것이라고 발표했다. 이는 과거 2008년 위기 당시에 단 한 번 있었던 조치다. 연방준비제도는 최소한 5000억 달러의 미국 국채와 2000억 달러의 MBS를 매입하는 커다란 행보로 시장 안 정화를 위한 여정을 시작할 예정이었다.[34] 화요일까지 800억 달 러가 중개상들의 손을 떠날 예정이었는데, 단 48시간 만에 벤 버 냉키가 이끌던 시절의 연방준비제도가 한 달 내내 매입한 액수보다 더 많은 액수를 매입하는 셈이었다. 그리고 달러화에 대한 전 세계적인 욕구를 충족시키기 위해, 연방준비제도는 소위 유동성 통화 스와프liquidity swap lines에 대한 조건을 완화했다. 유동성 통화 스와프는 연방준비제도가 달러를 스털링, 유로, 스위스 프랑, 엔과 잠재적으로 무한대로 교환할 수 있는 거래다. 사실상, 연방 준비제도는 세계의 중앙은행 역할을 맡아 곤란을 겪고 있는 신용 시스템 전부에 달러를 분배했다. 2008년 통화 스와프는 유럽의 병든 은행들 입장에서 생명줄과도 같았다. 이제 그 누구보다도 지원이 필요했던 것은 아시아의 금융 기관이었다.[35] 만약 이들 금융 기관이 일본은행이나 한국은행으로부터 달러를 공급받을 수 있다면, 이들이 미국 국채를 팔 유인은 줄어들 것이다.

글로벌 금융 안전망이라고 알려진 일련의 조치를 실행하는 데 G20이나 그와 유사한 단체와 극적인 정상회담을 할 필요는 없었다. 각국 중앙은행의 총재들과 고위 간부들이 모여 진행하는 다소 비공식적인 회담이면 충분했다. 이것은 과학계만큼이나 국제적인 공동체지만, 더 작고 훨씬 더 긴밀히 맺어진 공동체. 이 공동체에는 각국 재무부에 속하지 않은 외부인들도 있는데, 이들은 IMF나 국제결제은행Bank for International Settlements(BIS), 혹은 대형 은행이나 대형 자산운용사에 속한 사람들이었다. 그리고 여기에 이 엘리트 집단의 합의를 번역하고 더 자세히 서술하는 학계의 논평자들과 영향력 있는 저널리스트들이 더해짐으로써 이 생태계는 완성된다. 2020년 3월, 이 공동체 안에서는 연방준비제도가 2008년에 그랬듯이 전 세계의 최종 대출자로서 반드시 개입해야 한다는 데 아무런 의심이 없었다.[36] 이러한 개입이 미국과 세계 전반의 금융 안정에 도움이 되기 때문이었다. 또한 이것은 트럼 프 대통령의 진실의 순간이기도 했다. 트럼프 대통령이 2017년 에 취임했을 때, 국제 금융계의 많은 사람은 트럼프 행정부가 연방 준비제도의 실질적인 세계 중앙은행 역할을 약화할까 봐 두려워했 다. 세계의 중앙은행 역할은 "미국 우선주의America First"라는 트럼 프의 의제와 양립하기에는 너무나도 계몽된 것이었다. 트럼프 본 인이 아니라 해도, 지구가 평평하다고 믿는 미국 공화당 의원 집단 이 연방준비제도에게 족쇄를 채울지 몰랐다. 문화 충돌은 이미 예 정된 것 같았다. 그러나 이런 일은 일어나지 않았다. 파월이 3월 15일에 솜씨를 발휘하자 트럼프 대통령은 뉴욕 연방준비은행을 극찬했다.[37] 트럼프는 묻지도 따지지도 않고 연방준비제도의 개 입을 지지했다. 그러나 알고 보니 문제는 트럼프가 아니었다. 문 제는 바로 시장이었다.

파월이 기자회견을 마친 3월 15일 밤, 선물시장에서는 월요일 아침 월스트리트의 주식시장이 개장하면 좋지 않은 일이 벌어질 것이라는 전망이 있었다. 그래서 시장 급락을 막기 위한 장치인 서킷 브레이커circuit breaker가 발동하여 거래가 정지될 때까지 투 매가 이어졌다.[38] 월요일 아침 거래가 재개되었을 때, 시장은 현 기증을 일으킬 만큼 급락했다. 또다시 서킷 브레이커가 발동되었 다. "공포 지수"라고도 알려진, 시장의 변동성을 측정하는 지수인 VIX 지수는, 2008년도 11월의 암흑기에 마지막으로 보였던 수 준까지 솟구쳤다. 시장에서는 이제 공포가 공포를 먹으며 자라나 고 있었다. 연방준비제도의 마법이 더는 통하지 않는다면, 이제

2부 유례없는 글로벌 위기

어떻게 해야 하는가? 전 세계가 그렇게 물었다.

영국은행은 지난주의 혼란을 어느 정도 거리를 둔 상태에서 지켜보았다. 앤드루 베일리Andrew Bailey는 마크 카니로부터 막 영국은행 총재직을 인계한 상태였다. 유동성 압박이 있었던 것은 달러 영국의 파운드 스털링이 아니었다. 어쩌면 연방준비제도의 조치가 효과를 볼 수도 있지 않겠는가? 그러나 16일 월요일, 이것이 위험할 정도로 안일한 생각임이 분명해졌다.[39]

통화를 거래하는 외환 시장은 세계에서 가장 큰 시장이다. 금융 강국으로서 영국의 위상이 쇠퇴하고 있음에도, 세계에서 가장 많은 거래가 기록되는 곳은 여전히 시티오브런던이다. 2019년의 일 평균 거래량은 6조 6000억 달러에 이르렀다. 3월 16일 월요일로 시작한 한 주 동안, 런던은 혼란에 빠졌다. 보리스 존슨의 자유 방임형 코로나바이러스 대책은 누더기가 되어 있었다. 임페리얼칼리지런던 팀의 보고서는 즉각적인 셧다운이 필요하다는 사실에 의심할 여지가 없음을 분명하게 보여주었다. 과연 영국 정부가 이를 악물고 셧다운을 지시할 것인가? 서구의 주요 거대 도시들 가운데는 아직 전면 셧다운한 곳이 없었고, 런던이나 뉴욕도 마찬가지였다. 18일 수요일, 런던의 금융 중심지 카나리워프Canary Wharf에 있는 초고층 은행 타워들의 거래 단말기에는 단 하나의 거래밖에 없었다. 그것은 세상의 모든 통화를 팔고 달러를 사는 거래였다.[40]

우량 기업 가운데서도 가장 우량한 애플과 같은 기업들조차, 고작 3개월 만기로 채권을 발행하면서 엄청난 프리미엄과 맞닥뜨려야 했다.[41] 헤지펀드는 유럽에서 장기 불황이 일어난다는 데 수십억 달러를 걸었다.[42] 고전적인 안전자산인 금마저도 마구 팔려나갔다.[43] 현금 선호 현상이 극에 달했을 때, 미국 국채 수익률은 1982년 폴 볼커Paul Volcker 시절보다 더 가파르게 상승했다.[44]

JP모건자산운용의 최고투자책임자(CIO) 밥 마이클Bob Michele은 "도저히 이해할 수 없었다. 여태껏 이 일을 40년 가까이 해왔는데, 이건 내가 본 것 중에서 가장 이상한 시장이다"라고 말했다. 골드만삭스자산운용의 글로벌 채권 부문 대표인 앤드루 윌슨Andrew Wilson은 이렇게 논평했다. "우리의 주된 책임은 우리 고객들이 원하는 유동성을 만드는 것이다. 우리는 모두 팔고 싶은 것이 아니라 팔 수 있는 것을 팔아야 한다. (…) 바로 이것이 모든 것에서 파문이 일어나는 이유다."[45] 블랙록의 최고투자책임자 릭 라이더Rick Rieder도 동의했다. 라이더가 자신의 포트폴리오에 넣고 싶어 하는 리스크 헤지용 자산은 딱 하나 현금뿐이었다. JP모건와 골드만삭스, 블랙록이 모두 매도하는 마당에 매수자가 되려면 엄청난 용기가 필요했다.

시장을 안심시키려는 노력의 일환으로, 3월 18일 수요일, 영국 은행은 기자 회견을 열었다.[46] 베일리가 말했다시피, 파운드 스털링화는 5% 급락하여 1985년 이후 달러 대비 최저 수준으로 떨어졌다. 한편, 세계에서 가장 오래된 주요 자산 시장인 영국 국채 시장은 전례 없는 혼란을 겪고 있었다. 3월 9일부터 18일 사이에 10년 만기 영국 길트gilt 채권의 수익률은 최저 0.098%에서 최고 0.79%로 솟구쳤다. 이것은 물론 낮은 수준의 수익률이지만, 중요한 것은 변동 폭이었다. 단 며칠 만에 수익률이 8배로 증가한 것이다. 나아가, 만기가 다른 길트채 사이에서 비정상적인 가격

차이가 나타났는데, 이는 딜러들이 수요와 공급을 맞추지 못하고 있다는 사실을 드러내는 신호였다. 부엌 식탁이나 다락방 침실에 있는 단말기로 원격으로 일하던 영국은행의 시장 팀은 "시장이 심각한 스트레스"를 받고 있다고 보고했다. 국채시장은 "자유 낙하"하고 있었다. 베일리는 훗날 "몇몇 핵심 금융시장이 붕괴하기 직전까지 갔다"고 확인해주었다. 만약 사태를 수수방관했더라면 "정부는 자금을 조달하기 위해 사투를 벌여야만 했을 것이다".[47]

영국, 유럽, 미국의 금융시장이 요동친 열흘간의 혼란기가 지난 뒤로 중앙은행들은 새로운 일련의 계획을 시작했다. 런던에서 3월 19일에 열린 영국은행 통화정책위원회Monetary Policy Committee 긴급회의에서는 영국은행이 2000억 파운드 규모의 길트채를 매입할 것임이 발표되었다.[48] 2008년 위기 당시와의 차이점은 매입이 미리 정한 일정에 따라 이루어지지 않는다는 점이었다. 베일리는 "우리는 적절한 시기에 시장에서 신속하게 행동할 것이다"라고 설명했다. 일정표나 쌀 때가 아니었다. 중앙은행은 직접 시인했다시피 육감에 의지하고 있었다.[49] 3월 18일 밤, 유럽중앙은행은 유럽의 반등을 위해 마련한 대규모 채권 매입 계획을 발표했다.

한편, 미국의 복잡한 신용 시스템 안에서 연방준비제도는 한 번에 하나씩 위기와 씨름했다. 3월 17일, 연준은 시장 지원을 위해서 기업에 급여와 단기 비용을 충당하는 데 쓸 자금을 대출해주겠다고 발표했다. 3월 18일, 연방준비제도는 뮤추얼펀드를 포함하게끔 지원 범위를 늘렸다. 부유한 미국인들은 예금을 뮤추얼펀드에 넣는 편을 선호하기 때문이다. 3월 19일, 연방준비제도는 유동성 통화 스와프 연결망이 멕시코와 브라질, 한국 등 14개 주요 경제국을 포함하게끔 확대했다. 다음 날, 연방준비제도는 유럽중앙은행과 일본은행에 대한 달러 제공이 더 빠르게 이루어지게 했다. 연방준비제도는 통화 스와프 연결망에 포함된 국가든 아니든, 달러 유동성 문제를 해결할 수 있다는 분위기를 조성하는 조처를 했다. 심지어 외국 중앙은행들이 미국 국채를 환매조건부 매매할 수 있게 하는 새로운 기구를 개설하기까지 했던 것이다. 연방준비제도는 외국 중앙은행들이 미국 국채를 실제로 팔지 못하게 하는 조치를 모조리 취했다.

연방준비제도가 달러를 충분히 공급하겠다는 신호를 보내자, 달러화의 평가절상이 완만해지고 다른 중앙은행들이 행동할 기회가 생겼다. 일본은행은 채권을 매입했다. 오스트레일리아 준비은행은 금리를 인하했다. 기존에 자국 통화 대비 달러 강세에 대해 걱정해야만 했던 신흥시장국의 중앙은행들도 이제 자유롭게 행동할 수 있게 되었다.[50] 3월 셋째 주가 끝날 무렵, 몽골부터 트리니다드토바고까지 39개 나라 중앙은행들은 금리를 인하하고, 은행 규제를 완화하고, 특수 대출 기구를 설립했다.[51]

이것으로 충분할까? 파월은 2008년도 위기 당시의 레퍼토리에서 기본적인 요소들을 모두 사용했다. 금리를 낮추고, 양적완화를 하고, 금융시장을 지원하고, 통화 스와프 라인을 확대한 것이다. 이러한 친숙한 도구들은 미국 국채시장의 극심한 스트레스를 진정시키는 데 효과가 있었다. 수요가 회복되면서 미국 국채 수익률이 내렸지만, 이것만으로는 주식시장이나 회사채시장을 진정시키기엔 역부족이었다. 주식시장이나 회사채시장에서 불안정이 계속되는 한, 파문은 전체 시스템에 퍼져나갈 것이다.

근본적인 문제는, 중앙은행들이 신용 공급과 금리를 조정할 수는 있지만, 2008년도 금융위기 때와는 다르게, 문제의 근원인 바이러스와 록다운을 직접 다룰 수 없다는 점이다. 시장은 연방준비제도가 아니라, 워싱턴으로부터, 의회로부터 소식이 오기를 기다렸다. 과연 얼마나 많은 미국 정치인들이 수입, 지출, 의료 대응을 지원하기 위해 집결할 것인가? 3월 22일 일요일 뉴스는 좋지 않았다. 민주당과 공화당이 대립했다. 3월 23일 월요일 아시아에서 거래가 재개되자 선물시장이 폭락했으며 월스트리트가 개장했을 때도 폭락이 계속되었다. 3월 23일 월요일, 장중 저점에서 S&P 500과 다우존스는 약 30%의 가치를 잃었다. 전 세계적으로 주식시장은 소수의 행운아가 보유한 대규모 주식 포트폴리오와 연금과 보험 기금이 보유한 공적 적립금에 26조 달러에 달하는 손실을 입혔다. 이 곤두박질을 멈추려면, 연방준비제도는 또 다른 조처를 해야만 했다.

3월 23일, 시장이 열리기 90분 전인 오전 8시, 제롬 파월은 자신의 "필요한 것은 무엇이든"의 순간과 만났다. 파월은 "일자리와 수입 손실을 제한하고 혼란이 잦아들었을 때 신속하게 회복하기 위해 공공 부문과 민간 부문에 걸친 적극적인 노력이 필요하다"고 선언했다. 연방준비제도는 민간 신용시장을 지원하고자 4월 중순까지 총 9개의 개별 기구를 설립했다. 각 기구의 머리글자는 뒤죽박죽이었지만, 그 설립 목표는 거대한 당좌대월overdraft 기구를 확장하여 수익이 줄어들고, 노동자들이 일시 해고를 당하고,

"쇄도하는 매도자들" 때문에 시장이 삐거덕거리는 국가들이 이용할 수 있게 하는 것이었다.[52] 여느 은행의 당좌대월과 마찬가지로, 연방준비제도의 돈은 인출할 필요가 없었다. 당좌대월이 존재한다는 사실만으로도 꼭 필요한 안도감을 줄 수 있었다.

파월은 세 갈래로 경제 안정화를 시도했다.

최종 대출자로서의 역할을 다하기 위해, 3월 23일 연방준비제도는 2008년 위기를 극복하는 데 큰 도움을 준 믿음직한 수단 가운데 하나인 자산담보부증권대출기구Term Asset-Backed Securities Loan Facility(TALF)를 부활시켜 차량 담보 대출과 신용카드 대출, 중소기업 대출과 학생 대출을 지원했다. TALF는 기업 어음 발행 기업과 금융시장의 뮤추얼펀드와 국채시장의 국고채 전문 딜러들을 지원하기 위해서 연방준비제도가 이미 설립한 기구들을 기반으로 삼았다. 이러한 자산담보부증권대출은 대부분 금융 시스템 내에서 이루어졌고, 연방준비제도는 최소한의 대출 위험에만 연관되었다. 이 대출들은 중앙은행의 고전적인 기능인 좋은 담보물을 이용하여 위급 시에 유동성을 제공하는 기능을 수행했다. 그러나 3월 23일이 되자, 연준이 여기서 한 걸음 더 나아가야 한다는 것이 명백해졌다.

금세, 파월은 대규모 고용주에 대한 신용을 제공하는 기구 두 곳을 설립하겠다는 더 급진적인 조치를 발표했다. 연준은 더는 단순히 다른 이들의 대출을 지원하는 데서 그치지 않고, 직접 신용을 공급하겠다고 제안했다. 기업으로부터 채권이나 대출을 직접 구입하기 위해서 발행시장기업신용기구Primary Market Corporate Credit Facility(PMCCF)가 설립되었다. 그리고 그 밖의 다른

2부 유례없는 글로벌 위기

투자사들로부터 회사채를 구입하기 위해 유통시장기업신용기구 Secondary Market Corporate Credit Facility(SMCCF)가 설립되었는데, 이 회사채에는 고위험 고수익인 채권을 전문으로 취급하는 채권상장지수펀드exchange-traded fund(ETF) 같은 상품도 포함되었다. 두 기구에 배정된 금액은 7500억 달러에 이르렀다. 회사채를 직접 매입함으로써, 연방준비제도는 기존의 최종 대출자로 역할을 할 때보다 훨씬 더 큰 손실 위험을 감수하게 되었다. 최악의 사태에 대비하기 위해, 연방준비제도는 연방준비은행법Federal Reserve Act 13조 3항에 따라 비상사태를 선언했다. 이는 만약 손실이 발생한다면, 300억 달러의 미국 재무부 외화안정기금Exchange Stabilization Fund으로 충당할 수 있다는 의미였다. 외화안정기금은 1930년대의 유물로, 긴급 개입이 필요할 때 사용할 수 있는 편리한 자본금 역할을 했다.

연방준비제도는 항상 이러한 형태의 직접 기업 대출을 피해왔다. 만약 개별 기업의 채권을 매수한다면, 결국에는 가장 선호하는 기업들의 채권만 사게 되기 때문이다. 그리고 만약 여러 산업 부문의 회사채를 매입한다면, 결국에는 부실 채권을 대량으로 보유하게 되기 때문이다. 소위 하이일드채권High-Yield bond이나 정크본드Junk bond라고 불리는 위험성이 가장 큰 회사채를 거래하는 시장은, 월스트리트의 은행인들에게 보너스의 중요성이 사라지기 전에, 사모 펀드 회사들이 수익을 올리던 곳이었다. 정치적 이유와 법적 이유로, 연방준비제도는 적어도 금융 시스템에서 가장 투기적인 시장만큼은 지원하지 않는 편을 선호했다.

회사채 매입을 거부한다는 점에서 연방준비제도는 주요 중앙은행들 사이에서 특이한 편에 속했다. 영국은행과 유럽중앙은행은 모두 회사채를 매입했다. 2020년 3월 유럽에서는 폭스바겐 같은 대기업들이 유럽중앙은행의 지원을 받기 위해 로비를 서슴지 않았다.[53] 일본은행은 여기서 한 걸음 더 나아갔다. 일본은행은 주식을 매입하여 주식 소유 위험을 감수했다. 2010년부터 2020년까지 일본은행은 일본 주식시장에서 4340억 달러의 주식을 보유했다.[54] 인상적이긴 했지만, 미국은 세계의 기준이 되는 자본 시장이다. 그리고 여태껏 다른 어떤 중앙은행도 지금 파월이 고려하고 있는 규모의 일을 실행한 적이 없었다.

연방준비제도가 의회에 진정으로 바랐던 것은 이 모험에 가까운 정책을 정치적으로 두둔해주는 것이었다. 연준의 발표에 깔린 무언의 전제는 미국 재무부와 의회 사이에 새로운 협력 관계가 이루어질 예정이라는 것이었다. 이상적인 상황이었다면, 3월 23일 월요일 아침에 연방준비제도의 대 발표는 의회의 경기 부양책 발표와 연계하여 이루어졌을 것이다. 그런 일은 그 주 후반이 되어서야 일어났다. 그 사이, 의회의 우선순위를 예상한 연방준비제도는 대기업 대출 계획에 발맞춘 중소기업용 대출 지원 제도인 '메인스트리트기업대출계획Main Street Business Lending Program'을 도입하겠다고 선언했다.

마지막으로, 시장 지원 작전의 세 번째 핵심 요소로, 연방준비제도는 공채시장을 지원하기 위해 전력을 다했다.

코로나와의 싸움에서 최전선에 서 있던 지방정부들은 세수 감소에 직면한 상태에서 범유행 대응을 관리하고 추가적인 예방 조치를 위해 비용을 지불해야만 했다. 3월 23일 연방준비제도는 지방정부의 신용 흐름을 원만하게 하기 위해서, '단기금융시장 뮤추얼펀드 유동성기구Money Market Mutual Fund Liquidity Facility'와 '기업어음매입기구Commercial Paper Funding Facility' 모두에 변화를 주겠다고 공표했다. 이 조치는 4월 9일에 '지방정부유동성기구Municipal Liquidity Facility'로 이어지게 된다. 이 기구는 연방준비제도가 대도시와 카운티, 주에서 발행한 단기 어음을 지원하기 위해 명목상 5000억 달러를 배정하여 설립한 기구다.

이 모든 기구는 금융 시스템 전반에 대한 신뢰성을 구축하는 방편이었다. 이 기구들은 간접적으로 미국 국채시장에 대한 압력을 완화하는 역할을 했다. 연방준비제도는 여기서 멈추지 않았다. 미국 국채시장을 지원하는 가장 직접적인 방법은 연방준비제도가 직접 국채를 사는 것이었다. 3월 20일에서 21일까지의 주말 동안, 연방공개시장위원회Federal Open Market Committee는 5000억 달러의 미국 국채와 2000억 달러의 MBS를 매입하겠다고 이미 발표했다. 파월은 이제 그 상한선마저 높였다. 3월 23일 월요일 아침, 연방공개시장위원회는 "시장 기능을 원만하게 하고, 통화정책이 더 광범위한 금융 상황과 경제 전반으로 효과적으로 전달될 수 있도록, 미국 국채와 '정부 기관 MBS'를 필요한 만큼 매입하겠다"고 간략히 발표했다.[55] 다음 일주일 동안, 연방준비제도는 놀랍게도 총 3750억 달러의 미국 국채와 2750억 달러의 MBS를 매입했다. 이 계획이 한창일 때, 연방준비제도에서는 1초당 100만 달러의 비율로 채권을 사들였다. 단 몇 주 만에 연방준비제도는 20조 달러 규모 시장의 5%를 매입했다.[56]

연방준비제도의 개입이 시장에 미친 영향은 대단했다. 전환점은 3월 23일이었다. 최종 대출자와 최종 시장 조성자가 제자리를 잡았음을 투자자들이 눈치챈 순간, 시장 신뢰도는 곧바로 회복되었으며, 신용 흐름과 (특히 미국의) 금융시장들이 놀라운 속도로 회복되기 시작했다. 8월 중순 S&P 500은 2월 이후 입었던 손실을 완전히 회복했으며, 쭉 상승하여 신기록의 영역으로 진입하기 시작했다. 주가가 회복되자 금융시장에 직접적이고 막대한 이해관계를 가지고 있던 극소수 사람들의 부도 회복되었다. 주가 회복은 기업의 부를 전반적으로 회복시켰으며, 그렇게 함으로써 경제도 회복시켰다. 2020년 3월 금융시장들이 심장마비를 일으키면서 전 세계 대부분이 함께 고통을 겪었지만, 경제 회복으로 인한 이익은 불평등하게 분배되었다. 전 세계적으로 억만장자의 재산은 2020년 한 해 동안 1조 9000억 달러 증가했으며, 그 가운데 5600억 달러는 미국에서 가장 부유한 사람들의 몫으로 돌아갔다.[57] 2020년의 초현실적이고 충격적인 병치juxtaposition들 가운데서도, 고도 금융high finance과 하루하루 사투를 벌이는 전 세계 수십억 사람들의 대비는 유독 눈에 띄었다.

2000년에서 2001년 사이에 닷컴버블이 터진 이후로 수년간, 중앙은행들은 기존의 무대 감독 역할에서 벗어나 점점 더 곡예사 역할을 하게 되었다. 2012년을 풍미한 주문이었던 "필요한 것은 무엇이든"을 처음 말한 사람은 바로 마리오 드라기Mario Draghi 전 유럽중앙은행 총재였다. 중앙은행들은 금리를 제로로 인하했다. 중앙은행들은 부실 은행 구제 방안을 설계했다. 중앙은행들은 막대한 규모의 유동성 수요를 충족시키기 위해서 값싼 신용을 제공했다. 중앙은행들은 금융시장을 안정화하기 위해 자산을 매입했다. 그러나 이 모든 급진적인 개입에도 불구하고, 사람들은 중앙은행들이 영원히 이럴 수는 없음을 알고 있었다. 대차대조표에 풀린 유동성은 언젠가 회수될 수밖에 없으며, 금리 또한 언젠가 정상에 가까운 수치로 회복될 수밖에 없기 때문이다. 미국 연방준비제도의 제롬 파월과 영국은행의 앤드루 베일리, 유럽중앙은행의 크리스틴 라가르드Christine Lagarde가 각 중앙은행의 수장으로 선출되었을 때, 사람들은 이들이 탈영웅적 세대post-heroic generation에 속한 사람들이라고 느꼈다. 2008년부터 2015년까지의 급진적 개입의 시기가 끝난 뒤로, 중앙은행의 주요 업무는 질서를 다시 세우는 것이었다. 중앙은행의 목표는 정상화였다.

2019년에 만연했던 세계 경제에 대한 불안감은 이미 정상화에 대한 전망에 의문 부호를 드리웠다. 2020년은 정상화를 완전히 전복시켰다. 중앙은행들은 전례 없는 규모로 행동했을 뿐 아니라, 그들이 지난 수십 년간 쌓아온 전통을 무시하듯 기민하게 행동했다. 2008년에는 중앙은행들이 여전히 개입에 주저하는 기색이 있었다. 2020년에는 주저하는 기색 따위는 없었다. 마치 댐을 연 것처럼 대규모로 통화를 공급한 결과가 빠짐없이 분명하게 드러나려면, 재정 정책이 이를 따라잡을 때까지 수 주가 걸릴 것이다. 이것은 가장 급진적인 형태의 긴급 조치였다. 그러나 지금, 대체 무엇이 정상이란 말인가?

7장

산소호흡기를 단 경제

2020년 3월 25일 수요일 자정 직전, 미국 상원은 만장일치로 '코로나바이러스 지원, 구제 및 경제 안보법Coronavirus Aid, Relief, and Economic Security Act(CARES)'을 승인했다. 비록 협상에 2주라는 시간이 걸리긴 했지만, 분열된 미국의 정치계는 정부 지출을 늘리고, 세금을 줄이고, 재정을 지원하는 일괄법안omnibus bill을 내놓는 데 합의했으며, 그 규모는 무려 미국 GDP의 10%에 달하는 22조 달러에 이르렀다.[1] 이것은 세계 어디를 봐도 유례가 없었던, 단일 국가를 대상으로 한 사상 최대 규모의 재정 지원이었다.

2020년 봄에 미국인들은 누구보다도 씀씀이가 컸지만, 그들은 혼자가 아니었다. 4월, IMF는 전 세계에서 이루어진 온갖 형태의 재정적 노력이 8조 달러에 이른다고 추산했다. 5월에는 이 수치를 9조 달러로 수정했으며, 10월에는 믿기 어려운 금액인 12조 달러로 수정했다. 그리고 2021년 1월 무렵, 이 수치는 무려 14조 달러에 이르렀다.[2] 이것은 2008년 금융위기에 따른 경기 부양책보다 훨씬 더 큰 금액이다. 셧다운의 결과로 나타날 수 있는 사회적 재앙을 누그러뜨리기 위해서, 2020년의 대규모 지출과 감세는 꼭 필요한 조치였다. 이는 전시 경제나 새로운 사회 계약 급의 규모라 이야기해도 손색이 없는 규모였다. 각 정부의 예산이 급증하고 중앙은행들이 지원을 위해 개입했다는 점에서 볼 때, 재정 정책과 통화 정책이 맞물렸다고 할 수 있는데, 이는 제2차 세계대전 이후로 한 번도 없었던 일이었다.[3] 중앙은행들은 이미 3월에 미국 국채시장 안정화를 위해 자신들의 역할을 수행했다. 이제 재정 정책이 나설 차례였다.[4] 코로나19 위기가 경제적·사회적으로 남긴 것을 해결하기 위해서 자원을 할당하고 우선순위를 설정하는 주체는 바로 보건 당국과 선출된 정부였다.

20세기 중반 케인스주의가 절정에 달했던 때와 비교해보면, 이 순간이 얼마나 극적인지가 명백히 드러난다. 이러한 비교는 우파뿐만 아니라 좌파에 속한 수많은 사람의 소망을 표현한다. 그 소망은 바로 국가 경제가 처음 구성되었던 시절로, 즉 국가 경제가 통합되고 통치 가능한 실체였던 시절로 돌아가고 싶다는 것이다. 상호 연결된 수요와 공급이 함께 붕괴한 사건이 잘 보여주었다시피, 거시경제 차원의 연결은 매우 현실적이다. 그러나 2020년의 위기 대처를 읽기 위한 프레임으로서, 이런 시각은 시대착오적일 위험이 있다. 2020년에 나타난 재정 정책과 통화 정책의 통합은 21세기식 통합이었다.[5] 특히 정부 개입의 규모라는 측면에서 이는 신자유주의식 처방과는 정반대의 정책이었지만, 신자유주의식 정책으로 포장되었다. 정책의 핵심 키워드는 '초 세계화hyperglobalization, 취약하고 부족한 사회복지, 심각한 사회적·경제적 불평등, 규모와 영향력 면에서 커져만 가는 민간 자본'이었다.

코로나바이러스에 대한 재정적 대응은, 세계 발전이 복합적이고 균등하지 못하게 이루어지고 있음을 눈에 띄게 보여주었다. 한편으로, 사실상 세계 모든 나라가 셧다운을 위한 집단적인 행동에 동참했으며, 실질적으로 모든 나라가 재난 극복을 위해 정부 지출을 늘렸다. 다른 한편으로, 각국이 동원할 수 있는 자금에는 엄청난 격차가 있었다. IMF에 따르면, 2020년 10월까지 선진국들은 평균적으로 거의 8.5%의 GDP를 코로나 대처를 위한 재정적 노력에 임의로 할당할 수 있었다. 중간소득 국가인 신흥시장국들의 평균은 4%를 아주 약간 밑돌았다. 저소득 국가들은 일반적으로 2% 미만의 GDP를 코로나 대응에 할당했다.[6]

커다란 경제 계층 안에서도 각국 사이에는 차이가 있었다. 빈곤국 아이티는 GDP의 4%에 달하는 경기 부양 계획을 시행했다.[7] 4월 21일, 남아프리카공화국 정부는 의료 지출, 지방자치단체에 대한 재정 지원, 최소한의 복지를 위한 사회 보조금 제도에 초점을 맞춘 299억 달러 규모의 계획을 시작했다. 이는 국가 수입의 거의 10%에 해당하는 액수였다. 다른 한편, 유가 폭락으로 직격탄을 맞은 나이지리아는 GDP의 1.5%를 가까스로 감세와 정부지출에 투입했다. 이 계획에는 500억 나이라(약 1억 2800만 달러) 규모의 구제 계획이 포함되었는데, 이는 가장 취약한 360만여 가구에 2만 나이라(52달러)를 지급하는 계획이었다.[8] 그러나 하루

코로나19 위기 1단계 당시 G20 국가들의 재정 노력

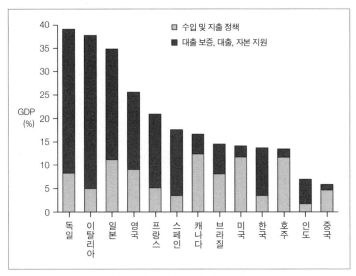

출처: *Deutsche Bank research*, IMF data as of September 11 2020.

를 1달러 90센트 미만으로 살아가는 사람들이 8700만 명에 달하는, 세상에서 가장 많은 극빈층 사람들이 살아가는 나라에서 이것은 새 발의 피에 불과했다.[9] 커다란 신흥시장국 사이에서, 2020년의 인도와 멕시코는 낮은 수준의 경기 부양책을 내세운 점에서 두드러진다. 이와 대조적으로 브라질의 위기 대처는 세계에서 가장 부유한 국가들의 대응에 빗댈 만했다.

유럽은 2020년의 놀라운 점 가운데 하나였다. 유로존 위기 이후 EU는 긴축 정책의 전형을 보였다. 유로존 위기는 특히 프랑스와 남유럽에 신랄한 유산을 남겼다.[10] 2020년, 코로나바이러스에 심각한 타격을 입은 유럽 전역의 정부들은 정치색과 상관없이 지원의 물꼬를 텄다. 지원 규모가 큰 것은 대출 보증에 대한 의존도가 컸기 때문이다. 대출 보증은 기업 대출에서 손실이 나면 손실분을 보전해주겠다는 약속이므로, 당장 직접적인 지출이 필요하지 않다. 영국은 GDP의 15%의 달하는 대출 보증을 시행했다. 독일은 2020년에 총 GDP의 30%가 넘는 금액을 보증했다.[11] 보증에 여러 가지 조건들이 따르기는 했지만, 유럽의 입장 변화는 그 자체로 주목할 만하다.

EU 안에서 힘의 균형을 고려해볼 때, 중요한 것은 독일이 앞장서는 것이었다. 앙겔라 메르켈의 마지막 대연정 정부에서는, 보수당의 백전노장이었던 볼프강 쇼이블레Wolfgang Schauble를 대신하여 사회민주당의 실용주의자 올라프 숄츠Olaf Scholz가 재무부 장관이 되었다.[12] 독일은 헌법으로 재정 수지 균형을 맞추도록 규정하고 있는 국가지만, 숄츠는 이미 2월 말에 독일의 지방정부가 위기에 대응할 수 있게끔 이 규정을 잠정 중단하는 데 찬성했다.[13] 3월 25일, 미국 의회가 역사적인 종합 정책을 의결한 바로 그 순간에 독일 하원은 1230억 유로의 추가 경정 예산을 승인했는데, 이는 대출 보증과 합쳐져 독일 경제에 총 7500억 유로를 지원했다.[14] 6월에는 공공 투자를 촉진하고 지방정부의 예산 부담을 덜어줌으로써, 지역 인프라 개선을 위한 재원을 확보할 수 있게 하려는 목적으로 1300억 유로 규모의 두 번째 계획이 추진되었다.[15] 이 조치로 독일 중앙정부는 유럽 제일의 경제 대국의 경기를 부양했을 뿐만 아니라, 나머지 유럽 국가에 자신들의 뒤를 따르라는 청신호를 주었다. 벨기에 중앙정부가 유로 지역에 속한 모든 국가의 재정 적자를 강요하는 예산 규정의 시행을 잠정 중단했을 때, 독일 중앙정부는 아무런 이의를 제기하지 않았다.

코로나바이러스는 보조금과 복지 지출에 대한 도덕적 해이 논쟁을 잠재웠다. 코로나바이러스 범유행을 자초했다는 비난은 그 어떤 기업이나 정부에도 던질 수 없는 비합리적인 비난이었다. 네덜란드 재무부 장관이 일부 유럽 정부에 코로나 발발에 앞서 대차대조표를 더 탄탄하게 만들지 않은 이유를 밝히라고 요구했을 때, 포르투갈의 안토니우 코스타Antonio Costa 총리는 불쾌한 기색을 내비치며 이 요구를 단박에 거부했다.[16] 코로나바이러스는 예산을 장기적으로 준비하는 편이 합리적인 여느 경제적 사건과는 달랐다. 이제 논쟁은 정반대 방향에서 이루어졌다. 만약 이탈리아와 스페인이 범유행 감염병에 특히 취약하다면, 그것은 10년간의 긴축 정책이 이들의 공공의료 시스템을 손상시켰기 때문이라는 것이었다. 앙겔라 메르켈의 야심 찬 보건장관 옌스 슈판은 코로나 위기가 닥치기 전에 병원의 "과도한" 수용 능력을 줄이라고 조언했는데, 그는 이제 그 주장 때문에 난처한 상황에 처했다. 2020년 독일을 흔들리지 않게 했던 것이 바로 그 과도한 수용 능력이었기 때문이다.[17] 여름이 되자 이 범유행 감염병이 역사적으로 유례가 없는 새로운 위협이라는 주장이 힘을 얻으면서 EU가 새로운 집단 금융 시스템을 만드는 것을 정당화하게 되었다.

유럽이 2008년보다 2020년에 더 적극적으로 행동했다고 한다면, 중국은 이와는 정반대였다. 2008년, 중국은 상대적으로 거대한 경기 부양책을 실시했다. 그러나 2020년에는 더 절제된 대응을 했다. 유행병을 성공적으로 통제한 데다 과거의 교훈을 통해 과잉 투자와 차입 과다를 경계했기 때문이었다. 2020년 5월 '두 회의'에서 발표된 종합 재정 정책은 3조 6000억 위안(약 5500억 달러)

규모에 이르렀는데, 이는 2008년 금융위기 당시 도입된 4조 위안보다 살짝 적은 액수로, 중국 경제가 2008년 이후로 크게 성장했음을 고려한다면 차이는 더욱 두드러진다. 2020년 말까지, 중국의 재정 지원 총액은 GDP의 5.4%로 추정되었는데, 그중 2.6%는 특히 지방 차원의 투자를 지원하는 용도였다. 서구와는 달리, 가계에 대한 직접 지원은 중국의 경제 회복에 사실상 아무런 역할을 하지 못했다. 2008년과 마찬가지로 가장 큰 경기 부양은 재정 지출이 아니라 소위 정책 은행을 통해 이루어졌다. 중국에서 이야기하는 '사회융자총량total social financing'을 기준으로 측정했을 때, 정책 은행 대출은 3월 한 달에만 사상 최대치인 5조 1500억 위안에 이르렀다.[18]

코로나 셧다운이라는 드라마 속에서 지출 급증을 정당화하기 위해 가장 많이 언급된 이미지는 전시 경제였다. 시진핑, 마크롱, 모디, 트럼프 모두 전쟁을 말했다. 말레이시아의 무히딘 야신Muhyiddin Yassin 총리는 텔레비전 연설에서 이렇게 말했다. "우리는 보이지 않는 세력과 전쟁 중인 국가다. 우리는 역사적으로 유례가 없는 상황과 직면하고 있다."[19] 이탈리아의 콘테 총리는 처칠의 "가장 어두운 시간"을 인용했다.[20] 금융 관련 미디어에서는 어떻게 공장을 징집해서 개인 보호 용품과 산소호흡기를 만들게 할지에 관한 진지한 논의가 오갔다.[21]

전쟁은 매력적인 비유이긴 했지만, 2020년 상황에는 적합하지 않았다. 문제는 어떻게 군대를 동원하느냐가 아니었다. 문제는 어떻게 경제를 해산하고 사람들을 집에 있게 하느냐는 것이었다. 심지어 의료 시스템 안에서도 비응급 진료와 시술이 보류됐다.

2020년에 필요했던 것은 경기 부양책이나 전시 동원이 아니라, 바로 생명 유지 장치였다.

미국에서 실시한 종합 대책의 거대한 규모를 설명하는 데 도움이 되는 것은, 바로 지금 이야기한 코로나라는 비상사태의 특별한 특성이다. CARES법의 규모가 그토록 거대할 수밖에 없었던 것은 미국 사회가 직장과 고용을 기초로 짜였기 때문이다. 이와 대조적으로 미국의 복지 시스템은 취약하며, 공공 부문에 대한 수년에 걸친 공격으로 인해 닳아 없어졌다.

언론인 에릭 레비츠Eric Levitz는 다음과 같이 설득력 있는 발언을 했다.

저소득 미국인들은 거의 또는 전혀 비상 저축금을 보유하고 있지 않다. 많은 기본 복지 혜택은 고용 여부에 좌우된다. 그리고 누더기가 된 안전보장망은 애초에 누더기가 되게끔 설계되었다. 꾸준한 GDP 성장이야말로, 이렇듯 임시방편으로 이루어진 사회질서를 하나로 묶는 접착테이프다. 이 정치 경제는 금으로 도금한 불안정한 고물 자동차에 불과하다. 물론 맑은 날에는 도로를 주행할 수 있으나, 100년에 한 번 있을 법한 전염병 폭풍을 뚫고 나아가려 한다면 박살이 나버릴 것이다.[22]

누더기가 된 최소한도의 실업보험 시스템만을 갖춘 사회에서는, 수백만 명의 사람들이 유급 병가 제도의 보호를 받지 못한 채 그 달 벌어 그 달 먹고 살아가는 사회에서는, 수천만 명의 아이들이 굶지 않기 위해 학교에 나가는 사회에서는, 쉽사리 셧다운을

할 수 없다. 만약 셧다운이 일어난다면, 당장 사람들을 도와야 할 것이다.[23]

3월과 4월에 노동시장이 붕괴하면서, 미국 대부분 지역은 공황 상태를 간신히 억누른 듯한 분위기였다. 트럼프 행정부의 성격과 극도로 양극화된 미국 정치를 고려할 때, 적절한 정부 대응이란 결코 당연한 것일 수 없었다. 2009년, 공화당 하원의원들은 오바마 행정부의 위기 조치에 거의 빠짐없이 반대표를 던졌다. 2020년, 정치계의 별들은 전혀 다르게 정렬되었다. 선거가 눈앞에 있었다. 그리고 공화당은 백악관에 자기 사람을 앉혀 두고 있었다. 만약 그들이 경기 부양책이 통과되기를 바랐다면, 민주당과 협상을 해야만 했다. 이 사실은 린지 그레이엄Lindsey Graham 같은 보수주의 평론가들을 막지 못했다. 린지 그레이엄은 코로나바이러스 경기 부양책의 하나인 실업급여에 주당 600달러에 대한 보조금이 과도하다고 여겼고, 이를 무산시키려 시도했다. 여름이 되면, 그레이엄의 주장이 호응을 얻기 시작할 것이다. 그러나 3월, 그는 무시당했다. 그 순간의 정치 논리는 감산적이라기보다는 가산적이었기 때문이다. 2009년, 오바마의 정치 자문관들은 1조 달러 이상을 지출할 경우, 가격이 예상외로 비쌀 때 받는 충격인 "스티커 쇼크sticker shock"를 일으킬 수 있다고 주장했다.[24] 그리고 2020년 3월, 신문 머리기사에 실린 최초 금액은 2조 2000억 달러였다. 소위 CARES법 아래서 최종 지출액은 2조 7000억 달러로, 2009년 오바마 경기 부양책의 3배에 가까웠다. 5월 1일로 끝난 주는 경기 부양책이 최고조에 달했던 주였는데, 미연방 정부는 이때 주당 2000억 달러를 경제에 쏟아붓고 있었다. 5월 셋째 주까지 긴급

2부 유례없는 글로벌 위기

지출액은 주당 500억 달러 밑으로 내려가지 않았다.[25]

만약 3월과 4월에 최악의 예측이 현실이 되지 않았다고 한다면, 그것은 정부 개입의 규모 덕분이었다. 2020년의 재정 종합 정책은 전통적인 의미에서의 경기 부양책은 아니었다. 셧다운으로 인한 공급 제약 때문에 이 종합 정책은 흔히 경기 부양책에 기대하는 승수 효과multiplier effect를 만들어낼 수 없었다. 이 정책들이 한 일은 소득을 보장하고 여전히 기능하는 경제 분야의 수요를 유지하는 것이었다.

최신 마이크로 데이터 덕분에 우리는 코로나 위기 보조금이 저축과 지출에 미치는 영향을 일일 단위로 추적할 수 있다.[26] 보조금의 가장 중요한 효과는 간단히 말해 가처분소득이 증가했다는 것이다. 이는 곤궁한 가정에 앞으로 최소한 몇 달 동안은 공과금을 내고 집세를 낼 수 있다는 자신감을 주었다. 신용카드 대금이 지급되었다. 미국에서는 저소득층 사람들이 앞으로 다가올 힘든 시기에 대비하여 CARES 보조금을 저축하고 채무를 갚았다. 고소득층 가구는 보조금을 휴가나 외식에 흥청망청 쓸 수 없어서, 그냥 가지고 있어야만 했다. 경기 부양 제도가 시행되었는데도 외식을 하거나 미용실, 세탁소에 가고자 하는 사람은 없었다. 4월, 미국의 저축률은 2019년 평균 8%에서 32.2%로 치솟아 사상 최고치를 기록했다.[27] 유럽에서도 저축률이 2019년 13.1%에서 2020년 2분기 24.6%로 올랐다.[28] CARES 경기 부양금은 고가의 가정용품에 지출되는 경향이 있어서, 그 혜택이 지역 경제보다는 대형 온라인 소매상과 멀리 떨어진 공급 업체에 주로 돌아갔다. 그 결과, 미국의 경기 부양 효과는 미국에만 국한되지 않았다. 2월부터 5월까지 급감했던 미국의 수입액은 6월부터 다시 강하게 반등했다. 도널드 트럼프가 펼친 온갖 경제 민족주의에도 불구하고, 2020년 미국은 전 세계 수요에서 제 역할을 했다.

2020년의 재정 개입 규모를 고려할 때, 만약 정치적 의지가 있었다면, 새로운 혹은 최소한 새롭게 일신한 사회 계약에 관한 담론을 나누는 것이 불합리하지 않았을 것이다.[29] 막대한 돈의 흐름에는 의심할 여지없이 신기한 요소들이 있었다. 독일과 덴마크에서 처음 개발된 단기 근로 모델은 영국, 스페인, 이탈리아 같은 나라에서 실행 가능한 모델임이 증명되었다. 이 모델은 전례가 없을 정도로 고용 관계를 유지하는 것에 중점을 두었다. 비록 불완전하고 매우 불평등한 고용 관계에 따라 이루어지긴 했지만, 이 고용 유지라는 특권을 "비전형적인" 직장으로 확대하는 것은 복지 시스템을 크게 확대하는 일이었다. OECD 전체로 볼 때, 다양한 형태의 일자리 유지 제도는 2008~2009년의 글로벌 금융위기 때보다 10배 더 많은 5000만 개의 일자리를 지원했다.[30] 일본, 캐나다, 호주는 새로운 제도를 만들었다. 뉴질랜드에서는 일자리 유지 조항이 포함된 제도의 신청자가 전체 인력의 3분의 2까지 확대되었다.

미국의 CARES법은 비록 미국 행정부의 한계에 의해 제한되는, 일시적인 임시 긴급 조치였지만, 그 자체로 훨씬 더 극적인 의미를 지니고 있었다. 비록 새로운 구조를 구축하거나 미국의 취약한 노동시장 제도를 공고히 하지는 못했지만, 엄청난 지출 규모는 그 자체만으로도 눈길을 끌었다.[31] 미국을 다른 부유한 국가들과 구분 짓는 극심한 소득 불평등의 주원인은 바로 인색한 복지 제도다. 그러나 2020년, 미국은 잠시 달라졌다.

경기 부양 보조금과 보강된 실업급여 덕분에 직장을 잃은 미국인 수백만 명의 수입이 증가했다. 실업률이 치솟았는데도 미국인의 가처분소득은 증가했다.[32] CARES법은 1960년대 이후로 미국이 부유한 국가에 걸맞은 규모의 복지 제도를 실험한 첫 번째 시도라 해도 과언이 아니다. CARES법에 보수주의자들은 아연실색했다. 보수주의자들은 사람들이 일을 할 유인이 사라질 것이라 불평했다. 이 불평은 다른 그 무엇보다도 실업급여 지급액 확대에 관한 것이었다. 다른 한편으로, CARES법의 경기 보조금은 보수 진영 측에서 축배를 들 이유기도 했다. 경기 보조금에 자기들 진영 대통령의 이름이 올라가 있기 때문만이 아니었다. 이것은 과거의 사회복지 제도가 아니었다. 이것은 그 어떤 국가 기관의 간섭이나 지시, 번잡한 절차나 온정주의적 시선 없이, 소득이 일정 수준 이하인 사람들 모두에게 현금 지원을 제공하는 "사회보장제도 없는 복지"였다.[33] 이것은 밀턴 프리드먼Milton Friedman이 지지했을 법한 형태의 복지이며, 민주당 후보인 앤드루 양Andrew Yang과 같은 인물들이 주장하는 보편적 기본소득을 향한 디딤돌이었다. 보조금으로는 온갖 것들을 할 수 있었다. 사람들에게는 선택할 자유가 있었다.

그러나 이러한 혁신적인 요소에도 불구하고, 2020년 재정 개입의 근본 논리가 보수적이었다는 사실은 분명했다. 막대한 재정 지출에 찬성표를 던진 정치인들 가운데 사회 변화를 위한 연간 계획을 짠 이는 사실상 아무도 없었다. 재정 정책에 관해 생각

미국 가계 가처분소득
2020년 10월까지의 월간 데이터, 발표 일자: 2020년 11월 25일 수요일.

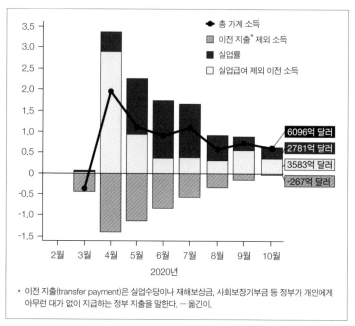

* 이전 지출(transfer payment)은 실업수당이나 재해보상금, 사회보장기부금 등 정부가 개인에게
  아무런 대가 없이 지급하는 정부 지출을 말한다. ─ 옮긴이.

출처: Based on Mizuho Securities, *BEA*.

할 때, 이를 재분배나 혁신적 사회공학과 연관지어 생각하는 것은 매혹적인 일이다. 일반적으로, 세금과 복지 제도의 순효과는 어떤 나라에서든 최소한 어느 정도는 불평등을 줄여준다. 그러나 복지는 보수적인 기능 역시 할 수 있다. 실제로 역사적으로 볼 때, 1880년대 비스마르크 시대 독일에서 등장했던 복지국가의 목표는 질병, 노령, 나아가 실업이라는 우여곡절 앞에서 사회 계급 체계를 지킨다는 보수적인 것이었다.[34] 바로 이것이 2020년 지출의 주된 논리였다. 코로나 위기는 전체 경제에 영향을 주었다. 비난받아 마땅한 사람은 없었다. 그리고 모든 사람이 온전해져야만 했다. 그래서 국가 지원에 대한 잠재적 청구자의 범위가 폭발적으로 확대되었다. EU는 평소의 엄격한 국가 지원 규정을 중단했다.[35] OECD와 같은 기관들은 세금 감면, 대출, 보조금 지급 상황을 추적하느라 허둥지둥했다.[36]

중소기업은 보조금, 세금 감면, 대출의 가장 우선시되는 수혜자였다. 캐나다에서는 모든 중소기업 대출에 정부 보증을 제공했지만, 더 규모 있는 기업들을 대상으로 한 은행 대출에 대해서도 최대 625만 캐나다달러 규모 안에서 80%의 보증을 제공했다. 한국은 범유행으로 큰 피해를 본 지역에서 활동하는 소규모 기업에 세금 감면 혜택을 주었다. 부가가치세 납부액은 삭감되었다. 다른 세금들은 연기되었다. 노르웨이는 에너지, 금융, 유틸리티 산업에 속하지 않은 모든 기업에 운영비 충당을 위한 보조금을 지급했다. 미국에서는 CARES법에 따라 의회가 지출한 2조 7000억 달러 가운데 채 3분의 1이 안 되는 6100억 달러만이 가계에 실업 및 경기 부양 급여를 제공하는 데 쓰였다. 5250억 달러가 온갖 유형의 대기업을 지원하는 데 책정된 반면, 의료 종사자들을 위해서는 1850억 달러가 책정되었다. 소기업 지원을 위해 6000억 달러의 예비금이 책정되었다.

6690억 달러 규모의 급여보호계획Paycheck Protection Program(PPP)은 CARES법에서 규모가 가장 큰 요소였다. 위기 동안 500인 이하 고용 기업에 '상환면제가능대출forgivable loan'을 제공한 것은 미국이 운영할 수 있는, 유럽식 휴직 제도에 가장 근접한 제도였다. 증거에 따르면 상환면제가능대출을 신청한 기업들은 노동자를 해고할 생각이 없는 기업들이다. 그러므로 상환면제가능대출은 무료 보조금이나 마찬가지였다. 종합적으로 볼 때, PPP는 일자리 하나당 22만 400달러의 비용으로 240만 개의 일자리를 지원했다.[37] PPP의 옹호자들은 그 이유로 이 제도가 노동자들뿐만 아니라 사업주들도 지원한다는 점을 분명하게 내세웠다.[38]

이 엄청난 양의 보조금에는 전략적 근거가 거의 없었다. 녹색 정책 운동가들의 요구가 있긴 했지만, 이러한 정책들은 범유행의 첫 번째 물결이 휩쓸고 간 여름까지 실질적인 영향력을 얻지 못했다.[39] 그러는 동안, 수천억 달러가 항공사와 화석 연료 산업으로 유출되었다. 미국에서는 610억 달러가 항공 산업과 그 인력을 지원하기 위해 할당되었다.[40] OECD 전반에 걸쳐, 2020년 8월까지 항공 산업에 대한 정부 지원은 1600억 달러에 달했는데, 그 가운데 4분의 1은 임금 지급 형태였으며, 나머지는 직접 보조금, 지분 매입, 대출의 형태였다.[41]

한편, 이 대규모 경기 부양 법안에는 엄청난 수익을 가져다줄, 작지만 중대한 로비 행위가 숨어 있었다. 2017년 트럼프 대통령과 공화당은 주로 고소득자에게 혜택을 주는 대규모 감세 정책을 시행했다. 이들은 의회에서 과반수의 찬성표를 얻기 위해서 여러 제한 사항들을 받아들여야만 했다. 이 제한 사항에는 가령 대기업이 부채에 대해 지급하는 이자 비용에 공제 상한액을 두거나, 주식 포트폴리오의 시세 차익으로 메꿀 수 있는 사업 손실의 범위를 설정하는 것이 포함되어 있었다. 2020년 CARES법에서는 이러한 제한 사항이 해제되었다. 이로 인한 이익은 1740억 달러에 달했으며, 미국의 부자들과 사모 투자 회사들, 연 수입이 50만 달러를 넘어가는 가구들, 연간 매출액이 2500만 달러 이상인 기

업들이 이 이익을 나누어 가졌다.[42]

세금 감면과 보조금이 손쉬운 이득을 가져다줬다고 한다면, 코로나19 사태로 촉발된 지출 계획 역시 이득을 취할 풍부한 기회를 제공했다. 완전히 비효율적인 추적 시스템은 예산 낭비로 악명을 떨쳤다.[43] 영국에서는 긴급 조항이라는 명목으로 "VIP용 통로"를 만들어 연줄 있는 기업체들을 대기열 맨 앞으로 오게 했다. 《뉴욕타임스》가 조사한 결과, 영국 정부가 발행한 160억 파운드 (약 220억 달러) 규모의 계약서 가운데 절반이 보수당의 측근들이 운영하는 회사나 부적합한 회사들, "역사적으로 논란거리"였던 회사들에 돌아갔다. 작은 회사들은 기회를 얻지 못했다.[44]

새로운 사회 계약과 지출 규모에 관한 모든 담론에서, 코로나 바이러스 재정 정책은 다른 분야의 정부 정책과 마찬가지로 기존에 존재하는 이해관계와 불평등을 반영했다. 미국에 적절한 실업 보험 시스템이 없다고 한다면, 결국 그것은 우연이 아니었다. 만약 비공식 이주 노동자들이 유급 휴직 제도의 혜택을 보지 못한다고 해도 그것은 놀랄 만한 일이 아니었다. 1조 달러에 달하는 계획의 모든 세부 사항들이 불평등의 흔적을 드러내긴 하지만, 법의학 조사를 진행하듯이 정치·경제적 위기 대응을 완전히 파악하기 위해서는 한 발짝 물러서서 재정 대응이 어떻게 이루어졌는지를 물어야 한다. 재정 정책과 통화 정책, 재무부와 중앙은행들은 어떤 식으로 협력하여 계획이 진행되게 하였는가?

지출이 급증하고 세수가 줄어듦에 따라 세계 각국의 정부는 막대한 부채를 발행했다. OECD는 2020년 1월부터 5월까지 경제

선진국의 정부 부채 총 발행액이 11조 달러에 달할 것으로 추정
했다. 그리고 연말에는 이 금액이 총 18조 달러에 달할 것이다.
2020년 첫 5개월 동안 급증한 엄청난 부채 가운데 67.5%는 미국
이, 10%는 일본이, 나머지는 유럽 국가들이 차지했다.[45]

　이것은 평시에 기록된 부채 급증 가운데 가장 극적인 수준이
었다. 전통적인 관점에서 볼 때, 이만한 규모의 공공 부채 홍수가
터지면 민간 저축과 민간 투자 사이의 균형에 커다란 문제가 일
어나기 마련이다. 정부 차입은 경제로부터 부족한 저축을 빨아들
이고, 금리를 올리며, 따라서 민간 투자를 촉진한다. 이는 복지국
가란 가난한 사람을 위한 것이라는 순진한 보수적 비전과 공무원
들은 흥청망청 운영하고 나머지 사회가 그 값을 치르는 정부를
위한 경제적 보완책이었다. 재정 정책이 주는 것을 금융이 쥐어
짤 테니 말이다.

　만약 이 논리가 통했다면, 2020년에는 엄청난 인파가 몰려들
었어야만 했다. 진실은 정반대였다. 엄청난 부채 급증과 동시에
공공 및 민간 대출자들 사이에서 금리가 기록적으로 붕괴했다.
2020년 OECD 전역에서 국채의 거의 80%가 1% 미만의 수익률
로 발행되었다. 20%는 마이너스 금리로 발행되었으며, 유로 지
역에서는 50% 이상이, 일본에서는 60% 이상이 마이너스 금리
로 발행되었다.[46] 적자가 폭발적으로 늘어났는데도 부채 상환에
배정된 정부 지출 비중은 감소했다. 유난히 차입을 많이 한 국가
임에도 불구하고, 캐나다와 미국, 영국은 모두 차입 원가가 떨어
졌다. 2020년 상반기 동안, 마이너스 금리로 부채를 발행한 독일
정부는 불안해하는 투자자들의 돈을 지켜주며 120억 유로를 지

마이너스 금리로 국채를 판매한 독일 연방정부 수익(단위: 10억 유로)

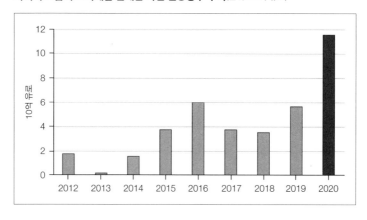

급받기를 고대했다.[47] 민간 할인율도 떨어지기 시작했다. 미국의 투자 등급 회사채 수익률은 1950년대 이후 최저치로 급락했다.[48]

2020년이 극단적이긴 했지만, 부채 급증으로 이자율이 떨어지는 것은 사실 새로운 추세가 아니었다. 최근 수십 년 동안 공공부채가 장기적으로 증가하고 있음에도 금리는 정반대로 움직이고 있었다. 이것은 래리 서머스Larry Summers가 2013년에 "우리는 장기 침체의 시대를 살고 있다"는 말을 하게 만든 현상 가운데 하나다.[49] 기본적인 수요-공급 구조에 충실하게, 서머스는 만약 자금의 가격인 금리가 하락한다면 그것은 불균형이 있기 때문일 수밖에 없다고 주장했다. 저축이 너무 많거나 투자가 너무 적다는 의미였다. 어느 쪽이든, 이는 정부 투자로 균형을 맞추기에 적절한 시점이다. 부채 수준에 대해서 걱정할 만한 이유는 거의 없었다. IMF의 전 수석 경제학자 올리비에 블랑샤르Olivier Blanchard는 이자율이 성장률보다 낮게 유지되는 한 채무 부담은 지속 가능할

것이라고 지적했다.[50]

2020년 봄, 서머스와 블랑샤르는 적극적인 재정 정책을 지지하고 부채에 대한 공포에 맞서는 데 무게를 더했다.[51] 이는 도움이 되었지만, 장기 수요 공급 도식으로 2020년의 급격한 금리 하락을 설명하는 데는 한계가 있었다. 중요한 것은 장기적인 추세가 아니라 위기가 경제 안에서 자금 흐름에 미치는 즉각적인 영향이었다. 지출이 줄고 경기 부양 지원금이 물밀 듯이 들어오자 은행에는 예금이 넘쳐났다. 뮤추얼펀드와 같은 투자 기구에도 마찬가지로 돈이 몰려들었다. 기업들은 현금을 비축하고 은행 신용 한도 내에서 자금을 인출했지만, 이를 투자나 생산 확대에 지출하지는 않았다. 이 비축금은 어딘가로 가야만 했다. 중앙은행들이 3월에 시장을 안정시키자 머니마켓 뮤추얼펀드는 가장 선호되는 안전자산이 되었다. 7월까지 머니마켓 뮤추얼펀드가 관리하는 자산은 4조 7000억 달러로 급증했다. 이들은 미국 재무부가 적자를 메우고자 2020년 상반기에 발행한 단기 국채 2조 2000억 달러 가운데 가장 큰 몫을 사들였다.[52]

동시에 채권시장의 반대편에서 장기 채권을 매입한 것은 중앙은행들이었다. 3월, 중앙은행이 부채 매입의 거대한 물결을 일으키면서 시장을 안정시켰다. 이는 국채 가격을 끌어올리고 실효 금리인 수익률을 끌어내렸다. 3월 막바지에 연방준비제도는 미국 국채와 주택담보부 증권을 대략 하루에 900억 달러 속도로 사들였다. 유럽중앙은행, 일본은행, 영국은행 모두 시장에 나왔다. 이들의 구매 총액은 2008년도 위기 이후 그 어느 해와 비교해봐도 2.5배 이상 많았다. 대체로 OECD 국가의 중앙은행들은 2020년

정부의 범유행 감염병 대응을 지원하기 위해 대규모 채권 매입에 나선 중앙은행들

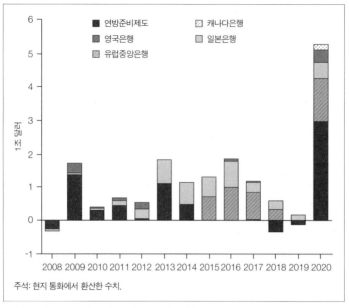

주석: 현지 통화에서 환산한 수치.

출처: *Bloomberg*, https://www.bloomberg.com/graphics/2021-coronavirus-global-debt.

순 발행된 신규 채권의 절반 이상에 해당하는 양을 매입했다.

그러므로 대체 어떻게 기록적인 재정 적자가 금리를 올리지 않고 자금을 조달하는 방법이 될 수 있었는지에 대한 가장 간결한 대답은, 정부 기관의 하나인 중앙은행이 또 다른 정부 기관인 재무부에서 발행한 채권을 매입했다는 것이다.

중앙은행들은 대체로 신규 발행 채권을 직접 매입하지 않았다. 중앙은행들은 은행과 투자 펀드가 보유한 채권을 샀다. 그 대가로 중앙은행은 "현금"을 지급했다. 그러니까, 전자 은행 시대에 걸맞게 중앙은행 예금을 디지털로 입력했다는 의미다. 이 자금이 제 자리에 머물게 하기 위해서 중앙은행은 적립금에 이자를 지급했다. 이것은 우회적인 메커니즘이었지만, 2020년에는 대서양 양쪽에 있는 중앙은행들이 모두 정부 부채를 막대한 규모로 수익화하고 있다는 순효과가 있었다. 실제로 영국의 경우, 정부의 차입 요구와 영국은행의 추가 채권 매입 사이에는 당황스러울 정도로 밀접한 상관관계가 있었다.[53]

낮은 이자율과 높은 재정 적자, 중앙은행의 채권 매입이 결합한 별자리가 처음 등장한 곳은 1990년대 일본이었다. 이는 물가 상승률 하락 추세와 맞물려 결국 디플레이션으로 이어졌다. 2008년 이후, 낮은 이자율과 높은 재정 적자, 중앙은행의 채권 매입은 미국과 유로 지역에서도 점차 흔한 일이 되어갔다. 비록 미국에서는 디플레이션 경향이 덜 두드러졌지만 말이다. 중앙은행의 국채 매입 정책은 점차 양적완화라고 알려졌다.

이것은 혼란스러운 장면이었다. 이 드라마의 주연 배우는 예나 지금이나 중앙은행들이었는데도, 1970년대와 1980년대에 중앙은행의 독립성을 위해 금기로 만들었던 바로 그 일을 중앙은행 자신들이 나서서 하고 있었기 때문이다. 시장 혁명의 시대에 중앙은행들의 역할은 바로 인플레이션과 맞서 싸우는 것이었다. 이 투쟁에는 자명한 공리axiom가 있었다. 그것은 바로 중앙은행은 무슨 일이 있어도 정부 부채의 화폐화를 거부해야 한다는 것이다. 유럽중앙은행이 창립할 때, 실제로 이 금기가 정관에 적혀 있었다. 그럼에도 유럽중앙은행은 2015년부터 전 세계의 자매기관들과 마찬가지로 초超대규모로 정부 부채를 매입했다. 이 행위는 2020년 5월 독일 헌법재판소에서 극에 달한 법적 분쟁을 촉발했다. 이 행위가 촉발하지 않은 것은 오히려 인플레이션이었다. 물가와 임금이 다시금 전반적으로 상향 이동하게 만들기 위해서는 중앙은행의 대차대조표에 장부를 기입하는 것보다 더 많은 일을 해야 했다.

정부 부채를 사지 않음으로써 중앙은행들이 독립성을 확보했던 세상에서, 전 세계의 중앙은행들이 수조 달러 규모의 부채를 쌓아두는 세상으로의 변화는 당혹스러운 것이었다. 이 변화는 조용히 소리소문없이 일어났기에 더더욱 당혹스러웠다. 중앙은행들은 이러한 변화가 일어났음을 솔직하게 시인하지 않았다. 거대 채권운용사 핌코PIMCO의 전 수석 경제학자 폴 맥컬리Paul McCulley는 이렇게 말했다. "우리는 통화 정책과 재정 정책을 통합했다. 우리는 두 정책 사이에 있었던 정교분리를 허물었다. (⋯) 그런 취지의 발표를 하지 않은 채로 말이다. 그렇지만 생각해보라. 그런 선언을 한다면 다들 깜짝 놀라지 않겠는가? 그러니 그냥 했던 것이다."[54]

만약 이것을 혁명이라고 한다면, 이것은 어떤 종류의 혁명이며 누구의 이익을 위한 혁명인가? 이들이 "그냥 했던 것"은 이러한 의문을 남겼다. 날이 갈수록 중앙은행들은 자신들이 실제로 하는 역할과 자신들이 할 수 있는 역할 사이에서 갈피를 잡기 어려운 처지가 되었다.

한 가지는 분명했다. 대규모 경기 부양 지출의 화폐화는 오랜 시간이 지나 뒤늦게 찾아온, 급진적 케인스주의의 승리이며, 제2차 세계대전 때 처음 언급된 소위 기능적 금융functional finance 논리로의 회귀를 뜻했다.[55] 현대 통화 이론 분야의 열정적인 신생

학파는 미국의 좌파를 부활시킨 버니 샌더스와 그의 지지자들 덕분에 두각을 드러냈다.[56] 영국에서는 제러미 코빈의 노동당에서 "국민을 위한 양적완화"에 관한 이야기가 제자리걸음을 반복하고 있었으며, 중앙은행이 시중에 직접 공급하는 자금인 헬리콥터 머니helicopter money를 가지고 급진적인 실험이 진행되고 있었다.[57] 복지든 감세든, 정부 지출은 채권 발행에 의해 뒷받침되었는데, 이 채권은 궁극적으로 중앙은행들이 매입했다. 그렇다면, 중간에 거추장스럽게 금융 부문을 끼워 넣는 대신 그냥 전 국민에게 중앙은행 계좌를 만들어주지 않을 이유가 무엇인가? 그러면 직접 재정 개입을 통해 해당 계좌로 직접 돈을 공수할 수 있는데 말이다. 벤 버냉키가 은퇴하면서 인정했듯이, 이러한 정책의 주된 문제는 "경제 논리가 아니라 정치적 정당성을 따른다는 것이다."[58] 중앙은행의 화폐 발행권이 남용될 위험이 있었지만, 이에 대한 해결책도 있었다. 2019년, 대형 펀드 운용사 블랙록에서 이 시대의 가장 중요한 중앙은행가인 스탠리 피셔Stanley Fischer가 참여한 위원회가 소집되었다. 위원회는 중앙은행가들에게 정치인들이 결정하는 재정 정책의 조력자 역할을 맡는 대신 독립된 중앙은행으로서 상설 재정 역량을 갖추라고 조언했다.[59] 위기가 닥쳤을 때, 중앙은행이 그 자체로 재정 당국 역할을 할 수 있어야 한다는 것이었다.

어쩌면 누군가는 통화 정책과 재정 정책에 관한 이러한 사변적 사고가 시장을 들썩이게 할 거라고 예상했을 것이다. 그러나 금융 자산 관리자들은 감성적인 사람이 아니다.[60] 국채는 시장 금융을 위한 로켓 연료다. 만약 막대한 양의 미국 국채를 관리하는 데

2부 유례없는 글로벌 위기

중앙은행과 재무부의 긴밀한 협조가 필요하다면, 그렇게 해야 한다. 통화 공급량은 몇몇 통계치에 따라 늘어날 수 있지만, 인플레이션이 일어날 위험을 심각하게 받아들이는 사람은 아무도 없었다. 1980년대 이후로 노조의 위력과 파업, 임금과 물가의 악순환적 상승이 실질적인 위협이었던 적은 없다. 인구통계학적 요인들이 종국에는 자본과 노동의 저울추를 다시금 노동 쪽으로 기울게 할 것이라고 경고한 예언자들도 있었지만, 그것은 요원한 전망이었다.[61] 2020년 현재까지 지난 10년간의 "새로운 정상new normal"이 극단적으로 지속되고 있다. 《파이낸셜 타임스》가 2020년 말 런던에서 영향력 있는 채권시장 관계자들을 대상으로, 코로나바이러스 위기가 터진 이후 중앙은행이 한 행동의 의미가 무엇인지 묻는 설문 조사를 실시했을 때, 압도적 다수는 영국은행의 주된 역할이 "재정적 양적완화", 즉 정부 부채를 흡수하고 화폐화하는 것이라고 확신했다.[62]

혁명이란 열린 결말의 순간이다. 혁명을 열린 결말의 순간으로 정의하게 하는 것은 부분적으로는 혁명에 대한 주요 당사자들의 해석이 일치하지 않기 때문이다. 21세기 중앙은행 정책에 관해서 볼 때, 이는 틀림없는 사실이었다. 화폐화의 엄청난 규모는 도저히 부정할 수 없었다. 저금리와 낮은 인플레이션이 동시에 나타났다는 사실이나, 이단적 교리가 시장의 마음을 강하게 움켜쥐었다는 사실 또한 부정할 수 없었다. 이 점을 더욱 두드러지게 드러낸 것은 중앙은행 정책을 "재정적 양적완화"로 해석하지 않은 집단 가운데 하나가 바로 중앙은행가들이었다는 점이다. 본래라면 그들 자신이 이 해석을 전달하는 입장이었는데도 말이다.

중앙은행들은 상전벽해와 같은 변화가 있었음을 부정하지 않았다. 중앙은행은 긴축 재정의 집행자 역할을 포기했는데, 이는 본래 리먼 사태의 여파로 유럽중앙은행과 영국은행 모두가 수행하던 역할이었다. 2020년, 중앙은행가들은 정부가 코로나바이러스 위기에 대응하고자 정부 지출을 늘린 데 박수갈채를 보냈다. 중앙은행은 막대한 양의 채권을 샀지만, 이것이 정부에 자금을 공급하는 것과는 아무런 상관이 없다고 주장했다. 소위 재정 우위fiscal dominance를 중앙은행들은 결코 포기하지 않았다.[63] 2020년에도 여전히 이들은 루디 돈부시Rudi Dornbusch가 말한 무시무시한 "민주적 화폐democratic money"를 두려워하는 낌새를 보였다. 중앙은행들이 스스로 종속되고 싶어 하는 논리는 금융 시스템의 논리뿐이었다.

3월에 급증한 중앙은행의 채권 매입은 국채시장 혼란에 대응하기 위해 시작되었을지 모르지만, 중앙은행가들은 그 목적이 정부의 자금 조달을 원활히 하게 하기 위함이 아니라고 주장했다. 목표는 레포시장과 그 위에 산더미처럼 쌓인 민간 대출을 안정시키는 것이었다.[64] 실질적으로 이것은 구매자가 없는 국채를 흡수한다는 의미였다. 사실이 어떻든 정부의 자금 조달은 실질적으로 중앙은행이 채권을 얼마나 오래 보유하느냐에 의존하게 되었다. 과연 중앙은행은 능동적 시장 조성자였던 것일까? 아니면 실제로는 도매상에 가까운 역할을 한 것일까?

중앙은행들의 방어적인 대답은 가능한 한 빨리 채권을 처분하여 시장을 교란하지 않고 금리를 올리지 않겠다는 것이었다. 이 시점에서 중앙은행이 시장 조성자라는 주장은 중앙은행의 행동

2부 유례없는 글로벌 위기

을 정당화하는 두 번째 기본적인 주장인 양적완화의 필요성과 결합했다. 중앙은행은 금리를 조작하고자 채권을 구입했으며, 그들에게는 그렇게 할 자격이 있었다. 왜냐하면 중앙은행의 기본 과업은 물가 안정이기 때문이다. 2020년 상황에서 중앙은행들은 경제가 미끄러져 디플레이션에 빠지지 않게 방지해야만 했다. 디플레이션을 피한다는 것은 무슨 수를 써서라도 수요를 자극한다는 것을 의미한다. 이는 중앙은행 입장에서 금리를 낮춘다는 말과 같은 의미다. 또다시 중앙은행은 금융시장으로 내려왔다. 누구나 알 수 있다시피, 양적완화는 국채 가격을 높이고 수익률은 낮추는 방식으로 작동했다.[65] 금리 인하는 투자와 소비를 위한 차입을 장려하는 데 도움이 되었다. 수익률 감소 역시 자산운용사들이 국채시장으로부터 자금을 빼내 중앙은행의 구매로 가격이 상승한 리스크가 더 큰 자산인 주식이나 회사채 시장으로 재할당하게 했다. 이는 기업 대출과 주식시장을 부양했다. 이는 금융 순자산을 증가시키고 수요를 활성화시켰다.

그러므로 코로나바이러스에 맞서 싸우기 위한 중앙은행과 재무부 사이의 협력 관계는, 중앙은행들이 단호히 주장했다시피, 금융시장의 방식으로 경제를 관리하려는 어설프고 정신없는 노력에 뒤따르는 부작용에 불과했다.[66] 대차대조표에 정부 부채가 끊임없이 축적되어가는데도 중앙은행가들은 이것이 공적 지출을 위한 자금 조달과는 무관하다고 주장했다. 중앙은행의 우선순위는 금리를 조절하고 금융 안정성을 보장하는 것이었는데, 이는 실무적으로 헤지펀드나 그와 유사한 투자 수단의 리스크가 큰 투자 전략을 보증하는 것을 의미한다. 놀랍게도, 중앙은행들은 위기 상황에서 정부 예산을 지원하는 대단히 실용적이며 실제로 필수적인 행위를 공공연히 인정하는 대신 금융시장을 돌보는 것이 더욱 정당한 사회적 임무라고 주장했다.

케인스주의는 그 전성기에도 기껏해야 불완전한 혁명에 불과했다.[67] 2020년, 위기 대처의 규모는 인지 부조화의 강도를 새로운 차원으로 끌어올렸다. 이 열띤 순간에 해석의 차이는 실질적인 면에서 그다지 중요하지 않았다. 해석의 차이가 중요해지려면, 우선 경제가 회복되기 시작하고, 물가가 조금씩 오르고, 수익률도 함께 상승하는 미래가 찾아와야만 했다. 그렇다면 시장과 중앙은행의 엇갈린 기대는 어떤 결과로 나타날까?[68] 만약 채권시장이 중앙은행이란 정부 적자를 화폐화하기 위해서 존재한다고 믿었는데, 실제로는 가격이 상승하자 중앙은행이 지원을 끊어버린다면, 즉 중앙은행이 정부를 지원하는 대신 물가를 안정시키는 데 집중하는 모습을 보여준다면, 이자율이 치솟을까? 만약 그렇다면 이것이 미래의 쇼크를 만들어낼까?

역사는 우리가 걱정해야 할 마땅한 이유가 있음을 시사한다. 2013년 여름, 벤 버냉키는 그저 연방준비제도가 세 번째 양적완화의 규모를 축소하는 것을 고려하고 있음을 넌지시 드러내는 것만으로 채권시장을 뒤흔들었다.[69] 연방준비제도는 굴욕적인 하향 조정으로의 후퇴를 강요받았지만, 전 세계에서 일어난 "긴축 발작 taper tantrum"이 파문을 불러일으키기 전까지는 그런 강요를 받지 않았다. 연방준비제도는 2015년 12월 재닛 옐런이 관할하는 시기가 되기 전까지 금리를 올리지 못했다. 그녀의 후임인 제롬 파월은 오랫동안 정상 상태로 돌아오려고 노력했으나 약속된 땅으로 돌아오기엔 역부족이었다. 2019년, 새로운 시장 혼란과 세계 경제 침체에 직면하여 파월은 실질 금리가 양positive의 영역에 다다를 때까지 상향하려는 시도를 포기했다. 2020년, 중앙은행의 자산 매입과 대차대조표가 폭발하면서 정상화는 그 어느 때보다도 요원해졌다. 더 심각한 것은, 미래의 어느 시점에 또다시 긴축 발작이 일어날 수 있다는 가능성이었다.[70]

겉으로 보기에는 새롭고도 관대한 사회 계약에 자금을 공급하기 위해 재정 정책과 통화 정책이 강력하게 통합된 것으로 보였으나, 이 정책 체제는 실제로는 프랑켄슈타인과 지킬 앤드 하이드의 중간쯤에 위치한 흉측한 괴물이었음이 드러났다.

한쪽에는 극적인 재정 계획들이 있었다. 세계 각국 정부는 노동시장과 기업을 지원하고자 수조 달러를 지출했다. 가장 위태로운 처지에 놓인 사람들 수천만 명이 이 돈에 의지하고 있었다. 2020년의 특이한 점은 이런 지출의 목적이 경기 부양이 아니라 생명 유지였으며, 사람들에게 일이나 생산 활동을 하지 말라고 돈을 지급했다는 점이다. 이것은 예외적인 위기였기 때문에 거대한 규모의 지원금을 넓고 깊게 지원하기로 정치적 합의가 이루어졌다. 수많은 돈이 현금으로 간단하게 전달되었다. 이것은 바로 복지 제도 없는 복지였다.

이러한 산발적인 지출에 자금을 대기 위해 전례 없는 양의 부채가 발행되었다. 평소라면, 이 부채들은 안전자산으로 평가되었을 것이다. 3월 중앙은행들은 자신들이 가장 안전한 자산시장인 미국 국채시장의 붕괴에 직면해 있음을 깨달았다. 이 붕괴는 전체 시장 기반 금융을 위협하는 심각한 위협이었다. 중앙은행들은 난국에 맞서기 위해 전례가 없는 양의 미국 국채와 영국 길트채, 그 밖의 유로 지역 국가들의 국채를 사들여 안전자산의 안전성을 회복시키려 했다. 이 과정에서 중앙은행들은 부채를 화폐화했다. 중앙은행들이 부채를 사기 위해 낸 현금은 결국 민간 은행 명의로 된 예치금 계좌에 입금됐다. 이 현금을 예치금 계좌에 그대로 두기 위해서, 중앙은행들은 이자를 지급했다. 공공 부문과 통합된 대차대조표에서, 재무부는 채권 소지자에게 직접 이자를 지급하기보다는 중앙은행에 이자를 지급했고, 중앙은행은 다른 은행에 이자를 지급했다. 그렇게 금융시장은 평온해졌다. 해외 달러 차입자, 헤지펀드, 오픈엔드 뮤추얼펀드 등과 같은 시장 기반 금융의 행위자들은 재난으로부터 구조되었다. 금리는 바닥으로 떨어졌다. 양적완화의 논리에 따라, 이는 자금을 주식과 기업 부채로 돌리는 원인이 되었다. 금융시장은 2020년 3월에 저점을 벗어난 뒤로 다시는 후퇴하지 않았다. 가장 많은 금융 자산을 보유한 선진 사회의 부유층 10%는 공공 계좌에서 공개적으로 발표된 모든 지원금을 훌쩍 뛰어넘는 부양금을 받은 셈이었다.

양적완화는 민간 자금을 회사채와 주식 쪽으로 전환시켰을 뿐만 아니라, 3월에는 연방준비제도의 주도 아래 중앙은행들이 개인 신용을 직접 지원하는 형태로의 위태로운 전환이 일어났다. 그것이 기업들에 대출을 해주거나 회사채를 구입하기 위해서 3월 말부터 4월 초 사이에 설립된 기구들의 역할이었다. 재정 정책과 통화 정책 사이의 근친상간식 연계를 완성한 것은 바로 CARES 법과 연계된 이 기구들이었다.

중앙은행이 국채를 산다고 해도 원금이 손실될 리스크는 전혀 없다. 공공기관으로서, 자기 자신에게 빚을 진 셈이기 때문이다. 그러나 중앙은행이 민간 부채를 구입한다면, 사업 실패로 인한 원금 손실의 리스크를 지게 된다. 정부는 대출 보증을 서면서 그러한 리스크를 일상적으로 감수한다. 그러나 중앙은행이 대출 보증을 질 때는 회색 영역에 들어서게 된다. 중앙은행은 민간 은행과는 다르다. 중앙은행은 파산할 수 없다.[71] 현지 통화 운영만을 생각한다면, 중앙은행은 원칙적으로 막대한 손실을 흡수하고 무자본이나 심지어 마이너스 자본으로도 운영할 수 있다. 손실 흡수에 따른 리스크는 재정적인 리스크가 아니라 정치적·법적 리스크다.[72] 예산 편성에 대한 의회의 특권을 고려할 때, 그 어떤 중앙은행도 입법부의 명시적인 승인 없이 중앙은행의 독립성을 남용하여 납세자들이 낸 돈이 "소모"될 위기에 처하게 했다는 비난을 받고 싶어 하지 않는다. 그래서 인위적이긴 하지만, 강력한 제스처였던 CARES법이 명시적으로 연방준비제도가 비상 대출 기관 역할을 맡게 했다.

CARES법에 따라 본래 승인된 2조 3000억 달러의 자금 가운데 4540억 달러는 의회에서 승안한 연방준비제도의 손실 흡수 기금으로 적립되었다. 대출의 정확한 방식은 지정되지 않았다. 연방준비제도가 돈을 빌려주는 조건 역시 마찬가지였다. 중앙은행은 조건을 내걸 수도 있었지만, 재무부 장관 스티븐 므누신의 고집 때문에 일반적인 필요 요건은 없었다. 이는 민간 신용 시스템의 어느 부분이든 지원이 필요한 곳을 지원하겠다는, 한마디로 거대한 약속이었다. 이것이 얼마나 큰 약속이냐는 레버리지의 정도에 따라 결정되었다. 다시 말하지만, 연방준비제도 입장에서 레버리지에 관해서 이야기하는 것은 인위적인 활동이었다. 따지고 보면, 연방준비제도는 지구상에서 현금이 떨어질 염려가 가장 적은 은행이 아닌가. 여기서 레버리지는 연방준비제도의 방식을 통해 납세자의 돈을 빌려주는 편이 더 효과적임을 시사하는 의미가 있었다. 므누신 재무부 장관이 강조하고 싶어 했다시피, 납세자들은 "낸 돈보다 더 많은 돈"을 받았다.[73] 일반적인 비율은 10:1이었다. CARES법의 지원에 힘입어, 이제 연방준비제도는 최소 4조 5000억 달러의 대출을 할 수 있는 "능력"을 갖추게 되었다.

미국 국채를 매입함으로써 연방준비제도는 금융 시스템을 안정화했으며, 그 와중에 공적 부채에 대한 금전적 안전장치를 부수적으로 제공했다. 이제 의회는 이 한쪽으로 치우친 결혼을 축복하고 있었다. 의회는 연방준비제도에 그 규모가 JP모건의 대차대조표보다 50% 더 큰, 의회의 지원을 받는 대출 계획을 운영할 수 있는 정치적 권한을 명시적으로 부여했다. 기술-재무적 관점에서 4540억 달러의 지출은 일종의 협잡이었다. 연방준비제도는 자신의 무한한 화력을 인상적이지만 "평범한" 은행의 형태로 재구성했다. 하지만 중요한 것은 시장에 자신감을 주는 것이었다. 연방준비제도는 실제로 채권을 매입할 필요가 없었다. 다른 이들이 채권을 샀으니 말이다.

연방준비제도는 미국 국채 수익률에 엄청난 하방 압력을 가하는 동시에 필요하다면 민간 채권시장을 지원하겠다고 약속했다. 그러자 회사채로 돈이 물밀 듯이 밀려들었다. 신용 경색으로 고통을 겪기는커녕, 기업 차입자들은 마구잡이로 역사적인 채권 발행에 착수했다.

2020년 2분기, 미국 사회가 셧다운과 역사상 가장 급격한 경기 침체로 휘청거리는 동안 미국 기업들은 자체 기록을 세웠다. 미국 기업들은 한 분기에 8730억 달러의 채권을 발행했다.[74] 주식시장이 회복되면서 기업공개initial public offerings(IPO)도 반등했다. 연말까지 미국의 총 회사채 발행은 2.5조 달러에 달했다.[75] 전 세계적으로 채권과 주식을 발행하여 기업들은 3조 6000억 달러를 모았다.[76] 만연한 불확실성과 엄청난 발행량에도 불구하고, 미국 투자 등급 채권은 인기를 끌었기에 그 수익률은 2019년의 2.8%에 비해 낮은 2.6%를 기록했다. 이렇게 쉽게 자금을 조달할 수 있는 상황에서 CARES법을 실제로 이용하는 기업들은 가장 취약한 기업들뿐이었다.

3월 말, 곤경에 처한 항공기 제조사 보잉Boing은 자본 시장에서 고립된 처지가 되었는데, 자신과 자신보다 더 상황이 안 좋은 다른 항공기 제조사들을 위해 600억 달러의 지원금을 받기 위해 열심히 로비를 벌였다. CARES법의 최종안에는 미국의 국가 안보에 중요한 기업들을 위한 170억 달러의 지원금이 포함되어 있었지만, 여기에는 조건이 있었다.[77] 국가 안보 기금을 받은 상장기업은 주식이나 신주인수권을 정부에 담보물로 제공해야 했다. 또한, 기업들은 자기 주식 취득, 임원 보상, 정리 해고에 대한 제한 조치도 받아들여야만 했다.[78] 보잉은 지원을 받기 위해서 로비를 열심히 하긴 했지만, 이런 제약 조건을 달가워하진 않았다. 그 대신, 보잉은 채권시장으로 눈을 돌렸다. 보잉은 150억 달러의 자금을 조달하고자 했지만, 실제로는 700억 달러 규모의 구매자가 있었다. 보잉이 제공하는 수익률이 매력적이었을 뿐만 아니라, CARES법이 투자자들에게 보잉이 반드시 살아남을 것이라는 명시적인 보장을 해주었기 때문이다. 이를 통해 보잉은 250억 달러를 조달할 수 있었으며, 계속해서 다소 믿기 어려운 투자 등급을 유지했다.[79] 그 후 보잉은 대규모 감원 조치를 단행하여 그해 말까지 기업의 급여 대상자를 16만 1000명에서 13만 명까지 줄이겠다고 발표했다.[80]

그해 말까지 CARES법으로 마련된 방위 산업 기금 170억 달러 가운데 실제로 지출된 것은 오직 7억 3600만 달러뿐이었다. 기금을 신청한 기업들은 미국 국가 안보에 미미한 관련성이 있는 작은 기업들뿐이었다. 이 기업들이 기꺼이 빡빡한 서류 작업을 거치고 나랏돈에 딸린 제한 조건을 받아들였다는 사실은 이들이 절박하다는 신호였다. 5.5%의 이자율은 대규모 차입자들에게는 매력적이지 않았다. 연방준비제도는 처음에 7500억 달러의 회사채를 사겠다고 약속했지만, 8월까지 실제로 구입한 총액은 120억 달러에 불과했다.[81]

폭주하는 채권시장에서는 처음부터 골육상잔의 논리가 분명하게 드러났다. 채권을 대규모로 발행함으로써, 4월에 고위험채권 발행사를 위한 도화선을 당긴 기업은 바로 카니발크루즈라인 Carnival Cruises Lines이었다.[82] 비록 카니발크루즈라인의 사업이 위축되었고, 카니발의 대형 여객선들은 항구에 정박해 있었으며, 다이아몬드프린세스Diamond Princess호에서는 코로나 확진자 700여 명이 발생하고 14명이 사망했지만, 경기가 회복됐을 때 살아남는 기업은 오직 가장 커다란 기업들뿐일 것이다. 그러므로 사람들은 지금이 미래에 시장을 지배할 카니발에 투자할 절호의 순간으로 보았다. 4월 1일, 카니발은 채권과 주식으로 62억 5000만 달러를 조달했다. 수익률은 12%라는 훌륭한 수치였다.

2020년 3월 23일부터 증시 지수가 급상승했지만, 이는 광범위한 회복이 아니었다. 회복은 잔인할 정도로 선택적이었다. 증시 호황은 특히 기술 분야에서 소규모의 슈퍼스타 기업들이 주도했다.[83] 코로나바이러스 위기에 비추어 볼 때, 이 기업들의 미래는 확실해 보였다. 우리가 이 기업들 없이 살아갈 수 없음은 명백했다. 연말까지 아마존 같은 가장 선호되는 기업들은 최저 1.5%의 수익률로 채권을 발행할 수 있을 것이다. 이와 동시에 "구식" 경제의 상당 부분은 심각한 곤경에 처해 있었다. 주로 여성들로 이루어진 저임금 노동자를 대규모로 고용하는 소매업 전반에 파산의 물결이 퍼져나갔다. 쇼핑몰과 백화점은 국가 보안 등급을 책정받지 못했다. 불평등은 단순히 가진 자와 가지지 못한 자, 혹은 경영진과 노동자 사이의 문제가 아니었다. 이것은 2020년이라는 특이한 상황에서 어떤 기업이 번창하게 되었고 어떤 기업은 그렇지 못했는지, 어떤 기업이 어떤 조건으로 지원을 받아냈는지에 따라 결정되었다. 만약 여러분이 정육 공장의 계약직이거나, 아마존의 매니저거나, 텍사스 서부의 석유 굴착 노동자거나, 쇠락하는 교외 상가의 화장품 판매원이라면 2020년 여러분의 운명은 크게 달랐을 것이다.

소규모 데이트레이더들이 주도한 주식시장 거래 광풍이 일어난 원인은 코로나바이러스 위기의 차별적이고 불평등한 속성이었다. 스포츠 베팅의 즐거움이 박탈된 2020년 봄, 주식거래 플랫폼 로빈후드Robinhood에 진입해 주식시장에서 자신들의 행운을 시험해본 사람들은 그 누구보다도 젊은 남성들이었다.[84] 실시간 계정 데이터는 미국 경기 부양금의 상당 부분이 주식시장으로 흘러 들어갔음을 강력하게 시사한다.[85] 경기 부양금이 발행된 다음 주, 부양금을 받은 사람들은 눈에 띄게 주식 매매 활동을 늘렸다. 소득이 3만 5000~7만 5000달러 사이인 사람들의 주식 거래량이 90% 늘어났다. 소득이 10만~15만 달러인 사람들의 주식 거래량은 80%만큼 증가했다. 큰돈을 벌고 싶어 안달 난 사람들은 레버리지까지 끌어다 썼다. 9월 무렵, 한 표본은 개인 투자자의 43%가 베팅 규모를 늘리기 위해서 스톡옵션이나 마진 거래를 사용하고 있다고 보고했다.[86] 위험하기는 했지만, 선택적으로 이루어지는 회복에 대한 전적으로 합리적인 대응이었다. 로빈후드의 고객들은 급진주의 운동가들이 "국민을 위한 양적완화"나 전 국민의 중앙은행 계좌 개설 같은 주장을 관철할 때까지 기다리지 않았다. 만약 연방준비제도의 후한 보조금이 경기 부양금 발행과 증시 호황의 토대라면, 정치인들이 결론을 내려주길 기다릴 필요가 대체 무엇인가? 모을 수 있는 돈과 보조금, 지역 화폐를 모조리 긁어모아 진짜 돈이 만들어지는 게임에 쏟아붓지 않을 이유가 뭐란 말인가?

8장

리스크 대응 방책

섯다운의 영향에 대응하기 위해 부유한 국가의 정부들이 시행한 재정 정책과 통화 정책의 규모는 인상적이었다. 그러나 세계의 다른 나라들은 자원을 훨씬 제한적으로 썼다. 이들은 어떻게 대처했을까?

2020년 초에 신흥시장국과 저소득 국가들을 강타한 폭풍은 아주 빠르고 거대했다. 세계의 고도 금융을 대표하는 단체인 국제금융협회Institute of International Finance의 경제학자들에 따르면, 1월 중순에서 5월 중순 사이에 21개 신흥시장국의 주식 및 채권시장에서 1030억 달러가 해외로 유출되었다. 이는 2007년 9월 글로벌 금융위기가 시작된 뒤 유출된 양보다 4배 이상 많은 심각한 수치다.[1] 심한 압박을 받은 사하라 이남 아프리카의 차입자들 입장에서 금융시장은 2월부터 사실상 폐쇄되었으며, 피해는 그들에게만 국한되지 않았다. 이보다 훨씬 굳건한 경제국들 역시 큰 타격을 받은 것은 마찬가지였다.

구매력평가지수purchasing power parity에서 연간 경제적 생산량이 3조 달러가 넘는 브라질은 신흥시장국들 가운데서 돋보이는 거인이다. 라틴아메리카의 나머지 지역들은 중국과 인도의 뒤를 이어 인도네시아, 러시아와 어깨를 나란히 하고 있다. 2020년 봄, 브라질은 금융 폭풍과 맞닥뜨렸다. 단 몇 달 만에 통화 가치가 25%나 폭락했는데, 이는 달러로 수입품을 구매하거나 부채를 상환하는 사람들에게 거대한 타격을 주었다. 3월 말 무렵, 상파울루의 주식시장은 가치의 절반을 상실했다. 5년 만기 국채 채무 불이행에 대한 보험료가 2월 중순 최저치인 100bp에서 한 달 만에 374bp로 급증하면서 차입 비용이 급증했다.[2] 원자재 가격 폭락은 고통스러운 압력을 가했다. 석유 그룹 페트로브라스Petrobras와 광산 회사 베일Vale처럼 막대한 자금력을 지닌 브라질 대기업들은 장기 외화 채권에서 30~40% 손실을 보았다. 평소라면 이는 이 기업들이 채무 곤경의 영역에 들어서게 하기에 충분했을 것이다. 한 채권 분석가는 "일이 너무나도 순식간에 일어났다. 사람들은 회수 가치recovery value에 대해 생각하지 않았다. 이것은 공포에 질려 매긴 가격이었다"라고 말했다.[3]

신흥시장국들은 이 폭풍을 어떻게 헤쳐나갈 것인가? 금융위기가 이 국가들의 코로나바이러스 대응 능력에 심각한 손상을 줄까? 미국과 유럽이 주도적인 목소리를 내는 국제 금융 기구와 경제 선진국들이 과연 이들을 지원할 것인가? 아니면 압력을 가중할 것인가? 코로나바이러스 위기는 경제 선진국들뿐만 아니라 전 세계의 경제 체제를 시험하는 중대한 사건이었다.

2020년의 자본 도피는 유난히 심각했을지도 모르지만, 개발도 상국을 강타한 최초의 금융 폭풍과는 거리가 멀었다. 1990년대 이래로 소위 신흥시장은 세계 경제의 성공 사례였다. 낮은 기반 으로부터, 엄청난 수의 사람들을 위한 상당한 번영이 전 세계로 퍼져나갔지만, 이 성장은 불균등하고 불안정했다. 성장 중간에 위기가 간간이 끼어들었다. 1997년에는 동아시아에서, 1998년에 는 러시아에서, 2001년에는 아르헨티나와 터키에서 위기가 터졌 다. 중국의 성장에 힘입어 신흥시장국들은 2008년 글로벌 금융 위기를 비교적 잘 극복했다. 그러나 2013년에 자본이 다시금 미 국으로 돌아가게 하는 데 필요했던 것은, 다름 아닌 연방준비제 도 이사회가 "긴축 발작"을 일으키기 위해서 금리를 올리려 한다 는 암시였다. 이듬해, 상품 시장의 밑바닥이 드러났다. 사하라 이 남 아프리카 지역 최대의 석유 수출국인 나이지리아와 앙골라에 서는 1인당 소득이 후퇴했다. 베네수엘라에서는 급락이 일어나 며 자금이 유출되었다. 브라질은 심각한 불황에 빠졌다. 정치적 문제는 결코 멀리 있지 않았다. 2014년 쿠데타가 태국을 뒤흔들 었다. 제이컵 주마Jacob Zuma의 실정 아래 남아프리카공화국의 성 장은 정체되었다. 도시 실업률은 25%를 맴돌았다. 성장의 원동 력인 중국 같은 나라도 차질에 면역이 있지는 않았다. 2015년 상 하이 주식시장이 폭락했고, 위안화 가치는 하락했고, 1조 달러의 외환이 중국에서 빠져나갔다. 중국 중앙정부는 간신히 반전에 성 공했지만, 중국의 경기 침체는 원자재 가격 상승에 대한 압력을 가중시켰다.

이러한 차질이 있었는데도 금리가 바닥인 세상 속에서 신흥시장국의 차입자들은 계속해서 돈을 빌려줄 뜻이 있는 대출 기관을 찾아낼 수 있었다. 신흥시장국은 금융 발전이 일어날 수 있는 가장 유망한 개척지 가운데 하나였다. 2019년까지 진정한 의미에서 신흥시장이었던 중간소득 국가의 대외 부채는 7조 6900억 달러에 달했는데, 그 가운데 4840억 달러는 개인 투자자가 보유한 장기 채권의 형태였으며, 2조 달러는 은행에 빚진 장기 채무 형태였고, 2조 1000억 달러는 단기 차입금이었다. 2019년을 기준으로 직전 5년 동안, 심지어 가장 리스크가 큰 저소득 국가들의 경화hard currency 부채 역시 3배 증가하여 2000억 달러 이상이 되었다.[4] 저소득 국가와 중간소득 국가들은 다니엘라 가보르가 '월스트리트합의'라고 부른 조건 아래서 점점 더 많이 시장 기반 금융 시스템에 편입되었다. 월스트리트합의는 1990년대의 워싱턴합의와는 구별되는 합의였다. 이 새로운 글로벌 금융 세계에서 IMF나 세계은행 같은 기관들은 대형 은행들뿐만 아니라 자산 관리자들과 채권시장과 파생상품 시장의 운영자들의 조력자 역할을 했다.[5] 이 네트워크의 회원권은 겉보기에 쉬운 조건으로 엄청난 양의 신용을 제공하는 매력적인 것이었다. 질문은 이것이 얼마나 안정적이며, 상황이 안 좋아졌을 때 누가 리스크를 떠맡을 것인가였다.

세계화를 비판하는 사람들은 이러한 부채가 다모클레스의 칼(가느다란 실에 묶인 채로 누군가의 머리 위쪽에 매달려 있는 칼날, 즉 언제 들이닥쳐도 이상하지 않은 심각한 위험을 뜻한다. ─옮긴이)처럼 개발도상국의 머리 위에 걸려 있다고 경고했다. 국제 금융에 스스로 문을 개방함으로써, 개발도상국들은 세계 신용 순환 주기에 휘둘

리게 되었다.[6] 만약 신용 조건이 엄격해지고 달러화가 강세를 보이면, 개발도상국들의 외부 자금 조달이 갑자기 중단될 수 있다. 그러면 개발도상국들은 엄청난 지출 삭감을 강요당할 것이며, 이는 수백만 명의 취약 계층 사람들에게 엄청난 고통을 주는 동시에 미래 경제 성장과 정치적 안정성 모두를 위험에 빠뜨릴 것이다. 2019년 말, 세계 최저 소득 국가의 거의 절반이 이미 채무 곤경에 시달리고 있었다.[7]

수십 년 간의 경험은 이 위험성을 보여주었지만, 신흥시장국들은 그저 운명을 받아들이는 것이 아니라 학습을 선택했다.[8] 1990년대부터 신흥시장국들은 세계 금융 시스템에서 발생하는 리스크를 관리하기 위한 정책 레퍼토리를 개발했다. 이 정책적 방편들은 워싱턴합의의 핵심적 자유 시장 요소와 개입주의적 정책 사이에서 타협하는 것이었다.[9] 글로벌 통합 리스크를 헤지하는 데는 비용이 들었다. 또한 새로운 정책적 방안들이 완전한 자치를 보장해주지도 못했다. 신흥시장국들은 "통제권 회복"을 위한 마법 같은 공식을 발견하지 못했다. 그리고 그것은 요점이 아니었다. 신흥시장국들은 세계화 리스크를 더 쉽게 관리할 수 있는 방법을 찾았으며, 이 방법은 정직하게 말해서 누구에게나 적절했다.[10] 물론 벌처 펀드가 곤경에 처한 채무자들을 먹이로 삼을 수도 있다. 재난 자본주의Disaster capitalism는 현실이며, 실제로 존재하는 틈새시장이기 때문이다. 그러나 가장 규모가 큰 은행들과 자산운용사들은 신흥시장국의 중앙은행들과 재무부가 달러를 기반으로 한 월스트리트 시스템의 든든한 버팀목으로서 발전하는 모습을 보고 싶어 했다.

핵심 조치 가운데 하나는 국가의 외화 차입을 최소화하는 것이었다. 2000년대 초부터, 신흥시장국 정부들은 가능한 한 경제 선진국 정부들처럼 행동했다. 자국민에게서든 외국 대출 기관에서든 돈을 빌릴 때는 자국 통화로 빌린 것이다. 이 조치 덕에 결정적으로 신흥시장국 중앙은행들은 상환에 대한 궁극적 통제권을 유지할 수 있었다. 최후의 수단으로 자국 통화로 수표를 발행하면 그만이기 때문이다. 수표를 발행하면 인플레이션이 일어나거나 자국 통화의 외부 가치가 붕괴할 리스크가 있지만, 그 대신 명백한 지급 불능 상태에서 벗어날 수 있다. 2020년에 강제로 채무 불이행 상태로 되돌아간 아르헨티나는 이례적인 사례였다. 아르헨티나는 정부 부채의 80%를 외화로 지고 있었는데, 이는 국내외 투자자들 모두에 대한 불신의 표현이었다. 인도네시아의 경우, 국내 통화 차입 비율이 70% 이상이었다. 그리고 태국에서는 그 비율이 100%에 가까웠다. 어떤 사람들은 이렇듯 국내 통화로 받는 대출이 외국인 투자자들에게 매력적이지 않은 투자안일 것이라 생각할 수도 있지만, 금리가 매우 낮은 오늘날의 세계에는 수많은 투자자가 있었다.[11] 국내 통화 국채시장이 마련되면, 금융 증권화, 파생상품, 레포 시장을 완비한 채로 시장 기반 금융에서 모험을 시작할 수 있다.[12] 위기가 찾아오기 전에 페루와 남아프리카공화국, 인도네시아에서는 40%의 국내 통화 국채를 외국인 투자자들이 보유하고 있었다.[13] 이것이 금융 공황의 위험을 없애주지는 못했다. 실제로 더 크고 복잡한 채권시장에는 더 큰 금융 공황 리스크가 따른다. 금융 선진국에서 그러하듯이 시장 안정을 위해서 중앙은행이 나서야 할 수도 있다. 반면 외국 대출 기관은 채권 가격 및 환율 변동에 대한 리스크를 감수했다.

두 번째 중요한 교훈은 환율을 고정함으로써 외국인 대출 기관의 환율 변동 리스크를 줄이려 하지 말라는 것이다. 달러나 유로에 대한 고정 환율은 신기루 같은 안정성을 제공한다. 시절이 좋을 때, 고정 환율은 외국 자본을 과도하게 끌어들일 것이다. 그러나 시절이 나쁠 때는 자금이 유출될 것이며, 그럴 경우 달러의 고정 환율을 유지하려는 시도는 헛되고도 비용이 많이 드는 일이 된다. 외국인과 내국인 투자자 모두가 동원할 수 있는 단기 자금은 규모가 커도 너무나 크다. 그러므로 단기 자금이 빠져나가게 하면서 국내 통화가 평가절하되게 하는 식으로 값을 치르는 편이 낫다. 만약 투자자들이 리스크를 헤지할 필요를 느낀다면 파생상품 시장을 찾아가게 된다.

대규모 평가절하는 고통스럽다. 국내 통화 평가절하는 상품에 더 많은 돈을 지급해야 하는 수입업자들과 달러로 빚을 진 운이 없거나 지혜롭지 못한 사람들에게 큰 손실을 입힌다. 갑작스러운 평가절하가 모멘텀을 얻게 될 경우, 평가절하가 지나치게 이루어질 수도 있다. 그러면 국가 당국에는 금리 인상 외에는 다른 대안이 없으며, 이는 고통을 가중하게 된다. 이러한 리스크를 완화하기 위한 보장 장치는 특정한 고정 환율을 완강히 지키는 것이 아니라 환율이 움직이는 속도를 완화하기 위한 개입이었다. 이를 위해 당국은 외환을 충분히 보유해야 했다. 2014년, 중국의 외환보유고는 2000년대 초 이래로 최고치인 4조 달러에 달했다. 누구도 중국에 필적할 수는 없었지만, 태국, 인도네시아, 러시아, 브라질 모두 외환보유고를 많이 축적했다. 이를 종합해보면, 2020년

대 초까지 중국을 제외한 주요 신흥시장국의 외환보유고는 2조 6000억 달러에 달했다.[14]

외환보유고가 충분하지 않은 경우, 여러 나라가 외환보유고를 결합하고 각국이 자본 흐름을 관리하는 것을 서로 지원해주는 지역 네트워크를 설립할 유인이 있었다. 아시아는 이 점에서 치앙마이네트워크Chiang Mai network로 세계를 이끌었다.[15] 이와 대조적으로 라틴아메리카와 사하라 이남 아프리카에는 강력한 지역 금융 네트워크가 부재했다. 이들은 비상시에 IMF나 우호적인 타국 중앙은행에 유동성 스와프 라인 형태로 도움을 받아야만 했다. 유동성 스와프 네트워크의 핵심은 2007년 이래 연방준비제도가 설립한 달러 스와프 라인이었다. 달러 스와프 라인은 신흥시장국들 가운데 특별히 허가된 국가들을 위해 비축된 것으로, 멕시코와 브라질은 2008년과 2020년에 모두 선택된 후보였다. 연방준비제도의 네트워크 너머에서는 2008년 이래로 몇몇 국가의 중앙은행들이 유동성 라인을 구축했으며, 이 가운데 특히 일본은행과 중화인민은행의 유동성 라인이 주목할 만하다.[16]

금융 흐름에 대한 추상적인 이야기는, 금융 흐름이 실제로는 대기업과 금융 회사, 지극히 부유한 극소수의 개인들로 이루어진 집단에 의해 주도된다는 사실을 흐릿하게 만든다. 2008년 9월 리먼브라더스의 파산 사건은 은행 하나의 파산이 전체 시스템에 미치는 피해를 잘 보여준다. 리만 사태의 여파로 소위 거시건전성 규제macroprudential regulation라 불리는, 전체 시스템에 중요한 금융기관에 대한 기업별 규제가 널리 채택되었다. 신흥시장에서 거시건전성 규제란 국가 경제를 뒤엎을 만큼 큰 은행과 다른 대기업들이 얼마나 크게 외환 리스크에 노출되어 있는지 확인하는 것을 뜻했다.[17] 이러한 종류의 규제는 거추장스럽고 이에 적대적인 기업 로비를 부르기에 십상이었지만, 재정 안전성을 지키기 위해 반드시 필요한 조치였다.

마지막으로, 다른 모든 방법이 실패한다면, 자본 통제는 더는 금기가 아니었다.[18] 1970년대부터 1990년대까지 국경을 넘어 자본 이동을 자유화하려는 노력은 신자유주의의 거대한 십자군 운동이었다. 그러나 연방준비제도와 유럽중앙은행, 일본은행이 도매를 통해 채권시장을 조작하여 수조 달러가 수익률을 좇아 전 세계를 떠돌게 하는 세상에서는, 심지어 IMF나 국제결제은행 같은 기관들조차도 신흥시장국에 자본 유입을 막고 필요한 경우 자본 유출을 늦출 권리가 있음을 인정했다. 어쨌든, 서구의 중앙은행 정책에 의해 밀려나고, 중국의 국가자본주의의 맹렬한 발전에 이끌린 2010년대의 자본 흐름이 소위 시장 원리에 따른 것이었다고 주장하는 사람은 아무도 없었다. 만약 경제 선진국이 재정 정책과 통화 정책에서 소리 없는 혁명을 겪고 있었다면, 연방준비제도와 유럽중앙은행, 일본은행이 점점 더 채권시장에 개입을 늘리고 있었다면, 이것은 신흥시장에도 영향을 미쳤을 터였다.

국제결제은행이 2019년 연례 보고서에서 언급했듯이, 금융 세계화에 따른 리스크 관리 문제에서는 실천이 이론보다 앞서 있었다. 25년이 넘는 시간 동안 세계 자본 흐름의 변동성에 대처하면서 신흥시장은 더욱 정교해졌다.[19] 신흥시장에는 "워싱턴합의" 같은 표어는 없었지만, 새로운 방책들이 등장했다. 그리고 특히 IMF와 같은 국제 금융 기관들도 마찬가지로 학습했다. 비록 국제 프로그램을 계속해서 엄격한 조건하에서 운영해오긴 했지만, IMF는 자기 자신을 글로벌 금융 안전망이라는 별명으로 불리는, 협력적이고 자기 성찰적인 협력자로 보는 편을 선호했다.[20] 적어도 IMF가 새로이 자각한 바에 따르면, IMF의 주된 역할은 불량 정권을 징계하는 것이 아니라, 개발도상국이 시장 기반 금융의 세계를 성공적으로 헤쳐나가는 데 필요한 능력을 갖추도록 돕는 것이었다. 이것이 채권 매매인과 금융 자문관, 자산운용가들의 권한을 넓히는 데 도움이 되었음은 말할 필요조차 없을 것이다. 금융 세계화는 당연한 것이었다.

2020년의 문제는 월스트리트합의와 신흥시장의 신형 방책들이 극심한 압박을 견뎌낼 수 있느냐였다. 신흥시장의 대출국들은 달러 기반 금융 시스템에 계속해서 접근할 수 있을 것인가? 만약 그렇다면 그 가격은 얼마일 것인가? 그들은 자국의 경제적 필요를 우선시할 수 있을 것인가? 아니면 흔히 그렇듯이 자본 유출을 막기 위해 금리를 올리고 지출을 줄이도록 강요받을 것인가?

4월 초, IMF와 세계은행의 봄 회의에 앞서 그야말로 공포감이 엄습했다. 원자재 가격이 폭락했다. 알제리와 앙골라, 에콰도르 같은 석유와 가스 수출국들은 엄청난 압박을 받았다. 관광 및 송금 수익 전망은 암담했다. 사하라 이남 아프리카와 라틴아메리카 지역에서 록다운이 실시되었으나, 그 대가로 빈곤이 깜짝 놀랄 만큼 급증했다. 국제연합 식량농업기구United Nations Food and Agriculture Organization(FAO)는 식품 가격 폭등을 경고했으며 코로나19 유행으로 인해 늘어날 전 세계 영양실조자 수가 8300만 명에서 1억 3200만 명 사이일 것으로 예측했다.[21] IMF는 102개 회원국이 도움을 요청했다고 발표했다.[22] 이는 UN 총회 회원국의 절반을 넘는 숫자다.

3월 26일 G20 정부들은 "필요한 것은 무엇이든 하고 이용할 수 있는 정치적 방책을 총동원하여 범유행으로 인한 경제적·사회적 피해를 최소화하고, 전 세계의 성장을 회복시키고, 시장 안정성을 유지하고, 복원력을 강화하겠다"고 약속했다.[23] 그러나 이것이 대체 무슨 의미인가? IMF는 대출 가능 한도인 1조 달러 전부를 동원하겠다고 약속했다.[24] 그것으로 충분할까? 위기에 대처하기 위해, 아프리카와 유럽 정부 수반 연합은 비상사태를 맞아 공동 노력을 촉구했는데, 여기에는 특별인출권special drawing rights(SDR)으로 알려진 IMF의 합성 통화synthetic currency를 새로이 배분하는 것이 포함되었다.[25] IMF 계좌에 보관된 SDR은 현재 우리가 보유한 화폐 중 세계 통화에 가장 가까운 것이다. SDR 발행을 확대하면 가난한 나라들이 달러 차입 시 담보로 사용할 수 있는 "합성" IMF 보유금을 즉시 투입할 수 있다. 문제는 과연 IMF의 다른 이해관계자들이 여기에 동의할 것인가였다.

IMF 이사회에서 미국은 지배적인 소수다. 트럼프 행정부의 등장은 국수주의자들의 호전성에 대한 우려를 불러일으켰다. 그리고 국제무역에 관한 한 충분히 우려할 만한 이유가 있었다. 2020년까지 미국의 훼방은 WTO를 유효하게 마비시켰다. 또한 여름 내내 미국 중앙정부는 WHO에 반대하는 캠페인을 벌였다. 국제 금융에 관한 한, 트럼프 행정부는 더 협조적인 태도를 보였다. 백악관은 연방준비제도의 스와프 라인에 이의를 제기하지 않았다. 3월 말, 미국 재무부의 촉구로 의회는 IMF의 신차입협정New Arrangements to Borrow의 갱신을 승인했는데, 이는 IMF의 즉각적인 화력을 유지하는 데 필수적인 자금 조달 수단이었다.[26] 그러나 4월에 아프리카와 유럽의 SDR 제안이 의회에 상정되었을 때, 트럼프 행정부는 선을 그었다. 발목을 잡은 것은 SDR을 일반 발행하면 베네수엘라와 이란의 호주머니에 새로운 돈이 들어간다는 점이었다. 트럼프 행정부는 정치적인 이유로 이를 받아들일 수 없었을 뿐만 아니라, 국회의사당에서 강경파 상원의원들, 특히 모든 종류의 자유주의적 국제주의를 상습적으로 반대하는 테드 크루즈Ted Cruz의 반발을 불러일으킬 위험을 감수할 수 없었다.

그러나 트럼프 행정부는 73개 극빈국이 지고 있는 정부 대 정부의 양자 간 채무에 대해 대출상환유예제도를 도입하자는, G20 국가들의 지지를 받는 제안에는 이의를 제기하지 않았다. 소위 '채무상환유예계획Debt Service Suspension Initiative(DSSI)'에 중국이 동참했다는 것은 매우 의미심장했다. 중국은 많은 차입국에 양자 간 자금 조달의 가장 중요한 원천이었기 때문에 이는 매우 중대한 일이었다. IMF나 세계은행 같은 다자간 대출 기관은 DSSI에 가입하지 않았지만, 이들은 양허성 대출concessional lending을 강화하겠다고 약속했다.[27]

만약 자격이 있는 모든 국가가 이 제도를 이용한다면, 채무 상환 유예는 세계에서 가장 가난한 국가들에 120억 달러의 구제책을 제공할 것이다. 이것은 꼭 필요한 개인 보호 장비를 수입할 수 있는 자금을 마련해줄 것이다. 그러나 이 겸손한 숫자가 드러내듯이, 경제적인 측면에서 이는 미미한 액수였다. 한 계산에 따르면, DSSI가 4월에 지급한 구제 금융은 전부 합쳐서 저소득 국가 및 중간소득 국가가 진 채무의 겨우 1.66%에 해당했으며, 그나마도 중국과 멕시코, 러시아는 이 국가에서 제외되었다.[28] DSSI는 세계에서 가장 가난한 나라에만 적용된다. 대형 신흥시장국의 부채는 아예 자릿수가 달랐다. IMF 총재 크리스탈리나 게오르기에바에 따르면, 세계의 신흥국들과 저소득 국가들에 필요한 자금은 최대 2조 5000억 달러에 이를 수 있다고 한다.[29] 가장 가난한 이들을 돕는 것은 도덕적 의무였다. 그러나 세계 금융 안정성의 측면에서 중요한 것은 중간소득 국가들이었다.[30]

위기에 대처하기 위해 IMF는 대출을 빠르게 확대했다. 이전까지 IMF는 이렇게나 많은 계획을 심사한 적이 없었다. 7월 말까지, IMF는 84개 나라에 대한 881억 달러의 신용 공여를 승인했다.[31] 대출의 패턴은 눈에 띄는 것이었다. 오직 83억 달러만이 양허 대출이었으며, 이 양허 대출은 이미 부채난에 처한 국가로 분류되는 아프리카 25개 나라에 지급되었다. 그들이 어떻게 위기에서 벗어날지는 매우 불확실했다. 놀랍게도 여태껏 이루어진 대출은 이 국가들이 급속도로 회복되어 이르면 2021년에 예산 개혁이 가능하다는 가정에 근거를 둔 경향이 있었다.[32] IMF의 대출 가운데 90% 혹은 798억 달러는 비양허적인 대출 승인 형태였다. 이 대출금은 주로 저소득 국가가 아니라 중간소득 차입국에 돌아갔다. 대출금 가운데 절대다수는 실제로 추첨을 거치지 않았다. 이 것은 절박한 최후의 수단이 아니라 예방 차원의 지원이었다. IMF에서 신용장 승인을 받는 것은 가용한 외환보유고를 늘리고 다른 잠재적 대출 기관에 자신의 신용도를 알리는 하나의 방식이었다.

반면, 가장 큰 압력을 받은 신흥시장의 차입국에는 지원이 너무 늦게 왔다. 연초부터 아르헨티나와 레바논, 에콰도르는 채무 문제를 겪는 국가 목록에서 맨 위에 있었다. 여름이 되자 세 국가 모두 부도를 맞았다. 아르헨티나는 수년간 사투를 벌이고 있었다. 2018년, 아르헨티나는 560억 달러라는 기록적인 금액을 IMF에 대출받았으나, 이것으로는 상황을 안정시키기에 충분하지 않았다. 국내 분쟁으로 분열되어 지정학적 역장force field에 갇힌 레바논은 오랫동안 멸종 위기종 목록에 올라 있었다. 에콰도르는 2020년이 시작되고 석유 가격이 갑자기 폭락하면서 벼랑 끝에 내몰렸다. 세 나라에서 부도를 맞으면 새로운 신용거래가 갑자기 중단되고 채권자와 오랜 법적 분쟁을 해야 한다. 세 국가는 부채 위기가 더 확산될 것이라며 우려했지만, 이 우려는 근거가 없었던 것으로 밝혀졌다.

2020년, 주요 신흥시장국 대다수에 관한 놀라운 점은 이들이 자신들의 재정 복원력을 입증했다는 것이다. 2020년 봄의 갑작스러운 중단 사태에 직면했을 때, 재정 압박에 대처하는 새로운 방책들이 작동했던 것이다. 정부 차입금이 급증하면서 재정 위기에 대응하기 위한 지출이 급증하고, 외국인 투자자들의 신뢰가 흔들리자, 국내 중앙은행들이 그들이 팔고 있는 채권을 사기 위해 개입했다. 3월과 4월에 한국, 콜롬비아, 칠레, 남아프리카공화국, 폴란드, 루마니아, 헝가리, 크로아티아, 필리핀, 멕시코, 태국, 터키, 인도, 인도네시아의 중앙은행들은 모두 채권 매입 계획을 발표했다.[33] 이러한 계획은 연방준비제도나 유럽중앙은행의 거대한 규모의 자산 매입에 비하면 아주 작은 규모였지만, 신흥시장국으로 분류되는 국가의 중앙은행들이 아예 개입하지 않았다면, 이들을 신흥시장국이라 부르는 것이 모순으로 여겨졌을 것이다. 그리고 이는 초인플레이션과 관련 통화의 급격한 유출이 일어날 수 있다는 무시무시한 이야기가 나오게 했을 것이다. 코로나바이러스 위기 속에서, 경제 선진국들이 이미 거대한 개입을 한 상황에서, 시장은 신흥시장국 당국의 적극성을 대수롭지 않게 여겼다.[34] 이미 골대가 옮겨진 상황이었던 것이다.

세계 경제는 혼란에 빠져 있었다. 거대한 도시들이 셧다운을 시작했다. 달러화가 급등하고 있었다. 그러나 2020년 3월 세계 채권시장에서 심각한 압력이 완화되자, 재량껏 사용할 수 있는 외환보유고가 충분한 신흥시장국에는 당장 공황 상태에 빠질 만한 이유가 없었다. 주요 신흥시장국은 자국 통화가 하락하도록 내버려둘 수 있었다. 필요할 때 달러를 구할 수 있으며 평가절하가 무질서하게 이루어질 경우 평가절하의 속도를 늦출 수 있다는 자신이 있었기 때문이다. 인도네시아은행은 루피아화의 평가절하 속도를 늦추고 투자자들이 매도한 국채를 흡수하기 위해서 크게 개입했다.[35] 브라질 중앙은행은 통화 시장의 가장 정교한 관리자 가운데 하나였다. 브라질 중앙은행은 헤알화를 끌어올리기 위해 4월까지 230억 달러를 지출했다. 이는 커다란 지출이었지만, 브라질의 거대한 외환보유고 가운데 6%가 넘지 않는 액수였다.[36] 칠레, 콜롬비아, 인도, 멕시코, 러시아, 터키 모두 자국 통화가 평가절하되는 속도를 늦추기 위한 작전을 수행했다.

만약 이들이 이러한 개입을 수개월에 걸쳐 지속해야 했다면,

가장 탄탄한 신흥시장국조차도 곤경에 처했을 것이다. 이들은 해외 자금의 유출을 반전시키거나 최소한 유출 속도를 늦추기 위해서 금리를 인상할 필요가 있었을 것이다. 그러나 연방준비제도의 놀랄 만한 통화 정책 완화는 통화 시장의 상황을 바꿔놓았다. 브라질과 멕시코, 한국 같은 선택받은 소수들만이 연방준비제도의 스와프 라인을 통해 달러에 접근할 수 있었다. 자산 상태가 훌륭한 G20 회원국으로서, 인도네시아가 이미 중국 인민은행, 일본은행과 체결한 스와프 라인을 보완하고자 연방준비제도에 스와프 라인을 신청했다는 소문이 있었다. 이 제안은 거부되었지만, 그 대신 인도네시아는 뉴욕 연방준비은행으로부터 600억 달러 규모의 레포 기구를 제공받았다.[37] 이는 스와프 라인과 대동소이한 효과를 냈다. 중요한 것은 연방준비제도가 방출한 거대한 유동성의 파도였다. 미국 금리가 제로로 급락하면서 달러화가 내려가고 신흥시장국 통화가 반등했으며, 외국인 투자자들에게 제공되는 수익률도 동반 상승했다.

이러한 배경 속에서 많은 사람이 우려했던 신흥시장의 금융 질식사는 결코 일어나지 않았다. 신흥시장국 중앙은행들은 신뢰 상실에 대응하기 위해서 금리를 올리는 대신에 경제 선진국의 중앙은행들을 따라 금리를 인하했다. 4월이 되자 국제 자본 시장도 다시금 문을 열었다. 석유와 가스로 벌어들이는 돈이 줄어든 것을 보충할 필요가 있던 부유한 OPEC 회원국들이 주도적으로 국제 자본 시장을 다시 열기 위한 자금을 모았다. 그러나 인도네시아와 이집트, 온두라스, 파나마 역시 최종적으로는 이득을 보았다. 신흥시장국을 대상으로 한 크레디트 디폴트 스와프Credit Default

Swap의 가격이 급락했기 때문이다. 크레디트 디폴트 스와프는 국가 채무 불이행에 대한 보험인데, 인도네시아의 경우 크레디트 디폴트 스와프의 가격이 2.9%에서 1% 미만으로 급락했다.[38] 8%까지 치솟았던 신흥시장국의 달러 표시 부채의 평균 수익률은 위기 이전 수준인 4.5%로 떨어졌다. 선진국이 지불하는 비용보다는 훨씬 큰 액수였지만, 이는 고통이 감내할 만하다는 것을 의미했다. 여름 무렵, 곤경에 처한 아프리카 국가들이 발행한 정크 본드가 더 모험적인 투자자들 사이에서 유행했다.[39] 다시 유행할 거라고는 누구도 생각하지 못했던 유행이었다.

2020년, 신흥시장은 매우 심각한 자본 도피 상황을 견뎌낼 능력이 있음을 입증했다. 그러나 코로나바이러스는 다른 위기와는 전혀 달랐다. 재정적 타격을 완화하는 것과 위기가 실물 경제에 미치는 충격을 관리하는 것은 별개의 문제였다.

2020년 봄의 남아프리카공화국은 이를 잘 보여주는 사례였다. 3월 27일, 남아프리카공화국의 공공 재정 상태에 대한 오랜 조사 끝에 무디스는 주요 신용 평가 기관 중 마지막으로 이 나라의 채권을 정크 등급으로 하향 조정했다.[40] 남아프리카공화국의 화폐인 랜드화는 대량으로 매각되었다. 그럼에도 남아프리카공화국의 중앙은행은 국내 경기를 지원하기 위해 금리를 인하했다. 국내외 투자자들은 당황하는 대신 남아프리카공화국의 부채를 계속해서 사들이고 보유했다. 과거 남아프리카공화국이 시행한 인종차별 정책이었던 아파르트헤이트apartheid가 끝난 이후로 만연했던 금기를 극복하고자, 아프리카민족회의African National Congress 정부는 IMF에 43억 달러 규모의 양허성 대출을 요청했으며, 이는 즉시 승인되었다.[41] 남아프리카공화국이 어떤 금융 치료제를 복용해야 했는지는 나중에 밝혀질 것이다. 현재로서 문제는 재정이 아니라, 바이러스 확산을 막기 위해 취한 과감한 조치가 그렇지 않아도 취약한 남아프리카공화국 경제에 미치는 파괴적인 영향이었다. 남아프리카공화국은 도시 인구 비중이 높았고 HIV/AIDS가 만연했기에 범유행을 가장 두려워하는 국가들 가운데 하나였다. 유달리 심한 록다운 아래서 2020년 남아프리카공화국 경제는 8%만큼 위축됐다.[42] 실업률은 30% 이상으로 증가했다.

2020년이 특별했던 이유는 재정 충격이 감염병이 일으킨 실제 경제 혼란보다 부차적이었다는 점이다. 금융위기 동안의 일반적인 패턴과는 정반대로, 2020년에 개발도상국의 외화보유고는 증가했다. 어째서일까? 그 이유는 록다운이 소비를 억눌렀기 때문이다. 수입이 급감하고 무역수지가 개선되었다. 문제는 사회가 이러한 충격을 견뎌낼 수 있느냐였다.[43] 미국과 유럽은 어떻게든 이 광범위한 시험을 견뎌내기 위해 안간힘을 썼다. 2020년 상반기에 신흥시장 가운데서는 라틴아메리카가 가장 힘겨운 시련에 직면하게 될 터였다. 초여름까지 라틴아메리카는 미국과 함께 전 세계적인 범유행의 진원지가 될 것이다.

2월에 우한에서 온 무서운 장면과 3월에 베르가모에서 온 끔찍한 장면 이후로 이 유행병을 나타내는 가장 두려운 이미지는 4월 초 에콰도르의 항구 도시 과야킬에서 온 장면일 것이다. 4월 4일 단 하루 만에 과야킬과 인근 지역에서 778명이 코로나바이러스로 사망했다. 영안실에는 시신이 높이 쌓여갔고, 구급차는

2부 유례없는 글로벌 위기

과적 상태가 되었다. 길거리에는 시신들이 시체 가방과 임시로 만든 관에 담긴 채로 버려져 있었다. 머리 위에서는 독수리들이 뱅글뱅글 맴돌았다.[44]

과야킬은 끔찍한 불운의 희생자였다. 적도 바로 위쪽 안데스산 맥 기슭에 있는 에콰도르의 수도 키토는 미국과 마찬가지로 7월과 8월에 여름 휴가를 보내는 반면, 적도 바로 아래쪽에 있는 해안 도시 과야킬은 2월 초부터 긴 '여름' 휴가를 보낸다. 이 말은 부유한 과야킬 시민들이 감염병이 기승을 부리고 있는 유럽으로 항공기를 타고 날아간다는 의미였다. 그와 동시에 에콰도르 국외 거주자들은 고향의 유명한 축제를 즐기기 위해 집으로 날아왔다.[45] 에콰도르의 미디어에 따르면, 2월 1일에서 14일 사이에 약 2만 명의 사람들이 유럽과 북아메리카에서 에콰도르로 돌아왔다. 최초 감염자는 2월 중순 마드리드에서 과야킬로 항공기를 타고 날아온 71세 노인이었다. 3월 초, 그녀와 형제자매 가운데 두 명이 사망했다.

그러나 이 모든 불운에도 불구하고, 과야킬의 위기는 에콰도르뿐만 아니라 라틴아메리카 전체의 훨씬 더 심각한 문제들을 드러냈다.[46] 과야킬은 계급과 인종에 따라 심각하게 분열된 도시이며, 그 취약한 공공 서비스는 코로나 위기가 들이닥치기 한참 전부터 대륙 전체에 퍼져 있던 문제를 상징적으로 보여주었다.

주로 상품 수출에 의한 경제 성장 덕분에 라틴아메리카의 생활 수준은 1990년대 이래로 상당한 발전을 이루었으며, 그 발전은 의료 시스템까지 확대되었다. 공공 및 민간 의료 지출은 이 지역 GDP의 8.5%에 육박하는데, 이는 모두 기본적인 의료 서비스를 이용할 수 있게 하기에 충분한 금액이었다. 또한 1991년의 콜레라, 2009년의 돼지독감, 2016년의 지카바이러스를 거치면서 라틴아메리카에는 감염성 유행병에 대처하는 풍부한 경험이 있었다. 라틴아메리카에는 세계적인 수준의 의사들과 보건 분야에 종사하는 기술 관료들로 이루어진 집단이 있었다. 1902년에 설립된 범아메리카보건기구Pan American Health Organization는 세계에서 가장 오래된 국제 보건기구다.[47] 브라질의 오스왈도크루즈재단Oswaldo Cruz Foundation은 미국의 록펠러재단이나 포드재단, 영국의 웰컴트러스트와 비슷한 위상을 지니고 있다. 그러나 가진 자들을 위한, 도심에 있는 값비싼 병원과 자금난에 허덕이고 쇠퇴해가는 공공의료 서비스 사이에는 엄청난 격차가 있었다.

라틴아메리카는 세상에서 가장 불평등한 대륙이다. 대기업이 번창하는 동안, 전체 노동자의 54%에 해당하는 1억 4000만 명의 노동자는 비공식 부문에 종사하고 있었는데, 이는 인도나 중국의 이주 노동자에 버금가는 숫자다.[48] 라틴아메리카의 도시 경관을 압도하는, 제멋대로 뻗어나간 거대한 교외 지역은 코로나바이러스의 손쉬운 먹잇감이었다.

에콰도르는 가장 취약한 나라 가운데 하나였다. 라파엘 코레아Rafael Correa 대통령 정부 당시 에콰도르는 석유 호황의 이익을 재활용하고자 흥청망청 공공 지출을 늘렸다. 2014년 유가가 바닥으로 떨어졌을 때, 에콰도르는 엄청난 적자에 직면했다. 2019년 2월, 에콰도르는 IMF가 이끄는 다자간 대출 기관 집단으로부터 102억 달러를 대출받았다. 그러나 이 자금을 얻기 위해, 정부는 고통스러운 지출 삭감을 추진해야만 했다. 2019년 10월 무렵, 연료 보조금을 폐지하려는 계획이 대규모 시위로 중단되었다. 2020년, 에콰도르는 41억 달러의 부채를 상환해야만 했다.[49] 코로나바이러스가 유가를 폭락시켰을 때, 에콰도르의 채권은 대량으로 매각되었다. 2022년 3월에 만기가 돌아오는 채권의 가치는 달러당 88센트에서 달러당 24센트로 폭락했다. 유행병에 대처하는 데 드는 막대한 비용을 치러야 하는 정부는 부채 상환을 계속할 수 없었다. 그러나 에콰도르가 650억 달러 규모의 외채에 대한 채무 불이행을 공개적으로 선언한다면 새로이 신용이 단절될 위험이 있었다. 3월 마지막 주에 에콰도르 중앙정부는 8억 달러의 이자 지급을 연기하기로 채권단과 합의했다고 발표했다. 4월 17일, 이자 지급은 4개월 연장되었다.[50] 현지 사정에 정통한 외국인 관찰자가 언급했듯이, 국제 금융 기관과 채권자들이 양보한 이유는 이 조치가 에콰도르 선거판을 뒤흔들어 에콰도르 유권자들이 2021년 선거에서 레닌 모레노보다 더 시장 친화적인 후보를 택하기를 바라서였다.[51]

이웃 페루는 에콰도르보다 재정 상태가 훨씬 더 좋았다. 페루산 구리에 대한 중국의 수요 덕분에 페루의 GDP는 2000년 이후 4배 이상 증가했다. 그러나 페루 역시 공중보건 기반시설에서 비슷한 약점을 지니고 있었고, 코로나바이러스는 1000만 명의 취약한 인구가 몰려 있는 거대 도시 리마에 치명적인 위협을 가했다. 마르틴 비스카라Martin Vizcarra 페루 대통령은 신속한 봉쇄 조치를 했으며, 270만 명의 저소득 도시 가구에 가구당 107달러를 즉시 현금으로 지급하여 이들을 뒷받침했다. 농촌 지역에 대한 추가 지원이 뒤를 이었다.[52] 페루인의 40%만이 은행 계좌를 가지고 있었기 때문에 지급은 휴대전화를 통해 이루어졌다.[53] 실로 독창적이고 효과적인 조치였다. 그러나 이 정도로는 리마가 거대한 바이러스 배양기가 되는 것을 막기에 충분하지 않았다. 비정규 노동자들은 오랫동안 일을 쉴 수 없었다. 7월까지 리마는 289%라는 수치로, 세계 주요 도시 가운데 초과 사망률이 가장 높은 도시가 되었다. 11월, 비스카라 대통령은 의회의 탄핵으로 물러났으며, 리마에서는 한 달간 이어진 격렬한 시위가 격발했다. 시위를 진정시키기 위한 노력으로, 의회는 세계은행 출신의 기술 관료를 2021년에 새로운 선거가 열리기 전까지 임시 총재로 임명했다.

콜롬비아는 에콰도르와 국경을 맞대고 있는 북쪽 산악지대로 군대를 급파하여 유행병의 확산을 막으려고 시도했다. 콜롬비아는 이 지역에서 가장 포괄적인 의료 시스템을 갖춘 나라 가운데 하나다. 콜롬비아는 1993년에 모든 시민을 위한 기본 조항을 갖춘, 전체 납세자가 부담하는 의료 체계를 도입했다. 그러나 이것으로는 빈민가에서 질병이 퍼져나가는 것을 막을 수 없었다. 도시 실업률이 25%로 치솟으면서 빈곤에 직면한 것은 콜롬비아 사람들만이 아니었다. 2015년 이후로 무려 총 500만 명의 사람들이 베네수엘라와 콜롬비아 사이의 불분명한 국경을 넘어왔다. 이는 세계에서 가장 큰 난민 이동이었다. 베네수엘라 사람들은 이제 자신들이 표류하고 있음을 깨달았다. 100만 명의 사람들이 기록도 직업도 없는 채로 콜롬비아에 머물렀다. 많은 사람이 베네수엘라로 돌아가는 편을 선호했다는 사실은 이들이 얼마나 큰 곤경에 처해 있는지 보여주는 증거였다. 귀국 운동이 콜롬비아 전역으로 퍼져나갔다. 안데스산맥에서는 구호 요원들이 1700킬로미터 떨어진 에콰도르에서 고국으로 돌아오려고 시도하던 베네수엘라 사람들을 구조했다.[54]

실제로 고국으로 돌아오는 데 성공한 베네수엘라 사람들을 기다리던 것은 더 큰 불행이었다. 정기적인 전력 공급이 중단되면서 베네수엘라 경제는 재앙으로 치닫고 있었다. 세계에서 석유 매장량이 가장 많은 나라 가운데 하나에서, 인구의 90%가 석유를 이용할 수 없었다.[55] 농장에서는 휘발유가 부족해 작물을 수확하지 못할 수 있다는 심각한 공포가 있었다. 깨끗한 물을 공급하지 못하는 사태가 일어났다. 코로나바이러스 위기에 대한 니콜라스 마두로Nicolas Maduro 정권의 초기 대응은 코로나바이러스 검사를 정부가 통제하는 단 두 곳의 병원에서만 할 수 있도록 제한하는 것이었다.

그러나 사투를 벌이는 것은 저소득 국가만이 아니었다. 라틴아메리카 경제 발전의 상징인 칠레도 어렵기는 마찬가지였다. 칠레는 처음에 위험도가 높은 장소를 차단하는 데 초점을 맞춤으로써 전면 봉쇄를 피하려고 했다. 칠레 중앙정부는 다 합치면 GDP의 10%가 넘는 일련의 대규모 지원책을 시작했다. 이것은 전례가 없는 일이었음에도, 대규모 빈곤화를 완화하기엔 역부족이었다. 야간 시위에서는 배가 고프다는 뜻의 단어 '암브레Hambre'가 수도 산티아고의 랜드마크인 텔레포니카타워에 투영되었다. 전반적인 사회 위기와 2019년 칠레를 불안정하게 했던 정치적 불만이 다시 일어나는 것을 막으려고 칠레 정부는 4월 중순에 "새로운 정상new normal"으로의 빠른 복귀를 추진했다. 그러나 이 시도는 시기상조였다. 코로나바이러스는 아직 최고조에 이르지 않았다. 5월 15일, 감염 급증으로 인해 정부는 산티아고에 전면 록다운 조치를 내릴 수밖에 없었다.[56] 피노체트Pinochet 독재정권 시절부터 근검절약의 대명사였던 나라에서, 2020년 적자가 GDP의 9.6% 규모로 증가하면서 반세기 만에 최고치를 기록했다.[57]

그러나 칠레에서 돈은 중요한 문제가 아니었다. 칠레 중앙은행은 2020년 초 페소화 평가절하를 완화하기 위해 외환 개입에 200억 달러를 썼다. 칠레는 외환 개입에 투입할 추가 자금을 구하기 위해, IMF가 만든 소위 '신축적 신용 공여Flexible Credit Line'라 불리는 새로운 제도에 페루, 멕시코, 콜롬비아와 함께 최초로 가입했다.[58] IMF는 멕시코를 위해 610억 달러, 칠레를 위해 240억 달러, 페루와 콜롬비아를 위해 각각 110억 달러를 비축했다. 이는 총 1070억 달러로 IMF의 총대출 능력의 10%에 달하는 엄청난 액수였는데, 이것은 IMF가 100여 개의 작은 나라에 코로나바이러스 지원금을 보내기 위해 적립한 자금의 총액보다 많은 액수였다. 고압적인 개입이라는 비난을 피하고자 IMF는 아무런 조건 없이 자금을 제공했다. 이 거대한 상업적 신용 공여credit line 방식의 제도를 이용할 수 있느냐는 구조 조정을 할 수 있느냐에 달린 것이 아니라 약정 수수료를 낼 수 있느냐에 달려 있었다. 610억 달러를 책정받은 멕시코의 경우, 2020년에 내야 할 약정 수수료가 1억 6300만 달러에 달했다.

2008~2009년의 경우와 마찬가지로 멕시코는 IMF 신용 공여를 통해서 지원을 받는 동시에 연방준비제도의 유동성 스와프를 통해 미국에서 직접 지원을 받는다는 특수한 이점이 있었다. 따

라서 멕시코에서 달러가 고갈될 가능성은 없었다. 그러나 외부에서 큰 지원을 받음에도 불구하고, 로페스 오브라도르 정부가 추구한 코로나바이러스 대응 방식은 눈에 띄게 소극적이었다.[59] 멕시코는 수출과 경제 활동 감소를 상쇄하기 위한 재정 부양책을 사실상 전혀 시행하지 않았다. 2020년의 긴급 지출은 전부 합쳐서 GDP의 0.6%에 그쳤다.[60] 그 결과 빈곤이 급증했다. 하루에 5.5달러 미만으로 생계를 꾸려가는 멕시코인이 3300만 명에서 4400만 명으로 증가했다. 유행병 자체에 대해서도 악의적인 무시 정책이 추진되었다. 코로나 검사가 제대로 이루어지지 않아 멕시코에서는 질병의 추이를 조금이라도 정확하게 파악하기가 어려웠다. 그러나 사망률 수치는 중대한 이야기를 들려주었다. 9월 26일까지 13만 9000명이 넘는 멕시코인이 코로나로 사망했는데, 이는 인구 1000명당 1명꼴로 페루 다음으로 많은 수치다.[61] 라틴아메리카의 두 거인인 멕시코와 브라질이 이 지역을 글로벌 범유행의 새로운 중심지로 바꿔놓을 수도 있었다.

브라질의 범유행은 거의 전적으로 대통령의 리더십이 실패한 탓이었다. 질병이 제트기를 타고 상파울루로부터 브라질 사회 전체로 확산되었음에도, 보우소나루 대통령은 사태의 심각성을 계속해서 부정했다.[62] 코로나 대응은 유럽의 나라 하나 크기만 한 지역을 관할하는 주정부들에 맡겨졌다. 주정부들이 채택할 수 있었던 부분적 봉쇄 조치는 질병의 확산 속도를 늦췄다. 그러나 이 조치는 동시에 경제적 대혼란을 일으켰다. 코로나바이러스는 브라질의 막강한 글로벌 기업들과 고용의 대부분을 담당하는 수백만 개의 소규모 기업들 사이에 있는 엄청난 격차를 드러냈다.

2020년 초에 이미 약 12%에 달했던 공식 실업률은 15%로 상승했는데, 심지어 공식 통계는 브라질 노동력의 거의 절반에 달하는 4000만 명의 비공식 노동자에 대해서는 거의 언급하지 않았다.[63]

시카고에서 교육을 받은 파울루 게지스Paulo Guedes 브라질 경제부 장관의 초기 대응은 인색했다. 그는 10억 달러 규모의 긴급 조치가 충분하다고 생각했다. 그러나 이 조치는 국회를 만족시키지 못했다. 보우소나루 대통령의 반대파들이 훨씬 더 관대한 조치를 요구했기 때문이다. 허를 찔리고 싶지 않았던 정부는 앞뒤 가리지 않고 "국가 재난 사태"를 선포했으며, 모든 재정 규칙을 잠정 중단했고, 극빈층 6800만 명에게 매달 600헤알(약 109달러, 약 13만 원)의 수당을 지급했다.[64] 연말까지 지원금 총액은 570억 달러에 이를 것이다. 2020년 보우소나루 정부의 긴급 지출은 전부 합쳐서 GDP의 8.4%인 1090억 달러에 달했으며, 이로써 브라질은 영국, 이스라엘과 어깨를 나란히 했다.[65] 긴급 지출은 브라질의 2020년 GDP 위축이 5%를 넘지 않게 하는 데 도움이 되었으며, 이는 GDP가 7~9% 위축된 아르헨티나와 멕시코와 비교되는 수치였다.[66] 브라질이 대규모 위기 대응책을 펼쳤다는 이야기는, 미국과 마찬가지로 브라질에서 2020년에 실제로 빈곤과 불평등이 일시적으로 줄어들었음을 의미한다.

2020년 초 코로나바이러스 위기로 가장 큰 타격을 받은 라틴아메리카 국가들은 이렇게 금융위기의 첫 충격을 잘 극복했다. 게다가 라틴아메리카 국가들은 심지어 국제 자본 시장에도 접근할 수 있었다. 3월부터 6월 사이에 멕시코와 브라질이 이끄는 라틴아메

　　　　　　　　　　　　　　2부 유례없는 글로벌 위기

리카 10개 국가 정부는 총 240억 달러가 넘는 외화 채권을 조달할 수 있었다. 지급해야 할 이자율은 과테말라의 5.8%부터 칠레의 2.5%까지 다양했다. 채권 공모 시마다 발행량의 몇 배가 넘도록 초과 신청되는 상황이 일어났다.[67] 극심한 정치적 혼란에 빠진 페루조차도 12년 만기 채권 10억 달러와 2060년 만기 어음 20억 달러, 2120년까지 상환이 불가능한 100년 만기 채권 10억 달러를 유통시킬 수 있었다. 투자은행들이 인정했다시피 "정치적 배경"은 "까다로운 장애물"이었다. 그러나 페루의 성장 전망은 좋았고 기존의 부채 부담은 미미했다. 한 세기 동안 10억 달러를 빌리기 위해서, 페루는 현재 수익률이 0.85%인 미국 국채보다 1.70% 이상 높지 않은 프리미엄을 지불했다. 골드만삭스의 라틴아메리카 수석 경제학자가 언급한 바와 같이, 이 모든 것은 글로벌 환경으로 귀결된다. "우리는 유동성이 풍부한 세상에 살고 있다."[68]

달러를 구하는 것은 문제가 아니었다. 문제는 유행병과 경제 회복이었다. 페루의 구리 광산이나 브라질의 철광석 같은 수출 부문은 외국인 투자자들에게 좋은 전망을 제공했다. 그러나 더 넓은 관점에서 경제 전망은 어두웠다. 2020년, IMF는 라틴아메리카의 국내총생산이 5~9% 정도 위축될 것으로 전망했는데, 이는 사상 최악의 경기 침체 수준이다. 남미 대륙의 15~24세 사이의 젊은 노동자들 가운데 3분의 2가 일시 해고당했다.[69] 매년 1% 만큼 인구가 증가한다는 점을 고려할 때, 2025년까지 라틴아메리카 대륙은 2015년의 1인당 GDP 수준을 회복하지 못할 수 있다. 국제연합 라틴아메리카·카리브경제위원회United Nation Economic Commission for Latin America and the Caribbean(UNECLAC)는 라틴아메리카와 카리브해의 빈곤율이 연말에는 34.7%에 다다를 것이라고 경고했으며, 극심한 빈곤 상태에 놓인 사람들의 수가 1600만 명에서 8300만 명 사이로 증가할 것으로 예측했다.[70] 2020년에는 새로운 잃어버린 10년이 시작되면서, 서민들의 생활 수준이 침체되고, 라틴아메리카가 더 빠르게 성장하는 아시아 경쟁국들에 추월당할 것이라는 공포가 있었다.

그리고 이렇게 기저에 깔린 조건을 고려할 때, 풍족한 자금 조달은 대체 얼마나 오랫동안 지속될까? 비판자들이 멕시코 정부에게 실질적인 경기 부양책을 펼치지 않은 이유를 밝히라고 촉구했을 때, 오브라도르 대통령은 스스로 "제4의 변혁"이라고 부르는 자신의 정책 계획을 1980년대와 1990년대에 멕시코를 괴롭히던 채권자들의 압력에 노출시킬 의도가 없다며 반박했다.[71] 그의 공약은 부채를 GDP의 50%를 한참 밑도는 비율로 유지함으로써 멕시코의 독립성을 지키겠다는 것이었다.

한편, 정치적 스펙트럼의 반대쪽 끝에서는, 브라질의 파울로 게지스가 공적 부채의 증가를 GDP의 100% 이하로 억제하기 위해서 할 수 있는 모든 일을 하겠다고 주장했다.[72] 금융시장은 보우소나루 정부의 관대한 사회적 지출을 우려 섞인 눈길로 지켜보고 있었다. 금융시장은 포퓰리스트 행정부가 다음번 코로나바이러스 파동에 어떻게 대응할 것인지 물었다.[73] 점점 더 많은 투자자들이 오직 브라질의 단기채만을 사려고 했다.[74]

금융 세계화 리스크를 관리하기 위한 새로운 방책은 저소득 및 중간소득 국가들이 2020년에 발생한 금융 폭풍의 즉각적인 충격을 견딜 수 있게 해주었다. 이것은 모든 사람에게 안도감을 주었다. 빌린 사람 만큼이나 빌려준 사람들에게도 마찬가지였다. 신흥시장국의 중앙은행들을 기능이 뛰어난 연결점으로 삼으면서 월스트리트합의는 더욱 탄탄해졌다. 금융위기를 피한 것은 엄청난 이익을 가져다주었다. 그러나 금융위기를 피하게 한 방책은 유동성이 풍부한 세계에 의존하고 있었으며, 또한 현실에서 유행병을 누그러뜨리는 데는 도움이 안 됐다.

Shutdown

3부

뜨거운 여름

9장

차세대 유럽연합 계획

2020년 3월, 세계에서 가장 위험한 빚이 있던 곳은 미국도 신흥 시장도 아니었다.[1] 바로 유럽이었다. 이탈리아 정부는 1조 7000억 유로(1조 9000억 달러) 규모의 막대한 채무를 지고 있는데, 이는 이탈리아 GDP의 136%에 해당하는 금액이다.[2] 코로나바이러스 위기 덕분에 이 비율은 해당 연도 안에 적어도 155%까지 치솟을 것으로 예측되었다. 일본을 제외한 다른 어떤 대형 선진국보다 높은 비율이었다. 그러나 이탈리아의 채무가 일본보다 훨씬 다루기 어려웠던 원인은 바로 채무가 어떤 통화로 표시되어 있느냐였다. 유로는 정확히는 외화가 아니지만, 미국 당국이 달러를 통제하거나 영국 당국이 파운드를 통제하는 방식으로, 이탈리아 당국이 통제할 수 있는 통화가 아니었다. 이탈리아의 국채를 어떻게, 어떤 조건으로 지원하느냐는 유럽의 정치에 달려 있었다.

근래에 유럽의 재정 문제에 전 세계가 우려를 표한 것은 이번

이 처음이 아니다.[3] 10년 전, 유럽의 편향된 통화 시스템은 엄청난 위기를 불러왔다. 위기는 그리스에 집중되어 있었지만, 유로 지역 전체를 위험에 빠뜨렸다. 2011년에 이탈리아의 부채는 한동안 잠비아나 이집트의 부채보다 채무 불이행 가능성이 더 높다는 평가를 받았다. 그리스뿐만 아니라 아일랜드와 포르투갈의 재무 구조를 개선하기 위해 IMF 회의가 소집되었다. 이러한 개별 국가 계획에 더하여, 야심 찬 프랑스인 도미니크 스트로스칸 Dominique Strauss-Kahn IMF 총재의 지도에 따라, 그리고 오바마 행정부의 전폭적인 지원을 받으면서, IMF는 유로 지역 전체의 금융안전망을 지원하기 위해 2500억 유로를 약속했다.[4] 그것은 지금까지 IMF가 했던 개입들 가운데 가장 큰 규모였고, 매우 모순적인 개입이었다. 새로이 21세기에 걸맞은 역할을 만들려고 했던 IMF가 "구세계"에서 소방수 역할을 맡게 되었으니 말이다.

유로존 위기에서 가장 위험한 국면은 2012년에 끝났다. 마리오 드라기 유럽중앙은행 총재가 유럽중앙은행은 단일 통화를 지키기 위해 "필요한 것은 무엇이든" 하겠다는 대담한 약속을 하면서였다. 이 약속은 시장을 진정시켰지만, 유럽중앙은행은 실제로는 행동하지 않았다. 유럽중앙은행은 2015년이 되기 전까지 미국이나 일본식 양적완화를 시행하지 않았다. 그리고 이들이 양적완화에 착수했을 때, 보수적인 북유럽인들은 거세게 항의했다. 그동안 부채 정리가 고통스러운 긴축 재정에 의해 주도되었다. 남부 유럽 대부분에서 반反EU 정서가 급증했다. 경제 성장과 인플레이션이 급감하면서 이탈리아의 부채 비율은 낮아지기는커녕 서서히 증가했다. 2020년의 질문은 과연 코로나바이러스 위기가 이탈리아를 벼랑 끝으로 내몰면서 유로 지역에서 두 번째 위기를, 그것도 저번보다 더 심각한 위기를 불러일으킬 것인가였다. 만약 그 답이 그렇다면, 첫 번째 위기와 마찬가지로, 두 번째 위기는 단순히 유럽의 문제를 넘어서는 문제가 될 터였다.

이탈리아가 코로나바이러스와의 전쟁에서 최전선에 서게 된 것은 잔혹한 운명의 장난이었다. 만약 코로나 피해가 이탈리아에 국한되었더라도 상황은 충분히 나빴을 것이다. 하지만 프랑스와 스페인도 큰 타격을 입기는 마찬가지였다. 비록 두 나라는 이탈리아 수준의 부채를 떠안고 있지는 않았지만, 코로나바이러스 쇼크로 인해 시장의 심리적 문턱인 GDP 대비 부채 비율이 100%를 넘어섰다. 가장 우려스러운 점은 국채에 관한 두려움이 주요 은행의 재정 안정성에 대한 우려와 연결되는 악순환의 조짐이 보였다는 것이다. 이탈리아 국채 수익률이 급등함에 따라, 이탈리아의 주요 은행인 우니크레디트Unicredit와 인테사산파올로Intesa Sanpaolo의 채무 불이행에 대한 보험 비용도 함께 치솟았다.[5] 리스크는 여전히 중간 수준으로 판단되었지만, 두 가지 두려움이 연결되었다는 사실은 우려스러웠다.[6]

목표가 유럽의 재정 안정성이라고 한다면, 무엇을 해야만 하는지는 결코 미스터리가 아니었다. 유로 지역 회원국들의 불안정하고 불균등한 부채를 안정화하는 방법은 부채의 전부 또는 일부를 분담하는 것이었다. 만약 유로 지역의 정부 부채를 결합한다면, 2020년 1분기에 부채 총액은 전체 GDP의 86%에 이르게 될 것이다.[7] 이것은 미국이나 일본, 영국의 부채 비율보다 낮은 수치였다. 비록 독일의 신용등급만큼은 아닐지언정 유럽의 공동 신용 등급은 훌륭했을 것이다. 만약 이런 일이 일어났다면, 전 세계에서 투자자들이 끝도 없이 몰려들었을 것이다. 다른 중앙은행들이 당연히 그러하듯이, 유럽중앙은행은 채권시장에서 일어난 충돌을 해결할 수 있었을 것이다.

이것은 매우 본질적인 진실이었지만, 동시에 유럽에서 너무도 많은 논쟁을 불러일으킨 진실이었다. 유럽에서는 단순히 이 이야기를 언급하는 것만으로도 진지한 대화에서 배제되었다. 문제는 결국 분배에 관한 것이었다. 누구의 부채 수준이 높은가? 누구의 부채 수준이 낮은가? 2019년 독일의 GDP 대비 부채 비율은 60% 바로 아래였다. 네덜란드는 50% 주변을 맴돌았다. 유럽의 재정 구조는 비록 변변치는 않지만 목표 부채 수준을 명시하고 재정 적자를 제한하는 규칙들로 구성되어 있다. 이는 북유럽 사람들의 곤두선 신경을 가라앉혔으며, 유럽중앙은행이 필요할 때 채권 매입에 나서기에 충분한 정치적 방패막을 제공했다.[8] 유럽중앙은행은 개입을 정당화하기 위해 다양한 구실을 내놓았는데, 가장 보편적인 구실은 유로 지역의 무결성에 가해지는 위협을 막아내야 한다는 것이었다. 만약 그렇게 하지 못하면 유럽중앙은행의 으뜸가는 임무인 물가를 안정시킬 능력이 훼손될 수 있다는 이유에서였다. 유럽중앙은행은 한쪽 발은 1990년대에, 다른 한쪽 발은 21세기에 걸친 중앙은행이었다. 이는 미봉책이었다. 2015년 그리스 좌파 정부가 채무 불이행 직전에 이르렀을 때처럼, 2018년 이탈리아의 자칭 대중주의 정부가 북유럽의 인내심을 시험했을 때처럼, 유럽중앙은행은 정치적 긴장이 극에 달한 바로 이 순간에 시험대에 올랐다. 2020년의 위기와 비교한다면, 앞선 사건들은 가벼운 진동에 불과했다. 코로나바이러스는 유로 지역의 기관들이 구닥다리임을 명백하게 드러냈다.

첫 번째 중대한 시험은 3월 9일로 시작하는 주에 찾아왔다. 3월 12일, 뉴욕 시장이 혼란에 빠지고 독일 국채와 이탈리아 국채 사이에서 우려스러운 수익률 격차가 벌어졌을 때, 유럽중앙은행은 기자회견을 열었다. 연준은 이미 국채시장에 개입한 상태였으며, 레포 시장을 안정화하고자 고군분투하고 있었다. 유럽중앙은행은 과연 무엇을 제공할 수 있었을까? 크리스틴 라가르드Christine Lagarde 유럽중앙은행 총재는 유럽의 은행들에 희소식을 전했다. 은행들에 저비용 자금을 주입한다는 것이었다. 또한 라가르드는 유럽중앙은행이 국채를 1200억 유로만큼 추가 매입하겠다고 발표했다. 하지 않는 것보다는 나은 조치였지만, 이것이 유럽의 10조 유로로 해당하는 국채 사이에서 분배된다고 생각해보면 도저히 대규모 지원이라고는 볼 수 없었다. 만약 이탈리아가 심각한 압력을 받게 되면 무슨 일이 일어날까? 라가르드의 대답은 사람들을 어리둥절하게 했다. 독일인 기자에게 이 간단명료한 질문을 받은 라가르드는 단호하게 대답했다. "우리는 이곳에 스프레드를 줄이고자 모인 것이 아닙니다. (…) 그것은 유럽중앙은행의 기능이나 임무가 아닙니다. 그 문제를 다루는 다른 수단이 있고, 그 문제와 직접 씨름해야 하는 다른 관계자들이 있습니다."[9]

"스프레드"는 이탈리아를 의미했다. 그리고 라가르드 총재는 마치 이탈리아는 다른 누군가의 문제라고 말하는 듯이 보였다. 그렇지만 만약 유럽중앙은행이 이탈리아를 돕지 않는다면, 그 누가 돕겠는가? 미국 국채시장은 혼란에 빠져 있었다. 신흥시장국들은 침체에 빠져 있었다. 유럽중앙은행은 유로존 회원국들이 연합하여 이탈리아를 위한 재정 안전망을 만드는 데 나서기를 바라는가? 유럽중앙은행 내부 소식통들에 따르면, 라가르드 총재는 집행위원회 6인 가운데 한 명인 독일의 이자벨 슈나벨Isabel Schnabel과 대화하고 스프레드에 대한 노선을 정했다고 한다.[10] 이것은 독일 연방은행의 노선이었다. 또한 라가르드의 전임자였던 장-클로드 트리셰Jean-Claude Trichet 총재가 유로존 위기의 최악의 국면을 촉발시켰을 때 지지한 노선이기도 하다. 매일 수천 명이 죽어가는 상황에서, 세계 금융시장이 억제된 공황 상태에 빠진 상황에서, 유럽중앙은행은 불을 끄러 나서기 전에 우선 독일과 프랑스, 이탈리아의 의견 차이를 먼저 해결하자고 진지한 마음으로 제안했던 것일까?

국채시장 입장에서, 라가르드 총재의 발언은 청천벽력 같은 소리였다. 시장은 폭락했고, 이탈리아의 차입 비용은 치솟았다. 10년 만기 이탈리아 국채와 10년 만기 독일 국채의 스프레드는 1.25%에서 2.75%로 치솟았다. 듣기에는 큰 차이로 느껴지지 않을지도 모르지만, 이것을 이탈리아의 산더미처럼 쌓인 부채에 적용하면, 이탈리아가 매년 지급해야 할 이자는 연간 140억 유로나 증가했다(라가르드는 일곱 단어를 말했으니, 한 단어당 20억 유로가 늘어난 셈이었다).[11] 이탈리아 입장에서 이것은 최악의 사태였다.

라가르드는 그녀가 피해를 주었음을 깨닫고, 재빨리 발언을 철회했다. 라가르드는 카메라 앞에 나서 유럽중앙은행은 1200억 유로 규모의 계획을 탄력적으로 활용하여 유로 지역의 분열을 방지하겠다고, 즉 이탈리아를 돕겠다고 약속했다. 그러나 1200억 유로는 이탈리아를 돕기에 한참 부족한 액수였다. 런던과 뉴욕이 모두 공황에 빠진 상황에서, 유럽중앙은행은 더는 물러설 수 없었다. 3월 18일 수요일 저녁, 유럽중앙은행 집행위원회는 팬데믹긴급매입계획Pandemic Emergency Purchase Programme(PEPP)에 따라 7500억 유로 규모의 국채와 회사채를 매입하기 시작할 것이며, 만약 필요하다면 "자기 규제 규정"을 잠시 제쳐두겠다고 발표했다.[12] 유럽중앙은행처럼 완고한 기관의 입장에서 이것은 혁명과도 같은 일이었다. 자기 규제, 즉 목표 인플레이션율 설정과 유럽 국채 매입 및 매입액에 관한 규정들은 본래 유럽중앙은행이 목을 매던 것이다. 네덜란드와 독일 중앙은행은 계속해서 저항했다.[13] 결국, 이 문제를 매듭지은 것은 시장의 공포였다. 유럽중앙은행은 결연한 신호를 보낼 필요가 있었다. 라가르드 총재는 비록 "필요한 것은 무엇이든" 하겠다고 말해야만 할 순간에 일을 망쳤지만, 이제 유럽중앙은행은 최소한 "필요했던 것은 무엇이든지"(지금이라도) 하겠다고 약속하고 있었다.

유럽중앙은행의 긴급 조치는 시간을 벌어주었다. 시장에 만연했던 당장의 공포는 진정되었다. 그러나 이탈리아 국채의 대출 금리는 여전히 독일 국채의 대출 금리보다 불편할 정도로 높은 채였다. 코로나바이러스 사태에는 대규모 대응이 필요했다. 대응은 EU 회원국들에 의해 이루어졌지만, 모든 회원국이 동일한 압박을 받는 것은 아니었다. 2020년 상반기에 스페인은 GDP가 22%나 급감했지만, 독일과 네덜란드는, 심각하기는 했지만 스페인의 절반만큼만 심각했다. 위기가 지속되는 동안, EU는 국가 예산에 대한 모든 제한을 해제했고, 위기에 처한 국가들이 필요한 만큼 돈을 쓸 수 있게 허용했다. 또한 국가 원조에 대한 모든 규정을 해제했다. 그 여파로 무슨 일이 일어날까? 만약 강력한 국가들이 유로 지역 내의 기존 금융 및 경제 분열을 악화시키면서 더욱 앞서 나간다면 어떻게 해야 하는가? 이는 유럽을 분열시킬 것이다.

프랑스와 이탈리아, 스페인, 포르투갈이 이끄는 9개국 연합에 그 답은 분명했다. 3월 25일, 그들은 범유럽 위기 대처에 필요한 자금을 대기 위한 "공동채무증서common debt instrument"를 요구했다.[14] 예상대로, 이들은 저항의 벽에 부딪혔다. 네덜란드와 독일은 공동 차입에 대한 책임을 전적으로 거부했다. 3월 26일에 원격으로 열린 유럽 정부 수반 회의는 누가 더 크게 고함을 지르나 겨루는 시합이 되었다.[15] 줌Zoom이 좁혀준 감정적인 거리는 유럽 정치에 매우 좋지 않은 것으로 판명되었다.

독일의 중도 보수주의자 우르줄라 폰데어라이엔은 유럽집행위원회European Commission의 위원장으로 선출되자마자 연초부터 유럽 정치를 제자리로 돌려놓기 위해 최선을 다했다.[16] 그녀의 매혹적인 새 구호는 "그린딜Green Deal"이었는데, 이는 미국의 그린뉴딜에 찬동하는 정책이었다. 브뤼셀의 희망은 EU가 기후 의제와 관련된 에너지와 공동의 목적을 회복하는 것이었다. 이제 코로나바이러스가 오랜 상처를 다시 벌어지게 하면서, 유럽 사람들은 그들이 2012년에 유로존 위기가 종식된 뒤로 구조 개혁의 핵심 쟁점에 관해 절망적일 정도로 진전을 이루지 못했음을 떠올렸다. 재정 연합은 창설되지 않았다. 은행 연합도 창설되지 않았다. 스페인과 이탈리아에서는 분위기가 악화되고 있었다. 네덜란드와 독일이 제기한, 이탈리아가 유로 지역이 이미 지니고 있는 위기 대응 메커니즘을 이용해야 한다는 유용한 제안은, 오직 지난 위기의 쓰라린 기억을 되살리는 데만 도움이 되었다. 에마뉘엘 마크롱 대통령이 유럽이 "진실의 순간"에 직면해 있다고 한 데는 그만한 이유가 있었다.[17] 그러던 도중 5월 5일, 독일 헌법재판소는 유럽의 긴장을 심지어 더 고조시킬 만한 판결을 내렸다.

독일의 최고 변호사들이 논의한 이 사건은 마리오 드라기 총재가 유럽중앙은행 최초로 대규모 자산 매입을 진행한 2015년으로 거슬러 올라가는 사건이다.[18] 이 사건을 제기한 것은 독일의 극우 정당인 독일대안당의 고문단이 이끄는 마구잡이로 모여든 원고들이었다. 유럽중앙은행의 저금리 정책에 직면하여, 이들은 독일 정부가 유럽중앙은행이 이해관계자들 사이에서 균형을 잡을 것을 요구하지 못했으며, 특히 독일인 저축자들의 이해관계를 제대로 대변하지 못했다고 주장했다. 아마도 이 세상에서 가장 존경받는 헌법재판소일 독일 헌법재판소는 정치적으로 고발된, 논란거리인 사건을 상습적으로 맡아왔다.[19] 독일 헌법재판소는 민주주의 국가 주권의 수호자로서 확고한 명성을 쌓아왔다. 유럽중앙은행에 대한 이전 판결에서, 독일 헌법재판소는 유럽중앙은행의 개입 범위가 증가하는 것을 점점 더 불편해했다. 그러므로 법원이 원고들의 손을 들어주었을 때 이는 완전히 놀라운 일은 아니었다.[20] 그럼에도 이것은 불쾌함을 불러일으켰다.

법원은 독일 정부에 유럽중앙은행이 개입하여 채권을 매입할 때 유럽중앙은행이 과잉금지 원칙principle of proportionality을 따르게끔 보장해야만 하는 의무가 있는데, 이 의무를 다하지 못했다고 판결했다. 과잉금지 원칙이라는 제약이 없는 한, 유럽중앙은행이 한 조치는 법적 권한이나 권리를 벗어나서 이루어진 월권행위라는 것이었다. 법원은 변호인들이나 쓸 법한 언어를 써서 단호한 판결을 내렸다. 독일 대법원장은 이번 판결이 라가르드 총재와 유럽중앙은행 직원들이 코로나바이러스 위기에 대응하고자 만든 긴급 계획을 위태롭게 하려는 것이 아니라고 강조했다. 그러나 다음 질문이 지닌 폭발적인 성격을 감출 수는 없었다. '그렇다면 유럽중앙은행에 대한 적절한 법적·정치적 감독 수준은 대체 어느 정도인가?'

유럽에서는 파문이 일었다. 대체 어떻게 독일 법원이 국가 기관에 유럽중앙은행을 감독할 권한을 줄 수 있단 말인가? 2020년 여름에 유럽이 결코 원치 않았던 것은 바로 채권시장 지원의 합법성에 대한 유럽중앙은행의 근본적인 도전이었다. 그러나 독일 법원의 판결이 드러낸 것은 단순히 유럽의 문제만이 아니었다. 독일 판사들이 제기한 질문에 대해 훌륭한 답변을 할 수 있는 이가 과연 있을지 불분명했기 때문이다.[21]

어떤 이는 원고들이나 그들의 정치 정당에 동의하지 않을 수도 있다. 재정 문제에 관해서, 판사들은 판단할 능력이 부족한 듯했다. 판사들은 독일에서 가장 보수적인 정당의 경제 전문가들이 내세운 증거를 있는 그대로 믿었다. 그러나 그럼에도 불구하고, 판사들은 역사에 길이 남을 당혹스러운 질문을 던졌다. 중앙은행은 대체 무엇을 하고 있었는가? 중앙은행에 권한이 있었는가? 중앙은행은 인플레이션 통제를 해야 하는 것 아닌가? 중앙은행은 어째서 제로 수준으로 금리를 낮춰서 인플레이션율을 높였는가? 그 비용은 누가 냈는가? 이득은 누가 봤는가? 중앙은행은 대체 누가 감독하고 있었는가?

2008년 위기가 일어나면서 대규모 개입이 있고 난 뒤에 이러한 질문이 대서양 양안에서 모두 일어났다. 미국에서는 금본위제를 지지하는 고보수주의자paleoconservative들부터 통화 정책 규칙을 옹호하는 기술 관료들, 현대 통화 이론을 지지하는 좌파들과 열광적인 암호화폐 지지자들까지 온갖 사람들이 연방준비은행의 역할이 무엇인지 의문시했다.[22] 마찬가지로 유럽에서도 유럽중앙은행에 그들의 권한을 정의하고 신용평가기관 및 시장 기반 금융과의 공모 행위를 정당화하라고 요구하는 활동가 사회가 있었다.[23] 사려 깊은 중앙은행가들은 스스로 똑같은 질문을 던졌다.[24] 독일 헌법재판소의 판결은 부인할 수 없는 사실을 분명하게 드러냈다. 그것은 2008년 이후 중앙은행들이 떠맡은 역할이 대폭 확대되면서 1990년대에 설립한 독립적인 중앙은행이라는 패러다임이 박살 났음을 뜻했다. 중앙은행의 합법성에 진정으로 의문이 들었다.

유럽뿐만 아니라 그 어느 곳에서도 같은 이유에서 이 문제를 해결하고 싶어 하지 않았다. 그렇다. 독립적인 중앙은행들은 새로운 역할을 맡았다. 중앙은행들은 필요에 의해서, 위기에 의해서 그렇게 했다. 그리고 2020년의 사건들이 다시 한번 증명했듯이, 심의나 논쟁은 그것을 멈춰야 할 필요성만으로는 결코 멈추지 않는다. 가장 앞서 나가는 것은 바로 위기였다. 2020년 5월, 위기가 정치적 변화를 주도한 곳은 바로 독일이었다. 변화의 방향은 법원이 아니라 그 반대를 향해 있었다. 이제 정치는 유럽의 결속을 의문시하는 것이 아니라, 오히려 결속을 강화하고자 했다.

코로나바이러스 범유행은 천이신의 융합, 연결, 유도, 확대 효과를 거의 전 세계가 경험하게 했다. 코로나바이러스는 전 세계의 지성들이 한 가지 문제에 집중하게 했으며, 국경을 초월한 식별과 비교, 동정이 일어나게 유도했다. 녹초가 된 간호사들과 넘쳐나는 시신들, 그리고 고독한 장례식을 담은, 롬바르디아로부터 온 악몽 같은 사진을 보자 유럽 여론은 크게 동요했다. 독일에서 진행된 여론조사는 상대적으로 상황이 나은 나라들이 더 많은 도움을 주어야 한다는 여론이 급증하고 있다는 증거를 보여주었다.[25] 이런 여론은 재정적인 문제로까지 확대되었다. 영향력 있는 주간지 《슈피겔Der Spiegel》은 "독일 정부가 유로채를 거부한 것은 이기적이고 옹졸하고 비겁한 행위"라고 선언했다.[26] 독일 중앙정부는 첫 번째 유로존 위기 때 저지른 실수를 반복하고 있었다. 그 실책의 결과물은 경제적으로도 정치적으로도 제대로 된 기능을 하지 못했기에, 유럽 전역에 가난과 분노라는 유산을 남겼다.

앙겔라 메르켈 총리는 유럽 회원국들의 부채에 대한 책임을 분담하는 것에 항상 강경한 입장을 취해왔다. 메르켈은 2012년 유로존 위기가 최고조에 달했을 때, 독일 유권자들에게 "내가 살아있는 한" 유로채는 없을 것이라고 약속했다.[27] 2020년 4월, 그녀는 같은 이유로 코로나바이러스 채권 제안을 거부했다. 그러나 5월 둘째 주, 프랑스 정부와 메르켈의 연립 정부 협력당인 사회민주당의 강력한 압력에, 메르켈은 태도를 바꿨다.[28] 5월 18일 기자회견에서 마크롱 프랑스 대통령과 나란히 서서, 메르켈 총리는 독일이 대규모 재건 및 회복 기금을 지원할 것이라고 선언했다. 코로나바이러스 공동 채권은 없을 것이지만, EU를 위한 대규모 긴급 예산이 생기게 되었다. 이 예산은 회원국들이 아닌 EU가 자체 발행한 채권에 의해 조달될 예정이었다. 예산 대부분은 곤경에 처한 국가에 대출이 아닌 보조금 형태로 분배될 것이다. 이는 이미 무거운 채무 부담을 가중하지 않기 위해서였다. 채권을 정확히 어떻게 상환할지는 불분명했지만, 그것은 나중에 결정해도 늦지 않다. 채권은 틀림없이 최고 등급을 받을 것이고, 이자율은 최저 수준일 것이다. 시류에 편승하여, EU 집행위원회는 계획 중인 회복 기금을 7500억 유로로 즉시 늘림으로써 지원에 전념했다.[29] 유로존의 GDP와 미국의 GDP를 비교해보면, 그런 다음에 미국의 지원 규모를 살펴보면, 유럽의 지원 규모는 압도적인 것과는 거리가 멀었지만, 그럼에도 전례가 없는 규모였다. 사상 최초로, 독일 중앙정부는 프랑스 중앙정부 및 EU와 힘을 합쳐, 상당량의 채권으로 자금을 조달할 예정인, 유럽 전체를 위한 공동 재정 계획을 옹호했다.

무엇이 메르켈의 마음을 바꾸었을까? 2011년 후쿠시마 제1원자력발전소 사고 이후에 그러했듯이, 2015년 난민 문제에 관해 그러했듯이, 메르켈 총리는 위기의 순간에 갑작스럽게 진로를 바꾸는 모습을 반복적으로 보여주었다. 헌법재판소의 판결은 메르켈의 마음을 바꿨을 가능성 있는 것들 가운데 하나다. 민족주의자들의 반발을 막기 위해, 메르켈 총리는 리더십을 보여줄 필요가 있었다. 베를린에서는 사회민주당이 통제하는 재무부가 이 협약을 맺어야 한다고 강력하게 주장했다. 독일 재무부는 유로존 위기 당시의 지긋지긋한 참호전으로 되돌아가는 것을 무슨 일이 있어도 피하고자 했기 때문이다. 숄츠 독일 재무부 장관에게는 프랑스 중앙정부에 연락할 수 있는 직통 번호가 있었다.[30] 그러나 우리가 더 깊은 동기를 찾아내려 한다면, 코로나바이러스는 유럽이 겪는 새로운 종류의 도전이며, 이는 앞으로 다가올 맹렬한 환경 충격 시대의 전조라는 메르켈 총리의 인식에서 찾아내야만 한다. 이는 5월 18일 마크롱 대통령과 함께한 주요 기자회견에서 메르켈 총리가 코로나바이러스는 민족국가라는 개념을 진부화시키는 유형의 위기라고 지적했다는 점에서 드러난다. "유럽은 반드시 함께 행동해야만 한다, 민족국가만으로는 미래가 없다."[31] 메르켈의 발언은 그 당시 곤혹스럽게 받아들여졌다. 1차 코로나바이러스 파동 때 독일이 비교적 대처에 성공한 것은 정부의 역량이 매우 중요하다는 사실을 보여주지 않는가? 그러나 메르켈의 기준은 기본적 역량이 아니었다. 그녀는 유럽 경제의 더 큰 전략적인 문제와 심각한 공중보건 위기에 향후에 어떻게 대처할 수 있을지 생각하고 있었다. 공동으로 질병을 감시하고, 위기에 대응하고, 백신을 개발하는 것을 통해서 말이다. 세계화 시대에는 고리타분한 일반 상식이 되어버린, 바로 이 기능주의적 논리가 메르켈의 행동 지침이었다.[32] 메르켈의 행동은 자유주의적 국제주의에 대한 믿음이나 이상주의적 헌신에서 나온 것이 아니었다. 그저 지극히 현실적인 행동이었을 뿐이다. 복잡한 새로운 도전으로 가득 찬 세계에서 유럽의 협력은 그 어느 때보다 시급했다. 2020년까지 증폭되어온 유럽의 원심 분리 현상은 멈춰야만 했다. 세계화라는 진부한 말은 어느새 긴급 조치의 동력이 되었다.

메르켈 총리를 설득하는 일이 어려웠다고 한다면, 북유럽에 있는 그녀의 예전 동맹국들을 설득하기는 여전히 그보다 더 어려운 일이었다.[33] 프랑스와 독일이 주도하는 계획은 즉시 자신들을 "재정 모범 4국frugal four"이라 부르는 집단을 이끄는 네덜란드의 반대에 부딪혔다.[34] 최후의 결전은 EU 특유의 벼랑 끝 전술 대결로 이루어졌다. 범유행 감염병이 여름에 소강상태에 들어선 덕분에, 특별 유럽이사회European Council 회의가 열릴 수 있었다. 정상회담 마라톤은 7월 17일에 시작하여 5일 동안 계속되었다. EU 집행위원회의 임원들은 EU의 대규모 차입을 정당화해줄 전례를 찾기 위해 서류철을 샅샅이 뒤졌다.[35] 사전 교섭관 팀들은 문서를 작성하고 다시 작성했다. 스페인과 이탈리아의 협상가들은 불신과 생색내는 듯한 태도를 겪으며 수 시간 동안 고통받았다. 네덜란드와 오스트리아 정부에 대해 해줄 수 있는 가장 좋은 말은, 이들 정부가 결국에는 양보했다는 것이다.

8월 21일, 동틀 무렵에 확정된 최종 결과는 바로 타협이었다.[36] 이 타협안은 유럽의회와 각 회원국에 의해 승인되어야만 했다. 승인을 받는 것은 커다란 작업으로 드러날 것이다. 그러나 핵심적인 아이디어에 관해서는 합의가 끝났다. 그것은 1조 7400억 유로 규모인 2021년부터 2027년까지의 EU 예산에 7500억 유로 규모의 회복 기금을 추가로 보충할 것이며, 그 가운데 3900억 유로는 보조금으로 3600억 유로는 대출로 분배한다는 것이었다. 이 자금은 공동 채권을 발행하여 조달할 예정이었다. 이만한 액수의 돈을 분배하면 부패와 유용이 일어날 수 있다는 커다란 우려가 있었다. 이 문제는 조건부 법규로 해결해야만 하는데, 법규의 세부 사항은 여전히 해결해야만 할 과제였다. 긴축 매파들을 만족시키기 위해 견제와 균형에 관한 사항이 들어갔다. 각 회원국이 자국에 할당된 자금을 이용하려면, 우선 국가 회복 및 복원 계획을 유럽집행위원회에 제출해야 했으며, 최종적으로는 집행위원회로부터 그 계획을 전달받은 유럽이사회에 승인을 받아야만 했다.[37] 각국은 그린딜의 우선순위를 충족하는 계획을 제출하도록 요구받았다. EU는 코로나바이러스 위기를 이용하여 에너지 전환 계획을 강화하고자 했다. 2021년부터 2027년까지, EU의 예산과 차세대 EU 계획의 30%인 5550억 유로가 기후 정책에 사용될 예정이었다.[38]

이는 EU가 다시 시작하는 순간이었다.[39] 2012년 유로존 위기가 절정에 달했던 뒤로, 더 깊은 통합에 대한 진전이 없었다는 사실은 사람들을 의기소침하게 만들고 있었다. 메르켈은 독일의 영향력을 활용하여 마크롱의 계획에 힘을 실어주기를 거부했다. 그런데 갑자기 EU가 앞으로 뛰쳐나가기 시작했다. 수년간의 위기 때문에 생긴 인기 없는 부속 기관들, 특히 유로안정화기구European Stability Mechanism가 배제되었다. 그 대신 영국이 배제된 상태에서, 주로 서유럽의 강력한 유로 회원국들은 EU 전체에서 자신들의 주장을 펼쳤다. 이들은 EU 채권이 가능한 일임을 확실하게 했고, EU 본부에 의미 있는 경기 대응적 재정 능력countercyclical fiscal capacity을 주었다. 회의론자들은 이것이 비상사태에 대한 임시 대응에 지나지 않는다고 주장할 것이다. 이 조치들 가운데 영구화되는 것이 있을지는 미지수지만, 선례는 확립되어 있었다. 이번에 EU가 정치적 성공을 거두었음은 아무도 부정할 수 없었다. 이 정치적 성공은 봄에 유럽이 크게 휘청이게 했던 부정적인 모멘텀을 깨뜨렸다. 그리고 이것이 두드러지게 나타난 곳 중 하나는 금융시장이었다.

2020년 여름, EU는 투자자들의 총애를 받고 있었다. 물론 정치적 리스크는 있었다. 특히 이탈리아에서 말이다. 그러나 AXA 자산운용사의 최고운용책임자였던 알레산드로 텐토리Alessandro Tentori가 말했다시피, "투자자들은 'x'년 안에 EU가 진정한 재정, 통화, 정치 연합다운 모습으로 거듭날 것으로 기대했다."[40] 유럽인들은 공개적으로 밝히기 조심스러워할지도 모르지만, 런던의 한 펀드매니저가 말했다시피, "심각한 압박을 받는 시기"에 유럽은 이미 임시 재정 연합에 해당하는 연합을 가지고 있었다. EU가 새로 발행한 채권은 세계 최고의 국가들과 동등한 신용등급을 갖게 될 것이다.[41] 크레디아그리콜Credit Agricole 은행이 열정적으로 나서면서, 유럽인들은 잠재적으로 "외국인 투자자들이 〔미국〕 채권과 달러에서 벗어나 다각화하기 위해 사용할 수 있는 (…) 거대한 고품질 유로 표시 채권 풀"을 만들 참이었다. 이것은 진짜로 큰 규모의 글로벌 자금 풀을 관리하던 사람들의 진정한 목소리였다. 위험하고 유감스러운 부채와는 거리가 먼, 품질 좋은 공공 채권은 민간 금융에 꼭 필요한 연료였다.

시장의 신임 투표는 매우 중요했다. 왜냐하면 실질적인 관점에서 볼 때, 유럽의 2020년 계획은 단지 계획에 불과했기 때문이다. EU 차원의 지출은 아무리 빨라도 2021년 초가 되어야 본격적으로 시작된다.[42] 한편, 국가 정부들은 위기 대응의 힘겨움 대부분을 짊어지고 있었다. 국가 정부들은 적자 상태로 운영되고 있었으며, 부채 수천억 유로를 발행하고 있었다. 이는 유럽중앙은행이 시장들을 활성화하고, 물가를 높게 유지하며, 금리는 낮게 유지하기 위해 자산을 구매한 탓이었다. 무엇보다도 이탈리아의 수익률이 올라가지 않은 것은 유럽중앙은행 탓이었다. 유럽중앙은행이 계속해서 스프레드가 벌어지는 것을 막지 않는 한, 이탈리아가 2020년의 부채 급증에서 회복할 현실적인 가능성은 없었다.[43]

그러므로 7월에 열린 재정 협정의 중요한 보완책은 독일 헌법재판소의 판결을 묻어버리고 유럽중앙은행 뒤편에 도사리고 있는 국가 간 서열을 없애는 것이었다. 유럽중앙은행은 독일 법원이나 독일 의회, 혹은 그 어떤 나라의 국가 정치 기관에 대해서도 대답하기를 단도직입적으로 거부했다. 유럽중앙은행은 오직 유럽법원과 유럽의회에만 답했다. 그러나 만약 독일 중앙은행이 유로 체제의 우량한 일원으로서 금리 결정과 관련된 서류를 요청하고, 이를 독일 의회와 공유하기로 결정했다면, 이에 대한 이의는 없었다.[44] 만약 이런 행동이 독일 법정을 만족하게 한다면, 그렇게 될 것이다. 싸움을 벌일 배짱이 없었던 독일 판사들은 이 행위에 고개를 끄덕이며 찬성했다.[45] 그러나 이것은 독일 법원의 도전에 대한 응답이 아니라, 불이 붙은 정치적 재앙에 젖은 담요를 던지는 격이었다.

한편, 유럽중앙은행은 법원의 판결에 의해 억제되기는커녕 계속해서 혁신을 이어나갔다. 국채를 사는 것은 유일한 수단이 아니었다. 유럽 경제에서 주요 신용 흐름은 은행에서 나온다. 2008년 재정 위기 이후로, 유럽 은행들이 대차대조표를 어떻게든 올바르게 고치려고 애쓰면서 유로 지역 경제는 대출 붕괴로 인해 침체

3부 뜨거운 여름

되었다. 이러한 위축을 되돌리기 위한 기나긴 사투에서, 유럽중앙은행은 소위 이중금리dual interest rates 제도라 불리는 제도를 도입했다.[46] 그렇게 함으로써 유럽중앙은행은 의식적이든 그렇지 않든 1990년대 중국 인민은행의 발자취를 따랐다. 아이디어는 바로 예금과 대출의 이자율을 독립적으로 책정하고 둘 사이의 격차를 확대함으로써 은행에 대출을 할 인센티브를 주자는 것이었다. 우선 유럽중앙은행은 각 은행에 해당 은행이 중앙은행에 보유하고 있는 자금의 이자를 지급했다. 그런 다음 소위 장기특정대출계획targeted long-term refinancing operations(TLTRO)을 통해 유럽 기업들에 대출을 제공하기 위해서, 유럽중앙은행에 대출을 받는 은행들에 (마이너스 금리 형태로) 이자를 지급했다. 이 제도는 사실상 유럽중앙은행 계좌를 통해 전달되는 유럽 은행 시스템에 대한 보조금이었기 때문에 눈살을 찌푸리게 했다.[47] 그러나 그 대가로 2008년 이후와는 달리, 2020년에는 신용 흐름이 계속되었다. 이제 유럽중앙은행 정책의 초점은 규율을 따르게 하는 것이 아니라 공공 및 민간 대출자 모두에 유리한 자금 조달 조건을 보장하는 것이었다.[48]

그리고 유럽중앙은행의 혁신은 단순한 정책 수단적 혁신 그 이상이었다. 유럽집행위원회와 마찬가지로 유럽중앙은행은 친환경 녹색 시류에 동참했다. 2019년 유럽의회 인사청문회에서 라가르드 총재는 기후변화에 대한 유럽중앙은행의 책임에 대해서 자신이 확고히 결심했다고 강조했다.[49] 위원회가 차세대 EU를 위한 지출 계획을 그리기 시작하자, 라가르드는 중앙은행의 채권 매입이 녹색 방향으로 이루어지게끔 요구하는 시민 사회 단체들과 논의를 시작했다.[50] 이것은 단순히 정부의 일반 재정 정책을 지지하거나 "녹색 채권"이라는 새로운 분류 체계를 승인하는 문제가 아니었다. 유럽중앙은행 지도부의 주요 인사들은 은행이 채권을 매입할 때, 가령 금융시장이 기후 재앙 리스크의 가격을 아직 완전히 책정하지 못했음이 분명한 상황에서 은행들이 유럽 석유 회사의 채권을 매입할 때, "중립성"을 유지해야 할 이유를 찾지 못했다.[51] 이 사안을 매듭지으려면 한참 더 걸리겠지만, 이런 아이디어가 방송에 나올 수 있다는 사실은 유럽중앙은행이 얼마나 많이 변화했는지 암시했다. 중앙은행들은 속박에서 벗어나기 시작했다.

많은 사람이 코로나바이러스 위기가 유럽이 녹색 의제에서 멀어지게 할 것이라고 우려했다.[52] 코로나바이러스에는 그런 효과가 없었다. 만약 코로나바이러스의 병인etiology이 충분히 불길하게 느껴지지 않는다면, 2020년의 뉴스가 끊임없이 전해준 자연재해 소식을 보자. 뚜껑을 열어보니 인류세의 충격은 순서대로 깔끔하게 찾아오지 않았다.[53] 2020년이 되자 온갖 충격이 한꺼번에 들이닥쳤다. 여태껏 기록된 사이클론 가운데 가장 강력한 사이클론인 암판이 벵골만에 들이닥쳤다. 거대한 태풍이 필리핀을 강타했다. 갑작스러운 홍수에 자카르타의 상당 부분이 물에 잠겼다. 카리브해에서는 허리케인 시즌이 끊임없이 이어져 이름을 붙일 알파벳이 부족할 지경이었다. 그래서 허리케인 에타에는 그리스식 이름이 붙어야만 했다. 남극대륙의 거대한 빙하는 부서지고 있었다. 시베리아에서는 영구 동토층이 녹고 있었다. 동아프리카는 거대한 메뚜기 떼의 침공에 직면했다. 끔찍한 산불이 이어지며 수천만 에이커의 덤불과 숲을 짚어 삼켰다.[54] 무더운 여름을 견디기 위해 에어컨이 고군분투하던 캘리포니아는 정전에 시달렸다. 숲에서 화재가 발생했을 때, 캘리포니아가 흔히 화재 진압 시 의존하던 재활교도대prison crew는 코로나바이러스 봉쇄로 인해 격리되어 있었다.[55]

사실 유럽은 이러한 타격 가운데 대부분을 비껴갔지만, 여론 조사에 따르면, 사람들은 코로나바이러스가 꼬리 위험tail risk을 얼마나 심각하게 받아들여야 하는지 보여주는 징후로 여기고 있었다.[56] 2020년은 기후변화에 대응하는 행동에 나선 해 가운데 하나로 묘사되었다. 11월에 글래스고에서 열릴 COP26은 특히 중요한 행사다.[57] 2015년 파리기후협약이 발효된 지 5년이 지난 지금은 소위 탈탄소화를 위한 국가결정기여량Nationally Determined Contributions(NDCs)을 갱신해야 할 때였다. 만약 유럽이 기후 지도자로서 신뢰성을 유지하려면, 탄소 배출을 2030년까지 40% 감축하기로 했던 2015년의 약속보다 더 잘할 필요가 있었다.

비록 COP26이 1년 뒤로 연기되긴 했지만, 협상과 계획 수립은 계속되었다. 유럽 전역이 셧다운에 들어가기 직전인 3월 2일, 유럽집행위원회는 유럽이 2050년까지 탄소 중립을 달성하도록 강제하는 기후법 초안을 발표했다.[58] 이 기후법은 EU 회원국 대부분에서 열렬한 지지를 받았지만, 석탄에 크게 의존하는 구舊공산권 국가들은 기후 의제에 훨씬 덜 열성적이었다. 이 나라들의 반발을 누그러뜨리기 위해서, 7월 회복 정책에는 폴란드 광부들을 위한 공정전환기금Just Transition Fund 175억 유로가 책정되었다.[59]

그러는 동안, 유럽은 기후 정책 파트너를 찾기 위해 해외로 눈을 돌렸다. 트럼프 대통령은 미국이 대선 다음 날인 11월 4일에 파리협약을 탈퇴할 것이라고 선언했다. 여름 무렵까지, 유럽과 미국 정부와의 관계는 너무나도 악화되어 메르켈 총리가 워싱턴에서 열리는 G7 회의에 참여해달라는 트럼프 대통령의 초청을 거절할 정도였다.[60] 아마도 미국 대선은 백악관에 새로운 시작을 불러올 것이지만, 트럼프 대통령의 임기가 끝난 다음에 무슨 일이 생길지는 아무도 몰랐다. 이제 중요한 것은 미국이 아니라 중국이었다.

2020년, 중국은 미국과 유럽을 합친 것보다 더 많은 이산화탄소를 배출했지만, 다른 한편으로는 태양열과 풍력, 전기차와 고속철도 운송 부문에서 전 세계의 선두를 달렸다. 실제로 2000년대 초반부터 독일과 중국은 이러한 부문에서 가장 중요한 발전을 함께 이끌어왔다. 독일의 지붕을 뒤덮은 것은 저렴한 중국산 태양 전지판이었다. 세계를 선도하는 독일의 자동차 제조업체는 중국에서, 중국을 위해 새로운 전기차 모델을 개발하고 있었다. 폭스바겐 하나만 봐도 중국에서 전기차 벤처 사업에 175억 달러를 투자했다.[61] 과연 유럽의 대담한 제스처가 중국 중앙정부가 한 걸음 더 나아가도록 설득할 수 있을까? 2015년 파리에서 중국은 선진국뿐만 아니라 모든 국가가 탄소 제거 계획을 제출해야 할 필요성을 받아들였다. 과연 시진핑 주석은 중국의 탄소 배출량의 상한을 정하고 중국이 탄소 중립을 달성할 날짜를 확정할 것인가?

글래스고 COP26 회의에 앞서, 중국-유럽 정상회의가 2020년 9월에 예정되었다. 독일은 유럽이사회 의장국이었으며, 메르켈 총리는 유럽이사회가 중국과 대타결을 이룰 수 있도록 뒤에서 힘

3부 뜨거운 여름

을 실어주고 있었다. 정상 회담은 온라인으로 변경되었지만, 회담은 계속해서 진행되었다. 7월 23일, 그들의 진지함을 보여주는 신호로서, 유럽집행위원회는 탄소 경계 조정 도입에 관한 공개 협의를 시작했다.[62] 가능한 시행 시작 일자로 2023년이 예정되었다. 산업과 전기 발전에서 나오는 탄소 배출에 대해, 유럽은 지난 15년 동안 탄소 배출권 거래 제도를 운용해왔다. 다른 형태의 유사 화폐와 마찬가지로, 탄소 배출권의 가치는 수요보다 배출권의 공급을 계속해서 적게 유지한다는 약속의 신뢰성에 기반을 두고 있었다. 가감 없이 말하면, 이 점에서 유럽의 기록은 복잡다단했다. 그러나 여러 차례 잘못된 시작을 한 뒤로, 2020년에는 탄소 1톤을 배출하는 가격이 30유로까지 치솟았으며, 가격은 앞으로 더 오를 전망이었다.[63] 이를 계기로 유럽에서 가장 많은 오염을 일으키는 발전소들이 문을 닫을 것이다. 같은 이유로, 이것은 또한 여전히 유럽에 남아 있는 제조업 전반에 비용 압박을 가할 것이다. 이 불리함을 상쇄하기 위해서는, 제조 과정에서 더 많은 오염을 발생시킨 해외 제품에 반드시 탄소경계세carbon border tax를 부과해야만 했다. 유럽이 중국의 주요 수출 시장이라는 점과 중국이 석탄 화력 발전소에 크게 의존한다는 점에서 볼 때, 이는 중국 중앙정부가 경각심을 느낄 만한 전망이었다. 유럽의 본보기를 따라, 중국은 자체적인 탄소 가격제를 도입하는 중이었다.[64] 유럽 사람들은 중국 중앙정부에서 탈탄소화에 대한 유럽의 조치에 상응하는 약속을 받아내기를 원했으므로, 세계 1위와 3위 탄소 배출국이 주도하는 기후 클럽을 구성하고 싶어 했다.[65] 과연 중국이 이 미끼를 물까?

10장

중국의 모멘텀

2015년 9월 오바마 대통령이 백악관에서 주최했던 기후회담이 그러했듯이, 시진핑 주석과 역사적인 기후회담을 하는 것보다 유럽인들을 더 기쁘게 할 일은 없었다.[1] 그러나 2020년은 외교 방식에 지장을 주었다. 그리고 이것은 2020년의 가장 큰 행사인 9월 UN 총회에도 해당하는 이야기였다. 각 지도자는 비디오 화면을 통해서 세계에 연설해야만 했다. 9월 22일은 미국과 중국이 연설할 차례였다. 트럼프 대통령은 "중국 바이러스"와의 투쟁에서 자신의 행정부가 이룬 업적을 뽐내면서, 여느 때처럼 민족주의자이자 나르시시스트 최고 지도자의 역할에 걸맞게 행동했다.[2] 트럼프 대통령이 연설한 지 채 한 시간도 지나지 않아서 시진핑 주석의 연설이 이어졌다. 시진핑의 연설은 트럼프의 연설과 극명한 대조를 이루며, 이 역사적인 날이 지닌 의미를 보여주었다. 제2차 세계대전 75주년 기념일에 시진핑은 중국이 "반파시스트 세계대전World Anti-Fascist War에서 승리하는 데 기여한 것"을 상기시켰다. 마치 트럼프의 쇼비니즘이 우습다는 듯이, 시진핑 주석은 코로나바이러스에 맞서는 인류 공동의 투쟁이 필요하다고 강조했다. 시진핑은 이렇게 선언했다. 세상을 쪼개 블록으로 나누는 것은 "경제 세계화 앞에서 타조처럼 모래 속에 머리를 묻거나, 돈키호테처럼 창을 들고 역사적 대세에 맞서는 것과 같습니다. 이 점을 분명히 하겠습니다. 세계는 결코 고립된 세계로 되돌아가지 않을 것이며, 누구도 국가 간의 관계를 끊을 수 없습니다." 시진핑은 연설을 계속하며 여기서 한 걸음 더 나아갔다. "코로나19는 우리에게 인류가 녹색 혁명을 일으키고, 녹색 발전과 녹색 삶의 방식을 만들어내기 위해서 더욱 빨리 움직여야 한다는 점을 일깨워줍니다." 〔파리기후협약은〕 세계가 녹색 및 저탄소 개발로 전환하는 길을 정해주었습니다." 여기까지 말한 뒤 시진핑은 폭탄선언을 했다. "중국은 더욱 강력한 정책과 조치를 채택함으로써 자발적 국가결정기여량을 확대할 것입니다. 우리의 목표는 2030년 이전에 이산화탄소 배출량이 정점에 달하게 하고, 2060년 전에 탄소 중립을 달성하는 것입니다."[3]

세계에서 가장 거대한 화석 연료 경제국인 중국이 40년 안에 탄소 시대를 끝내겠다고 약속했다. 무대 뒤편에서 탄소 시대 종언을 위한 단계별 계획을 준비한 것은 베테랑 기후 협상가 셰전화解振华가 이끄는 칭화대학의 엘리트 과학자 팀이었다.[4] 중국 정부가 여름 동안 EU와의 회담에 관한 힌트를 주긴 했지만, 9월 22일 시진핑의 발표는 놀라운 것이었다. 혼란스러운 일이었다. 유럽과 미국의 기후 정책 옹호자들은 항상 자신들이 중국이 대담한 행동에 나서게끔 흥정을 해야만 한다고 생각해왔다. 그런데 지금 중국이 서방의 탄소 배출 국가들이 제시할 수 있는 모든 계획을 뛰어넘는 계획을 발표하며 선수를 쳤던 것이다.

중국은 혼자서 전 세계의 진정한 탈탄소화를 향한 문을 열었다. 그에 대한 반응은 회의적이었다.[5] 중국 공산당의 장식품으로 장식한 연단에서 전달된 시진핑 주석의 말은 서양 사람들 입장에서 무시하기 딱 좋았다. 이것이 노골적인 선전 활동이며, 악화일로인 중국과 세계의 다른 나라들 사이의 관계로부터 다른 곳으로 주의를 돌리려는 수작이 분명하지 않은가?[6] 그러나 이런 생각을 하는 사람들이 아무리 노력해도, 외국인 관찰자들은 시진핑의 발표가 지닌 중대성을 끝내 부인할 수 없었다. 30년간의 기후 협상 가운데 처음으로, 세계의 주요 탄소 배출국들이 근본적인 행동에 나서는 데 전념했다.[7] 몇 주 만에 한국과 일본은 중국의 선례를 따라 2050년까지 탄소 중립을 이루겠다고 약속했다.[8]

이 사건은 2020년의 특징을 애매모호함으로 정의하게 하는 데 일조할 것이다. 중국은 의제를 선점하려는 듯한 움직임을 보였다. 아시아와 유럽의 대중 상당수는 중국의 행동을 회의적으로 바라보거나 노골적인 적대감을 드러냈다. 중국 중앙정부의 점점 커져만 가는 적극성은 불안하기 짝이 없었고, 반대 의견은 그 형태가 무엇이든 무자비하게 억압하는 중국의 방식은 우려스러웠다. 트럼프 행정부는 2020년에 중국에 대한 공세를 이끌었는데, 이는 마치 냉전이 부활한 듯한 인상을 주었다. 그러나 중국에 반감을 품은 것은 미국만이 아니었다. 여론조사에 따르면, 세계 다른 나라들의 여론은 심지어 미국보다는 더 중국에 강경했다. 호주에서는 중국에 대해 부정적인 견해를 가진 비율이 2019년 57%에서 2020년 81%로 급증했는데, 이는 미국의 73%보다 높은 수치였다. 영국에서는 55%에서 75%로, 독일에서는 56%에서 71%로 적대적인 변화가 일어났다.[9] 그러나 대중들이 이토록 의심스러워했음에도, 미국이 이토록 공격적인 정책을 펼쳤음에도, 이에 대항하는 강력한 힘이 있었다. 그것은 바로 중국이 세계의 나머지 국가들이 겪은 위기와 혼란을 겪지 않았다는 사실이었다.[10] 코로나바이러스가 중국 공산당의 통치 적법성을 뒤흔들 것이라는 의견은 터무니없이 빗나갔음이 증명되었다. 중국 경제는 빠르게 회복하고 있었다. OECD가 2020년 말에 발표한 예측치는 많은 이야기를 담고 있었다. OECD는 2021년 4분기까지 중국의 회복세가 세계의 다른 모든 경제 선진국들과의 격차를 크게 벌릴 것으로 예상했다. 중국의 경제 성장은 서방 전역에 걸친 막대한 이익을 마치 자석처럼 끌어당길 것이다. 2020년 12월 전 세계에서 중국 공산품과 소프트웨어 애플리케이션이 일상생활을 빚어나가고 있었다. 많은 곳에서 중국의 돈과 기술이 에너지, 통신, 교통 기반시설을 재편했다. 중국과 나머지 국가들은 서로를 앞뒤로 밀었다 당겼다 했다.

2020년 초, 중국과 나머지 세계의 격차를 보여주는 상징은 바로 마스크였다. 짧은 기간 동안, 사람들이 가장 많이 찾은 상품은 바로 이 겉보기에 평범한 물품이었다. N95 마스크가 왜 그렇게 특별한지 이해하기 위해서 전 세계 사람들은 섬유 공학과 열가소성 수지의 속성 강좌를 들었다.[11]

2020년 기준으로 바라본 미래

대다수 주요 경제 선진국이 장기 침체에 직면한 반면 중국은 앞서나가고 있다.

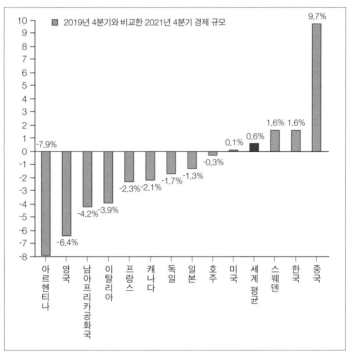

출처: *OECD*, December 2020.

위기 이전에 중국은 전 세계 마스크 생산량의 절반을 책임졌다. 1월 우한 사태 발발 이후 중국의 첫 대응은 국내 마스크 생산 물량을 최대한 확보한 뒤 전 세계에 공급되는 마스크 가운데서 가능한 한 마스크를 많이 사들이는 것이었다. 1월 30일, 단 하루 동안 중국의 구매 대행업자들은 마스크 2000만 장을 사들이는 데 성공했다. 엄청난 양이었지만, 14억 인구가 쓰기에는 턱도 없이 부족했다. 이와 동시에 중국은 2월 말까지 국내 마스크 생산량을 하루에 1000만 개에서 1억 1500만 개로 늘렸으나, 여전히 자국민들에게 안정적으로 공급하기에는 턱없이 부족한 숫자였다. 그리고 범유행이 확산되면서, 이 엄청난 생산량 급증도 전 세계의 수요를 충족시키기엔 모자랐다.[12] N95 마스크 공급량은 계속해서 몹시 부족한 상태였다. 생산량이 급증했음에도 수출용 마스크의 생산자 가격은 3배로 뛰었다.[13]

중국이 개인 보호구 부족을 극복할 수 있었던 것은 바로 범유행을 성공적으로 통제한 덕분이었다. 이것은 분명 승리였지만, 승리를 성공적인 수출로 전환하는 것은 더 어려운 일로 드러났다. 중국의 "안면 마스크 외교"에 대한 최초의 노력은 특히 유럽에서 심각한 역효과를 냈다. 세르비아 총리는 중국 국기에 입을 맞추었다. 헝가리 정부는 중국 중앙정부에 감사를 표했으며, 범유행 위기 이전부터 친중 친러 시각을 가지고 있는 것으로 알려졌던 밀로시 제만Miloš Zeman 체코 대통령도 마찬가지로 감사를 표했다.[14] 그러나 이들은 예외적인 존재였다. 호황을 만난 중국 공급업자들이 한탕 벌어보려고 시도하면서 마스크의 품질 결함 보고가 급증했다.[15] 조잡한 상품과 결합한 조잡한 프로파간다는 유럽 사람들에게 커다란 혐오감을 주었다.[16] 따뜻한 연대감을 형성하는 대신에 연성 권력soft power을 행사하려 한 중국의 시도는 각국에서 자급자족 요구를 일으켰다. 필수 의약품과 기초적인 병원 물품을 장거리 수입에 의존하는 게 말이나 되는가? 본국 회귀가 대유행했다. 일본은 심지어 코로나 경기 부양 자금 가운데 22억 달러를 할당하여 기업들이 중국에서 이전하게끔 장려했다.[17]

범유행은 자급자족을 매력적으로 보이게 했지만, 자유무역 옹호론자들이 지적했듯이, 개인 보호구의 전 세계적인 공급에 대한 논의는 대부분 잘못된 전제에 바탕을 두고 있었다. 우선 중국이 세계의 공급을 독점하고 있다는 것은 사실이 아니었다.[18] 그리고 코로나바이러스로 인해서 전면적인 본국 회귀 현상이 일어날 것이라는 생각도 허상이긴 마찬가지였다.[19] 중국이 현대 제조 분야에서 매력적인 선택지가 된 것은 단순히 비용 때문만이 아니라 공급자와 물류 시스템의 정교한 네트워크를 갖춘 덕분이었다. 품질이 표준에 못 미치는 일부 마스크나 결함이 있는 코로나 진단 검사기 때문에 중국이 갖춘 이점들이 하룻밤 사이에 사라지지는 않았다.[20]

또한 서방에서 알레르기 반응이 일어났다고 해서 전 세계에서 같은 일이 일어날 거라고 일반화해서는 안 된다. 3월, 러시아에서는 중국산 마스크 2300만 개가 호평을 받았다.[21] 파키스탄에서는 중국의 투자와 마찬가지로 의료 지원 역시 열렬한 환영을 받았다.[22] 에티오피아는 중국산 개인 보호구를 공수하는 역할을 기꺼이 받아들였다.[23] 유행병의 기세가 걷잡을 수 없었던 라틴아메리카는 받을 수 있는 도움을 모조리 받아야만 했다. 3월에서 6월 사이에 여러 중국 기관으로부터 1억 2800만 달러의 지원금이 라틴아메리카로 흘러들었다. 이것은 대단한 금액은 아니었지만 미국이 제공한 금액 이상이었으며, 중국의 지원에는 트럼프 대통령이 가장 좋아하는 돌팔이 치료제인 하이드록시클로로퀸 묶음이 들어 있지 않았다. 중국의 원조는 대부분 처참한 대처를 하고 있던 베네수엘라의 니콜라스 마두로 정권에 돌아갔지만, 브라질과 칠레 역시 상당한 기부를 받았으며, 브라질의 경우 보우소나루의 국가 정권을 우회하여 개별 주에 직접 지원이 이루어졌다. 그 어떤 경우에도 보조금과 원조보다 더 중요했던 것은, 의료 기기와 인공호흡기, 검사기를 대량으로 운송할 수 있는 중국의 능력이었다. 그리고 이 협력 관계는 중국에도 다양한 방식으로 이익이 되었다. 라틴아메리카 국가들은 중국의 백신 개발 계획의 협력국이 될 것이다.[24]

코로나바이러스는 국제 정치에서 "차이나 쇼크"라는 말이 장소에 따라서 다른 것을 의미한다는 점을 확실하게 인식시켰다. 유럽과 미국에 중국은 달갑지 않은 경쟁자로 여겨졌다. 세계 다른 지역 입장에서는 비록 중국의 성장이 위압감을 주긴 하지만, 그와 동시에 눈부신 기회를 열어주었다. 브라질에서는 2019년에 중국에 수출한 양이 미국에 수출한 양보다 두 배나 더 많았다.[25] 경제를 태평양에 의존하는 칠레와 페루에 중국은 심지어 이보다 더욱 중요했다.

신속하게 통제력을 회복한 중국과 여전히 난장판인 세계 다른 나라들 사이의 극명한 대조는 중국 안에서 프로파간다가 손쉽게 성공하는 원동력이 되었다. 물러나기는커녕, 시진핑 주석과 중국 공산당 내부에 있는 그의 파벌은 권력을 굳건히 했다.[26] 5월 21일 마침내 '두 회의'가 소집되었을 때, 시진핑 주석의 위상은 최고조에 달했다. 그리고 이제 중국 내부 정치에서 가장 민감한 부분 가운데 하나인 홍콩에 대한 조치를 취할 때가 왔다.

이 영토가 영국의 지배에서 중국의 지배로 되돌아왔던 1997년 이후, 중국은 소위 홍콩기본법이라는 협정을 준비하여 홍콩을 위해 "일국양제" 체제를 확립했다. 홍콩기본법은 2047년까지 지속

될 예정이었다. 영국의 통치 아래서도 평범한 민주주의 국가가 아니었던 홍콩은 이제 홍콩기본법 아래에서 더더욱 평범한 민주주의 국가가 아니게 되었다. 입법회Legislative Council(LegCo)의 의석 가운데 절반은 조합주의corporatism를 따르는 기업체와 같은 기능 집단에 배정되었다. 그럼에도 홍콩에서는 반대 의견과 언론의 자유가 용인되었으며, 경찰과 사법부가 커다란 독립성을 지닌 채로 운영되었다. 언론과 여행 측면에서, 홍콩은 중국과 서양 사이의 비교적 자유로운 교두보 역할을 했다. 또한 홍콩은 국제 금융에서 더더욱 중요한 역할을 했다.

홍콩은 뉴욕과 런던의 뒤를 잇는 세계에서 세 번째로 중요한 금융 중심지였다. 2019년, 홍콩은 나스닥 및 뉴욕과 최대 규모의 신주 공모 발행을 놓고 경쟁했다.[27] 홍콩은 163개 은행과 2135개 자산운용사를 거느린 세계에서 세 번째로 큰 달러 거래 센터였다.[28] 그러나 홍콩의 성장은 매우 편중되었다. 1970년대와 1980년대에 홍콩은 금융 중심지였던 것만큼이나 생산 중심지였다. 홍콩 문턱의 주강 삼각주가 개방되면서 홍콩의 경공업계는 치열한 경쟁에 시달렸다. 중국 본토 사람들과 해외 구매자들 때문에 부동산 가격이 치솟으면서 생활비가 증가했고, 이로 인해 인구의 20%가 공식적인 빈곤선 이하로 살게 되었다.[29]

정치적·사회적 불만이 중국 본토에 대한 반감과 함께 급증하였는데, 이는 처음에는 2014년의 우산운동Umbrella Movement(2019년 79일간 홍콩 행정장관 완전 직선제를 요구한 저항 운동으로, 시위대가 경찰의 최루가스 공격을 막기 위해 우산을 사용하였다.—옮긴이)으로, 두 번째로는 2019년의 홍콩 시위와 같은 공개 시위로 격발되었다.[30]

중국은 홍콩에서 천안문식 학살을 벌이고 싶지 않았지만, 2020년 9월 입법회 선거일을 향해 시간이 흘러가고 있었고, 중국 중앙정부는 반대파가 성과를 내는 것을 결코 용납하지 않을 것이다. 만약 코로나바이러스가 끼어들지 않았다면, 중국이 2020년 초에 새로운 조치를 발표했을 가능성이 높다. 마침내 베이징에서 두 회의가 열린 5월은 행동에 나설 적기였다. 6월 30일, 중국은 정부에 대한 반대 의견을 범죄화하는 새로운 국가보안법을 시행했다. 7월, 홍콩 지방정부는 입법회에 속한 4명의 정치인을 포함한 총 12명 정치인의 선거 출마를 금지했다. 그리고 얼마 지나지 않아, 중국 중앙정부의 열렬한 찬성하에 입법회 선거가 1년 연기되었다.[31] 범유행 감염병은 엄격한 단속의 구실을 제공했다.

이것은 "일국양제"에 대한 일방적인 공개 부인이었다. 그리고 2020년 여름, 이것은 트럼프 행정부가 중국에 싸움을 걸 반가운 구실을 주었다. 7월 14일, 미국은 "홍콩의 자유를 박탈하는 행위"와 관련된 모든 사람에 대한 제재를 발표했는데, 여기에는 홍콩과 거래해온 금융 회사들도 포함되어 있었다. 이후, 홍콩은 더는 본토와 구분되는 경제 독립체로 취급되지 않을 것이다.[32] EU는 "심각한 우려"를 표명하는 미온적인 성명을 발표했다. 독일은 중국과의 범죄인인도조약을 중단했지만, 유럽 국가들은 공통된 행동을 취하는 것에 관해서 합의에 이르지 못했다.[33] 영국이 할 수 있는 최선의 일은 탈출을 희망하는 홍콩인들이 영국 여권을 자유롭게 신청할 수 있게 하는 것이었다.

홍콩 자체는 조용했다. 중국 중앙정부가 배치할 수 있는 압도적인 군세에 직면한 반대파는 체념하고 운명을 받아들였다. 민주화에 대한 희망이 모두 헛된 희망으로 드러난 상황에서, 입법회에 계속 관여하는 것은 사실상 꼭두각시 의회인 입법회를 정당화하는 데 일조하는 행위였다.[34] 연말까지, 망명하지 않은 운동가들은 재판에 회부되었다. 2021년 1월은 현역 야당 의원들과 이들의 지지자들에 대한 또 다른 대규모 체포와 함께 시작되었다. 홍콩 억압은 중국 본토에서 압도적인 지지를 얻었지만, 수많은 유력한 홍콩인들 또한 민주화 운동가들이 쫓겨나는 모습을 보며 기뻐했다. 홍콩 지역의 이익단체들은 중국에 위협받았을 뿐만 아니라 매수되기까지 했던 것이다.

홍콩 경제에는 도움이 필요했다. 2019년 시위와 뒤이은 코로나바이러스는 자신감에 큰 상처를 주었다. 2020년 9월까지 홍콩의 GDP는 5분기 동안 연속으로 감소했다. 기득권층은 홍콩을 안정시키겠다는 중국 중앙정부의 약속을 반겼다. 6월 30일 국가보안법이 공표된 후, 홍콩의 주가 지수인 항셍 지수는 급등했으며 증권 시장은 그 어느 때보다 바쁘게 돌아갔다.[35] 중국 본토에 있는 기업들에 의한 대규모 기업공개(IPO)가 일어날 조짐이 보였다.[36] 홍콩 주가가 정치적 불확실성으로 인해 폭락한다고 한다면, 중국 본토 투자자들은 "저가 매수"의 기회를 노렸다.[37]

홍콩과 뿌리 깊게 관련된 서양의 은행들과 법률 회사들도 국가보안법에 찬성했다. 스와이어Swire, 자딘매시선Jardine Matheson, 스탠다드차타드Standard Chartered, HSBC 등 금융 회사들은 모두 공개적으로 국가보안법 지지를 선언했다.[38] 런던은 물론 심지어 홍콩 현지 직원들 다수가 한목소리로 반대했음에도 이 회사들은 지지를 표명했다. 논리는 간단했다. 중국 중앙정부와 논쟁을 벌일 수는 없다는 것이었다. 중국 본토는 곧 시장이 있는 곳이었다. 그리고 중국 중앙정부는 물론이고 홍콩에서 은행권을 점점 더 장악하고 있는 중국 본토의 직원들 가운데서 홍콩 "분리주의"의 조짐을 일으킬 만한 것을 용납할 사람은 아무도 없었다.

2020년 11월 7일, 홍콩의 행정장관인 캐리 람Carrie Lam과 그녀의 내각은 한정韓正 상무 부총리를 만나 경제 원조를 신청하기 위해 베이징으로 향했다. 홍콩은 바이러스 억제를 위해 진단 검사 기구를 지원받아야만 했으며, 홍콩이 미래에 금융과 여행의 중심지 역할을 맡게 될 것이라는 점도 다시 한번 확인받고 싶어 했다.[39] 중국 중앙정부의 비전은 이것을 훨씬 뛰어넘었다. 중국 중앙정부의 목표는 광둥성과 홍콩, 마카오를 하나의 거대한 경제 지역인 대만구로 통합하는 것이었다. 2017년에 이 아이디어가 처음 나왔을 때, 세 지역의 인구는 총합 7100만 명이었으며 통합 GDP는 1조 6000억 달러였다.[40] 이 지역이 통합된다면 한국과 어깨를 나란히 하는 세계 12위의 경제 지역이 된다. 중국 수출의 37%를 차지하는 대만구의 미래 전망은 눈부셨다. 자치에 대한 홍콩 사람들의 추억은 아시아의 실리콘밸리가 벌어들일 돈 속에 파묻힐 것이다.

대만구는 시진핑 주석과 그의 막료들이 2013년부터 추진해온 효율적인 국가 자본주의라는 비전을 단적으로 보여주었다.[41] 이 프로젝트의 핵심 동기는 정치적인 것이었다. 이 동기 가운데는 세계에서 가장 역동적인 경제 국가에 대한 중국 공산당의 강력한 지배권을 확립하는 것도 있었다. 중국 전역에서, 기술 기업들과 고급 민영 콘도에 당이 주도하는 위원회가 설치되었다. 홍콩 통합은 이 과정의 중요한 부분이었다. 중국 본토에서든 홍콩에서든, 재계의 거물들이 고분고분하게 구는 것 또한 마찬가지로 중요했다. 심지어 마윈马云 같은 세계적인 스타들 또한 예외가 아니었는데, 2020년 11월 앤트파이낸셜Ant Financial의 기록적인 기업 공개가 중단되고 마윈이 대중 앞에서 사라졌을 때 이 점이 명백히 드러났다. 이제 "지시 없는 자본 확충"은 더는 없을 것이다.

더 광범위한 프로젝트는 정치적 직접 통제를 넘어 중국의 맹렬한 성장을 길들이려는 노력으로 확대되었다. 핵심은 과도한 신용 성장을 억제하기 위한 금융 규제와 통화 정책이었다. 금융위기가 터지기 일보 직전까지 갔던 2015년의 사태가 재발해서는 안 된다. 이것은 공산당의 통제력을 강화하기 위한 어마어마한 표명이었지만, 그와 동시에 경제적 성장과 광범위한 번영이 일어날 것이라는 전망을 주었다. 이는 너무나도 거대한 전망이었기에 중국 사회뿐만 아니라 전 세계의 균형을 변화시켰다. 2019년 세계 경제 성장의 27%는 중국의 몫이었다.[42] 이 과정에서 중국은 미국을 제치고 세계 최대의 소비자 시장이 되었다.[43] 2020년, 중국은 계속해서 성장 중인 세계 유일의 주요 경제국이었다. 중국은 너무나도 매력적인 존재였다.

1990년대 이후 미국의 금융과 관련된 이해관계는 중국에 대한 비난 여론을 이끌었으며, 2020년 중국의 홍콩 억압은 이러한 비난 여론을 잠재우지 못했다. 실제로 월스트리트의 가장 애틋한 바람은 "일국양제"로 정의된 홍콩의 해안가를 벗어나 중국 본토의 광대한 시장에 직접 접근하는 것이었다. 1600억 달러의 자산을 운용하는 세계에서 가장 큰 헤지펀드인 브리지워터어소시에

이츠Bridgewater Associates의 전설적인 설립자 레이 달리오Ray Dalio 보다 이 바람을 더 분명히 드러낸 사람은 없었다. 2020년 1월 다보스에서 레이 달리오는 〈폭스 비즈니스 뉴스〉의 시청자들에게 이렇게 말했다. "이것은 여러분 할아버지 시절의 공산주의가 아닙니다. 일부 중국인은 미국인보다도 더 자본주의를 좋아합니다." 한 해가 시작되자 달리오는 고국의 분위기를 걱정했다. 버니 샌더스와 엘리자베스 워런Elizabeth Warren이 민주당 경선에서 강세를 보이며 "반자본주의" 정서를 자극하고 있었다.[44] 그리고 달리오를 우려하게 한 것은 미국의 사회주의 성향뿐만이 아니었다. 더 우려스러운 것은 바로 연방준비제도였다. 수많은 미국 금융인들 사이에서 달리오는 역사에 관심이 많기로 유명하다. 지난 500년 동안 있었던 금융 제국의 흥망성쇠를 연구한 후, 달리오는 근본적인 변화가 일어나고 있음을 확신했다. 달리오는 미국이 "엄청난 양의 부채를 만들고 돈을 대량으로 찍어내고 있는데, 이는 역사적으로 볼 때 준비 통화에 위협이 되었다"라고 경고했다. "펀더멘털(기초적 사항들)이 미국 달러의 가치를 훼손하고 있다"는 것이었다. 도출된 결론은 피할 수 없었다. 미래는 중국의 것이었다. 달리오는 다소 방어적으로 이렇게 말했다. "사람들은 내가 편파적이고 순진하고 어떤 때는 비애국적이라고 비난한다. 난 그저 내가 객관적일 뿐이라고 생각한다."[45]

만약 브리지워터 사장의 말이 충분히 명백하지 않다는 생각이 든다면, 이른 나이에 브리지워터의 투자연구 책임자가 된 캐런 카르니올탬부어Karen Karniol-Tambour가 연말에 《바론스Barron's》와 한 인터뷰에서 펼친 주장을 들어보자. 《바론스》는 미국 중부 전역의 소규모 투자자들과 금융 자문가들이 읽는 주간지다. 그녀는 중국이 "제2차 세계대전 이후 미국이 마주했던 경쟁자들보다 더 경쟁력 있는 생태계를 갖춘, 더 거대한 경쟁자"라고 말했다. 그러나 미국의 돈을 미국의 깃발 아래에서 모으는 것은 그녀의 책임이 아니었다. 반면, 그녀가 말했다시피, 미·중 교착 상태에서는 "소련과의 냉전 때와는 달리 투자자들이 양 진영 모두와 이해관계를 맺고 있을 수 있다". 물론, 여러분은 애국자다운 자세를 취하며 "나는 미국이 무슨 일이 있어도 정상에 오를 것이며, 미국의 기술은 더 나아질 것이며, 미국이 곧 성장이 있는 곳이라고 확신한다"고 말할 수도 있을 것이다. 그러나 미국인이든 아니든, 합리적인 투자자는 이런 질문을 할 수 있다. "내가 왜 이런 리스크를 감수해야 하지? 내가 보기엔 분산 투자를 하는 편이 더 나을 것 같은데?"[46] 브리지워터가 분산 투자의 원칙으로부터 시작되었다는 말은 굳이 할 필요가 없을 것이다.

미국의 자본주의를 대변하는 기업 가운데 하나가 이런 말을 하다니 기괴하게 느껴질지도 모르지만, 브리지워터에서 특이한 부분은 이러한 견해를 가지고 있다는 점이 아니라 그 견해를 솔직하게 표현했다는 점이다. 비록 월스트리트 기업들이 나팔을 불며 환호하지는 않았지만, 월스트리트의 저명한 기업들은 2020년에 중국에서 대단히 성공적인 한 해를 보냈다.[47] JP모건은 중국 시장에서 선물 사업을 완전히 장악하기를 고대했다. 골드만삭스와 모건 스탠리는 중국 증권 벤처 사업에서 주류가 되었다. 씨티그룹은 유가증권의 관리인으로 행동할 수 있는, 탐나는 관리 면허증을 받았다. 8월, 블랙록은 중국 가계가 보유하고 있는 27조 달러 규모의 금융 자산을 운용할 권리를 놓고 경쟁할 수 있게 하는, 독립형 완전소유 뮤추얼펀드 라이선스라는 궁극의 상을 받아냈다.[48]

투자자들을 끌어당기는 가장 기본적인 매력은 중국의 부가 증가하고 있다는 것이었지만, 달리오가 지적했다시피, 다른 추진 요인도 있었다. 2020년 봄, 서구에서 있었던 대규모 중앙은행 개입은 의심할 여지없이 시장 안정화를 위해 꼭 필요한 일이었지만, 그 부작용으로 수익률이 무너졌다. 미·중 냉전이 진행되고 있음에도, 2020년에 자본가에게 가장 돈이 되는 안전자산은 바로 중국 국채였다. 서구에서 제공하는 것보다 몇 퍼센트포인트 더 매력적인 수익률을 제공하는 중국은 새로운 "세계의 경화 화폐 자본hard money capital"이었다.[49] 2020년 여름이 끝날 무렵 중국 국채의 외국인 투자자 비율은 거의 10% 증가했다.[50] 이 행위의 매력은 중국 통화의 강세로 배가되었다. "재산권"과 "서구적 가치"에 대한 우려는 이 투자 결정에서 고려 대상이 아니었다. 외국인 투자자들의 우려는 중국 인민은행이 공산당의 송곳니를 드러낼지도 모른다는 것이 아니라, 연방준비제도가 그러했듯이 서구식 양적완화를 채택할지도 모른다는 것이었다.[51]

이것은 황당한 생각이 아니었다. 5월 22일, '두 회의'가 열리는 시기에 맞춰, 중국 재무부는 중앙정부와 지방정부의 재정적 노력의 성과로 2020년에 8조 5000억 위안(약 1조 2000억 달러)의 새로운 채권을 발행할 것이라고 발표했는데, 이는 2019년 발행량의 거의 2배에 달하는 양이었다. 서구에서와 마찬가지로, 문제는 어떻게 하면 금리를 인상하지 않은 채로, 그리하여 사적 차입을 억제하지 않은 채로, 국내총생산의 8%에 해당하는 채권을 발행할 수 있느냐였다. 4월 말, 중국 재무부 직속 싱크탱크의 책임자 류상시刘尚希는 중국이 일본, 유럽, 미국의 전철을 따라, 중국 인민은행이 신규 발행하는 국채를 대차대조표에 기재함으로써 정부 지출을 위한 자금을 조달하게 해야 한다고 제안했다. 이는 결국 적자를 직접 수익화해야 한다는 제안이었다. 이는 중국에서 인플레이션에 대한 기억이 1990년대까지 거슬러 올라간다는 사실에 비추어볼 때 매우 대담한 제안이었다.[52]

수익률에 굶주린 투자자들에게는 다행스럽게도 류상시의 아이디어는 그다지 호응을 얻지 못했다. 중국 인민은행 통화위원회의 전 의원들은 독일 중앙은행가들을 떠올리게 하는 짜증이 난 목소리로 양적완화가 위안화에 대한 신뢰를 떨어뜨릴 것이라고 경고했다. 다른 이들은 소비자 시장에 인플레이션이 나타날 것이며, 만약 그렇지 않으면 자산시장에서 인플레이션이 나타날 것이라고 경고했다. 러우지웨이楼继伟 전 재정부 부장은 신규 발행된 국채를 직접 매입하는 것은 중국 중앙은행법을 위반하는 것임을 지적했다. 일당제 국가에서 합법성을 따지다니 이상하게 보일지도 모르겠지만, 합법성이야말로 가장 중요한 것이었다. 러우지웨이 전 재정부 부장은 "부채 화폐화Deficit monetisation는 공공 재정 관리의 '최후 방어선'을 없앨 것"이라고 경고했다.

승자는 중국의 화폐 보수주의자들이었다. 5월 22일 전국인민대표회의에서 리커창 총리는 신규 차입이 급증하고 있으나 중국은 금리를 낮게 유지할 방법을 찾아낼 것이라고 주장했다. 그러나 그는 중국 인민은행에 관해서는 언급하지 않았다. 여분의 유동성은 민간 은행의 준비금 의무 적립액을 줄임으로써 공급할 예정이었다.[53] 한편, 중국의 공공 부채는 서방 국가들에 매력적인 스프레드를 제공했다.[54] 아무도 언급하지 않는 것은 바로 중국의 통화 정책이 주로 목표 환율에 의해 결정된다는 점이었다. 달러화 대비 위안화는 절상하고 있었지만, 더 넓은 범위의 통화 바스켓과 비교해보면 현재 고정되어 있어서 안정세를 유지했다. 수출이 빠르게 회복하면서 손쉽게 균형이 이루어졌다.

베이징에 파견된 유럽 외교관들이 언짢은 투로 언급했듯이, 홍콩의 은행과 금융 문제는 영미권의 각별한 관심사였다.[55] 2016년 이래로 중국은 독일의 가장 큰 무역 상대국이었다. 독일 자동차 업계에 중국이 빠르게 팬데믹에서 벗어난 것은 구명줄이었다. 중국은 2020년에 다임러와 BMW 모두의 당기순이익을 구해주었다. 다임러의 CEO는 전년 대비 24% 급증한 판매량을 "놀라운" V자 형태의 회복이라고 부르며 기쁘게 맞이했다.[56] 유럽 산업이 전기차로 전환할 때 직면할 막대한 비용을 고려해보면, 이익은 대단히 중요했다. 2020년, 제네바와 디트로이트에서 열릴 예정이었던 모터쇼가 취소된 이후, 베이징은 2020년에 유일하게 주요 모터쇼를 주최한 도시가 되었다.[57] 모든 주요 제조사들이 새로운 전기 구동 모델을 선보이기로 했다. 변화를 더 잘 받아들이는 중국의 젊은 소비자들과 중국 배터리 제조사와 전기 구동 플랫폼 제조사의 생태계야말로 차세대 자동차의 형태를 결정할 요인이었다.

원자재 생산국들은 심지어 이보다 더 중국에 의존했다. 중국은 철광석과 석탄의 압도적인 세계 최대 구매국이었다. 중국은 석유 시장 성장의 가장 큰 원천이었다. 게다가 중국은 단순히 가장 큰 구매국이 아니었다. 중국은 점차 시장 그 자체를 만들어나가고 있었다.

롤러코스터를 탄 유가는 2020년의 엄청난 드라마 가운데 하나였다. 4월, 미국의 석유 선물 가격은 마이너스 영역 깊숙한 곳으로 추락했다. 가장 큰 손해를 입은 사람들 가운데는 투기성이 강한 파생상품에 기반을 둔 구조화 상품인 "원유보crude oil treasure"에 저축금을 집어넣은 중국 개인 투자자들이 있었다.[58] 이들은 국내 석유 시장에 투자하는 편이 더 나았을 것이다. 2018년, 상하이는 위안화로 표시된 새로운 석유 선물 계약을 도입했다. 위안화로 표시된 계약은 충분한 저장 용량이 확보되어 있어서, 코로나바이러스 쇼크에 직면했을 때 달러로 표시된 계약보다 회복력이 훨씬 더 뛰어나다는 사실이 입증되었다. 가격은 결코 배럴당 30달러 밑으로 떨어지지 않았다.[59] 중국의 탄탄한 가격에 편승하기 위해서 유조선들은 떼를 지어 중국 항구로 향했으며, 이는 전 세계의 공급 과잉을 흡수하고 물가를 안정하는 데 일조했다. 중국의 성장 전망을 고려할 때, 석유는 연료가 아니더라도 활황을 맞은 플라스틱 산업의 공급 원료로서 결국 구매자를 찾을 것이 확실했다. 2020년 여름, IEA는 예측 가능한 미래에 중국이 미국을 제치고 세계에서 가장 중요한 석유 제품 정제 국가가 될 것이라고 발표했다.[60] 미국은 석유 시대가 시작된 1850년대 이후로 한 번도 이 왕좌에서 밀려난 적이 없었는데 말이다. 이제 미국은 중국의 신규 석유 화학 정제소들에 밀려나고 있었다. 세계 화학 산업의 성장 가운데 절반을 차지하는 중국은, 한때 IG 파르벤 복합 기업의 창립 멤버였던 독일의 BASF 같은 거대 기업들에 저항할

3부 뜨거운 여름

수 없는 유혹이었다. 2003년에서 2019년까지, BASF의 중국 내 그린필드greenfield(해외 진출 기업이 투자 대상국에 생산 시설이나 법인을 직접 설립하는 형태의 외국인 직접 투자. ─ 옮긴이) 지출액은 총 278억 달러에 달했는데, 이는 BASF의 글로벌 투자액 가운데 60%에 해당한다. 무역 전쟁이 심화되고 있음에도, BASF는 2019년 12월에 광둥성에서 100억 달러 규모의 공장을 착공했다.[61] 이는 BASF의 최대 프로젝트이자 최신 프로젝트였다.

중국의 눈부신 경제 성장은 초창기에는 시장경제와 자유무역의 승리로 환영받았다. 2020년, 양적 성장은 질적 변화를 가져왔다. 세계 여론조사는 중국이 점점 더 세계를 주도하는 경제국으로 여겨지고 있음을 보여준다.[62] 또한 중국은 시진핑의 통치하에서 확고한 초강대국으로 부상했다. 이는 아시아 입장에서 불길한 의미를 내포하고 있었다. 한국, 일본, 대만, 베트남의 역사는 중국의 전략적 영향력이 얼마나 큰지를 증명한다. 미국의 은행가나 유럽의 기업가, 아랍의 석유 생산자들과 마찬가지로, 이 나라들도 거대한 성장 기계인 중국의 중력에서 벗어날 수 없었지만, 이들에게는 중국이 새로이 선보인 남중국해에 대한 공격적인 입장과 상대적으로 약한 무역 상대국을 괴롭히는 태도를 우려할 즉각적인 이유가 있었다. 중국이 새로이 성취한 거대한 규모는 되돌릴 수 없었다. 만약 그런 일이 일어난다면, 그것은 경제적·사회적·정치적 대참사일 것이다. 문제는 어떻게 새로운 힘의 균형을 억제하고 제도화하고 프레임을 짜느냐였다.

한 가지 방법은 중국을 배제한 거대한 지역 무역 투자 조약인

'환태평양 경제동반자협정 Trans-Pacific Partnership(TPP)'에서 협상을 벌이는 것이었다. 오바마 행정부는 TPP가 "사실상 중국 억제 동맹"이 되게끔 추진했다.[63] 이 방법은 일본, 캐나다, 멕시코, 그리고 몇몇 라틴아메리카 국가의 지지를 받았다. 그러나 이러한 조약을 맺으려면 복잡한 협상이 필요했다. TPP는 의회에서 논란을 일으켰다. 2016년 대통령 선거 운동 과정에서 힐러리 클린턴은 자신이 국무장관 시절에 추진하는 데 도움을 주었던 협정에서 발을 뺐다.[64] 트럼프 치하에서 이 협상은 애초에 성공할 가능성이 없는 것이었다. 2017년 1월 취임 첫날, 트럼프 대통령은 미국의 참여를 취소했다. 호주와 일본은 백악관의 변덕 때문에 협상이 실패하도록 내버려두기에는 너무 많은 돈을 투자했다. 그래서 어찌되었든 협상은 진행되었고, 그 이름은 '포괄적·점진적 환태평양 경제동반자협정 Comprehensive and Progressive Agreement for Trans-Pacific Partnership(CPTPP)'으로 바뀌었다. 이 협정은 캐나다에서 칠레, 호주, 싱가포르를 아우르는 커다란 집단 협정이었지만, 미국이 없는 한 CPTPP에는 경제 중심지가 부족했다. 아시아 태평양 무역 정책에서 생긴 공백은 중국이 채우기를 바라마지않던 것이었다.

중국 중앙정부가 2013년에 던진 첫 번째 수는 아시아 지역의 운송망을 개선하고 지역 간 경제를 연결하는 아시아인프라투자은행 Asian Infrastructure Investment Bank(AIIB)이라는 아이디어를 출범하는 것이었다. 미국의 반대에도 불구하고, 호주, 한국, 심지어 영국마저 회원으로 가입하면서 AIIB는 계속해서 전진하기 시작했다.

아시아의 주요 무역 국가들은 그물망처럼 얽힌, 관세 인하를 위한 자유무역협정을 이미 맺고 있었다. 그러나 아무리 좋은 기반 시설을 갖추고 있더라도, 상충하는 국가 규정들과 비관세 장벽이 있는 한 물류는 유통되지 않을 것이다. 적시 생산관리 시스템(JIT) 공급망은 물류 연결망의 속도와 신뢰성을 극한까지 시험했다. 2012년 동남아시아국가연합Association of Southeast Asian Nations(ASEAN)은 반제품과 중간재의 더 효율적인 유통을 촉진하기 위해서 무역 지대에 대한 협상을 시작했다.[65] 공급망에서 중국이 핵심 역할을 담당하고 있음을 고려할 때, 중국은 이 비전의 중심에 있었다. 협상은 중단되었지만, 2019년 중국 중앙정부는 베이징에서 주요 무역 정상 회담을 개최함으로써 판돈을 올렸다. 2020년 여름, '역내포괄적 경제동반자협정Regional Comprehensive Economic Partnership(RCEP)'이 드디어 체결할 준비를 마쳤다. 2020년 11월 15일 일요일에 공식 발표된 협정은 역사상 가장 큰 무역 거래로 환영받았다. 중국 중심으로 이루어진 RCEP의 GDP 총액은 "중국 억제"를 위한 CPTPP의 GDP보다 컸다. CPTPP의 GDP는 미국-캐나다-멕시코 무역 블록이나 EU와 비슷한 수준인데도 말이다.

경제적 관점에서 볼 때 가장 인상적이었던 것은 중국, 한국, 일본 사이에 새로운 연결고리가 생겼다는 소식이다. 이 연결고리를 합치면 RCEP의 GDP 총액의 80%를 차지한다. 정치적인 면에서 가장 주목할 만한 점은 이 협정에 호주가 포함되었다는 점이다. 또 다른 RCEP 가입국인 뉴질랜드는 중국과 좋은 관계를 유지하고 있었지만, 호주와 중국의 관계는 빠르게 악화되어갔다.[66] 호주 정부는 중국의 정치 간섭을 단호한 태도로 거부했으며, 통신망에서 화웨이Huawei를 배제했고, 중국에 코로나바이러스에 대한 책임을 물었다. 그리고 중국 중앙정부는 이에 대해 불쾌감을 표했다. 보이콧 때문에 호주산 석탄을 실은 선박은 중국 항구 밖에서 대기해야만 했다. 그러나 호주는 RCEP와 같은 벤처 사업에서 벗어날 여유가 없었다. 2019년 호주 수출의 3분의 1은 대중국 수출이었고, 무역수지는 대규모 흑자를 기록했다. 기존 이해당사자 입장에서는 철광석과 석탄 수출을 지속하는 것이 매우 중요했다. 중국과의 통합은 너무나도 강력한 유혹이었기에, 호주의 빅토리아는 중앙정부의 반대에도 불구하고 중국의 일대일로 사업에 동참했다.[67] 호주는 이미 모든 RCEP 회원국과 양자 간 자유무역협정을 체결했다. 협정 서명국으로서 호주가 얻은 것은 무역 블록 전체에 대한 영향력이었다.[68] 중국은 RCEP가 오로지 상품 무역에만 집중하기를 원했다. 호주와 일본 중앙정부의 주장으로, 집중 분야는 경제 선진국에 수익성 있는 새로운 성장 기회를 제공하는 부문인 건강, 교육, 물, 에너지, 통신, 금융, 디지털 무역에 대한 외국 투자로 확대되었다.[69]

RCEP에서 빠진 단 하나의 주요 아시아 경제국은 인도였다. 2014년부터 2018년 사이에 인도는 중국으로부터 세계에서 가장 빠르게 성장하는 경제국의 지위를 박탈했다. 아시아의 1등 국가로서 인도가 맡을 새로운 역할에 관한 흥미로운 이야기가 있었다.[70] 이러한 낙관론에 편승하여, 인도는 본래 ASEAN 국가들과 함께 RCEP 회의에 참여했으나 2019년 11월에 탈퇴했다.

1990년대 이후 인도의 경제 개방은 값싼 수입품이 물밀 듯이 흘러들어오게 하여 소비자들에게 혜택을 주었는데, 이런 수입품은 주로 중국에서 왔다. 그러나 인도 정치권에는 자유무역을 지지하는 세력이 별로 없었다. 국가 경제 정책에 관한 공약은 결국 독립성에 관한 이야기로 귀결된다.[71] 인도의 제조업 부문은 비효율적이었기에 중국과의 경쟁을 두려워할 만한 이유가 있었다. 2017년 이후로 인도의 성장률은 급격히 둔화되었다.[72] 계속해서 늘어나고 있는, 이미 엄청난 인구를 고려할 때, 인도는 탈산업화 deindustrialization를 향해 나아가는 발걸음을 가속할 여유가 없었다. "개방" 전략의 지지자들은 인도는 인도의 막대한 저임금 노동력이 글로벌 경쟁에 직면하여 번영할 수 있게끔 인프라 투자와 규제 변화에 초점을 맞춰야 한다고 주장했다. 비록 수입 급증이 처음에 큰 충격을 주긴 했지만, 중국의 임금 상승은 인도가 세계 시장에서 중국을 대체할 수 있는 역사적인 기회를 제공했다. 이 기회를 잡는 대신, 모디 정부는 RCEP를 탈퇴하고 아트마니르바 atmanirbhar, 즉 새로운 자립의 시대를 선언했다.[73] 전혀 놀랍지 않게도 인도의 산업 및 농업 로비 단체들은 박수갈채를 보냈다. 이들은 정부의 보호 약속에 감사해했다. 그럼에도 인도에서 지역적 고립감이 커지고 있다는 점은 명백했다.

2020년은 자신을 아시아의 리더로 여긴 인도의 자만심에 맹렬한 타격을 가했다. 인도 중앙정부의 코로나바이러스 대응은 엉망진창이었다. 수천만 명의 사람들이 빈곤 상태에 내던져졌다. 인도의 경제 위축은 세계 최악의 수준이었다. 6월, 히말라야에서 인도군과 중국군이 충돌하면서 1975년 이후 최악의 국경 유혈사태가 일어났는데, 그 결과는 인도 사람들에게 전혀 유쾌하지 않았다. 인도인 수십 명이 죽었고, 중국은 분쟁 지역인 라다크 지역에서 600제곱마일의 영토를 추가로 장악하게 되었다.[74] 애국 시위가 이어지면서 중국 휴대폰과 틱톡 같은 앱에 대한 불매 운동이 일어났다. 그러나 인도에는 냉전을 벌일 여유가 없었다. 인도가 최근 급성장했음에도 불구하고, 중국의 국방 예산 규모는 인도의 거의 4배였고 경제는 거의 6배였다. 중국의 경제적·재정적 영향력은 커도 너무 컸고, 인도는 바로 옆에서 그 영향력을 즉각적으로 느껴야만 했다. 스리랑카, 파키스탄, 방글라데시는 모두 중국의 일대일로 프로젝트의 고객이었다. 물론 일대일로에 문제가 전혀 없는 것은 아니었지만, 이 프로젝트는 인도가 제공할 수 있는 모든 것을 작아 보이게 했다. 2020년 가을까지, 델리는 전략적으로 사면초가에 몰린 상황에 대한 암담한 두려움에 휩싸였다.[75] 비록 미국 중앙정부가 미국, 일본, 호주, 인도 간의 군사 협력 기구인 '쿼드Quad'를 추진하고 있다는 사실에 약간의 위안을 받았지만, 이 기구 안에서 인도는 1등과는 거리가 멀었다.[76]

성장하는 중국의 그늘 안에서 살아가야만 했던 건 아시아만이 아니었다. 태평양 반대편에서도 균형이 바뀌었음을 느낄 수 있었다. 매우 다양한 생활비를 고려하여 책정하는 구매력평가 Purchasing Power Parity(PPP) 기준에서, 중국 경제는 아마도 2013년에 미국을 앞질렀을 것이다. 물론 국제시장에서 구매력을 반영하는 현행 달러를 기준으로 보면, 미국은 여전히 상당히 앞서 있었다. 중국은 본래 2030년대 중반이 되기 전까지는 세계 1위가 될 것으로 예측되지 않았다. 이것은 2020년 전에 있었던 예측이었다. 코로나바이러스 위기의 영향이 국가별로 천차만별이었기 때문에 예측가들은 예측을 수정해야만 했다. 연말이 되자, 중국이

3부 뜨거운 여름

이르면 2028년에서 2029년에, 즉 기존의 예측보다 5년 빠르게 미국의 GDP를 추월할 것으로 예상되었다.[77] 2030년대에는 중국이 동아시아에 군림할 것이 틀림없었다. 중국 경제는 일본과 미국 경제를 합친 것보다 더 커질 것이다. 더 먼 미래에 관한 예측은 심지어 이보다 훨씬 더 주눅 들게 하는 수정안을 제시했다. 클린턴 대통령의 마지막 재무부 장관이었던 래리 서머스는 2018년에 이렇게 말했다. "미국은 2050년 미국의 경제가 세계 최대 경제국의 절반 규모인 세계 경제를 상상할 수 있을까? 이것은 가능한 미래다. 미국의 정치 지도자가 이러한 현실을 받아들일 수 있을까? 그리고 협상을 통해 정하는 식으로, 미래가 어떤 모습일지 정할 수 있을까? 미국 입장에서는 중국이 경제 규모에서 이렇게나 앞서나가는 것을 용납할 수 없을지도 모르지만, 과연 미국에 이를 막을 수단이 있는가? 과연 갈등을 일으키지 않고 중국을 억누를 수 있겠는가?"[78] 서머스가 시사했듯이, 상업 경쟁은 아주 쉽게 지정학적 갈등으로 번질 수 있었다. 그리고 여기에 걸린 것들은 이보다 더 많을 수가 없을 정도였다.

트럼프 행정부는 중국이 미국으로부터 재화와 서비스를 2000억 달러만큼 더 수입하기로 약속한 1단계 무역 협정의 성과를 축하하며, 비교적 유화적인 분위기로 2020년을 시작했다. RCEP와 CPTPP에서 이루어진 정교한 규제 협상과는 달리, 트럼프의 1단계 협상은 쿼터제에 의존하는 조잡한 것이었다. 무엇보다도, 1단계 협상은 자기 자신을 협상의 명수로 내세우고 싶어 하는 트럼프의 욕망이 낳은 산물이었다. 심지어 코로나바이러스가 협상을 압박하기 전에도, 장기적으로 중국이 전략적 위협이라고 여기는 사람들은 1단계 협상을 회의적으로 바라봤다. 중국이 미국산 콩을 더 많이 사도록 설득한 것은, 이 위협을 해결하는 데 아무런 도움도 되지 않기 때문이다. 범유행 감염병이 미국을 강타하자, 1단계 협상을 달성한 데서 오는 행복감은 완전히 사라졌다. 트럼프 행정부는 바이러스를 구실로 점점 더 요란하게 중국을 공격했다. 중국 중앙정부의 관점에서는 불길하게도, 이제 상황을 주도하는 것은 미국의 안보 정책 수립이었다. 2020년 5월, 백악관은 "중화민국에 대한 미합중국의 전략적 접근"으로 묘사된 보고서를 발표했다.[79] 이 보고서는 2017년 12월에 발표한 국가안보전략의 원칙을 구체화했다. 당시 미국은 처음으로 인도·태평양 일대를 강대국 경쟁이 일어나는 주요 무대로 지목했다. 2020년 보고서는 여기서 한 걸음 더 나아갔다. 이제 정부의 모든 부처뿐만 아니라 기업과 시민 사회도 중국이 제기한 위협에 대응하여 조직되어야만 했다. 이제 문제는 더는 무역 협상에서 양보를 받아내는 것이 아니었다. 문제는 바로 중국 공산당이 지배하는 중국의 "부상"이었다.

이러한 전면적인 재평가는 태평양 양안의 대기업 일부에 즉각적인 영향을 미쳤다. 애플과 보잉 같은 미국 회사들은 중국과 큰 이해관계를 맺고 있었다. 중국 측에서는 통신업체 화웨이가 미국 당국의 표적이 되었다.

2020년, 화웨이는 애플과 삼성을 제치고 시장점유율 20%를 차지한 세계 최고의 스마트폰 공급 업체였다. 화웨이는 5G 네트워크 기술에서도 세계의 선두주자였다. 화웨이는 민간 회사였지만, 그 설립자는 유명한 애국자였다. 서구의 어느 누구도 화웨이가 마지막까지 중국 공산당의 부름에 응답하지 않으리라고 믿지 못했다. 정보 통제와 개인 통신이 위태로워졌기 때문에 화웨이가 서구의 통신망에 존재한다는 것은 사생활 보호와 전략 기밀 통제에 관한 우려를 일으켰다. 이미 2012년에 오바마 행정부는 화웨이와 또 다른 중국 통신 회사인 ZTE에 대한 조사에 착수했다. 조사의 결과로, 미국 정부와 공공기관에서 두 회사의 제품이 전면 사용 금지되었다. ZTE는 표적 제재 대상이 되었다. 2018년 트럼프 행정부는 ZTE와 합의에 도달했지만, 화웨이에 대한 압박은 극적으로 강화했다. 화웨이의 최고재무책임자(CFO)이자 창업자의 딸인 멍완저우孟晚舟가 미국 당국의 요청으로 캐나다에서 체포되었다. 백악관은 화웨이가 미국의 모든 네트워크에 접속하는 행위를 금지하는 행정 명령을 내렸지만, 그 명령의 집행은 보류했다. 2020년 4월 화웨이 장비 구매 금지가 전면 발효되었다. 그 뒤 5월에는 미국 상무부가, 화웨이에 판매하려는 목적으로 미국 장비를 사용하여 반도체를 생산하는 모든 이들에게 라이선스를 요구함으로써 판돈을 극적으로 올렸다. 아시아를 이끄는 반도체 제조사인 한국의 삼성과 대만의 TSMC는 미국의 최첨단 제조 장비와 중국의 거대한 시장 사이에서 선택해야만 했다.[80] 여기서 한발 더 나아가, 미국 상무부는 9월에 중국의 대표적인 마이크로칩 제조사인 SMIC로 제재 대상을 확대했다. 이와 동시에, 미국 상무부는 유럽 정부와 기업들이 마이크로칩을 제조하는 데 꼭 필요한 장비를 더는 SMIC에 공급하지 못하게끔 압력을 넣었다.[81] 미국은 이러한 장비가 어떤 식으로든 중국군의 손에 넘어갈 수 있으며, 이는 "용납할 수 없는 위험"이라고 선언했다.

미국은 중국 산업의 급소를 공격했다.[82] 반도체는 전자제품뿐만 아니라 자동차에서 항공우주, 가전제품, 첨단 에너지 전송 장치에 이르기까지 어디에나 들어가는 부품이다. 중국의 산업에 대한 공세 정책에는 상당한 대가가 따랐다. 미국 반도체 산업 매출의 4분의 1은 대중국 판매에서 나왔다.[83] 그러나 상업은 더는 우선순위가 아니었다. 미국 기업들은 중국 시장에서 손실을 감내해야만 했다. 가장 중요한 목표는 이 핵심 기술 분야에서 중국의 진보를 막는 것이었다.

미국은 중국의 일류 기업인 화웨이뿐만 아니라 중국 산업 경제의 기둥들을 모조리 공격했다. 중국 중앙정부는 어쩔 수 없이 세계화에 대한 접근 방식을 재고해야만 했다. 2020년 5월, '두 회의'에서 제시한 새로운 경제발전 모델은 "이중순환dual circulation" 모델이었다.[84] 순환 가운데 하나는 국제무역 경제였다. 그리고 다른 하나는 중국의 경제 발전에 의해 이루어졌다. 이중순환 모델의 핵심은 이 둘 사이의 관계를 재조정하고 후자를 전자로부터 독립시키는 것이었다. 이중순환 모델은 세계화를 전면적으로 포기하자는 것이 아니라, 미국의 제재에 취약한 외국 수요와 수입 투입재에 대한 지나친 의존에서 벗어나 새로운 균형점을 찾자는 것이었다.

2015년에 중국 중앙정부는 가치 사슬을 첨단 제조로 이전하는 계획을 가속하기 위해서 "중국 2025 계획"을 출범했다. 미국의 공세적인 방침은 이 계획에 추진력을 더해주었다. 5월에 '두 회의'가 열리는 시기에 맞춰, 중국 중앙정부는 거대한 신기술 개발 계획과 함께 향후 5년간 1조 4000억 달러를 지출하라는 명령을 발표했다.[85] 이 계획은 데이터 센터, 초고압 전력 전송, AI, 신형

5G 네트워크 기지국 같은 전략적 영역에 초점을 맞추었다. 그러나 만약 미국이 최첨단 반도체가 중국에 공급되지 않도록 차단할 수 있다면, 이 모든 계획은 물거품이 될 것이다. 화웨이와 SMIC를 제외하고, 세계에서 가장 인기 있는 드론 제조사인 DJI를 포함한 77개 기업이 제재 기업 목록에 추가되면서 2020년은 끝이 났다.[86]

트럼프 행정부가 중국에 경제 전쟁을 선언한 것은, 중국에 의심할 여지없이 당황스러운 일이었지만 경제 전쟁의 파문은 더욱 확산되었다. 미국이 세계 성장의 주역인 중국을 국가 안보의 위협으로 선언한 것은 냉전 시대 이후 세계의 기본적인 가정 가운데 하나를 뒤집은 것이다. 세계화에서는 지구가 평평하다고 간주하지만, 미국은 기업들이 미국에 접근할 수 있게 하는 기본 조건으로 기업의 국적을 따졌다. 이는 그 기업이 중국계든 아니든 마찬가지였다. 그리고 미국은 자국이 일방적이고 예고 없이 행동했음에도, 우호국의 공급 기업들이 보조를 맞출 것이라 분명하게 기대했다. 일부 국가와 기업들은 기꺼이 그렇게 했다. 호주는 미국에 앞서 화웨이를 금지했다. 영국은 오랫동안 화웨이가 통신망에 개입하는 것을 감시해왔다.[87] 영국은 화웨이가 범법 행위를 저지르고 있다는 구체적인 증거를 찾지는 못했지만, 미국의 선도에 따라 2021년 9월부터 화웨이의 장비를 새로 설치하는 것을 금지하도록 발표했다.[88] 다른 이들은 머뭇거리며 선택을 피하려고 애썼다. 독일은 화웨이 기술의 전면 사용 금지에 동의하기를 거부한 가장 눈에 띄는 나라였다.[89] 도이치텔레콤Deutsche Telekom은 중국 시장의 작은 부분이라도 차지하고자 필사적이었다. 독일의 자동차 회사들은 중국의 통신 기술과 너무나도 긴밀하게 연결되어 있어서 완전한 결별은 불가능했다.[90] 미국이 냉전 양상으로 갑작스럽게 선회한 것은 세계화된 기업들이 30년 동안 중국에서 운영해온 방식과 상충했다. 이는 매우 당혹스러운 질문을 강요했다. '중국과 미국, 과연 누가 현상유지에 더 큰 위협인가?'

새로운 반중국 노선을 추구하면서, 미국 당국자들은 자신들을 "원칙에 입각한 현실주의자"로 즐겨 묘사했다.[91] 이들은 전임자들이 중국이 가하는 위협의 정도를 제대로 이해하지 못했다고 비난했다. 그러나 이 미국 현실주의의 본질이 정확히 무엇이란 말인가? 분명히 중국의 부상은 지난 25년 동안의 세력 비대칭을 뒤집는 세계사적 사건이었다. 중국 공산당은 진실로 이념적 적대자였으며 무시무시한 야망을 품고 있었지만, 중국을 "격리"하는 것이 과연 21세기에 실현 가능한 전망일까? 아니면 소련과의 냉전이 남긴 왜곡된 메아리일까? 트럼프 행정부가 2020년에 이 역사적인 도전에 직면하여 취한 적대적인 노선은 아시아 현지의 진실을 반영한 것이었을까, 아니면 미국 내에서 쌓여가고 있는 긴장감과 더 큰 관련이 있었을까?

트럼프 행정부의 반중국 캠페인은 2020년 여름, 미국의 공공생활에서 이례적인 순간에 절정에 달했다. 전국적인 시위, 산발적인 폭동, 여러 미국 도시에서 있었던 야간 통행 금지를 배경으로, 트럼프 행정부의 고위 인사들은 중국 공산 정권뿐만 아니라 미국의 친중주의자들을 맹비난했다. 미국 정부가 새로운 현실주의라고 선전했던 것은, 사실 점점 심해지는 미국의 국가 위기가 드러난 것이었다. 경제 및 정치 세력들의 연계를 헤치고 미국 헌법 자체를 문제 삼게 하는 국가 위기 말이다.

　　　　　　　　　　　　　　　3부 뜨거운 여름

11장

위기의 미국

2020년 3월에 시작된 극적인 범유행으로 미국의 사회, 정치, 정부는 일시적으로 신속하게 일치된 행동을 할 수 있었다. 이 우호 관계는 오래가지 않았다. 4월 말, 미국 동부 해안과 서부 해안에서 의료 비상사태가 완화되면서, 범유행 감염병 대처법에 관한 합의가 무너졌다. 미국인들은 서로를 비난했다. 그리고 중국을 비난했다. 그리고 나서, 미국 역사상 가장 추악한 유산이 다시한번 드러났다. 미국이 2020년에 직면한 위기에 관해 또다시 논쟁을 시작하기 전에 여전히 논란이 되는 노예 제도와 남북전쟁의 역사로 돌아간 것이다. 3월에 그토록 신속하게 행동했던 의회는 교착 상태에 빠졌다. 그리고 선거는 교착 상태를 해결하기보다는 정치적 붕괴를 극적으로 촉발시켰다. 만약 심한 논쟁이 일고 있는 민주주의 사회에서 한 정치 집단이 진실을 정의하는 전통적인 기준에서 극단적으로 벗어나버리면, 그리하여 심지어 현실에서 범유행의 심각성에 대해서조차 서로 동의할 수 없게 되어버리면, 집단의 의사를 반영하는 행위인 선거가 '누가 통치해야 하는가?' 라는 질문에 충분히 답해줄 수 있다고 기대해선 안 된다는 사실이 분명해졌다. 11월 선거는 더 광범위하고 더 포괄적인 힘의 시험으로 대체되었다. 법원, 군대, 언론, 기업 등 미국의 모든 권력이 미국의 공중보건 재난이나 다가오는 사회 위기가 아니라, 도널드 트럼프와 공화당이 패배했다는 현실을 받아들이게 하기 위해서 국가적 무대에 소환되었다. 그러는 동안 중국과의 긴장은 고조되었으며, 유럽과의 관계는 한계에 다다르고 있었고, 심지어 절대적 숭배의 대상이었던 국가 경제마저도 국체national polity를 조직하는 힘을 잃었다.

투쟁은 정상화에 관한 논쟁으로 시작되었다. 정상화는 전 세계적으로 논쟁을 불러일으킨 주제였다. 영국과 독일, 이탈리아에서는 분노한 시민들이 록다운 반대 시위를 일으켰다.[1] 그러나 미국에서는 다름 아닌 국가 정상이 이 문제가 광범위한 문화 전쟁과 결부되게끔 부채질했다. 트럼프 대통령은 공중보건 전문가들을 무시한 채, 백악관에서 경제 생활을 재개하라고 요청했다. 트럼프는 민주당 주지사들의 봉쇄 조치를 비난했으며, 그가 2017년에 처음으로 샬러츠빌에서 구애했던 극우 군중들 사이에서 해법을 찾았다. 중무장한 리버티 민병대가 미시간주 의사당에 밀고들어간 순간 위기의 새로운 장이 열렸다. 논쟁의 대상은 주로 경제였지만, 대기업은 물밑에서 로비하는 편을 선호했다. 시위대가 지키려고 했던 "미국 경제"는 문신 시술소, 미용실, 태닝숍, 술집,

체육관 등이었다.[2] 코흐Koch 형제의 검은 돈은 무대 밖에서 그 역할을 했다.[3] 이것은 기업 자유주의에 대항하여 분노한 소자본가들과 우익 과두정치를 결속시킨 기괴한 형태의 계급투쟁이었다.

그러다가 미국 사회의 훨씬 더 깊은 상처가 다시금 벌어졌다. 5월 25일, 미니애폴리스의 한 경찰관이 흑인 조지 플로이드George Floyd에게 수갑을 채우고 강제로 바닥에 엎드리게 한 뒤 그가 죽을 때까지 목을 무릎으로 짓눌렀다.[4] 이것은 그 자체로 특이한 사건은 아니었다. 흑인 남성이 미국 경찰관의 손에 죽는 것은 흔히 있는 일이다. 그러나 이 사건은 확대 효과를 일으키며 전국적으로 엄청난 항의 시위를 촉발했다. 미국의 흑인 인구는 범유행에 불균등하게 고통받았다. 플로이드의 죽음은 뿌리 깊은 불평등 의식과 결합했다. BLM운동은 급진적이고 진보적인 세력들이 모조리 연합하는 집결지 역할을 했다. BLM운동은 결코 좌파에 국한되지 않았다. 7월 초까지, 1500만 명에서 2600만 명의 사람들이 다양한 형태의 BLM 시위에 참여한 것으로 추정된다.[5] 자유주의 성향의 경찰서장들은 시위대와 함께 행진했다. 민주당 지도부들은 가나의 전통 천인 켄트 천으로 지은 옷을 입었다. JP모건체이스의 제이미 다이먼Jamie Dimon은 저항의 의미로 "한쪽 무릎을 꿇었다".[6] JP모건 은행은 소수자 가정과 기업에 대한 대출을 늘리기 위해 5년에 걸쳐 300억 달러를 투입하겠다고 약속했다. 씨티그룹은 "인종 간 부의 격차"를 해소하는 데 10억 달러를 쓰겠다고 약속했다.[7] 억압받거나 차별당하는 사람들의 모임인 알리십Allyship이 미국 기업들 사이에서 대유행했다.[8]

트럼프에게 이 사건은 황소 앞에 놓인 붉은 깃발과 같았다. 진보주의 기업가들이 더 크게 고무될수록, 정부는 미국이 전복될 위협에 처해 있다고 선언하면서 더욱더 혐오스럽게 문화 전쟁에 몰두했다. 트럼프는 시위를 진압하기 위한 무력 사용을 요구했다. 트럼프는 카불이나 바그다드에서나 입을 법한 전투복을 차려입은, 미국의 최고위 장군 옆에서 성경책을 든 채로 손을 흔드는 사진을 찍을 기회를 놓치지 않기 위해 백악관 주변 거리를 맹렬하게 청소했다. 제82 공수사단의 배치를 저지하기 위해서는 지휘 계통의 개입이 필요했다.[9] 그러나 계엄령이 선포되지 않았는데도 불구하고, 2020년 6월 몇 주 동안 미국인들은 놀라운 내용의 새로운 규율 체제를 적용받았다. 약탈을 막기 위해서 뉴욕과 시카고, 로스앤젤레스, 샌프란시스코를 포함한 미국 전역의 23개 주요 도시들은 밤마다 코로나 록다운 명령을 내렸다.[10] 피서를 떠나려던 도시 주민들은 확성기를 든 경찰에 의해 우르르 집으로 되돌아갔다.

이것은 누구의 잘못인가? 자유주의자들 사이에서는 트럼프에 대한 맹비난이 새로운 정점에 도달했다. 이들에게 트럼프는 파시스트거나 적어도 권위주의자였다. 7월 4일, 러시모어산에서 무솔리니를 떠올리게 하는 기괴한 자세로 사진을 찍은 트럼프는 이 비난으로부터 몸을 웅크리려는 시도조차 하지 않았다.[11] 트럼프 행정부 스스로 해외와 국내의 적들을 비난했으며, 이 둘 사이의 경계는 점차 모호해졌다. 극좌파인 안티파Antifa와 사회주의, 각성한 반인종주의는 내부의 위협이었다. 엘리트 기업 자유주의자들은 이를 묵인하고 격려했다. 그리고 클린턴 시대 이후로 공산주의 중국의 성장을 촉진한 것은, 나아가 지금 미국에 코로나바이러스가 퍼지게 한 것은, 바로 이들 엘리트 기업 자유주의자 집단이었다. 트럼프의 고위 관료들은 바이러스 확산에 관한 음모론을 공개적으로 지지했다. 트럼프와 주요 행정부 인사들에게 코로나바이러스는 이제 "우한 바이러스"였다. 이들이 너무나도 완강하게 이 경멸적인 언어를 쓰려고 했기 때문에 일본 및 유럽 정부들과 진행한 G7 회의는 최종 공식 성명 없이 끝났다.[12] WHO와 같은 국제기구들이 중국의 처지를 대변하는 것은 당연했다.[13]

한편, 마이크 폼페이오 국무장관이나 로버트 오브라이언Robert O'Brien 국가안보 보좌관, 윌리엄 바William Barr 법무부 장관 같은 매파들은 새로운 냉전 상황에서 문제가 될 만한 이념적 안건의 개요를 제시했는데, 브리지워터의 대변인들이 지적했듯이, 이는 낯선 방식으로 전개되었다.[14] 내부 위협과 외부 위협은 하나의 블록으로 혼합되었다. 매파들은 기업 자유주의란 중국에 대한 공모이자 굴복이며 내부로부터 미국을 약하게 한다는 혐의를 주장했다. 1960년대 반베트남 시위로 경력을 시작한, 평생 강경 우파 운동가였던 바 법무부 장관은 "미국 경제계는 여태껏 이 문제의 큰 부분을 차지해왔다"고 단언했다.[15] 많은 미국 기업 지도자들이 중국과의 거래에서 "자기 회사의 장기 생존력"에는 관심조차 없으며, 단지 "자신들이 스톡옵션을 받아 골프 리조트에 갈 수 있게끔, 단기 이익"에만 목을 맨다는 것이었다. 바 법무부 장관에게 지금 이 순간은 리스크 헤지를 위한 순간이 아니라 제2차 세계대전이 일어나는 순간이었다. 바 법무부 장관은 이렇게 선언했다. "요즘 우리는 독일 이야기를 하지 않는다." "[왜냐하면] 과거 미국의 기업들은 (…) 미국과 같은 편에 섰기 때문이다. 그리고 특권과 혜택, 안정과 법치주의, 기업이나 개인이 이익을 남길 수 있는 능력은 전부 이 나라의 힘에서 나온다."[16] 기술과 할리우드, 진보적인 캘리포니아의 두 거대 산업은 특히 바 장관의 골칫거리였다. 그가 보기에 기술 산업은 감시 국가인 중국과 공모하고 있었다. 바 장관은 "할리우드의 배우와 제작사, 감독은 자유와 인간 정신을 찬양하는 것에 자부심을 느낀다. 그리고 매년 아카데미 시상식에서 이들은 미국 사회가 어떻게 할리우드가 제시한 이상적인 사회 정의에 미치지 못하는지 장광설을 토해낸다. 그러나 이제 할리우드는 세계에서 가장 강력한 인권 침해자인 중국 공산당의 입맛에 맞추기 위해 자신들의 영화를 정기적으로 검열하고 있다"고 콧방귀를 뀌었다.[17] 바 장관은 그가 그리는 이상적인 미국과 실제로 존재하는 자본주의 미국이 분리되어버렸다고 말하기 직전까지 갔다. 그는 심지어 중국에서 사업하는 데 찬성하는 미국 기업들은 외국대리인등록법Foreign Agents Registration Act의 대상이 될 수 있다고 기업들을 위협하기까지 했다.[18]

바 장관은 이념적 전망의 크기라는 면에서 보면 남다른 점이 있었지만, 중국을 비난하는 경향성으로 따져보면 트럼프 진영에서 평범한 축에 속했다. 중국에 대한 비난은 트럼프 대통령이 여러 적대 세력들에 의해 희생양이 되었다는 느낌을 확고히 했다. 중국에서 들어온 바이러스, 끊이지 않는 "가짜 뉴스들", 월스트리트의 자유주의자들, 버니 샌더스의 사회주의와 "그 일당들", 각성한 반인종주의자들, 중소기업계의 충성스러운 트럼프 지지자들을 괴롭히는 민주당 주지사들, 아시아식 안면 마스크를 쓰라고 요구하는 만행을 저지른 공중보건 전문가들과 같은 적들에게 말이다.

이 모든 적들의 반대는 국가적이고 남성적이며 건강한 것이었으며, 만약 바의 발언이 담고 있는 논리에 따른다면, 곧 글로벌 기업 엘리트들에게 배신당한 미국인 블루칼라 노동자들이었다. 이 말은 결국 공화당이 이제는 노동 계급을 옹호한다는 아찔한 반전이 일어났음을 의미했다. 이것은 트럼프가 2016년 선거 운동 이후 계속해서 반복해온 주제였다. 트럼프는 노동 계층에 속한 건장한 미국인들과 함께 사진을 찍는 것을, 특히 작업복과 안전모를 착용한 채로 찍는 것을 그 무엇보다도 좋아했다. 2020년, 텍사스의 테드 크루즈와 미주리의 조시 하울리Josh Hawley로 대표되는 공화당의 젊은 주요 인사들은 이 테마를 따라 했다.[19] 이들은 우익 포퓰리즘을 반인종주의인 BLM운동에 대한 맹렬한 공격 및 중국 공산당에 대한 독기 어린 비난과 결합했다. 여론조사에서 알 수 있듯, 이들의 호소에 논리가 없는 것은 아니었다.[20] 선거에서 미국 공화당을 지지하는 사람들은 주로 백인 노동자 계층이었다. 만약 교육을 사회 계층의 대리 변수로 본다면, 트럼프에게 투표할지 예측하는 가장 좋은 변수는, 인종을 제외하면, 대학 학위의 부재였다. 그 결과 공화당은 문화적 동일성과 모순된 정책이라는 테마로 점철된 정당이 되었다.

트럼프의 공화당은 예산 균형보다 감세를 우선시하는 자칭 재정 보수주의자들의 정당이었다. 공화당은 연준이 주식시장에 활기를 불어넣기를 기대하는 자주성 높은 정당이었다. 공화당은 대기업을 위한 규제 완화를 지지하는 서민 유권자들의 정당이었다.[21] 공화당은 거대한 군대와 대량 투옥, 근육질 경찰들을 그 무엇보다 좋아하는, 작은 정부를 추구하는 정당이었다. 공화당은 자신을 도널드 트럼프와 열정적으로 동일시했지만, 그 지도부는 트럼프의 재선에 명백히 필요했던 제2의 거대한 경기 부양책을 실시하는 것은 주저했다.

유럽과 아시아에서 2020년 여름은 반드시 해야만 하는 바이러스 통제와 일상을 재개하려는 욕구 사이에서 균형을 잡는 시기였다. 유럽에서 터진 2차 파동과 3차 파동이 보여주듯이, 균형을 맞추기는 쉽지 않았다. 미국의 많은 지역, 특히 민주당 주지사가 통제하는 동부 해안의 주들은 마찬가지로 균형을 맞추기 위해서 위태로운 곡예를 벌이고 있었다. 3월과 4월, 미국의 코로나바이러스 진원지였던 뉴욕시에서는 사회적 거리 두기를 지속적으로 시행함으로써 바이러스를 감당할 수 있는 선 안에 가두는 데 성공했다. 그 대가는 평범한 공공 생활과 사회적 교류의 지속적인 중단이었다. 그러나 공화당이 통제하는 여러 주와 백악관은 노골적으로 부정하는 태도를 내비쳤다. 선거전이 가열되자, 트럼프 대통령은 코로나바이러스 문제를 가능한 한 축소하고 싶어 했다. 그는 진짜 문제는 코로나 검사 수라고 불평했다. 래리 커들로Larry Kudlow와 같은 최측근은 유행병을 언급할 때 과거형으로 말함으로써 트럼프 대통령을 기쁘게 했다. "'끔찍'했던' 유행병이었습니다. 보건 분야와 경제 분야에 미친 영향은 비극이'었'으며, 어디에나 고난과 비탄이 있'었'습니다."[22]

그러는 동안, 트럼프는 미래로 돌아가는 자신만의 방법을 찾았다. 경제는 연초에 트럼프의 가장 자랑스러운 자랑거리였다. 트럼프에게 경제란 일자리 숫자와 S&P 500 지수였다. 2020년 여름, 이 둘 모두가 호전되었다. 노동시장은 봄보다 덜 심각한 상태였다. 주식시장은 반등하고 있었다. 7월이 되면서 가장 가난한 미국인들조차 상황이 크게 개선되었다고 느꼈다. 입을 떡 벌어지게 했던 기자회견에서, 트럼프는 살해당한 조지 플로이드의 정신을 상기시켰는데, 트럼프는 플로이드가 훌륭한 일자리 숫자를 보고 만족스러워했을 거라고 주장했다.[23] 하긴, 역사적으로 볼 때 낮은 실업률의 혜택을 가장 많이 받는 사람이 흑인 남성이기는 했으니 말이다.

비관론자들과 재앙의 예언자들이 있었다. 트럼프의 수행원들은 다시 한번 제롬 파월과 연방준비제도를 겨냥했다. 항상 충성스러웠던 래리 커들로는 이렇게 말했다. "저는 파월 씨가 언론 보도를 보고 조금은 기운을 내도 좋을 거라고 생각합니다. 이따금씩 웃고, 낙관적인 생각도 하고 말이죠. 저는 파월 씨와 이야기를 나눌 것이고, 언젠가 함께 미디어 트레이닝media training(언론 매체에 대응하는 방법에 관한 훈련. — 옮긴이)을 받을 겁니다." 피터 나바로 무역정책자문은 공개적으로 경멸을 표했다. "앞으로 파월이 취할 수 있는 최선의 전략은 그냥 (…) 우리에게 금리가 어떻게 될지나 알려주고 입을 다물고 있는 것입니다."[24] 그러나 "앞으로"라는 많은 의미가 함축된 문구가 바로 문제의 핵심이었다. 3월과 4월의 경기 침체에 대한 반등은 얼마나 지속될 것이며, 얼마나 강력할 것인가?

2020년 여름 동안 코로나바이러스에 가장 심하게 영향받은 주들에서 나온 증거는 그 어느 때보다 분명했다. 문제는 제롬 파월의 우울한 태도나 자유를 혐오하는 민주당 정치인들이 시행한 억

압적인 록다운이 아니었다. 이런 주들 가운데 상당수는 누구보다 빠르게 록다운 명령을 해지했다. 그러나 '진실'을 믿고 트럼프에 찬동하는 공화당 지지 주들은 경기가 다시 악화되는 모습을 목격하였다. 문제는 록다운이 아니라 바이러스였다.[25] 바이러스가 통제되고 자신감이 회복될 때까지, 직장 생활과 학교 교육, 쇼핑과 사교, 보육은 정상으로 돌아갈 수 없었다. 지금까지의 회복은 봄에 시행된 대규모 경기 부양책에 힘입은 바가 컸지만, 경기 부양책은 이제 막바지에 다다르고 있었다. 7월은 연방정부의 실업자 구제를 위해 추가 지원금을 편성한 마지막 달이었다. 만약 수백만 가구가 갑작스러운 소득 손실로 고통받지 않게 하려면, 경제적 생명 유지 장치의 사용을 연장하는 데 의회가 동의해야만 했다.

기업체 사이에서는 취약한 경제 상태에 대한 불안감이 팽배했다. 5월, 미국 상공회의소를 비롯한 다른 기업 로비 단체들은 의회에 주정부와 지방정부에 대한 지원을 제공할 것을 촉구했다.[26] 하원에서 다수당이었던 민주당은 3조 달러 규모의 경기 부양책에 동의하고 찬성표를 던졌다.[27] 한편, 민주당이 소수당이었던 상원에서 민주당 의원들은 심지어 더 야심 찬 제도를 추진했는데, 이것은 실업자에 대한 추가 지원금을 제공하는 소위 자동 안전장치라고 불리는 제도로, 의회의 승인이 없더라도 실업률이 6%가 넘으면 자동으로 시행되는 제도였다.[28] 이 제도는 여론을 확인하기 위한 시안試案에 불과했지만, 미국 사회와 경제의 중심에 존재하는 주요 약점들, 즉 복지 제도를 임시방편으로 만들었다는 점과 복지 제도의 성격이 배타적이라는 점을 드러냈다.

실제로 경기 부양책을 시행하려면 공화당의 표가 필요했는데,

공화당 의원들은 서로 대립하고 있었다. 최소 20명의 강경파 상원의원으로 구성된 간부 회의에서는 추가 지출을 전혀 원하지 않았다.[29] 이들은 백악관에서 나온 낙관적인 노선을 지지했다. CARES법은 금세 만료되는 것이 아니었다. 실업 수당 삭감은 일하고자 하는 적절한 "인센티브"를 회복해줄 터였다. 이 모든 것은 고용주 친화적인 정책이라는 느낌을 주었지만, 2020년 여름, 미국 기업체들이 원했던 것은 경기 부양책이 아니라 그 이상이었다.

미치 매코널Mitch McConnell 상원 원내대표는 그가 "청색 주 구제금융"이라 부르는, 공공 부문 노조에 대한 주정부와 지방정부에 대한 재정 지원에 모조리 반대했다.[30] 매코널의 장기는 책임제한 liability shield인데, 이는 코로나바이러스 감염과 관련된 소송으로부터 고용주들을 보호하는 동시에 노동자들이 조기에 직장에 복귀할 수 있게 해줄 수 있었다. 책임제한은 기업에 무책임할 권리를 주는 허가서로서, 민주당이 다수인 하원을 결코 통과하지 못할 것이었다.[31] 트럼프 대통령은 자기 말고는 아무도 관심이 없는 급여 감세안을 안건으로 추가하여 협상에 잡음을 더했다.[32]

의회에서 교착 상태가 이어짐에 따라 경제 부양책이 전혀 없을 수도 있다는 사실을 깨달았을 때, 백악관은 CARES법이 제공하는 600달러의 실업급여를 적어도 4개월 동안 연장하기 위해 로비를 시작했다. 그러나 때는 이미 너무 늦었다. 공화당 기득권층은 점점 더 레임덕처럼 보이는 대통령에게 호의를 베풀 기분이 아니었다.[33] 8월에는 미국 실업자 3000만 명에 대한 추가 지원이 아무 이유 없이 중단되었다. 트럼프 정부가 할 수 있는 최선의 수는 질병통제예방센터를 통해 퇴거 유예를 연장하는 것이었다. 이것은 주택 정책의 중요한 부분을 제정하는 정상적인 방법이 아니었으며 유예 제도는 허점으로 가득 차 있었지만, 대량 퇴거와 노숙이 유행병을 확산시킬 것이라는 점은 의심할 여지가 없었다.[34]

이 시점에서, 이 계획은 매코널과 공화당 상원의원들에게서 스티브 므누신 재무부 장관에게 전달되었다. 이때 므누신 재무부 장관은 거의 매일 낸시 펠로시 및 민주당 하원의원들과 협상을 벌이고 있었다. 매코널은 경기 부양책으로 5000억 달러 이상을 고려하지 않고 있었던 반면, 므누신과 펠로시는 협상에서 1조 8000억 달러에서 2조 달러를 이야기하고 있었다. 트럼프 대통령은 자신의 이름이 적힌 엄청나게 큰 경기 부양책이란 아이디어를 좋아했지만, 대선이 가까워지면서 그것은 양당 모두에 위험할 수 있었다. 민주당은 트럼프에게 막판 뒤집기를 허용하여 승리를 내주고 싶은 생각이 전혀 없었다. 매코널은 거대한 경기 부양책이 재정적으로 보수적인 유권자들의 반대로 이어질 수 있음을 우려했다. 또한 매코널은 자신이 에이미 코니 배럿Amy Coney Barrett의 대법관 인준을 신속하게 통과시키기 위해서 공화당 의원들을 결집하려 하는 바로 그 순간에 공화당 의원들을 분열시키는 것이 펠로시의 진정한 노림수일지도 모른다고 우려했다. 매코널은 만약 펠로시와 백악관이 협상을 맺는다면, 대선 이후까지 상원에서 이 협상안이 통과되지 못하게 할 것임을 알렸다. 그러나 이런 일이 생기면 공화당을 파탄자로 몰아가는 민주당에 승리를 가져다줄 터였다. 그러므로 매코널이 보기에 최선의 수는 합의가 아예 이루어지지 않는 것이었다. 그리고 민주당 좌파 진영에는 얻을 수 있는 것을 얻어야 한다고 주장하는 사람들이 있었다.[35] 그러나 펠로시는 백악관이 제시한 금액에 만족하지 못했으며, 반트럼프 정서가 급증하면서 민주당이 의회를 완전히 장악할 것이라고 믿고 도박 같은 수를 던졌다.

두 번째 코로나 파동이 본격적으로 시작되고 회복세가 둔화되었음에도, 국회가 이러한 정치적 계산의 그물에서 빠져나오지 못하면서 대규모 재정 대응에 대한 희망은 완전히 사라졌다. 커져만 가는 비상시국 앞에서, 미국의 정치 체제는 일치단결된 행동을 위해 과반수를 결집시키는 능력을 상실했다. 이제 남은 경제 정책은 연방준비제도에 맡겨졌다.

3월의 비상사태 이후, 연방준비제도는 채권 매입 속도를 늦추었다. 연방준비제도는 미국 기업이 발행한 회사채 또는 주정부나 지방정부가 발행한 지방채를 매입한 적이 없었지만, 필요하다면 지원하겠다는 중앙은행의 의지는 월스트리트에 안전망을 깔아주었다. 연방준비제도는 공황이 절정에 달한 3월, 회사채를 매입하겠다고 약속하면서 중요한 선을 넘었고, 8월 27일에는 또 다른 중요한 선을 넘었다.[36] 연방준비제도는 작년에 통화 정책 체계에 관한 근본적인 검토에 착수했다. 인플레이션 목표치인 2%를 달성하는 데 반복적으로 실패하고 있는 상황에서 무엇을 해야 하는가? 1년간 숙고했으나, 미국 중앙은행은 해답에 가까이 가지 못했다. 미국은 다른 경제 선진국과 마찬가지로 저인플레이션 문제를 안고 있었다. 연방준비제도가 할 수 있던 일은 정책 목표를 정하는 방식을 바꾸는 것이었다. 따라서 인플레이션을 2% 이하로 유지하겠다고 약속하는 대신, 연방준비제도는 평균 인플레이션율을 2%로 맞추는 목표를 달성하고자 했다. 최근 몇 년간 지속적으로 그러했듯이, 인플레이션이 목표치보다 내려가는 경우, 연방준비제도는 이를 만회하는 목표를 세울 것이다. 만약 마침내 인플레이션율이 2%를 넘어선다면, 연방준비제도는 선제적으로 인플레이션을 억제하려고 하는 대신 경기가 "뜨겁게 달아오르는 것"을 허용할 것이다. 2020년의 경제 상황 속에서 이런 일이 실제로 일어날 가능성은 거의 없었지만, 이는 미래 전망을 바꾸었다. 금리는 상승세를 보였고, 금과 은의 사재기가 급증했다.[37] 미국의 보수주의자들은 숨을 곳을 찾고 있었고, 정치 상황은 이들을 더더욱 초조하게 만들기만 했다.

코로나 범유행과 BLM운동을 배경으로 열린 2020년 대선의 선거 경쟁에는 활기가 없었다. 트럼프는 질병을 무시하는 자신의 태도를 대규모 집회를 열면서 행동으로 옮겼다. 트럼프는 결국 코로나에 걸렸지만, 신속하게 회복함으로써 그저 허세를 키웠을 뿐이었다. 민주당은 가장 안전한 후보인 조 바이든을 뽑았고, 안전한 선거 운동을 벌였는데, 선거 운동은 대부분 바이든의 지하실에서 열렸다. 정책을 놓고 벌어진 싸움으로서, 이것은 기괴할 정도로 일방적이었다. 민주당의 양 날개를 통합하고자 샌더스 진영과 협력한 바이든은 민주당 후보가 제시한 성명서 가운데 아마도 가장 급진적인 성명서를 작성했다.[38] 성명서에서 바이든은 민주당 하원이 제안한 3조 달러 규모의 대규모 경기 부양책과 샌더스 진영의 그린뉴딜 의제를 결합했다.

재정 계획의 대담성과 마찬가지로 기후 문제에 대한 강조는 주목할 만했다. 한때 기후 의제는 급진적인 의제였지만, 2020년 여름 시장은 전기 자동차 회사인 테슬라에 푹 빠져 있었다. 8월, 한때 화석 연료 산업의 지배 기업이었던 엑손Exxon이 다우존스 산업평균지수에서 퇴출되었다.[39] 화석 연료 에너지 회사가 S&P 500에서 차지하는 비중은 2008년에는 16%에 달했으나, 2020년에는 겨우 2.5%로 떨어졌다. 월스트리트는 녹색 자본주의를 사랑하는 법을 배우고 있었다. 만약 민주당 의원들이 백악관과 의회를 함께 장악한다면 신규 채권 발행이 급증하겠지만, 이들은 연방준비제도를 뒷배로 삼아 대량의 채권과 함께 살아가는 법을 배울 것이다. 추가 경기 부양책은 늦어도 한참 늦은 상태였다. 그래서 결국 그 대안은 무엇이었는가? 〈폭스 뉴스〉의 나긋나긋한 앵커가 재임 기간 동안 진정으로 무엇을 이루고 싶은지 물었을 때, 트럼프는 아무런 대답도 없었다. 공화당은 성명서도 없이 전당대회를 진행했다. 이들에게 선거 운동에서 중요한 것은 정책이 아니었다. 이들이 중요시하는 것은 트럼프와 미국에 대한 트럼프의 비전을 의인화하는 것이었다.

이것은 과반수를 얻는 방법이 아니었다. 봄부터 여론조사는 바이든의 확고한 승리를 전망했다. 전 세계 사람들이 불안에 떨며 가슴을 졸였지만, 이것이 바로 미국 유권자들의 대답이었다. 그러나 트럼프는 주요 접전지였던 주 대부분에서 여론조사 기관들의 예측보다 훨씬 더 선방하면서 선거인단에서 격차를 좁혔다. 게다가, 바이든이 대통령 선거에서 거둔 확실한 승리는 의회에서 민주당의 완승으로 이어지지 않았다. 상원을 장악하는 것은 민주당일 수도 공화당일 수도 있었다. 이것은 2021년 1월 5일 조지아에서 열릴 두 번의 결선투표 결과에 달렸다.

2020년 대선은 경제, 사회, 지역, 문화적 계통에 따라 점점 더 심각하게 양분되는 미국 사회를 정치로 번역하여 보여주었다.[40] 2000년 대선에서, 조지 W. 부시는 미국 GDP의 45%를 창출하는 2417개 카운티에서 승리한 반면, 앨 고어는 GDP의 55%를 창출하는, 대부분 도시인 666개 카운티에서 승리했다.[41] 2020년 대선에서는 쏠림이 이보다 훨씬 더 심해졌다. 바이든은 오직 509개 카운티에서만 승리했으나, 이들 카운티는 전체 미국 인구 60%가 사는 곳이었으며, 국가 생산량의 71%를 창출하는 곳이었다. 나머지에서는 트럼프가 승리했다.[42] 트럼프에게 투표한 2547개 카운티에서는 블루칼라 노동자가 화이트칼라 노동자보다 많았다. 바이든이 이긴 카운티에서는 화이트칼라 노동자가 수적으로 명백히 우세했다.[43] 4년제 대학 학위 소지자 비율이 가장 높은 미국의 카운티 100개 중 바이든은 84군데에서, 트럼프는 16군데에서 승리했다. 2000년 대선까지만 해도, 부시는 49군데에서 승리했다. 과거 1984년에는 미국에서 교육 수준이 가장 높은 카운티의 80%가 공화당을 지지했었다.

미국 정치권에서 일어난 타협 불가능한 충돌은, 미국이 1960년대부터 겪어온 수많은 변혁을 긍정적으로 바라보는, 변혁을 잘 헤쳐나온 사람들과 1950년대로 돌아가기를 갈망하는, 아니면 적어도 지나간 시절에 품었던 비전을 그리워하는 사람들 사이의 대립이 표면화된 것이다. 트럼프는 후자의 갈망을 충족시켰다. 비록 그가 미국 국민 투표에서 패하긴 했으나 미국의 붉은 주들은 그를 거부하지 않았다. 트럼프는 2016년보다 더 많은 표를 얻었다. 사실 트럼프는 역사상 그 어떤 대통령 후보보다 많은 표를 얻

3부 뜨거운 여름

었다. 바이든만 빼면 말이다. 그리고 트럼프는 트럼프였다. 그는 자신이 승리했다고 생각했다. 게다가, 여전히 조지아에서 꼭 필요한 두 개의 상원 의석을 놓고 경쟁하고 있던 공화당은 트럼프 충성파들에게 외면받을까 봐 트럼프 대통령과의 결별을 거부했다. 전 세계 정부들은 바이든의 승리를 인정했지만, 현직 대통령과 상·하원의 공화당 지도자들, 그리고 전국의 공화당 선출직 의원들은 인정하기를 거부했다.

트럼프가 선거 결과를 받아들일 가능성은 항상 희박했다. 따지고 보면, 그는 자신이 승리했던 2016년에도 선거 결과에 이의를 제기하지 않았던가. 만약 트럼프가 바이든을 이겼더라면, 의심할 여지없이 트럼프는 득표 차가 너무 적게 집계되었다고 주장했을 것이다. 그러나 2020년의 불확실성은 새로운 속성의 불확실성이었다. 트럼프의 대선 결과 불복은 단순한 법적 전술이 아니었다. 그것은 다른 현실을 받아들이는 것이었다.[44]

그렇다면 트럼프는 어떻게 해서 결과에 승복할 수밖에 없게 되었을까? 트럼프는 우선 법원에 불복 소송을 제기했다. 공화당은 법원을 공화당이 지명한 사람들로 채웠고, 대통령은 스스로 그 대가를 기대한다는 사실을 숨기지 않았다. 그러나 법원은 트럼프를 실망시켰다. 미국 땅의 그 어떤 법원도 트럼프 진영이 가져온 사건들을 진지하게 받아들이지 않았다. 오직 위스콘신 한 주에서만 투표 결과가 뒤집히기 직전까지 갔을 뿐이었다.[45]

군대를 투입할 수 있을까? 우리는 트럼프 진영에서 실제로 이 방안을 논의했다는 사실을 알고 있다. 감옥에서 갓 풀려난 마이클 플린Michael Flynn 장군을 둘러싼 군중들은 트럼프에게 "루비콘

강을 건너” 계엄령을 선포하라고 촉구했다.[46] 그러나 지휘 계통의 고위 간부들은 자신들은 헌법에 충성을 맹세했지, 최고 사령관에 게 충성을 맹세하지 않았다고 공개 표명하며 이를 거부했다. 미군은 대선에 개입하지 않았다.

미국 기업에 관한 이야기하자면, 2020년에 미국 기업들은 공화당의 정치 문화를 불편해하고 있음을 분명하게 드러냈다. 기업들과 공화당 사이의 마찰은 2008년 세라 페일린Sarah Palin이 존 매케인John McCain의 부통령 후보로 지명되었을 때 처음으로 붉어졌다. 미국의 기업 지도자들은 항상 트럼프에 대해 두 가지 생각을 품고 있었다. 기업들은 2017년의 감세와 규제 완화 의제를 마음에 들어 했다. 일부 독불장군 억만장자들은 계속해서 트럼프를 지지했지만, 트럼프의 반동적인 문화 정치에 열광하는 고위 기업 지도자들은 거의 없었다. 작은 기업체의 소유주들은 마음 가는 대로 행동했으며, 이들 중 절대다수는 트럼프를 전적으로 지지했다. 역으로 2020년 여름 미국에서, 코로나 범유행의 심각성과 인종 간 정의라는 대의명분을 부정하면서 대기업을 운영한다는 것은 거의 상상조차 할 수 없는 일이었다. 미국 기업들이 원한 것은 내전이나 다윈Darwin식으로 집단 면역을 얻으려는 노력이 아니라, 사회적 평화와 유행병의 효과적 통제였다. 중국에 대한 공세는 화재에 기름을 부었다. 당파주의는 국가 경제를 분열시켰다.

만약 민주당이 왼편으로 흔들려 샌더스를 후보자로 선택했다면, 상황은 틀림없이 달랐을 것이다. 만약 그랬다면, 크고 작은 기업들이 의심의 여지없이 공화당의 대의 아래 결집했을 것이다. 아니면, 여러 억만장자가 뜻을 내비쳤다시피, 반트럼프 표를 분

　3부 뜨거운 여름

열시키고자 제삼자를 내세워 선거 운동을 벌였을 것이다.[47] 대기업들은 이렇게 민주당 의원들에게 협박을 가했다. 특유의 부드러운 성격만큼이나 그를 지지하는 부유층의 로비 덕에 바이든은 안전한 선택지가 되었다.[48]

바이든은 자신이 1980년대로 거슬러 올라가는 구식 민주당원이라는 사실을 숨기지 않았다. 바이든이 2019년 6월 칼라일 호텔에서 부유층 기부자들에게 말했던 것처럼, 세금과 재분배 문제에 관한 한 이제 미국 상류층이 양보할 때였다. 바이든에게는 부자들을 "악마화하려는" 의도가 없었다. 그러나 바이든은 이렇게 말했다. "여러분은 모두 알고 있을 겁니다. 마음속 깊은 곳에서는 무엇을 해야만 하는지 알고 있을 겁니다. (⋯) 그 한도에 대해서는 우리의 의견이 일치하지 않을 수도 있습니다. 하지만 이 문제의 진실은, 모든 것이 우리의 통제하에 있고 아무도 처벌받지 않아도 된다는 것입니다. 누구의 생활 수준도 바뀌지 않을 겁니다. 근본적으로 변하는 것은 아무것도 없을 겁니다. (⋯) 오늘날 미국에 있는 커다란 소득 불평등은 정치적 불화와 혁명을 일으키는 불씨가 됩니다. 커다란 소득 불평등은 선동꾼들이 끼어들게 합니다."[49] 트럼프와 함께, 악몽 같은 선동꾼들이 실제로 당도했다. 트럼프의 법무부 장관이 미국 기업들이 민주주의를 중국에 팔아넘겼다고 비난했다면, 이제 대기업들이 트럼프와 공화당에 미국의 민주주의 법률을 준수하라고 요구할 차례가 왔다.

선거가 시작되기도 전에, 트럼프 진영은 유행병이 퍼지는 상황에서 꼭 필요했던 우편 투표를 법적 문제로 만들려고 했다. 10월 중순, 50명의 저명한 재계 지도자들은 모든 투표를 집계할 것을 요구하고, 선거가 장기화될 가능성이 있으니 언론이 성급하게 나서서 선거를 치르자고 주장하지 말 것을 촉구하는 성명을 발표했다.[50] 트럼프 대통령이 우편 투표에 반대하는 운동을 확대하자, 훨씬 더 광범위한 연합군이 이를 물리쳤다. 10월 27일, 트럼프가 선거일 이후에도 계속해서 투표를 집계하는 것은 "전적으로 부적절하다"고 선언한 지 단 몇 시간 만에, 미국 상공회의소와 미국 대기업 경영자 모임인 비즈니스라운드테이블Business Roundtable을 중심으로 한 8개 경제단체는 대통령의 말을 반박하고 "평화롭고 공정한 선거"를 촉구하고, 투표 개표가 "며칠에서 몇 주까지" 합법적으로 연장될 수 있다고 주장하는 공동성명을 발표하는 이례적인 개입을 했다. JP모건체이스의 회장 겸 CEO인 제이미 다이먼은 은행 직원들에게 이메일을 보내 민주주의 절차를 존중하는 것이 "가장 중요하다"고 강조했다. 260명의 고위 임원들은 "미국 경제의 건강은 민주주의의 힘에 달려 있다고 통지하는" 성명서에 서명했다. 비용 관리 소프트웨어를 제공하는 익스펜시파이Expensify의 대표 데이비드 배럿David Barrett은 아예 모든 것을 걸었다. 배럿은 자신의 소프트웨어를 사용하는 1000만 명의 사용자들에게 이렇게 말했다. (만약 트럼프에게 4년이 더 주어진다면 미국의 민주주의를 너무나도 크게 헤칠 것이므로) "내게는 주주들의 이익을 위해서, 그런 일이 생기지 않도록 조치할 의무가 있다."[51] 배럿의 회사에 이는 실존적인 문제였다. "내전 중에는 지출 보고서가 많이 제출되지 않을 테니까."[52]

트럼프가 패배를 인정하지 않자, 재계의 유력 인사들은 더 강하게 호소했다. 11월 6일, 예일대학교 경영대학원의 제프리 소넨

펠드Jeffrey Sonnenfeld 교수가 주최한 CEO 정례회의에서는 트럼프에 대한 괜한 걱정으로 유명한 예일대학교 역사학자 티머시 스나이더Timothy Snyder가 "쿠데타"가 일어날 수 있다는 농담으로 아침 식사 자리를 즐겁게 해주었다. 소넨펠드가 인정했다시피, "일부 사람들은 쿠데타 가능성이 과장되었다고 생각하지만," 기업의 경영진들은 명백히 이를 우려하고 있었다. 기업 지도자들은 "분단된 나라와 분열된 공동체와 적대적인 직장 환경"을 원하지 않았다.[53]

11월 말이 되자 쿠데타에 대한 우려는 점점 더 현실화되어갔다. 트럼프 행정부가 정권 교체에 협조하지 않는다면 대체 어떻게 정부 지속성을 보장할 수 있단 말인가? 다시 한번, 블랙록과 골드만삭스의 CEO인 래리 핑크Larry Fink와 데이비드 솔로몬David Solomon이 이끄는 160여 명의 기업지도자연합은 트럼프 행정부에 협조할 것을 요구했다. "차기 행정부에 중요한 정보와 자원을 제공하지 않는 것은 미국의 공중보건과 경제 건전성, 국가 안보를 위험에 빠뜨린다. (…) 대통령직의 질서정연한 인수 과정이 하루하루 지연될 때마다, 우리 국민은 우리의 민주주의가 약해진다고 여기며, 국제 무대에서는 우리 국가의 위상이 떨어진다."[54]

마침내 추수감사절 주간이 되자 정상적인 인계처럼 보이는 무언가가 드디어 시작되었다. 그러나 공화당 지도부는 계속해서 바이든의 승리를 인정하지 않았다. 미국 기업 엘리트들의 호소는 백악관의 현직 대통령과 선거에서 그를 지지했던 유권자, 그리고 공화당 내의 트럼프 계파와 기업 엘리트 사이에 커다란 의견 차이가 있음을 드러내는 역할만 했을 뿐이었다.

한편, 코로나는 계속 맹위를 떨쳤다. 일일 사망자 수는 12월 초에 최고조에 달했다. 로스앤젤레스는 뉴욕을 앞지르고 코로나에 최악의 영향을 받은 대도시가 되었다. 그리고 미국 사회는 그 어느 때보다 양극화되었다. 주식시장에서 주식을 보유한 사람들은 상한가를 치며 한 해를 마무리했는데, 특히 테슬라 주식을 보유한 사람들은 테슬라의 시가 총액이 전 세계 9대 자동차 제조업체의 시가 총액을 합친 것보다도 크게 오르는 모습을 보았다.[55] 그와 동시에 미국의 산산조각이 난 복지 제도에 의존하는 사람들은 훨씬 더 절박한 상황에 부닥쳐 있었다.

2020년 11월 초, 아이가 있는 미국인 실직자 가운데 4분의 1은 그 전주에 먹을 것을 충분히 구하지 못했다. 흑인 인구의 5분의 1이 굶주리고 있다고 보고되었다.[56] 학교가 문을 닫으면서 무상급식이 중단되자 가난한 가정의 아이들이 가장 큰 타격을 입었다. 11월 중순, 댈러스 교외 플라노 지역에 있는 노스텍사스 푸드뱅크는 주말 하루 동안 2만 5000명에게 300톤의 식량을 배급했다.[57] 지평선 끝까지 자동차와 트럭이 줄줄이 늘어서 있었고, 가장 절박한 사람들이 의존했던 푸드뱅크 연결망은 한계에 다다르고 있었다. 이방카 트럼프Ivanka Trump가 화려한 팡파르를 울리며 시작한, 미국 농무부의 식량 지원 제도인 '농장에서 가정으로 푸드박스Farmers to Families Food Box' 계획은 운영비가 고갈되어가고 있었다. 2020년에는 심지어 미국 국내의 기아 구호 제도도 중국과의 무역 전쟁에 휘말렸다. '식품수매분배계획Food Purchase and Distribution Program'은 중국과의 무역 전쟁에 휘말리면서 해외 판매량이 줄어든 미국인 농부들에게서 식품을 구입하는 데 71억 달러를 할당했다. 이 계획은 12월 31일에 종료되었으며 갱신되지 않았다. 2020년의 마지막 주, 미국의 기아 퇴치 전문가들은 전국의 푸드뱅크들에 절박한 이용자들이 몰려드는 상황에서, 여태까지 미국 농무부에 받아오던 식품의 50%가량을 잃게 될 것이라고 경고했다.[58]

육아 시설이 문을 닫으면서 아이들을 돌보기 위해서 어쩔 수 없이 직장을 그만둔, 고군분투 중인 부모들은 자신들이 실업급여 혜택에서 제외되었다는 사실을 깨달았다. 식권 지급은 불안정했고, 푸드뱅크에는 줄이 끝도 없이 이어졌다.[59] 겨울은 다가오고 정치권은 발이 묶인 상황에서, 자유로운 이들의 땅이자 용기 있는 자들의 고향인 미국은 음식을 구하기 위한 도둑질이라는 유행병에 휩쓸렸다.

Shutdown

4부

정치 공백기

12장

백신 확보 경쟁

2020년 가을, 많은 이들이 오래전부터 두려워했던 코로나바이러스 2차 대유행이 미국과 유럽을 강타했다. 중국과 동아시아 이웃 국가들은 사회적 거리 두기와 강도 높은 공중보건 조치를 통해 심각한 코로나 사태도 극복할 수 있다는 사실을 보여주었다. 정도의 차이는 있었지만 유럽, 라틴아메리카, 미국, 서아시아 전역 어느 곳에서도 코로나를 억누르지 못했다. 겨울이 되자 봄 동안 성공적으로 코로나에 대처해온 스웨덴과 동유럽 국가들, 독일이 모두 곤경에 처했다. 사하라 이남 아프리카, 특히 남아프리카공화국과 나이지리아에서 범유행이 전에 없던 속도로 일어나고 있었다. 코로나 진정을 위한 셧다운을 반복하면 유행 곡선이 평탄화되고 의료 시스템이 버텨낼 수 있을 것이라는 전망이 있었다. 11월이 되자 영국, 독일, 프랑스, 이탈리아, 벨기에, 체코공화국은 모두 어떤 형태로든 의무 록다운 상태에 놓여 있었다. 각국 당국은 다양한 강도와 방식의 사회적 거리 두기를 시험해보았는데, 어찌나 갈팡질팡했는지 사회적 거리 두기를 정의하는 공무원들조차 혼란스러워할 정도였다. 봄에 그러했듯이, 사회적 거리 두기는 확산 속도를 늦추는 데 도움이 되었다. 사회적 거리 두기를 더욱 지능적으로 설계한 덕분에 경제적 피해는 줄어들었다. 그러나 이 시점에서 범유행에서 벗어날 수 있는 유일한 방법은 백신임이 분명해졌다.

틀림없이, 온 세상이 이보다 더 과학적 돌파구에 의존한 적은 없었을 것이다. 물론 현대 경제가 현대 기술 없이 존재할 수 없다는 것은 당연한 사실이다. 그러나 경제 자료를 살펴봐도, 특정한 기술이 미친 구체적인 영향을 특정하여 살펴보기는 놀라울 정도로 어렵다.[1] 어떤 학술 논문은 증기기관이나 철도 없이 산업혁명이 가능했을지 논의하는 데 논문 전체를 할애했을 정도다. 그것이 어디에나 있는 유비쿼터스 기술임에도 불구하고, 경제학자들은 IT가 생산성에 미친 영향을 측정하기 위해 오랫동안 고군분투해왔다.[2] 만약 이것이 곤혹스럽게 느껴진다면, 이 역은 심지어 더더욱 불편하게 느껴질 것이다. 2020년 하반기에는 집단 면역을 이루지 않고 사회가 정상화될 방법은 없다는 사실이 누구에게나 분명해졌다. 집단 면역을 획득할 수 있는 단 하나의 안전한 방법은 광범위한 예방접종이었다. 모든 것이 백신에 달려 있었다.

금융시장은 우리의 희망을 보여주는 척도가 되었다. 주요 의약품 개발사들의 소식에 따라 수조 달러가 오르내렸다. 스위스은행의 연구가 밝혀낸 바에 따르면, 백신 경쟁이 공개적으로 본격화된 2020년 5월부터 9월까지 주식시장 반등의 4분의 1이 백신 뉴

　　　　　　　　　　　　　　　4부 정치 공백기

스에 의한 것이었다.[3] 11월, 화이자와 바이오엔테크의 시험이 성공했다는 소식이 전해지자, 유가와 항공사 주가가 급등했다. 음식 배달 회사와 기술 회사들의 주가는 급락했다. 채권과 기술주를 중심으로 한 안전자산들이 전반적으로 매도되었다.[4]

안도감이 사방으로 퍼져나갔다. 범유행 감염병 관리가 난장판으로 이루어지면서 모두가 낙심하고 있는 상황에서, 아주 똑똑하고 잘 조직된 사람들이 해결책을 모색하고 있다는 사실은 커다란 안도감을 주었다. 그러나 최후의 싸움에서 구원받기 위해 기적의 무기에 기대는 이는 대개 절망에 처한 독재자들이라는 것은 부정할 수 없는 사실이다. 2020년, 기적의 무기에 기댄 것은 미국이었다. 공중보건 정책이 실패한 탓이었다. 국가가 지원하는 기술 개발 프로젝트에 희망을 걸어야만 하는 현실은 당혹스러웠다. 역사적 반향 때문만이 아니었다. 이것이 당혹스러웠던 것은 경제 정책을 지배하고 있는 신조에 반하는 일이었기 때문이다. 1980년대 이후, 유럽과 미국의 시장 혁명 지지자들은 이른바 "승자 선택 picking winner"을 하는 식의 정부 산업 정책을 혐오해왔다. 이들은 연구 개발의 우선순위를 정하는 일을 시장에 맡기는 편이 낫다고 주장했다. 물론, 실제로는 학계와 경제 구석구석에서는 정부가 지원하는 연구가 계속되어왔다. 항공우주와 마이크로전자공학 분야의 기업들은 물론 이익을 사유화했지만, 개발 우선순위를 시장에 맡기는 정책을 일관성 있게 적용한 사례는 아니었다. '메이드 인 차이나 2025 Made in China 2025' 계획과 같은 새로운 도전으로 EU와 미국 모두 다시금 산업 정책에 관심을 갖게 되었다.[5] 그러나 코로나바이러스 위기는 경우가 달랐다. 우리에겐 백신이 필요했다. 백신이 필요한 주된 이유는 장기 성장률을 개선하기 위해서가 아니라, 범유행의 불확실성과 고통을 극복하기 위해서였다. 수조 달러의 경제 활동 재개와 수억 개의 일자리가 백신에 달려 있었다. 문제는 누가, 어떤 조건으로 백신을 제공하느냐는 것이었다.

인류가 바랐던 것은, 기적은 아니더라도 확실한 생물의학이었다. 여태껏 코로나바이러스 백신은 없었다. 2020년, 어떤 종류의 백신도 우리 일정에 맞춰서 개발, 시험, 제조, 투입되지 않았다. 그러나 백신에 대한 믿음은 맹목적인 것이 아니었다. 희망을 품을 만한 이유가 있었기 때문이다.

21세기의 첫 10여 년 동안, 의약품 개발 분야에서 일련의 돌파구들이 변혁을 일으키고 있었다. 코로나바이러스 때문이 아니었더라도, 의학계의 또 다른 승리가 2020년의 헤드라인을 장식했을지도 모른다. 3월, 런던의 한 남성이 역사상 두 번째로 HIV/AIDS 치료를 받은 사람이 되었다. 8월 25일, 아프리카는 한때 연간 7만 5000명이 넘는 아이들을 불구로 만들던 변종 야생 소아마비 바이러스가 박멸되었다고 선언했다. 4년 연속 확진자가 발생하지 않은 덕분이었다. 11월, 영국의 한 인공지능 회사의 컴퓨터가 아미노산 서열로부터 단백질의 3D 형태를 성공적으로 예측하여 신약 개발 속도가 엄청나게 가속화될 조짐이 보였다.[6]

이 모든 성공은 한편으로는 수십 년에 걸친 공중보건 투자의 결실이었으며, 다른 한편으로는 분자생물학과 정보기술이 융합하여 최초로 개별 인간의 게놈 염기서열 분석을 완료한 결실이었다. 인간게놈프로젝트는 1990년에 시작되었다. 그리고 2003년에 완료되었다. 프로젝트 전체 예산은 27억 달러였다. 염기서열 분석 비용 자체는 5억 달러에서 10억 달러 사이였다. 2014년 인간 게놈 염기서열 분석 비용은 1000달러까지 떨어졌다. 2020년에는 100달러만 내면 염기서열 분석을 할 수 있다고 주장하는 회사가 둘 있었는데, 하나는 미국계, 다른 하나는 중국계 회사였다.[7]

분자생물학과 빅데이터의 융합은 분명 엄청난 잠재력을 가지고 있었다. 둘의 융합에 금융시장은 매우 열광했다. 생명공학 혁명은 커다란 사업이었다. 2011년, 의료 연구에 투입된 전 세계의 공공 투자와 민간 투자 금액을 합치면 무려 2650억 달러에 달했다.[8] 그러나 이 투자가 세계에 가장 널리 퍼진 질병에 대한 약품과 치료법을 얼마나 효과적으로 전달할 수 있느냐는 다소 덜 분명했다. 걸림돌은 바로 시험 비용과 그 리스크, 특허, 의료 시장의 변덕스러운 속성이었다.[9] 특히 사하라 사막 이남 아프리카에서 심각했던 HIV/AIDS 대유행에 부끄러울 정도로 느리게 대응한 부분에서 이 점이 명확히 드러났다. 이 사건은 과학과 제약회사들의 역량, 그리고 가장 필요로 하는 사람들에게 약을 전달하는 것이 근본적으로 별개의 일이라는 사실을 드러냈다.

아프리카의 에이즈 위기를 해결하지 못한 데서 야기된 분노는 의학 연구만큼이나 정치, 경제, 조직 영역에 변화를 강요했다.[10] 시민 사회 단체, NGO, 거대 기부자, 의료 자선단체, UN 기구 및 미국을 포함한 몇몇 부유한 국가 정부들로 구성된 연합이 신약의 공급량과 공급 속도를 높이기 위해 한자리에 모였다. 이 연합의 동기는 국익에서부터 세계 정의, 경제 발전, 상업적 이익,

위험한 질병의 광범위한 박멸까지 다양했다. 결국 자산운용 업계마저 시험 데이터의 완전 공개를 요구하기 위해 개입했다.[11] 범유행 감염병은 장기 수익성에 중요한 제약 업계의 평판을 위태롭게 할 뿐만 아니라, 전 세계적으로 자본 축적을 방해하는 위협 요소가 될 것임이 분명했다.[12] 민관 합작 백신 개발 모델은 계속해서 추진되었다.

선두주자는 2000년 1월에 빌앤드멀린다게이츠재단에 7억 5000만 달러를 지원받아 출범한 세계백신면역연합Global Alliance for Vaccines and Immunizations(GAVI)이었다. GAVI의 목표는 1990년대의 하락세를 뒤집고 74개 빈곤국의 예방접종률을 높이는 것이었다.[13] 다른 제약 분야보다 상대적으로 뒤떨어진 분야였던 백신 사업은 호황을 누렸다. 전 세계 매출이 2005년 100억 달러에서 2013년 250억 달러 이상으로 급증했다.[14] 머크의 에볼라 백신 프로젝트 같은 프로젝트들에는 과학적 영광이 담겨 있었다. GAVI의 수익은 부유한 나라의 노인 환자들을 대상포진으로부터 보호하는 싱그릭스Shingrix 같은 백신에서 나왔다. 많은 대형 제약회사들은 세간의 이목을 끄는 고비용 사업에서 철수하는 편을 선호했지만, 여태껏 남아 있던 제약회사들은 이제 소규모 생명공학 팀과 인도로 대표되는 개발도상국의 저비용 백신 제조업체들에 의해 구석에 몰렸다. 2010년까지 전 세계 어린이의 3분의 2가 인도혈청연구소India's Serum Institute에서 생산한 예방주사로 예방접종을 받았다.

인도혈청연구소는 값비싼 수입 혈청 대신 말 혈청을 이용하여 파상풍 백신을 만들기 위해서 1970년대 초에 문을 열었다.[15]

이 회사는 1980년대에 '보편적예방접종계획Universal Immunisation Programme'의 대들보 가운데 하나로 자리매김했는데, 이 계획의 목표는 2700만 명에 달하는 인도의 거대한 출생 집단에 매년 완전한 예방접종을 제공하는 것이었다.[16] WHO의 사전 적격 심사를 통과한 최초의 개발도상국 제조 업체인 인도혈청연구소는 1990년대에 세계적인 공급사가 되었다. 2010년대가 되자 인도혈청연구소는 연간 13억 개의 백신 주사를 생산하는 세계 최대의 생산 업체가 되었다.

HIV/AIDS 사건 이후로, 새로운 위협이 등장할 때마다 공중보건 활동가들과 생물의학 활동가들로 구성된 새로운 연합이 생겨났다. 가장 강력한 활동가 연합 중 하나인 '감염병대비혁신연합 Coalition for Epidemic Preparedness Innovations(CEPI)'이 2017년 1월 다보스에서 출범했다. CEPI는 위험도가 대단히 높은 메르스 백신의 개발과 "질병 X"라 불리는 가상의 신종 병원체가 출현했을 때 신속하게 대응할 수 있게 하는 "신속 대응 플랫폼"을 구축하는 데 초점을 맞췄다.[17] CEPI와 같은 민관 협력 기관은 가격 책정과 정보 제공, 계약의 투명성을 놓고 벌어지는 힘 싸움을 끝내지는 못했지만, 19개의 백신 후보군에 7억 600만 달러라는 더 많은 돈을 쏟아부었다.[18] 2020년은 게이츠재단, 웰컴트러스트, GSK재단, CEPI와 같은 후원자들의 지원을 받는 '글로벌백신실행계획Global Vaccine Action Plan'이 시행된 지 10년이 되는 해였다. 말라리아와 HIV를 포함한 여러 신형 백신들이 결승선을 눈앞에 두고 있었다. 그리고 2020년 1월, "질병 X"가 실제로 당도했다.

코로나19에 대한 과학계의 대응은 인류가 집단으로서 이룬 주목할 만한 업적으로 역사에 기록될 것이다. 1월 5일, 40시간 내내 쉬지 않고 일한 상하이 푸단대학의 장용전張永振 교수가 이끄는 연구팀이 최초로 바이러스의 유전자 코드 염기서열을 완성했다. 이 시점에서 중국 당국은 여전히 유행병에 관한 불편한 뉴스를 차단하려고 애쓰고 있었다. 1월 11일 토요일, 교착 상태를 타개하기 위해서, 장용전 교수의 호주인 공동 연구자가 바이러스의 염기서열을 온라인에 게재했다.[19] 장용전 교수는 기강 해이를 이유로 제재받았지만, 정보는 이미 누설되었다. 훗날 모더나 mRNA 백신이 될 백신에 대한 연구가 1월 13일에 시작되었다. 그리고 수일 안에 독일에서는 화이자/바이오엔테크Pfizer/BioNTech 백신이 계획되었으며, 옥스퍼드대학교에서 개발될 백신도 마찬가지였다.[20]

코로나바이러스가 범유행하기 한참 전부터, 과학자들은 해결책을 찾기 위한 계획을 세워두고 있었다. 그러나 공식을 찾아내는 것과 효능과 안전성을 합법적으로 시험하고, 필요한 수준에 맞춰 생산량을 늘린 백신을 확보하는 것은 전혀 다른 일이었다. 코로나바이러스 백신의 극적인 점은 최초로 개발과 시험, 생산량 증대라는 세 가지 과정이 동시에 이루어졌다는 것이다. 이는 범유행이 계속 진행되더라도, 적절한 시기에 전 세계 인구에 예방접종을 할 수 있는 물량을 확보하기 위해서였다. 연구원들은 해결책에 대단히 빠르게 도달했는데, 그 이유는 부분적으로는 기초시험과 동물을 대상으로 한 임상시험 모형이 이미 2003년에 사스 유행에 대응하여 상당 부분 설계되어 있었던 덕분이었다.[21] 사스 위기는 백신 개발이 끝나기 전에 사그라들었다. 그러나 이번

4부 정치 공백기

에는 전 세계의 백신 경쟁이 거대한 추진력을 만들어냈다.

모더나Moderna는 3월 16일에 시험을 시작했다. 그리고 화이자/바이오엔테크는 5월 2일에 시험을 시작했다. 첫 시험 결과는 7월 중순에 나왔다. 그달 말에 모더나와 화이자 모두 3상 시험에 들어갔다. 10월 마지막 주까지 7만 4000명의 참가자가 등록했다. 화이자/바이오엔테크의 첫 번째 임상시험 결과는 11월 9일에 나왔다. 모더나는 그로부터 한 주 후에, 아스트라제네카AstraZeneca는 11월 23에 그 뒤를 따랐다.

관심은 화이자/바이오엔테크와 모더나의 백신에 집중되는 경향이 있었다. 서구에서 처음 승인된 백신이며, 이들의 기술이 매우 혁신적이었기 때문이다. 이들이 시험 결과를 발표하자 2020년 11월의 전망이 바뀌었지만, 이게 다가 아니었다. 시험 도중 일련의 사고가 일어났음에도 불구하고, 아스트라제네카의 더 싸고 더 탄탄한 백신은 더 광범위하게 적용할 수 있을 것으로 기대되었다. 2021년 1월 초까지, 전 세계적으로 90여 개의 백신이 다양한 시험 단계에 들어가 있었다.[22] 수백만 명의 연구원이 컴퓨터 앞과 실험실에서 코로나바이러스에 몰두했다. 2020년, 전 세계 논문 발표량 가운데 약 4%가 코로나바이러스에 관한 것이었다.[23]

코로나바이러스 대응을 위한 대규모 집결은 당연히 인간 지성의 집단적 승리로 기념할 만한 것이지만, 항상 그렇듯이 여기에는 경쟁과 대립, 독점적 재산권을 위한 싸움이 포함되었다. 백신 개발은 학문적·인도주의적 포부뿐만 아니라 권력과 이윤 추구에 의해 추진된 경쟁이었다. 인류가 집단으로서 얼마나 시급하게 백신이 필요한지에 비추어볼 때, 이것은 남부끄러운 일처럼 보일지도 모른다. 그러나 이것은 지극히 정상이다. 공중보건과 현대 제약 산업은 과학계와 의학계의 관심사와 기업과 국가의 관심사가 교차하는 영역이기 때문이다.[24]

현대적인 바이러스학과 백신 개발이 시작되었을 때부터 미군은 황열병부터 간염에 이르기까지, 질병과 싸우는 데 주도적인 역할을 해왔다. 1945년, 미군은 세계 최초로 독감 예방접종을 받은 집단이었다.[25] 2020년 코로나바이러스 백신을 개발하기 위해 가장 큰 노력을 기울인 것은 미국이었다. 제2차 세계대전 당시 맨해튼프로젝트Manhattan Project에서 영감을 얻었지만, SF 대작 〈스타트렉Star Trek〉에서 따온 이름을 자랑하는, 워프스피드작전 Operation Warp Speed이 2020년 5월 15일에 시작되었다. 이 작전은 생명공학, 대형 제약회사, 그리고 2개의 대형 정부 기관들, 즉 펜타곤과 보건복지부가 협력해서 진행하는 계획이었다. 연말까지 이 작전은 6개의 주요 제약 그룹과의 개발 및 제조 계약에 124억 달러를 지출했다. 6개 그룹 가운데 존슨앤드존슨, 모더나, 노바백스Novavax는 미국 기업이었으며, 사노피Sanofi/GSK와 아스트라제네카/옥스퍼드 둘은 유럽 기업이었고, 화이자/바이오엔테크는 횡대서양transatlantic 협력 기업이었다. 최초 목표는 10월로 정해졌다. 이 작전의 지휘부는 GSK의 전 연구 개발 책임자와 모더나의 이사, 벤처 캐피털리스트와 팀을 이루었으며, 미국 육군 물자사령부를 이끄는 4성 장군의 전문적 군수 지식과 정치적 수완마저 겸비했다. 워싱턴 DC에서 워프스피드작전은 확실히 군대 느낌을 물씬 풍겼다. 연구팀의 독서 목록 앞쪽에는 《자유의 용광로 Freedom's Forge》가 있었는데, 이것은 "미국 기업들이 어떻게 제2차 세계대전의 승리를 일구었는지"에 관한 열렬한 설명을 담은 책이었다. 이 책이 그린뉴딜을 좋아하는 군중들 사이에서 인기가 있었던 데는 그럴 만한 이유가 있었다.[26] 워프스피드작전에 참여한 군인들은 군복을 입고 출근하여 일상적인 회의에 "전투 분위기"를 냈다.[27]

워프스피드작전은 군사적인 성향을 띠었을지는 모르지만, 이를 위해 징집된 이는 아무도 없었다. 기업들은 작전 참여를 스스로 결정했다. 백신 분야의 거대 기업 중 하나인 머크는 뒷짐을 지기로 했다. 존슨앤드존슨은 3월 말에 이미 트럼프 행정부와 4억 5000만 달러 규모의 백신 계약을 체결했다.[28] mRNA 백신의 선두주자 가운데 가장 도움이 필요한 기업은 모더나였다. 모더나는 연구 분야의 선두주자였지만 직원이 800명에 불과했으며 한 번도 3상 임상시험을 해본 적이 없었다. 모더나가 워프스피드에 받은 경영 지원은 미국 정부에 받은 25억 달러의 지원금만큼이나 주요했다. 모더나 팀의 감독자는 "소령"으로만 알려진 국방부 장교였다. 소령이 제공하는 서비스 가운데는 주와 주 사이의 운송을 제한하는 코로나19 제한 조치를 무시할 권한을 지닌 경찰 호송대를 조직하고, 필수 제조 설비를 공수하는 작전을 세우는 일이 포함되었다.[29]

세계에서 가장 오래되고 가장 큰 제약회사 가운데 하나이자, 경쟁 관행과 관련하여 무시무시한 평판을 가지고 있는 기업인 화이자는 이런 종류의 도움을 덜 필요로 했다. 화이자는 바이오엔테크와의 제휴를 통해 필요한 과학적 노하우를 모두 습득했다. 물론 화이자는 미국 정부의 돈을 받아 기뻐했다. 미국 정부와 백신 1억 도스를 19억 5000만 달러에 사전 계약했기 때문이다. 만약 그렇지 않았더라면, 화이자의 거침없는 CEO 앨버트 불라는 트럼프의 변덕스러운 백신 정치와 거리를 두고 싶어 했을 것이다. 백신 개발 과정에서 가장 직접적으로 개입한 정부는 미국이 아니라 독일이었다.[30] 독일 중앙정부는 화이자의 연구 협력사인 바이오엔테크에 4억 4300만 달러를 투입했다. 그리고 유럽투자은행은 추가로 1억 1800만 달러를 투입했다.[31]

미국 정치에 관한 화이자의 우려는 충분히 정당한 것이었다. 트럼프가 여름 대부분을 백신이 임박했다고 떠벌리며 보낸 반면, 제약사들의 최우선 관심사는 의약품 인증 과정을 합법적으로 통과하는 것이었다. 과학은 제약사에 이것이 안전한 동시에 효과적인 백신이라고 말했다. 진정한 싸움은 이러한 사실을 합리적으로 의심할 여지가 없을 때까지 입증하는 것이었다. 현대 의료법학적 환경에서 이것은 항상 어려운 일이었다. 그리고 2020년 미국에서, 이것은 진정으로 힘겨운 전투였다.

BLM 시위가 한창이었던 여름, 흑인과 라틴계 환자들이 백인 환자들보다 훨씬 높은 비율로 코로나 관련 질환으로 죽어갔고, 그런 상황에서 시험 모집단의 다양성은 제약사의 주요한 관심사였다. 8월 말, 워프스피드작전 관계자들은 모더나의 시험 모집단이 너무 하얗다는 것을 깨달았다. 마지막 순간에 임박해 소수 민족 지원자들을 모집하기 위해 자금을 동원해야만 했다. 이 덕분에 수억 달러를 시험에 투자한 화이자는 결승선을 향한 경쟁에서 우위를 점하게 되었다.[32]

화이자가 걱정한 것은 미국 FDA 절차 자체의 합법성이었다.

트럼프 대통령이 FDA를 공격하기 시작했을 때, 화이자의 CEO는 선을 긋기로 했다. 그는 존슨앤드존슨의 CEO에게 연락했으며, 두 사람은 함께 추가 지원군을 모집했다. 9월 8일 공개된 공개서한에서, 제약 업계의 9개 주요 기업들은 "과학과 같은 편에 서겠다"라고 선언했다. FDA의 가이드라인은 의약품 규제의 금본위제이며, 끝까지 이 기준을 따르겠다는 것이었다.[33] 이것은 대기업들이 트럼프의 의제에 보조를 맞추기를 거부한 또 다른 예시였는데, 이 거절은 즉시 실질적인 결과를 가져왔다. 대선이 다가오자, 화이자가 브레이크에 발을 올린 것이다.

의약품 임상시험에서, 임상적 유효성의 임계치를 설정하는 것은 매우 중요한 변수다. 모든 주요 경쟁자 가운데서, 화이자는 가장 공격적인 시험 계획서를 작성했다. 화이자는 4만 2000명의 임상시험 참가자 가운데 32명이 코로나19에 걸리는 순간 중간 결과 점검을 시행할 것이다.[34] 이 임계치는 모더나가 설정한 임계치보다 유의하게 낮았다. FDA는 이렇게 빈약한 근거로는 "긴급 사용 승인"을 하기 어렵다는 뜻을 전해왔다. 화이자는 결코 트럼프와 FDA 사이에 끼이는 처지가 되고 싶어 하지 않았다. 10월 29일, 화이자는 FDA에 임계치를 62건으로 올리도록 허가해달라고 요청했다. 이 조치는 대선 전에 백신을 발표하려던 트럼프의 희망을 사실상 완전히 무산시켰다. 실제로 화이자는 11월 3일까지 표본 시험을 시작조차 하지 않았다. 만약 이보다 일찍 시험을 시작하면, 주식시장에 시험 결과를 공표해야 한다는 점을 우려했을 것이다. 마침내, 11월 9일이 되어서야 백신의 효능이 95%에 달한다는 뉴스가 대중에 공개될 수 있었다.

화이자의 임상시험은 한편으로는 정당한 절차와 과학적 권위를 옹호하는 시험이었으며, 다른 한편으로는 가장 넓은 의미에서의 정치적 이유로 인한 형식적 절차를 유별나게 따른 시험이었다. 물론 트럼프는 이 일을 사적으로 받아들였고, 제약회사들이 자신의 승리를 부정했다며 비난했다. 트럼프는 의심할 여지없이 위험 요소였으며, 미국 기업들 가운데 트럼프의 임기가 끝났음을 애도하는 기업은 거의 없었으나, 진짜 문제는 그가 제약 사업의 합법성과 공공 과학의 권위를 위태롭게 했다는 것이었다.[35]

2020년 말까지, 2000만 도스가량의 백신이 최초로 미국과 영국에 배포되기 시작했다. 다음 문제는 백신이 가장 효과적으로 사용되게끔 하는 것이었다. 유럽과 미국에서는 누가 백신을 먼저 맞아야 하는지에 대한 논쟁이 즉시 시작되었다. 2021년 봄 유럽에서는 이 논쟁이 심화되면서 국가들 사이에서, 국가 안에서, 그리고 EU와 (유럽에 대한 백신 전달이 지연되고 있던) 아스트라제네카 사이에서 격렬한 논쟁이 벌어지게 된다. 그러나 이것은 특권을 누리는 자들 사이의 문제였다. 늦든 이르든 2021년 안에 유럽인들은 예방주사를 맞게 될 터였다. 더 근본적인 질문은 '코로나19로 인해 위험에 처한 저소득 국가와 중간소득 국가에 사는 수십억 사람들은 언제 예방접종을 받게 될 것인가?'였다. "모두가 안전하기 전까지는 누구도 안전하지 않다"라는 속담도 있지 않은가? 질병을 정복한다는 관점에서 보면, 백신은 그 위치가 어디든 감염 중심지에 집중될 필요가 있었다. 영국 저위험 지역에 사는 주민들이 남아프리카공화국이나 인도의 일선 의료 종사자들보다 먼저 예방 주사를 맞는 것은 명백히 불공정한 일이었다. 또한 이것은 정치적 신중함의 문제기도 했다. 웰컴트러스트의 제러미 파라 Jeremy Farrar 이사는 이렇게 말했다. "만약 첫 6개월 동안 서유럽과 미국만이 예방접종을 하는 유일한 지역으로 남고, 2021년 말까지 세계 다른 지역들이 예방접종을 받지 못한다면, 우리는 세계적으로 아주아주 긴박한 상황을 맞게 될 것이다."[36]

이것이 바로 2020년 11월에 사우디아라비아가 의장국으로서 G20 정상회의를 주최했을 때 각국 정부 수반들의 관심사였다. 이것이 바로 마크롱 프랑스 대통령의 다음 선언문에 담긴 의미였다. "우리는 어떤 대가를 치르더라도 부유한 자들만이 코로나바이러스로부터 자기 자신을 보호할 수 있고 정상적인 삶을 재개할 수 있는, '두 가지 속도로 달리는 세계two-speed world' 시나리오가 현실이 되게 해선 안 된다."[37] 그러나 G20 정상 회담에서 이 말은 악어의 눈물이었다. 이 상류층 클럽에 속한 회원국들은 사실상 세계 백신 공급을 독점하여 그들 사이에서만 공급되게 했다. 상대적으로 더 부유한 G20 회원국들은 백신을 몇 배나 과잉 공급받았다.

코로나19 백신 문제에 관한 글로벌 거버넌스의 치부를 가려주는 작은 무화과 나뭇잎은 '코로나19 대응 장비에 대한 접근성 가속화 체제Access to COVID-19 Tools Accelerator9(ACT-A)'와 COVAX로 알려진 백신 전용 기구였다.[38] 이것들은 2000년 이후 탄력을 받아 온 전 세계적인 백신 개발 노력의 직접적인 산물이었다. COVAX 기구는 GAVI와 WHO, CEPI의 지원을 받았다. 그리고 유니세프는 물류 지원을 제공했다. 2020년 말까지, 세계 인구의 절대다수를 대표하는 189개 국가가 COVAX에 등록했다. 가난한 나라들은 필요에 의해 가입했다. 독일, 노르웨이, 일본 같은 부유한 후원국들을 포함한 부유한 국가들은 책임감뿐만 아니라 백신 옵션 포트폴리오를 다양화하기 위해서 COVAX에 참여했다. 자신들만 아는 이유로, 트럼프 행정부는 COVAX를 WHO가 주도하는, 중국을 위한 전선이라고 비난하기로 결정했다.[39] 사실, 중국은 처음에 냉담했다. 중국은 가을이 될 때까지 COVAX에 가입하지 않았으며, 중국의 참가로 주요 참가 거부국은 미국과 러시아만 남게 되었다.

이들의 불참은 유감스러운 일이었지만, 이들이 있든 없든 COVAX는 규모가 작았다. COVAX의 목표는 2021년 말까지 20억 개의 백신을 제공하는 것이었는데, 이것은 참가국 인구의 채 20%도 다 접종하지 못하는 양이었다. 2021년 초까지 COVAX는 겨우 10억 7000만 도스를 간신히 확보하는 데 그쳤으며, 재정 상황은 위태로웠다. 100여 개의 고소득 국가와 재단이 다 합쳐서 20억 달러를 지원하겠다고 약속했다. 그러나 이 지원금 가운데 당장 들어온 현금은 거의 없었으며, 2021년 말까지 50억 달러가 추가로 필요했다. 주사 한 번에 5달러라는 빠듯한 예산에서 실수는 허용되지 않았다. 2020년 11월에 열린 G20 회의에서 EU는 ACT-A와 COVAX에 대한 기부를 호소하며 동냥 그릇을 내밀었다.[40] 메르켈 총리는 독일이 5억 유로(5억 9265만 달러)를 기부하는 데 서명했다고 선언한 뒤 다른 나라에 그들의 역할을 해달라고 호소했다.

이 토론은 폭로의 장이었다. 5억 유로라는 액수는 큰 금액일 수도 있고 터무니없이 인색한 금액일 수도 있다. 만약 그렇게 하기로 마음먹었다면, 독일은 COVAX가 즉각적으로 필요로 하는 자금뿐만 아니라 2020년 5월 기준으로 추정된, 전 세계 백신 접종에 필요한 비용 250억 달러 전부를 차입할 수 있었을 것이며, 그것도 마이너스 이자율로 차입할 수 있었을 것이다. 그 대신, 독일은 5억 유로만 낸 뒤 다른 나라들이 자기 몫을 하기를 기다렸다.[41] 물론, 이 논리는 다른 모든 G20 회원국에도 적용된다. 아르헨티나와 남아프리카공화국을 제외하면, 어떤 G20 회원국이든 자국의 이익이라는 단 하나의 이유만으로도 범유행 감염병을 종식하고 세계 경제를 다시 시작하는 데 필요한 지출을 정당화할 수 있었을 것이다. 진실은, 대형 제약회사들에조차 백신은 삶과 죽음의 문제가 아니었다는 것이다. 코로나 위기 전에 화이자는 500억 달러가 넘는 연간 수익을 올렸다. 바이오엔테크와 분배할 146억 달러의 코로나바이러스 백신 예상 수입은 2021년의 중요한 추가 수입이지만, 장기적 관점에서 이 수입이 화이자의 미래에 큰 의미를 가진 것은 결코 아니었다.[42] 장기적으로 더 중요한 것은 바로 mRNA 기술이었다.

백신 계획에서 주목할 만한 점 가운데 하나는 적은 비용과 거대한 효익 사이의 불균형이었다. IMF에 따르면, 전 세계적으로 목표를 잘 정해서 신속하게 예방접종을 진행하면 2025년까지 전 세계 GDP가 9조 달러 증가한다.[43] 그럼에도 누구도 나서서 국제 백신 계획에 자금을 대는 데 꼭 필요한 대담한 행동을 하지는 않았다. 국가들은 여기서 1억 달러, 저기서 1억 달러를 기부하는 식이었고, WHO는 금융공학을 이용한 레버리지 기법으로 예산을 모으자는 절박한 논의를 해야 하는 처지에 놓였다. WHO의 ACT-A 조정자인 브루스 에일워드Bruce Aylward는 ACT-A가 자금 조달 방법으로 양허 대출과 대재해 채권을 논의하고 있다고 보고했다. ACT-A는 취약한 대차대조표 균형을 맞추는 데 따르는 리스크를 관리하기 위해서 씨티그룹을 고문으로 고용했다. 에일워드는 이렇게 말했다. "현재 우리가 범유행 사태에서 신속하게 벗어나는 것을 가로막고 있는 것은 바로 자금 조달이다. 세상에서 제일 남는 장사임에도 불구하고, 오늘날의 재정 환경에서 자금을 조달하기는 대단히 어렵다."[44]

"재정 환경"이 정확히 어떻게 제약이 될 수 있는지는 수수께끼여야 마땅했을 것이다. 전 세계 정부 대부분이 전체 백신 계획의 규모를 축소시키는 전례 없는 긴급 지출에 관여하고 있었다. 에일워드가 지적했다시피, 백신 관련 비용은 "무역과 여행이 재개되기만 하면 36시간 안에 다 갚을 수 있는 금액이다". 하지만 세계 경제에 수조 달러의 출혈을 강요하는 재앙 같은 범유행 속에서도, 전 세계 지도자들은 공공의료 지출에 관해서 꿀 먹은 벙어리였다.

돈보다 더 큰 제약은 백신 생산 과정에 있는 물리적 병목 현상이었다. 수십억 도스의 mRNA 백신을 생산하는 작업은 우리에게 잘 알려지지 않은 공급망에 부담을 준다. 여기에는 유전자 코드를 체내로 운반하는 미세한 지방 거품인 지질나노입자lipid nanoparticle 등의 공급망이 포함된다. 게다가 수십억 개의 병에 혈청을 채우는 것은 그 자체로 어려운 일이었다.[45] 트럼프 행정부는 생산량을 늘리기 위해서 냉전 시대의 법인 국방물자생산법을 도

4부 정치 공백기

입하겠다고 엄포를 놓았다. 물론 그런다고 나오는 것은 없었다. 유럽에서는 중대한 병목 현상이 나타났는데, 이는 특히 아스트라제네카 생산 시스템에서 심각하게 나타났다.

생산량을 늘리기 위해서, 더 많은 기업을 참가하게 해 생산 능력을 확대하는 것은 이치에 맞는 일이었다.[46] 그러나 그렇게 하려면 원 개발자들과 계약을 맺어야 했다. 공적 자금이 제공되었음에도 불구하고, 최초의 세 백신에 대한 지적재산권은 민간 백신 제조사들에 남아 있었다. 지식재산권 옹호 단체인 국제지식생태학회 Knowledge Ecology International의 제이미 러브Jamie Love 대표에게 "백신 개발 시작 단계에서 노하우 이전을 요구하지 않은 것은 거대한 지구적 정책 실패"였다.[47] 2020년 여름에 특허 풀patent pool을 결성해달라는 요청이 나왔을 때, 이에 응한 기업은 거의 없었다. 공적 자금에 의존했던 모더나는 특허를 공유하겠다고 제안했다. 그러나 이는 독점적인 생산 정보와 결합되지 않는 한, 실질적으로 큰 의미가 없었다. 남아프리카공화국과 인도는 WTO에 코로나19 백신과 치료법에 관한 지식재산권 보호를 모두 해제할 것을 요구하는 항소를 제기했다. 그러나 미국, 영국, 캐나다, 그리고 EU로 구성된 연합군은 이들을 성공적으로 격퇴했다.[48] 연합군은 협력을 지지했지만, 오직 제약 업계가 정한 조건으로만 지지했다.

mRNA 백신은 그 자체로 공유와 생산 확대가 어려웠다. 이것은 혁신적이고 비싼 기술이었다. mRNA 백신의 생산량 증대는 항상 어려운 일이었다. 세계 전체 인구를 더 빠르고 포괄적으로 예방접종 하기 위한 더 유망한 방법은 더 단순하고 전통적인 백신으로 접종을 시작하는 것이었다. 이것이 바로 서구의 초기 백신 셋 가운데 가장 덜 화려한 백신인 옥스퍼드대학교의 백신이 개발 과정에서 택한 방식이었다. 이 백신은 비싸지 않고, 튼튼하고, 보관이 쉬웠다. 2020년 4월, 옥스퍼드대학교 제너연구소Jenner Institute는 이 백신을 전 세계와 공유하겠다고 발표했지만, 심지어 생명을 구하는 약에 대해서도 지식재산권 특허를 유지하는 것을 열렬히 지지하는 게이츠재단의 압력으로 이를 철회했다. 옥스퍼드대학교는 아스트라제네카와 독점 계약을 맺었고, 대학과 최고의 과학자들이 다수 지분을 소유했던 회사인 백시테크Vaccitech를 영리 목적으로 스핀오프했다. 범유행 기간 동안, 그들은 백신을 원가로 공급할 것이다.[49] 생산 능력을 확대하기 위해서 옥스퍼드대학교와 아스트라제네카는 전 세계 10개 제조사와 제휴하는데 합의했다. 이때까지 규모가 가장 큰 제조사는 인도혈청연구소였다. 인도혈청연구소는 매년 최소 10억 도스 분량의 백신을 생산하는 능력을 가지고 있었으며, 신속하게 생산량을 늘릴 채비를 하고 있었다. 2021년 초까지, 아스트라제네카는 32억 1000만 도스의 백신을 빈곤국과 중산국에 제공하기로 약속했다. 이것은 화이자/바이오엔테크와 모더나 백신을 합친 것보다 많은 양이었지만 여전히 한참 모자란 양이었고, 백신이 얼마나 많이 필요한지는 백신의 효과와 안정성에 달려 있었다.

21세기판 '자유의 용광로' 화이자/바이오엔테크가 mRNA 백신으로 대성과를 냈다는 이야기는 어디까지나 서구 중심적인 이야기였다. 2021년 봄, mRNA 백신이 언제 어떻게 다른 세계와 관련된 이야기가 될지는 미지수였다. 2021년 3월 말, 전 세계 mRNA 백신 생산량의 약 4분의 1을 담당하던 미국은 이웃 국가인 캐나다와 멕시코에 오직 몇백만 도스만을 수출하는 데 합의했다. EU는 이보다는 덜 "민족주의적"이었다. 2021년 봄까지, 유럽의 제조업체들은 총생산량의 40%를 수출했다. 배송은 주로 부유한 고객들을 대상으로 이루어졌다. UN의 COVAX 기구에 처음으로 위탁한 백신은 2월 24일 오전 에미리트항공 787편으로 가나 아크라에 도착했다. 백신은 인도 푸네에 있는 인도혈청연구소의 생산 시설에서 생산되었는데, 인도혈청연구소는 아스트라제네카의 파트너로서 COVAX 전체 공급량의 86%를 생산했다. 한 달 후, 아스트라제네카 접종에 대한 우려가 고조되었을 뿐만 아니라, 무시무시한 감염 급증에 직면한 인도는 백신 수출 전면 중지를 선언했다. 인도에는 엄청난 인구가 살고 있었고, 이들에게는 백신이 긴급히 필요했다. 2021년 상반기에 3억 5000만 도스의 백신을 보급하기를 희망했던 COVAX는 인도혈청연구소가 3월과 4월에 보내기로 약속했던 9000만 도스를 기다려야만 했다. 인도의 생산량이 인도에 묶이고 부유한 국가들은 자급자족함에 따라, 백신 탐색은 다른 곳에서 이루어지게 되었다. 그곳은 바로 백신을 개발 중인 러시아와 중국이었다.

2020년에 공식 승인된 첫 번째 코로나19 예방접종은 캘리포니아에서 시행한, 정교하게 구성된 mRNA 시험의 한 부분으로 이루어진 접종이 아니었다. 첫 접종은 중국에서 이루어졌다. 2월 29일, 인민해방군의 수석 바이러스 학자인 천웨이陳薇 소장이 첫 번째 실험 접종을 받기 위해 전투복을 입고 중국 공산당 깃발 앞에 섰다. 천 장군은 에볼라 백신을 개발한 업적으로 국가적 영웅으로 추앙받았는데, 그녀의 업적은 애국적인 액션 영화 〈전랑 2〉에서 불멸의 명성을 얻었다. 천웨이 소장은 중국 군사의학과학원 Academy of Medical Military Sciences(AMMS)과 캐나다/중국 제약회사인 칸시노바이오로직스Cansino Biologics의 공동 연구의 일원으로 우한에 있었다.[50] 천웨이와 그녀의 팀은 자원해서 백신 접종을 받았다. 단순히 중국 공산당에 대한 충성심을 보여주기 위해서가 아니었다. 물론 충성심을 입증할 수 있어 기쁘긴 했겠지만 말이다. 이들이 위험을 감수한 것은, 그 위험이 작아 보였기 때문이다. 중국은 단순하지만 안전하고 신뢰할 수 있는 종류의 백신을 개발하고 있었다. 2020년 말까지, 중국은 군인을 시작으로 총 4500만 명의 사람들에게 예방접종을 할 텐데, 이는 전 세계의 나머지 지역에서 예방접종을 받을 사람들의 수와 같았다. 이용 가능한 정보로 판단해볼 때, 부정적인 부작용은 없었다. 2021년 3월 말, 중국은 2억 2500만 도스 이상을 생산하여 전 세계 백신 생산량을 선도하고 있었으며, 생산량 가운데 거의 절반을 수출했다.

러시아 역시 검증된 기술을 채택했다. 신형 mRNA 기술을 사용하여 처음부터 시작하는 대신, 러시아는 에볼라 예방에 성공한 유형의 백신을 수정했다. 이는 옥스퍼드-아스트라제네카 백신과 유사한 방식이었지만, 러시아 가말레야Gamaleya의 스푸트니크 V Sputnik V 백신은 1차 접종과 2차 접종에서 서로 다른 아데노바이러스 벡터를 사용하는데, 이는 전반적인 효과를 서구의 백신보다 훨씬 높은 91.4%로 끌어올려주는 것으로 보인다. 8월, 아직 2상 임상시험이 진행되는 동안, 스푸트니크 V는 세계 최초로 사용 허

가된 백신이 되었다.[51]

스푸트니크 V는 이름 그 자체에서 러시아의 과학기술의 위용을 드러낸다. 하지만 문제는, 유행병의 심각성에 관한 기본적인 정보를 억제하는 나라에서 생산한 백신을 과연 믿을 수 있느냐는 것이었다. 당신은 러시아 연방보안국이 2020년 8월 알렉세이 나발니Alexei Navalny에게 그러했듯이, 상습적으로 정적들의 속옷에 신경독을 넣어두는 정권으로부터 예방접종을 받을 것인가? 미국에서 그러했듯이, 러시아에서는 명성 있는 실험실들이 나서서 스푸트니크 V의 임상시험을 진행할 때 3상 임상시험에 관한 공인 기준을 준수하라고 요구했다. 용감한 실험실 직원들을 대상으로 한 즉석 시험을 거친 후에 백신을 일반 대중에게 서둘러 접종하는 '영웅적인' 모델은 이제 더는 쓰이지 않는 구닥다리 모델이었다.[52] 또한 러시아인들 역시 그런 방식을 지지하지 않았다.《모스크바 타임스The Moscow Times》가 진행한 익명 여론조사에서 러시아 사람들의 60%는 스푸트니크 V 백신을 맞지 않을 것이라고 답했다.[53]

2020년에 인간의 신체는 과학적 지정학의 무대가 되었다. 누가 러시아산 백신을 맞겠는가? 그 대답은 세계 어디에 있는지, 돈을 얼마나 낼 수 있는지, 그리고 대안이 있는지에 달린 것으로 밝혀졌다.[54] 가말레야는 스푸트니크 V 백신을 주사당 10달러에 제공했다. 가말레야는 2021년 봄까지 전 세계 10개 제조 업체와 14억 도스의 생산 계약을 체결했다. EU 회원국인 헝가리를 포함한 29개 나라가 스푸트니크 V의 긴급 사용을 승인했다.[55]

러시아 백신 개발사들은 고국에서 3상 임상시험을 진행하는

데 아무런 문제가 없었다. 유행병은 만연해 있었고, 러시아 내에서는 백신 출시가 고통스러울 정도로 느렸다. 중국에서는 유행병이 너무나도 철저하게 억제되어 중국 백신을 해외에서 시험해야만 했다. 중국의 주요 백신 제조사인 시노팜과 시노백 입장에서 이것은 전 세계적인 확장을 위한 기회였다. 시노팜과 시노백은 2020년에 5대륙 14개 나라에서 임상시험을 했다.

화이자/바이오엔테크의 임상시험 결과가 발표되기 한 주 전이었던 11월 3일, 아랍에미리트의 셰이크 무함마드 빈 라시드 알막툼Sheikh Mohammed bin Rashid Al Maktoum 총리는 CNBG/시노팜 코로나19 백신을 접종하며 사진 촬영을 했다. 아랍에미리트는 시노팜의 자회사 CNBG가 진행한 백신 효능 시험의 주춧돌 가운데 하나였다. 아랍에미리트에는 전 세계에서 온 노동 인구가 있었기에 CNBG는 125개국 시민들을 대상으로 동시에 임상시험을 진행할 수 있었다.[56] 임상시험에 참여한 대가는 백신을 구입할 권리였다. 1월, 페루의 임시 대통령이자 전 세계은행 기술 관료인 프란시스코 사가스티Francisco Sagasti는 시노팜 백신 100만 도스를 최초 구매한다고 발표했다. 시노팜 백신은 저렴했을 뿐만 아니라, 페루 국립보건원이 3상 임상시험을 진행하도록 도운 뒤 백신 효능에 자신감을 내비치며 승인한 백신이었다.[57] 2021년 초, 페루 정부는 아스트라제네카에 1400만 도스, 중국 시노팜에 3800만 도스의 백신을 주문했다.[58] 2021년 3월, 아랍에미리트는 연간 2억 도스의 백신을 생산할 능력을 갖춘 시노팜 공장 부지로 선정되었는데, 이는 자국과 이웃국에 공급하기에 충분한 양이었다.

CNBG의 중국 라이벌인 나스닥 상장사 시노백은 페르시아만 인근 국가가 아니라 브라질을 파트너로 선택했다. 상파울루 주 정부는 보우소나루 대통령의 거부감을 무시하고, 시노백 4600만 도스에 9000만 달러를 지급했는데, 이는 미국 정부가 화이자/바이오엔테크와 모더나의 mRNA 백신에 낸 가격의 10분의 1이었다. 게다가 시노백은 상파울루의 명망 높은 공중보건 기관인 부탄탕연구소Instituto Butantan에 대한 기술 이전 논의에 개방적인 태도를 취했다.[59] 이와 동시에, 시노백은 터키와 인도네시아에서 대규모 임상시험을 진행하고 있었다. 세 나라를 합치자 계약 물량은 1억 2000만 도스 이상으로 늘어났다. 터키 중앙정부의 공중보건 관계자들이 지적했듯이, 터키는 "3상 임상시험을 위한 훌륭한 인프라"를 갖추고 있었으며, 미국이나 유럽 대다수 국가와 달리 중국 백신 제조사를 환영했다.[60]

중국은 임상시험을 진행했을 뿐만 아니라, 세계 인구 대다수에게 백신을 제공할 수 있는 운송 시스템을 구축하고 있었다. 12월 초, 중국의 거대 인터넷 기업 알리바바의 물류 회사인 차이냐오Cainiao가 중국 백신의 주요 배송 대행사로 선정되었다. 세계에서 가장 큰 온라인 시장의 수요를 처리하기 위해, 차이냐오는 거대한 적시 물류 플랫폼을 구축했다. 중국에서 해외로 백신을 운송하는 항공사로서 계약을 맺은 것은 코로나 위기 초기에 개인 보호구를 중국 밖으로 공수하는 데 큰 역할을 한 에티오피아항공이었다. 에티오피아항공은 30대의 에어버스와 보잉 여객기로 이루어진 유휴 기단을 개조하여 콜드체인(저온 유통 체계) 운송이 가능하게 했다. 아디스아바바에 전문 저장 시설이 설립되었으며, 이집트에 WHO가 승인한 생산지를 건설하기 위한 협상이 시작되었다. 중국의 시노백과 러시아의 스푸트니크 V가 모두 고려 대상이었다. 아프리카에서 백신 생산이 시작될 때까지, 알리바바가 중국 최초로 국제 콜드체인 시설을 건설하고 있는 선전공항에서 항공 화물이 운송될 것이다.[61] 3월 초, 에티오피아항공은 COVAX가 제공한 220만 도스를 싣고 첫 운송을 마쳤다.

2021년 초까지, 전 세계의 3상 임상시험으로부터 점점 더 많이 좋은 소식이 들어오면서, 한 백신이나 심지어 한 계열의 백신을 기록적으로 빠르게 개발할 수 있다는 사실이 분명해졌다. 미국과 유럽이 지닌 커다란 부는 백신 개발 경쟁에서 몇 년 단위가 아니라 몇 주나 몇 달 단위로 측정할 수 있는 이점을 주었다. 미국과 유럽에는 이점이 필요했다. 2021년이 시작되었을 때, 라틴아메리카를 제외하면 2차, 3차 유행이 가장 심각했던 곳은 미국과 유럽이기 때문이다. 백신에 관한 첫 뉴스가 나온 지 단 몇 주 만에 영국과 남아프리카에서 감염성이 극적으로 증가한 변이 바이러스가 확인되었다. 바이러스의 치명률이 증가하지 않았다는 점은 안도할 만한 요인이었지만, 공중보건의 관점에서는 기초감염 재생산 수와 확진자 증가로 인한 의료 시스템의 부담이 문제였다. 감염성 증가는 치명률 증가보다 더 나쁜 소식이었다. 후자는 선형이지만 전자는 기하급수적이기 때문이다.

백신 제조사들은 자신들의 백신이 코로나 변이 바이러스에 대해서도 효과가 있을 것이라고 낙관했지만, 또다시 임상시험을 진행해야만 했다. 임상시험이 끝나고 백신이 변이 바이러스에도 효과가 있다는 사실이 입증되기 전까지, 2021년 초의 공포는 1년

전과 마찬가지였다. 백신이 도착하기 전에 보건 시스템이 과부하로 붕괴할 수 있었다. 다시 한번, 곡선 평탄화가 우선순위가 되었다. 그리고 유일한 해결책은, 캘리포니아에서도 프랑스에서도 독일에서도, 또 한 번의 셧다운이었다.

13장

채무 구제

    도저히 COVAX의 백신 분배를 기다릴 수 없는 엄청난 감염 급증에 직면한 남아프리카공화국은 아프리카 국가 최초로 2021년 1월에 아스트라제네카와 백신 쌍무 계약을 체결했다. 계약 물량 150만 도스는 5800만 인구에게 접종하기에는 턱없이 부족했지만, 주요 의료 종사자를 보호하기에는 충분한 양이었다.[1] 아프리카연합은 인도혈청연구소에서 생산한 2억 7000만 도스의 백신을 확보하고자 화이자, 존슨앤드존슨, 아스트라제네카와 협상을 진행했다. 이것은 아프리카 대륙의 13억 인구에게 충분한 양이 아니었지만, 가진 돈으로 구할 수 있는 양은 이게 전부였다. 세계은행과 아프리카연합은 50억 달러의 백신 대출 계획을 놓고 흥정을 벌였다.[2] 이 돈은 세계은행이 극빈국들의 백신 구매 자금을 마련하고자 준비한 120억 달러의 기금에서 나올 것이다.

    새로운 신용대출은 분명 유용했지만, 이것이 기존 부채 위에 쌓이면서 대출 부담은 감당할 수 없는 위협이 되어갔다. 2020년 위기는 극빈국의 재정을 심각하게 훼손했다. 수출, 송금, 투자에서 최저 소득 국가가 2020년에 겪은 손실은 1500억 달러에 달할 것이다.[3] 비교를 위해 첨언하자면, 2019년 전 세계 해외 개발 원조 총액은 1529억 달러였다.[4] 가장 취약한 국가들에 필요했던 것은 공공의료 지원과 재정 구제책을 결합한 지원 정책이었다.

2020년 11월, 남아프리카공화국 대통령이자 아프리카연합 의장인 시릴 라마포사Cyril Ramaphosa는 가장 큰 피해를 본 아프리카 국가들의 재정 상황을 해결하기 위한 다각적인 노력을 촉구했다.[5] 2020년의 위기로 아프리카의 경제 상황을 개선해줄 것들이 중단되었기에 아프리카 국가들은 그 어느 때보다도 지원이 절실했다. 라마포사가 강조했듯이, 조치를 취하지 않으면 "단기부채 동역학 debt dynamics이 탈선하면서" 아프리카의 "녹색 미래를 향한 행진이 멈출" 위험이 있었다.[6] 2020년, 기록이 시작된 이후 처음으로, 아프리카 대륙의 전체적인 경제가 성장 대신 위축되고 있었다.

아프리카 국가들만이 아니었다. 안토니우 구테흐스Antonio Guterres UN 사무총장이 2020년 11월 G20에 경고했듯이, 가난하고 부채가 많은 국가는 "재정 파탄과 증가하는 빈곤과 굶주림, 그리고 이루 말할 수 없는 고통의 벼랑 끝에 몰려 있었다".[7] 트럼프가 임명한 데이비드 말패스David Malpass 세계은행 총재는 감상적이거나 공연히 야단법석을 떠는 사람이 아님에도 더욱 단호하게 말했다. "[가장 큰 타격을 입은 국가들에] 더 영구적인 채무 구제 조치를 제공하는 데 실패한 것은 빈곤 증가와 국가 부도가 우후죽순 일어난 1980년대 사태의 반복으로 이어질 것이다."[8]

그러나 위기감에도 불구하고, 심각한 피해 상황에도 불구하고, 선진국 안에서는 대규모 조치가 취해졌음에도 불구하고, 이러한 호소에 대한 전 세계적 대응은 지지부진했다. 노력은 깨작깨작 이루어졌다. 그 가운데 가장 두드러진 것은 G20의 DSSI였다. IMF와 세계은행 둘 다 대출을 진행했지만, 2008년 위기 이후와는 달리 G20이 주도하는 큰 계획은 없었다. IMF의 위기 대처 능력을 확대하고 대규모 채무 구제에 나서자는 제안에는 아무 진전이 없었다. 이것은 세계 경제에서 힘과 자원이 어떻게 분배되어 있는지를 분명하게 드러냈다.

트럼프 행정부와 공화당 보수파가 워싱턴 DC에서 우위를 점한 것은, 이 사태를 해결하는 데 아무런 도움이 되지 않았다. 2020년 여름까지 트럼프 행정부는 WTO 및 WHO와 전쟁을 치렀다. 이와 대조적으로 IMF를 대할 때는 신중했다. IMF를 상대한 사람이 트럼프 충성파 가운데 가장 덜 '트럼프스러운' 스티븐 므누신 재무부 장관이었다는 점은 IMF와의 관계를 유지하는 데 도움이 되었다. 그러나 업무의 연속성과 대규모 위기 대응 조치는 전혀 별개의 문제였다.

4월, IMF의 대규모 행동을 촉구하기 위해 모인 유럽과 아프리카 지도자들의 연합은 인상적이었다.[9] IMF의 가상화폐 SDR을 대량으로 발행한다는 아이디어는 대부분의 전문가 의견과 부합하는 호소력 있는 방안이었다.[10] 이 방안이 기준으로 삼은 것은 11년 전 런던에서 개시한 계획이었다. 이때 G20은 IMF의 정규 대출 능력을 3배로 확대하여 7500억 달러로 늘리고, SDR을 발행하여

전 세계의 유동성을 2500억 달러 확대하기로 결의했다.[11] 11년이 지난 지금까지도, IMF는 2009년에 정한 대출 능력에 의존하고 있었다. 그러나 트럼프 행정부에게 SDR에 관한 논의는 황소 앞에 놓인 붉은 깃발이었다. 아프리카와 유럽의 제안은 IMF 지도부와 광범위한 이해관계자들에게 분명한 지지를 받았지만, 미국은 이를 거절했다. 미국은 바로 이와 같은 순간에 IMF 이사회에 대한 거부권을 맹렬하게 행사했다.[12]

미국이 제시한 명분은 실용적이었다. 미국 재무부는 SDR이 이미 충분히 유통되고 있다고 주장했다. 2009년에 할당한 SDR 가운데 아직 2000억 달러가량이 인출되지 않았다는 것이었다. 미국은 만약 유럽 국가들이 무언가 건설적인 일을 하고 싶다면, 가장 도움이 필요한 국가들이 우선 기존 SDR 화폐를 이용할 수 있게 해야 한다는 식이었다.[13] 이 주장은 어느 정도 진실을 담고 있었지만, 더 많은 SDR을 할당하여 위급한 상황에 대처하지 않을 이유는 사실상 없었다. 므누신 장관이 거부권을 행사한 진짜 이유는 공화당 강경파의 반대 때문이라는 사실은 워싱턴에서 공공연한 비밀이었다.

테드 크루즈는 2020년에 상원에서 트럼프를 가장 큰 목소리로 옹호한 사람 가운데 하나로 악명을 떨치게 될 것이다. 크루즈는 러시아와 중국 모두에 대한 강경론자였다. 그는 텍사스주의 후임 상원의원junior senator으로 갓 선출된 2013년에 G20의 IMF 정책의 핵심 요소인 중국이 이끄는 신흥시장국들에 유리하게끔 쿼터를 변경하는 것을 최선을 다해 방해하면서 유명세를 떨쳤다. 신흥시장국의 쿼터 확대는 IMF의 자원을 확대하기 위해서 런던

G20 정상회의에서 이루어진 협정의 핵심 요소였다. 크루즈는 오바마 행정부가 서명한 협정의 비준을 저지하기로 마음먹었다.[14] 한때, 크리스틴 라가르드 IMF 총재는 누군가 크루즈의 동의를 얻어낸다면 벨리댄스를 추겠다고 하기까지 했다.[15] 7년이 지난 뒤에도, 크루즈는 여전히 중국과 러시아에 대한 공격을 주도했다. 코로나바이러스 위기가 한창이던 2020년 4월, 므누신 재무부의 사람들 가운데 누구도 크루즈를 자극하여 다시 한번 IMF에 총격을 가하게 하고 싶어 하지 않았다.

미국 대선이 끝난 후에야 라마포사를 비롯한 다른 이들은 SDR 발행을 다시 요구했다.[16] 이제 모든 것은 바이든 행정부와 조지아에서 열릴 상원의원 결선투표에 달려 있었다. 만약 2020년 연말까지 가장 유력하다고 여겨졌던 시나리오대로 공화당이 계속해서 상원을 통제한다면, 바이든 행정부에 남은 유일한 길은 의회를 우회하는 것이었다. 신규 증가량이 현재 SDR 할당량보다 많지 않다면 상원의 승인은 필요 없었다. 이 경우 약 6500억 달러의 신규 발행이 허용될 것이다.[17] 만약 IMF 회원국 간의 SDR 재분배와 결합한다면, 이것은 가장 어려운 저소득 국가에 강력한 활력을 줄 수 있을 것이다. 그러나 저소득 국가의 성장을 촉진하고 UN의 지속가능개발목표Sustainable Development Goals를 달성하는 데 필요한 것은 수조 달러의 자금이 아니었다.

미국 보수당의 간부 회의가 전 세계의 사안에 거부권을 행사한 것은 분통이 터지는 일이며 IMF와 같은 기관들의 권위를 심각하게 떨어뜨리는 일이었지만, 개발도상국에 대한 재정 지원이 교착상태에 놓인 이유를 이것 하나에서만 찾는 것은 어리석은 일이다. 이 문제와 관련된 세력을 더 넓게 살펴보고자 한다면, 국제사회가 2020년에 합의한 채무 구제 수단인 DSSI를 보기만 하면 된다.

2020년 4월, DSSI는 애초부터 짧은 목록을 가진 채로 시작되었다.[18] DSSI는 가장 가난하고 가장 작은 아프리카 국가와 아시아 국가만을 대상으로 했다. 저중소득 국가들은 제외되었다. DSSI는 순현재가치Net Present Value(NPV)의 중립을 지켜야 한다는 원칙에 기반을 두고 있었다. 즉 대출 상환이 단기적으로 중단되기는 하지만, 대출 기관은 대출 존속 기간 동안 손해를 보지 않았다. 2020년의 연체를 보상하기 위해서, 대출 기관은 2022년에서 2024년까지 가속 변제를 받게 된다. DSSI에 가입하는 채무국은 몇 년 뒤 지급 곤란에 빠지는 리스크를 신중하게 따져봐야 했다. 게다가, 이 계획이 보장하는 유일한 채무 상환 부담액은 공적양자 간 채권자official bilateral creditor에게 진 부채뿐이었다. 이것은 G20 정부가 즉각적으로 통제할 수 있는 대출금이었다. 그러나 개발도상국의 부채가 신기원에 들어서면서, 이러한 부채가 전체 문제에서 차지하는 비중은 점차 줄어들고 있었다.

2020년의 부채 전망은 이전 시기의 채무 구제 협상 결과를 반영했다. 가장 최근의 채무 구제 협상은 1996년에 시작되었는데, '고채무빈곤국 채무구제제도Heavily Indebted Poor Countries Initiative' 그리고 보노Bono와 밥 겔도프Bob Geldof 같은 유명인사들이 주도한 '주빌리 부채탕감운동Jubilee Debt Campaign'의 영향 덕분이었다. 협상은 2005년 글레니글스 G8 정상 회담에서 절정에 달했다.[19]

이 협상 덕분에 35개 저소득 국가의 GDP 대비 부채 비율은 대폭 낮아졌다.[20] 그 후 몇 년 동안, 부유한 국가 정부들이 파리클럽Paris Club을 통해 제공하는 대출은 점점 더 중요성을 잃어갔다.[21] 이들은 대출보다는 보조금 형태로 재정 지원을 제공했다. 그래서 미국은 350억 달러 규모의 가장 큰 단일 원조국으로 남아 있었지만, 양자 간 양허성 대출 제공국으로서는 중요성을 잃어갔다. 2020년 인도와 브라질은 중산층 국가임에도 빈곤국에 미국보다 차관을 많이 발행했다.

금융 개발 분야에 새로운 큰손으로 등장한 양허성 차관 제공국은 파리클럽의 기존 회원국이 아니었다. 그것은 바로 중국이었다. 중국이 일대일로 사업의 기치 아래 제공하는 대출의 규모와 성격이 정확히 어떤 것인지에 대해서는 논란이 있었지만, 그 규모가 거대하다는 점은 확실했다. 한 유별나게 꼼꼼한 편찬물에 따르면, 2008년에서 2019년 사이에 중국 국가개발은행과 중국 수출입은행은 전 세계 고객들에게 4620억 달러를 대출했다.[22] 이는 세계은행이 같은 기간 동안 빌려준 4670억 달러에 아주 약간 못 미치는 금액이었다. 게다가 중국의 은행들은 더 큰 '확장' 능력을 갖추고 있었다. 2016년에 절정에 달했을 때, 중국 정책은행의 대출액은 세계은행을 넘어섰을 뿐만 아니라 세계은행, 아시아개발은행, 미주개발은행, 유럽투자은행, 유럽부흥개발은행, 아프리카개발은행 등 모든 다자간 개발은행의 대출액을 합친 금액과 어깨를 나란히 했다.[23] 아프리카 국가들이 2021년에 갚아야 하는 채무 가운데 DSSI의 적용을 받을 수 있는 금액은 305억 달러였는데, 이 가운데 40%가 넘는 금액은 중국의 공식 대출 기관이

다른 공식 채권자에게 진 대외 부채 총액(단위: 10억 달러)
중국은 개발도상국의 가장 큰 공식 채권국이다.

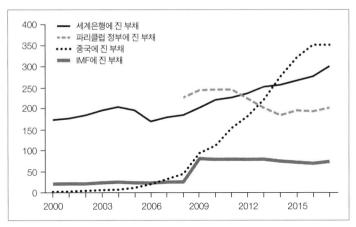

출처: Horn, Reinhart, and Trebesch, 2019.

나 개발은행에 빚진 것이었다.[24] 실제로 DSSI에 참여하기로 서명한 46개 채무국은 중국에 57억 6000만 달러의 빚을 졌는데, 이는 이들이 파리클럽 회원국에 빚진 19억 8000만 달러와 비교되는 액수였다. 파리클럽 회원국 가운데 가장 큰 채권국은 5억 5900만 달러를 상환받을 프랑스였고, 두 번째는 4억 8100만 달러를 상환받을 일본이었다. 미국이 상환받을 액수는 1억 5500만 달러뿐이었는데, 이는 중국이 받을 금액의 37분의 1이었다.[25]

중국은 2013년 이래로 일대일로의 기치 아래 해외 개발 대출을 진행했다. 일대일로라는 이름은 비전과 목적을 분명하게 전달했다. 바로 이 이유로, 일대일로 계획은 중국이 채무 제국주의를 펼치고 있다는 국제적인 의혹과 비난을 불러일으켰다.[26] 중국이 채무국들에 국가 면책특권을 포기하고 중요한 국가 자산을 담보로 넘기라는, 터무니없는 요구를 한다는 소문이 떠돌았다.[27] 슬픈 운명을 맞이한 스리랑카의 함반토타 항구 단지는 한 국가가 "부채 함정debt trap"에 빠진 사례로 널리 인용되고 있다.[28] 채무불이행을 선언했을 때, 스리랑카는 담보물로 삼았던, 핵심 전략 시설인 함반토타 항구를 몰수당했다. 적어도 소문으로는 그랬다. 함반토타 항구 거래의 정확한 정황과 이것이 중국 측이 의도한 책략인지에 관한 열띤 토론이 오갔다.[29] 부정할 수 없는 사실은 중국의 고객 몇몇이 2020년에 심각한 재정적 어려움에 직면했다는 사실이었다. 코로나바이러스가 유행하기 전에 이미 베네수엘라, 파키스탄, 앙골라 및 9개 아프리카 국가들은 중국에 대한 상환이 지연될 위험에 처해 있었지만, 중국 중앙정부는 더 큰 영향력을 얻기 위해서 코로나바이러스 위기를 이용할 기미를 보이지는 않았다. 트럼프 대통령이 세계은행 총재로 임명한 데이비드 말패스는 중국 국가개발은행이 DSSI에 참여하지 않았다며 중국을 비난했다.[30] 중국 중앙정부는 중국 국가개발은행은 민간 은행이므로 G20 계획의 적용 대상이 아니라고 주장했다. 중국 중앙정부는 공인된 공식 대출에 대하여, 채무자들에게 다른 모든 대출 기관들이 제시한 액수를 합친 금액만큼을 유예해주었다.

중국 국가개발은행이 제외된 데는 모종의 음모가 있었다는 데는 의심의 여지가 없지만, 이것은 중국의 대전략보다는 민간 채권자들이 DSSI의 조항에서 면제받음으로써 생긴 허점과 관련이 있었다. 2020년에 DSSI 적격국들이 진 부채 350억 달러 가운데, 중국에 빚진 엄청난 양을 제외한 135억 달러는 민간 대출 기관에 빚진 것이었다.[31] 부채의 절반가량은 여러 종류의 은행에 빚진 것이었다. 그리고 나머지는 채권소유자에게 진 빚이었다. 대규모 채무 원리금 상환이 주는 부담은 2005년 이후로 민간 대출이 저소득 국가에 대한 공식적인 양허 대출을 어느 정도 대체했는지를 반영한다.

4월에 행동에 나서기를 호소했을 때부터, EU와 아프리카 정부들은 민간 대출 기관을 포함한, 저소득 국가에 대한 모든 채권자의 참여를 촉구했다. G20 국가들은 이에 동의했다. 국제 금융 로비 단체 역할을 하는 국제금융협회는 회원들에게 자발적인 참여를 권유하는 정식 초대장을 보냈지만, 여름까지 누구도 참여하지 않았다. 국제금융협회는 회원들을 옹호하고자, 자신들이 살펴보니 어떤 채무국도 회원들에게 유예를 요청하지 않았다는 말을 덧붙였다. 채무국들은 이것이 신용등급에 미칠 수 있는 영향을 우려했다. 채무국에는 채무 구제가 절실했지만, 향후에 자본 시장에 대한 접근이 위태로워지는 것은 너무 큰 대가였다.[32]

막대한 채무를 진 카메룬이 신용평가사 무디스한테 당한 일은 경각심을 주기에 충분했다. 2020년 5월 19일, 카메룬에 G20 DSSI 참가 자격이 있음이 확인되었고, 그 결과 카메룬은 2억 7600만 달러의 원리금 상환에서 자유로워졌다. 8일 뒤, 무디스는 카메룬의 신용등급 하향을 검토했다. 무디스는 해명을 통해, G20이 DSSI에 참여하려면 참여국이 민간 채권자들에게 상환 유예 신청과 유사한 호소를 해야만 하게 만들었다고 지적했다. 상환 유예 신청은 그 자체로 국가신용등급을 내릴 충분한 이유였다. 민간 채권 소유자들을 DSSI에 참여하게 하려는 시도에 전혀 진척이 없을 뿐만 아니라, 민간 채권자들에게 호소하느냐 마느냐는 채무국 정부에 달려 있으며, 카메룬 정부에는 그럴 의향이 없

다는 사실이 확실해진 8월이 되어서야, 무디스는 국가신용등급을 하향하겠다는 위협을 거두었다.[33]

그렇게 신용평가사들은 민간으로부터 많은 빚을 진 채무국을 채찍질했다. 그리고 놀랍게도, 이들의 영향력은 세계은행과 같은 다자간 대출 기관에도 미쳤다.

DSSI 계획에 참여할 자격을 얻으려면, 국가들은 우선 IMF 프로그램을 신청하고 IMF의 감독을 받아야 했다. 그러나 EU와 아프리카 정부의 호소에도 불구하고, IMF, 세계은행, 그리고 다른 다자간 대출 기관들에 대한 채무 상환은 DSSI에서 제외되었다. 세계은행 총재로서 이 이례적인 입장에 대해 해명하라고 요구받았을 때, 말패스는 신용평가사를 탓했다.

세계은행의 부속 기관인 국제부흥개발은행International Bank for Reconstruction and Development(IBRD)은 저소득 및 중간소득 국가에 대한 대출 기관으로, 1959년 이후로 AAA 신용등급을 누려왔다. DSSI에 관한 G20 협정 당일이었던 2020년 4월 15일, IBRD는 시장에서 5년 만기 채권 80억 달러를 0.704% 수익률로 발행했다. 이것은 국제 금융 기관이 실시한 자금 조달 가운데 가장 대규모이며 가장 저렴한 비용으로 자금을 조달한 활동이었다.[34] 세계은행이 DSSI에 가입하지 않은 이유는, 채무국에 유예를 줌으로써 세계은행의 대차대조표에 손실이 기록된다면, 그것이 아무리 작은 손실이라고 해도 IBRD의 AAA 신용등급을 위태롭게 할 수 있으며, 그러면 극빈국에 저렴한 비용으로 대출을 해주는 IBRD의 능력이 손상될 위험에 빠질 수 있기 때문이다.[35] 위기에 대한 세계은행의 대답은 기존의 부채를 유예하거나 연장하는 것이 아니라, 2021년 여름까지 1600억 달러의 신규 대출을 제공하는 것이었다.

이것은 세계은행의 엄청난 직무 유기였다. 세계은행의 대차대조표는 DSSI 계획 아래서 이루어질 채무 상환 연장을 쉽게 감당할 수 있을 만큼 튼튼했다. 어차피 순현재가치는 중립이었기 때문이다. 그 어떤 손실도 주주들이 감당할 수 있었다. 이제 남은 대안은 IMF의 얼마 되지 않는 금 보유량을 처분하거나, SDR을 발행하여 자금을 조달하는 것이었다.[36] 이러한 대안 가운데 어떤 것도 2020년에 진지하게 논의되지 않았다. 트럼프 행정부가 SDR 발행을 막고 있는 것을 넘어서, 대규모 재정 지원을 제공하는 데 필요한 정치적 의지와 자원을 모으는 데 전반적으로 실패했기 때문이다. DSSI는 여전히 희미한 그림자로 남아 있었으며, 그 주요 수혜자는 파키스탄과 앙골라였다.[37] 연말까지, 세계은행은 DSSI가 50억 달러의 채무 구제를 제공했다고 밝혔다.[38] 저소득 국가의 채무 문제를 해결하기 위한 전반적인 해결책으로서, DSSI는 조롱거리였다.

여름 동안, 더 급진적인 UN 기구 가운데 하나인 국제연합 무역개발회의Conference on Trade and Development(UNCTAD)는 채무 구제책 제공을 위한 "국제 사회의 지지부진한 노력"을 강력하게 비판했다. UNCTAD는 집단적인 비非행동은 세계적인 국가 채무에 관한 문제를 해결하기 위한 "기존 절차가 매우 복잡하며, 제 기능을 못할 정도로 심각하게 파편화되어 있다는 사실을 집중 조명한다"라고 말했다.[39] 질서를 회복하고 손해 배상 청구를 공정하고 신속하게 조정하기 위해서, UNCTAD는 "〔기관 혹은 민간〕 채권자나 채무자 모두와 이해관계가 없는 국제 국채 담당 기관"을 세워 구조조정을 공평하고 투명한 방법으로 주재하게 하자고 제안했다.

이 아이디어는 채무 옹호 단체의 열렬한 지지를 받았다. 그러나 대체 어떤 연합이 채권자들의 확고한 이익에 맞서, 이러한 초국가적 기관을 탄생시킬 힘을 가지고 있단 말인가? IMF, 세계은행, G30, G20은 현재 협정이 부적절하다는 점을 부인하지 못했다. 그러나 이들은 새로운 국제 국가 채무 담당 기관을 만드는 데는 관심이 없었다. 대신 이들은 민간 채권자들을 포함한 모든 채권자를 협상 테이블로 끌어내기 위해서 도덕적 설득과 진지한 호소에 의존했다. 구조조정이 채무국에 실질적인 구제책을 제공하려면 민간 부문의 참여가 필수적이었다. 민간 부문이 동참하면 누구는 참여하고 누구는 참여하지 않는다는 논란을 없앨 수 있었다. 또한 유예 요청을 받은 채권자 측의 절차를 적법하게 할 것이다. 전직 중앙은행 및 재무부 관료들의 영향력 있는 모임인 G30의 전문가 보고서에 따르면, "일부 채권자들이 다른 이들에게 실질적으로 상환 자금을 대주는 식의 부채 위기 해결 방법은 정치적으로 지속 가능하지 않으며 실패할 가능성이 높다. (…) 모든 채권자의 참여를 끌어내지 못한다면 (…) 일치단결한 국제적 위기 대응을 위한 정치적 지지가 약화될 것이며, 향후 공식적인 협조융자에 대한 욕구가 감소할 것이다".[40] 만약 납세자들의 돈으로 운영되는 대출 기관만 유예를 제공한다면, 그것은 사실상 민간 대출 기관에 보조금을 제공하는 것이다.

이 개선된 의제에 담긴 호소는 분명했다. 1990년대 후반부터 국가 부도 과정을 공정하고 투명하게 하는 체계적인 체제를 만들려는 노력이 있었다.[41] 민간 채권자들에게 부채 감축의 부담을 분담하라고 강요하는 것은 몹시 어려운 일이며, 그 결과로 채무국들이 일시적으로 채권시장에서 배제될 수도 있지만, G30 전문가들의 말마따나 "경제 현실"에서 적기에 벗어나는 방법 같은 것은 없었다. 부채 부담이 적은 나라는 더 깨끗한 대차대조표로 시작할 것이다. 이런 나라는 새로운 투자와 차입을 받기에 더 좋은 처지일 것이다. 채권시장에서 제외된다는 두려움은 부풀려지기 쉽다. 아르헨티나 같은 연쇄 채무 불이행자들이 증명했듯이, 대출업체는 다시 돌아오기 마련이다.

채무국들이 채권자들을 협상 테이블로 끌어내게 하는 데 필요한 영향을 주기 위해서, 2020년 가을 IMF와 세계은행은 집단행동조항collective action clauses의 보편적 도입을 위해 힘을 합쳤다.[42] 집단행동조항은 구조조정이 일어날 경우, 일부 채권자가 채무 조정을 거부하더라도 채권자 다수가 동의한다면 채무 조정을 시작할 수 있게 하는 조항이다. 만약 신용시장에 걸린 부하가 결국 광범위한 국가부채 위기로 확대되는 상황이라면, IMF에는 심지어 이보다 더 급진적인 방안이 있었다. 한편으로, IMF는 주저하는 민간 대출 기관에 현금이나 신용 보강을 제공할 수 있다. 그리고 다른 한편으로는 채무 조정을 거부하는 채권자에게 저소득 부실 채무국을 위한 법적 개입의 대상이 될 수 있다는 위협을 가할 수 있다.[43] 벨기에는 2015년에 소위 반벌처펀드anti vulture fund법으로 시범을 보여주었다. 만약 이 법이 채권 계약 대부분이 이루어지는 영국과 뉴욕에까지 확대 적용된다면, 채무자에게 유리한 쪽으로 힘의 균형이 극적으로 변화할 것이다.[44] 이것은 G20이 감내할 수 없는 것이었지만, 2020년 11월 G20은 'DSSI를 넘어선 부채 대응을 위한 공동 체제Common Framework for Debt Treatments Beyond the DSSI'를 승인했다.[45] 그 구체적인 내용은 부족했지만, 공공 대출 기관이 승인한 채무 구제에는 반드시 민간 대출 기관의 유예가 뒤따라야 한다고 분명하게 적혀 있었다. 문제는 이것을 어떻게 집행하느냐였다. 미국의 은행과 투자 기금, 법원이 세계 채권시장에서 핵심적인 역할을 수행한다는 점을 고려할 때, 이것은 미국의 지도력이 꼭 필요한 문제였지만, 한 보고서가 부끄러워하며 언급했듯이, 11월 중순 트럼프 대통령의 "레이더"에 세계 극빈국의 부채 구제 문제가 포착되어 있는지는 분명하지 않았다.[46]

11월 30일 미국 대선 이후, 라마포사는 SDR 신규 발행, DSSI 확대, 민간 채권자 등록, 신용평가사의 영향력 억제 방안 등을 재차 촉구했는데, 라마포사의 호소에는 이 안건을 쟁점으로 만들고자 하는 바람이 담겨 있었다.[47] 의심할 여지없이, 라마포사는 스티븐 므누신의 뒤를 이어 재무부 장관으로 지명된 재닛 옐런을 중심으로 구성되는 새로운 재무부 팀이 자신의 말에 더 귀를 기울여주기를 기대했지만, 설득해야만 하는 사람들은 이들만이 아니었다. 다소 놀랍게도, 채무 조정 제안에 가장 소리 높여 반대하는 이는 UN 사무차장이자 국제연합 아프리카경제위원회Economic Commission for Africa(UNECA) 사무총장인 베라 송웨Vera Songwe였다. 《파이낸셜 타임스》가 보도했다시피, 그녀의 관점에서 "민간 부문이 채무 구제에 개입하도록 강제하는 것은 개발도상국에 결코 필

　　　　　　　　　　　　　　　4부 정치 공백기

요하지 않은 일"이었다. 송웨가 보기에 "공공 양허성 대출과 상업적 시장 접근을 혼동하는 공동 부채 체제는 아프리카의 회복을 저해할 것"이었다.[48] 채권 보유자의 이익과 납세자의 이익 사이에서 균형을 맞추는 것이 선진국의 우선 과제일지는 모르지만, 어째서 곤경에 처한 개발도상국들이 모든 채권자들과 함께 강제로 심판의 날을 맞이해야 한단 말인가? 중요한 것은 2020년 개발도상국 정부가 채권단에 지급한 상환액이 1670억 달러의 신규 대출액보다 많았다는 점이다.[49] 상환액 경감은 도움이 될 수도 있지만, 아프리카가 회복하고 개발을 가속하려면, 정말로 필요한 것은 더 많은 투자와 그 자금을 조달하기 위한 더 많은 대출이었다.

문제가 된 것은 금융과 개발을 보는 서로 다른 시각이었다. 포괄적 채무 조정을 지지하는 사람들은 어떤 부채가 지속 가능한지에 관한 명확한 생각에서 출발했으며, 백지상태에서 새로 시작하자고 제안했다. UNECA는 곤경에 처한 국가의 채무 조정이나 민간 채권자들을 등록할 필요성을 부인하지는 않았다. 송웨의 비판에도 불구하고, UNECA의 공식 문서에는 G20의 "공동 체제"에 관한 구체적인 내용이 담겨 있었다. 차이점은 UNECA를 움직이는 야망은 더 적은 융자가 아니라 더 많은 융자였다는 것이다.[50] UNECA의 모델은 공공기관과 민간 시장 사이의 긴밀한 협력에 의존하는 소위 혼합 금융 체제였다. 이 모델은 민간 대출 기간과 신용평가사에 권한을 부여했지만, UNECA가 지적한 바와 같이, 이 모든 위협적인 소음에도 불구하고, 어떤 신용평가사도 실제로 DSSI에 참여하는 국가의 신용등급을 하향 조정한 적이 없었다. 가장 중요한 것은 이용 가능한 모든 수단을 통해 신용을 늘리는 일이었다. IMF의 SDR 신규 발행, 다자간 개발은행의 대출 확대, 아프리카 국채의 환매조건부 판매를 가능하게 하고, 나아가 부유한 국가들의 국채처럼 아프리카 국채를 추가 대출을 위한 담보물로 삼을 수 있게 해줄 유동성 지원 기구 설립 등 가능한 한 모든 조치가 필요했다. 이 제안서의 초안을 작성하면서, UNECA는 가장 큰 민간 채권 운용사 가운데 하나인 핌코에 기술 자문을 받았다. UNECA와 핌코는 경제 선진국에서 널리 쓰이는 민간 신용에 대한 공공 지원 모델을 아프리카로 확대해달라고 요구했다.[51] 이러한 공공 지원 가운데 일부는 현지 금융당국이 수행할 수 있는 일이었다. 궁극적으로, 이는 선진국 중앙은행의 대차대조표나 만약 필요하다면 SDR 발행으로 뒷받침되어야만 한다. 이러한 제도를 만드는 것은 의심할 여지없이 위태로운 대공사겠지만, 세계를 둘러보면 어디서나 어렵지 않게 이런 제도를 찾아볼 수 있을 것이다. 만약 GDP의 155%를 부채로 지고 있는 이탈리아가 유럽 중앙은행의 지원을 받음으로써 여전히 시장에서 5년 만기 채권을 0.2% 수익률로 발행할 수 있다면, 왜 훨씬 더 나은 GDP 대비 부채 비율을 지닌 아프리카 채무국들은 엄청난 이자율에 직면해야 하는가? 이제 문제는 정치적 지원과 금융공학에까지 이르렀다.

엄격하고 포괄적인 채무 조정을 옹호하는 사람들은 "경제 현실"과 "부채 지속 가능성"이라는 용어를 사용하였으나, 경제 선진국들이 겪은 일이 보여주듯, 만약 자국이 통제하는 통화로 차입을 한다면, 경제 현실과 부채 지속 가능성은 궁극적으로 중앙은행의 의향에 따라 협상 가능한 변수들이었다. 새로운 아프리카를 옹호하는 송웨 같은 사람들에게, 가장 중요한 판단 기준은 아프리카 대륙의 거대한 잠재력과 아프리카가 직면한 광대한 어려움이었다. UNECA의 눈을 사로잡은 경제 현실은 아프리카의 극적인 인구 증가와 긴급하게 필요한 인프라 확대였다. UNECA의 예측에 따르면, 2040년이면 아프리카는 세계에서 가장 노동 인구가 많은 곳이 될 것이다. 전 세계 젊은 노동자의 40%는 아프리카인일 것이다.[52] UN에 따르면, 지속가능개발 목표를 달성하기 위해, 아프리카 대륙은 연간 1조 3000억 달러를 지출해야 했다.[53] 2015년 세계은행의 신조가 "수십억에서 수조로 from billions to trillions"였던 데는 이유가 있었다.[54] 이를 위해 필요한 것은, 사실상 수단과 출처를 가리지 말고 더 많은 대출을 받는 것이었다.

중국이 그토록 매력적인 대출 기관이 될 수 있었던 이유는, 순전히 채무국에 투자금이 긴급하게 필요했기 때문이었다. 수십억에서 수조로, 거대한 규모로 도약하기 위한 고군분투에서 공백을 메워준 것은 중국이었다. 일대일로 계획은 발판이었다. 2017년 5월, 시진핑은 "세기의 프로젝트"를 선언하기 위해 베이징에 30명의 국가 원수와 130개 나라의 대표단을 소집했다. 중국의 비전은 장엄했지만, 수조 달러를 투자하겠다는 말은 과장법이 아니었다. 오히려, 수조 달러라는 규모야말로 드디어 현실적으로 의미가 있는 액수였다.

중국에서 흘러들어온 돈은 인상적인 현대적 사회 공공 기반시설을 건설하는 데 쓰였다. 기반시설 건설에는 발전發電, 운송, 상품 수출을 중심으로 조직된 경제 발전이라는 비전이 뒤따랐다.

그리고 이 비전에는 경제 발전이 제조 공급망과 첨단기술 개발로 확산될 것이라는 희망이 뒤따랐다. 수많은 개발도상국에 2020년의 불길한 질문은 그들이 중국에 너무 많은 돈을 빌린 것이 아닌가가 아니라, 중국이 이제 발을 빼려고 하는 것이 아닌가였다.[55] 2016년 대출이 급증한 이후, 중국은 제동을 걸기 시작했다. 중국 중앙정부는 일대일로 관련 대출로 위장한 자본 도피가 일어나고 있는 것이 아닌지 우려했다. 중국의 의도는 투자 계획의 질을 향상하고 지정학적 악영향을 관리하는 것이었다. 아프리카와 라틴 아메리카에 대한 대출이 취소되었다.[56] 파키스탄에서도 프로젝트의 진행 속도가 느려졌다.[57] 2020년 말까지, 일대일로 참여국에 대한 중국의 대출은 54% 감소한 470억 달러였다.[58]

만약 중국이 정말로 물러나고 있다면, 누가 그 공백을 메울 수 있을까? 집결한 서방 국가들이 개발도상국의 거대한 투자 요구에 전략적으로 대응할 수 있을까? 2020년의 바로 직전 연도의 참신했던 점은 바로 이 질문이 실제로 제기되었다는 점이다.

2017년 1월, G20 의장직을 인수하면서 독일은 "아프리카와 함께하는 마셜플랜Marshall Plan with Africa"이라는 계획을 제시했는데 ('위한'이 아니라 '함께하는'임을 주목하자), 이것은 민간 투자 개발에 초점을 맞추는 계획이었다.[59] 같은 해 캐나다는 FinDev라고도 알려진 캐나다개발금융기관Development Finance Institute Canada(DFIC)을 설립했다. FinDev는 이런 유형의 기관에 관한 전형적인 상용구와 마찬가지로, "포괄적인 민간 부문 성장과 개발도상국 시장의 지속 가능성을 지원하는 금융 기관"으로 묘사되었다.[60] 2018년, 미국의 개발 금융 기관에 대한 재정 지원을 모조리 중단하자고 처음 제안한 후, 트럼프 행정부는 미국국제개발금융공사U.S. International Development Finance Corporation(DFC)를 설립하게 한 초당파 법안인 '개발로 이어지는 더 나은 투자 활용법Better Utilization of Investments Leading to Development Act(BUILD법)'에 힘을 쏟았다.[61] DFC는 기존의 미국 해외민간투자공사Overseas Private Investment Corporation를 포괄하는 신규 기관인데, 설립 과정에서 개발 대출을 지원하면서 위험에 노출할 수 있는 금액이 290억 달러에서 600달러로 늘어났으며, 미국이 제공할 수 있는 지원 조건 또한 확대되어 위험 부담 자본을 포함했다.[62] 2018년 여름, 미국, 일본, 호주는 인도-태평양 지역의 인프라를 공동으로 지원하는 계획을 발표했다.[63] 계획을 뒷받침하기 위해, 2019년 호주는 자본금 20억 달러를 투자하여 '태평양인프라금융기구Infrastructure Financing Facility for the Pacific'를 설립했다.[64] 미국과 일본, 호주는 함께 인프라 프로젝트의 성공을 보증하고자 소위 블루닷네트워크Blue Dot Network 계획에 서명했다. 목표는 총 94조 달러로 추정되는, 개발도상국에 급히 필요한 글로벌 인프라 투자를 선진국의 상업 부동산 단지처럼 "표준 계약으로 뒷받침되는 자산군"으로 바꾸는 것이었다.[65]

이 벤처 사업들의 전략적 목적은 분명했다. 독일의 개발부 장관 게르트 뮐러Gerd Muller는 이렇게 말했다. "우리는 아프리카를 중국, 러시아, 터키에 넘겨줄 수 없다."[66] 그러나 이런 사업들의 공통점은 투입된 공공 자원이 대단치 않았다는 점이다. "아프리카와 함께하는 마셜플랜"의 기반이 된 유럽의 기금은 모두 합쳐 고작 65억 유로에 불과했다. 규모를 확대하기 위해, 이 모든 신생 기구들은 레버리지와 금융공학의 마법에 의지하여 수십억을, 수조는 아닐지언정, 수천억으로 바꿨다. UNECA의 제안에 담긴 정신에 따라, 이 기구들은 민간 부문과 공공 부문이 협력하는 구조였다. 공공기관은 부유한 국가에서 가난한 국가로 민간 자본의 흐름을 늘리기 위해 국가 리스크, 프로젝트 리스크, 환율 리스크 같은 지정된 위험들을 흡수할 것이다.

그러나 중국과 경쟁하려는 서구의 야망이 아무리 참신해도, 시장이 주도하는 끝없는 풍요가 사람들을 취하게 만들었음에도, 저소득 채무국들에 흘러 들어가는 돈의 총액은 여전히 불충분했다. 소위 혼합 금융 제도에 의해 몰려든 민간 자금의 압도적 다수는 저소득 국가가 아닌 중간소득 국가에 돌아갔다.[67] 개발은행들이 "리스크 경감"을 위해 지원해주었는데도, 자본은 지속적이고 수익성 있는 성장을 창출하는 능력을 이미 입증한 곳으로 흐르는 편을 선호했다. 입증이라는 단어의 정의상 그런 곳은 적어도 중간소득 국가였다. 그리고 궁극적으로 이것이 바로 DSSI 자격 요건이 되지 못하는 국가들이 세계 정책 의제 순위에서 그토록 낮은 위치에 있던 이유기도 하다.

약 6억 7000만 명의 사람들이 저소득 국가에서 살고 있을지도 모르지만, 이들이 세계 GDP에서 차지하는 부분은 채 1%도 채 되지 않는다. 이들이 겪는 곤경은 인도주의적 차원의 문제였다. 그러나 이들의 불행은 대량 이민으로 번지지 않는 한, 북반구의 경제 및 정치 권력의 중심지에 체계적 위험을 가하지 않았다. 뮐러 장관은 직설적으로 말했다. "아프리카의 운명은 유럽에 위기이자 기회다. 함께 문제를 해결하지 않으면, 언젠가 우리에게 문제가 찾아올 것이다."[68] 그러나 이것은 훗날의 두려움이었다. 단기적으로, 잠비아나 가나의 재정난은 선진국 채권자들이 지닌 포트폴리오의 극히 일부분에만 위협이 되었다. 그리고 이것은 아르헨티나나 레바논 같은 중간소득 채무국들이나 에콰도르의 국가부도 사태에도 똑같이 적용되는 진실이었다. 세계 경제에서 이 나라들이 차지하는 비중은 너무 미미했으며, 이들의 문제는 너무 쉽게 특이한 것으로 치부되었다. 실제로 억지로 대규모 제도적 변화를 일으키려고 했다면, 2020년에 일어난 것보다 훨씬 더 광범위한, 더 큰 경제국들에도 영향을 줄 부채 위기가 일어났을 것이다. 아마도, 1997년부터 2001년까지 신흥시장에 물밀 듯이 밀려들었던 위기들과 비슷한 위기가 말이다.

2020년에는 신흥시장국 채권시장에 많은 부하가 가해졌지만, 광범위한 부채 위기는 도래하지 않았다. 신흥시장의 복원력을 보여주는 인상적인 장면이었지만, 혹시 이것이 눈속임일 수도 있을까? 2020년이 물려준 것은 잘못된 자신감이었을까?

브라질은 세계 경제에서 1990년대의 그 어떤 아시아 국가보다 크고 체계적으로 중요한 나라였다. 브라질의 2021년 말 GDP 대비 공공 부채 비율은 90%로 신흥시장국치고는 매우 높은 수준이었다.[69] 브라질 단기채에 대한 수요는 여전히 강세를 보였지만, 장기 채권에 대한 수익률은 점점 더 터무니없이 증가했다. 2021년의 첫 4개월 동안 브라질 재무부는 1120억 달러어치 채권의 만기를 연장해야만 했다.[70] 엄청난 금액이었지만, 이 채권의 절대다수가 브라질 헤알화로 발행되어 있었다는 점과 브라질의 무역수지가 튼튼하고 환율이 유연하다는 점, 그리고 브라질 중앙은행의 관리가 적극적이고 효과적이라는 점을 고려할 때, 즉각적으로 위기를 일으킬 만한 요인은 없었다. 그러나 두려움은 쌓여만 갔다. 보우소나루 정부는 기회주의적이었으며, 그의 내각은 그 어느 때보다 혼란스러웠고, 2022년에는 여러 선거가 열릴 예정이었다. 시장은 아직 공황에 빠지지 않았지만, 브라질 헤알화는 계속해서 하락했다. 2021년 4월 브라질 헤알화는 코로나 위기 1차 파동 당시의 최저치 수준으로 다시 떨어졌다. 3월 말 안토니우 구테흐스 UN 사무총장은 브라질 차입금의 만기가 점점 더 짧아지고 있다고 경고했다. 무엇보다도, 브라질에서 코로나19 유행이 다시 한번 통제 불능이 되었다. 전염성이 높은 새로운 변이가 대혼란을 일으키고 있었다. 그리고 백신은 너무 늦게 도착하고 있었다. 2021년 4월, 일일 코로나19 사망자 수는 4000명으로 급증했으며, 총사망자 수는 40만 명을 넘어섰다. 구테흐스가 주장했다시피 위기 시에는 보건, 빈곤, 금융 모든 것이 연결된다.[71]

만약 전반적인 금융위기가 미해결 상태라고 한다면, 남아프리카공화국은 브라질보다 훨씬 더 취약한 나라였다. 남아프리카공화국의 성장 기록은 상태가 더욱더 나빴다. 2020년 위기 이전에도 실업률은 30%에 육박했다. 남아프리카공화국의 수출 잠재력은 브라질의 수출 잠재력보다 덜 역동적이었다. 남아프리카준비은행이 인정했다시피, 남아프리카준비은행과 연기금이 보유한 대량의 국내 공공 부채는 공공 대차대조표와 민간 대차대조표 사이에 위험한 연결고리를 만들었다.[72] 국채의 신용등급이 하향 조정되면 은행들과 연기금의 대차대조표 모두에 타격을 줄 것이다. 그리고 같은 논리가 역으로도 적용되었다. 남아프리카공화국 정부는 파산 직전에 몰린 전력회사 에스콤Eskom의 채권을 보증했다.[73] 만약 실제로 에스콤이 파산한다면, 남아프리카공화국의 공공 부채는 2조 6200억 랜드에서 3조 랜드로 증가하게 된다. 그러나 남아프리카공화국은 신흥시장국 특유의 새로운 방책들을 완벽하게 익혔다. 공공 부채의 양이 상당하기는 했지만, 아직 우려할 만한 수준은 아니었다. 환율은 2020년 초에 하락했지만, 그 후 반등했다. 2020년 연말, 남아프리카공화국의 외환보유고는 연초보다 더 많았다. 경기 침체를 고려하여, 남아프리카준비은행은 반드시 필요하기 전까지는 금리를 인상하지 않는다는 당초 노선을 고수했다.

2020년에 가장 극적으로 시장 지배력과 신흥시장국식 회복성을 시험한 곳은 바로 터키였다. 11월, 독재자 에르도안 대통령은 시장의 압력에 굴복하여, 자신의 사위를 터키 경제 정책 수장에서 내려오게 하고, 금리를 유턴시켰다.[74] 이것은 항복 선언이었다. 하지만 대체 무엇이 터키를 이 지경에 이르게 했단 말인가? 수년간 에르도안은 세계 금융시장을 경멸하고 위협해왔다. 그는 중앙은행 총재 두 명을 괴롭히고 해고했다. 그는 주요 무역 상대국인 EU를 포함하여, 모든 이웃 나라들을 적으로 만드는 엄청나게 공격적인 외교 정책을 추구했다.[75] 여기에 더해, 터키는 에르도안 대통령의 무능한 사위의 지도 아래 신흥시장국식 방책의 기본 규칙 가운데 하나를 위반했다. 2019년에 리라화가 압박을 받았을 때, 터키 당국은 지연 전술을 택하는 대신, 리라화의 평가절하를 막기 위해 헛되이 1400억 달러 이상의 외환보유고를 날려

버렸다. 물가가 급등하고, 리라화는 자유낙하하고, 실업률은 증가하는 상황에서, 2020년 9월 에르도안 대통령은 아제르바이잔 측으로 아르메니아와의 전쟁에 참여했다. 해외 은행가들이 내린 최선의 추정에 따르면, 이 시점에서 터키의 외환보유고는 바닥났다. 단기 차입금이 아직 대차대조표에 남아 있는 그 어떤 자산보다 많았기 때문에 전체 보유액은 마이너스였다.[76] 게다가 마치 외부 조력에 의지하는 것을 막겠다는 듯이, 에르도안 대통령은 러시아 미사일을 인수함으로써 미국의 제재를 불렀다. 에르도안은 IMF 프로그램을 고려하는 것을 덮어놓고 거부했는데, 이것은 터키에서 주요 금융위기가 터졌던 2001년 상황으로 돌아가는 것이며, 에르도안 대통령의 경력이 바로 이 금융위기에서 비롯되었기 때문이다.[77] 그저 IMF의 융자 조건을 언급하는 것조차 받아들일 수 없는 일이었다. 터키에 남은 유일한 외부 지원 국가는 카타르뿐이었다. 두 나라는 150억 달러 규모의 스와프 라인을 만들었지만, 카타르는 사우디아라비아와 아랍에미리트에 봉쇄된 상태였다.[78] 11월 3일 바이든의 승리는 도움이 되지 않았다. 트럼프는 워싱턴에 몇 안 남은 에르도안의 친구 중 하나였기 때문이다. 주말이었던 11월 7일부터 8일까지, 자신이 속한 집권 여당 내부의 압력에 직면한 에르도안은 결국 비상 브레이크를 밟고 중앙은행과 재무부에 보수 성향의 팀을 임용했다.

거대 신흥시장국들이 누리는 자율성은 절대적이지 않았다. 벼랑 끝에 내몰릴 위험은 현실이었다. 터키 경제는 에르도안 대통령의 벼랑 끝 전술에 대한 대가를 향후 수년에 걸쳐 높은 금리로 치를 것이다.[79] 터키 중앙정부가 외국인 투자자들을 대하는 태도가 공손하게 바뀐 것은 의심할 여지가 없다. 그러나 에르도안은 희생자가 될 위인이 아니었다. 그는 도박사였다. 에르도안은 시장의 인내심을 극한까지 시험한 뒤 마지막 순간에 물러났다. 놀랍게도, 투자자들은 관대했다. 공황으로 인해 반등 시 이익을 낼 기회가 생겼다. 유럽의 경계에 있는 저비용 기지로서, 터키는 거대한 잠재력을 지니고 있었다. 금리가 인상되자마자 다시 자본이 유입되었고, 리라화는 강세를 보였다.[80] 겉으로 보기에는 평화가 찾아온 듯했다. 그러나 이것은 변덕스러운 터키 대통령을 고려하지 않은 평화였다. 2021년 3월 20일 토요일, 아무런 예고 없이, 에르도안 대통령은 중앙은행 총재와 부총재를 해고했다. 터키 중앙정부는 마치 위기를 부르고 싶어서 안달이 난 것처럼 보였다. 국내외 자금 유출을 소리소문없이 막기 위해서, 터키 중앙은행은 투자자들의 리라화 포지션 청산 능력을 제한하는 은밀한 자본 통제에 의존했다.[81]

세계 경제의 구조에는 여러 계층이 있으며, 각 계층에서는 힘의 시험이 치러진다. 채권 보유자들을 안심시키고 부채 증가율을 GDP의 100% 안쪽으로 안정화하기 위해, 남아프리카공화국은 예산 건전화를 위해 고통스러운 노력을 기울였다.[82] 2021년, 브라질은 코로나바이러스 위기 1차 파동 동안 큰 차이를 만들었던, 저소득 가정에 대한 보조금 지급을 계속할지에 관한 선택에 직면하게 될 것이다. 그러나 잠비아나 에콰도르가 직면한 선택과 비교하면, 브라질은 상황이 나은 편이었다. DSSI에 등록된 저소득 국가들과 브라질이나 터키 같은 국가들 사이에는 큰 격차가 있었다. 이 격차를 넘어서는 것이 바로 탄자니아나 에티오피아 같은 나라의 야심 찬 엘리트들이 바라마지 않았던 일이다.[83] 코로나 바이러스 쇼크로 인한 그 모든 피해에도 불구하고, 이 꿈은 여전히 생생히 살아 있었으며, 2020년이 끝날 무렵에도, 신흥시장국과 개발도상국의 엘리트들에게, 세계 금융시장은 여전히 계층 상승을 위한 가장 좋은 사다리로 보였다.

2020년은 신흥시장국에서 해외 자금이 유출되면서 시작되었지만, 해외 자금이 기록적으로 유입되면서 끝났다. 페루가 센추리 본드(100년 만기 채권)를 발행한 지 몇 주 뒤인 11월 말, 코트디부아르는 10억 유로 규모의 12년 만기 유로본드를 발행했다. 사상 최저치인 5% 수익률을 제시했는데도 공모에서 다섯 배가 넘게 초과 신청되었다. 2021년, 신용평가사 피치Fitch는 나미비아, 나이지리아, 남아프리카공화국이 오래된 부채의 만기를 연장할 수 있을 것으로 예측했다. 코트디부아르, 가나, 케냐는 신규 채권을 발행할 수도 있었다. 2019년 인간개발지수Human Development Index에서 189개국 가운데 158위를 차지한 베냉공화국은 채권시장에 복귀할 것으로 예상되는 국가 가운데 하나였다.[84] 채권시장 복귀가 논의되는 국가들은 자금이 긴급히 필요했으며 기꺼이 대가를 치를 용의가 있었지만, 세계 경제 구석구석에 있는 가장 가난한 국가에까지 돈을 밀어 넣고 있었던 것은 바로 엄청난 달러 유동성이었다. 세계 신용 시스템이 코로나바이러스 위기 상황에서 비범한 복원력을 보여줄 수 있었던 것은 미국 연방준비제도의 태도 덕분이었다. 풍부한 달러화는 시장을 기반으로 한 세계 신용 시스템의 안정성을 강화했고, 심판의 날을 불러올 위기를 지연시켰다. 미국이 엄격한 통화 정책을 취하면, 저소득 대출국들이 실제로 지닌 제약만 드러날 뿐이었다. 그리고 미국의 통화 정책이 결정되는 곳은 코트디부아르나 케냐가 아니라, 미국의 월스트리트와 워싱턴 DC 사이 어딘가일 것이다.

14장

선진국, 재정을 풀다

아르헨티나와 터키, 브라질에서 미래에 위기가 닥치는 상상을 하기는 어렵지 않다. 이 나라들이 심각한 금융 혼란과 정권 교체를 겪은 일은 여전히 생생한 기억으로 남아 있다. 바로 이것이 이 나라들을 '신흥' 시장국으로 정의하는 이유다. 사람들은 경제 선진국들이 더 큰 안정성과 더 탄탄한 제도를 갖추고 있다고 믿는다. 2020년 연말에 쿠데타가 일어날지도 모른다는 소문이 가장 많이 돈 나라가 라틴아메리카나 아프리카, 중동이나 아시아에 있지 않았다는 사실은 매우 주목할 만하다. 그 나라는 바로 미국이었다.

포퓰리스트들은 드라마를 좋아한다. 어찌나 드라마를 좋아하는지 포퓰리스트 지도자와 추종자들 모두 현실과 현실이 아닌 것을 구분하기 어려워할 정도다.[1] 이들에게는 미사여구와 실제로 정치 변화를 일으키는 것 사이의 경계가 모호하다. 포퓰리스트를 상대하는 사람들은, 이들이 저지르는 도를 넘어서는 짓거리에 똑같이 도를 넘어서는 행동으로 대응하고 싶은 유혹에 빠지는데, 이 유혹에 넘어가면 포퓰리스트와 마찬가지로 현실 감각을 잃을 위험에 빠지게 된다. 그러니 포퓰리스트들의 신파극에 대응하는 가장 좋은 방법은 그냥 무시하는 것일지도 모른다. 그리고 바로 이것이 바이든의 대통령직 인수위원회가 선택한 길이었다. 이들은 트럼프와 그의 수행원들이 패배를 부정하고자 저지르는 점점 더 도를 넘어서는 시도를 무시했다. 그 결과, 2020년의 마지막 몇 달 동안 미국 정치 시스템은 극심한 인지 부조화 상태에 빠졌다. 바이든 대통령 당선인과 그의 팀은 정권 교체를 준비했다. 그들은 코로나바이러스 대응, 기후 정책, 경기 부양책을 준비했다. 한편, 공화당 간부들 상당수는 패배한 현직 대통령을 계속해서 부추겨, 그가 자신의 대체 현실이 옳음을 입증하게끔 했다.

1월 6일, 트럼프 대통령과 그의 수행원, 그리고 몇몇 공화당 의원들에게 선동된 폭도들이 국회의사당에 침입하면서, 그로테스크한 일은 절정에 달했다. 뒤이어 일어난 집단적 분노의 물결 속에서, 쿠데타와 파시즘에 관한 이야기가 극에 달했다.[2] 이것은 도를 넘는 행동이었다. 적어도 파시즘이 사고방식이 아니라 사회적 힘을 행사하는 방법인 줄 아는 사람에게는 그랬다. 미군은 트럼프파와 어떤 식으로든 관련되기를 거부했다. 그리고 트럼프 운동에 힘을 실어줄 만한 실질적인 사회적·경제적 갈등은 없었다. 이 점이 얼마나 다행스러운 일인지 알고 싶다면, 만약 공화당과 싸워 이긴 이가 버니 샌더스였다면, 2021년 1월 6일 미국 사회에 감도는 긴장감이 어떠했을지 생각해보자. 그런 일이 벌어졌다면 권력자들이 진정으로 헌법을 충실히 따르는지 시험대에 올랐을 것이다. 도널드 트럼프와 조 바이든은 선택할 거리조차 되지 않았다. 대통령 승계에 대한 이 모든 광기에도 불구하고, 1월 6일 이전 몇 주 동안, 미국의 정치 계급은 이미 그 순간의 실질적인 위협, 즉 미국의 취약한 복지 시스템의 붕괴를 막기 위한 기본적인 타협에 도달했다.

CARES법이 제공하는 보조금은 셧다운의 초기 여파를 억제했지만, 2020년 12월 초에는 시간과 돈이 모두 바닥나고 있었다. 전체 실업 급여에 대한 600달러의 추가 보조금이 7월에 만료되었다. 자영업자를 보장하고 주정부의 자금 조달을 지원하기 위해 추가로 도입한 제도 역시 몇 주 안에 끝날 예정이었다. 센추리 재단Century Foundation의 추정에 따르면, 의회가 움직이지 않는 한 1350만 명의 미국인 실직자들은 크리스마스 다음 날 모든 수당을 잃게 될 예정이었다.[3] 사태를 더 심각하게 만드는 것은, 질병통제예방센터가 선언한 세입자 퇴거 유예도 연말에 만료될 예정이었다는 사실이다. 코로나19가 재유행하는 가운데 수백만 명의 사람들이 퇴거 위기에 직면했다.[4] 무디스의 분석에 따르면, 만약 이들이 계속해서 집에 머문다고 하더라도 2021년 1월까지 1000만 명의 세입자들이 570억 달러 이상의 임대료를 연체하게 될 것이었다.[5]

눈앞에 닥친 긴급한 위기에도 불구하고, 대선 후 몇 주 동안 경기 부양금 논의는 지지부진했다. 국가를 위해 협조해야 한다는 측과 고용주가 책임질 일이 아니라는 측은 양립할 수 없었다. 교착 상태를 타개하기 위해, 중도파 의원들로 구성된 초당파 그룹은 양측에서 가장 논란이 되는 사안을 제외한 뒤 9000억 달러 규모의 타협안을 도출해냈다. 이것은 훨씬 더 큰 경기 부양책에 찬성표를 던졌던 하원의 민주당원들에게는 썩 만족스럽지 않은 결과였지만, 적어도 다가오는 재앙을 피할 수 있는 방법이었다. 인수위원회는 이 제안을 지지하기로 결정했다. 경제가 급락하는 상황에서 대통령에 취임하는 것은 바이든에게는 악몽 같은 일이었다.[6]

이 시점에서 결정은 매코널 의원과 상원 공화당에 달려 있었다. 11월 내내 매코널은 트럼프 대통령을 지지했다. 그러나 12월 14일 선거인단 투표가 바이든의 승리를 확정한 후, 매코널은 향후 사건의 향방에 결정적인 영향을 미칠 선택을 내린다. 바이든의 승리를 인정한 뒤, 대통령직 승계를 준비하는 측에 무게를 더해준 것이다. 물론 여기서 무게를 더했다는 말은, 매코널이 바이든 행정부에 협조할 준비를 했다는 말이 아니라 훼방을 놓을 준비를 했다는 말이었다. 조지아 결선투표에서 공화당 의석을 확보하기만 하면 매코널은 상원에서 기반을 굳힐 수 있었으며, 공화당은 바이든 행정부의 입법 행위를 모조리 방해할 수 있는 거부권을 가질 수 있었다. 조지아에서 이길 가능성을 만들려면, 공화당이 경기 부양책의 가장 큰 걸림돌이라는 인상을 주어서는 안 됐다. 그래서 매코널은 9000억 달러 법안에 대한 반대를 거두었다.

그러나 이것마저도 거래를 성사시키진 못했다. 타협이 가능하다는 판단이 서자, 곧바로 경기 부양책과 관련된 다른 이해관계자들이 결집하기 시작했던 것이다. 좌파의 버니 샌더스와 우파의 조시 하울리가 협상 첫 주에 나온 600달러 지원금보다 훨씬 더 큰 경기 부양금을 요구하기 위해 힘을 합쳤다. 그리고 보수 성향의 팻 투미Pat Toomey 상원의원은 더 근본적인 문제를 끌어들였다. 그것은 바로 연방준비제도였다.

늦여름부터 투미는 엄청나게 확대되고 있는 연방준비제도의 행동주의를 제한하기 위한 캠페인을 벌였다.[7] 그리고 경기 부양을 놓고 벌어지는 씨름이 격화될수록 이 캠페인은 더욱더 날카로워졌다. 공화당이 상원에서 지배력을 유지하는 경우, 바이든 인수위원회에 제시된 한 가지 방안은 연방준비제도의 CARES법에 할당된 자금 가운데 남아 있는 자금을 활용하여 더 대담한 대출 계획을 시작하는 것이었다.[8] 대선 후 몇 주 동안, 므누신 재무부 장관은 이 방안을 막기 위해 움직였다.[9] 그는 연방준비제도에 3월 경기 부양책에 할당된 자금 중 미사용 금액을 재무부로 반환하라고 지시했다. 이것은 한 정부 계좌에서 다른 정부 계좌로 돈이 이동하는 회계 활동일 뿐이었지만, 날카로운 정치적 이빨을 지닌 회계 활동이었다. 그 목적은 상원에서 다수당이 된 공화당이 경제 정책에 대한 칼자루를 확실히 쥐게끔 하는 것이었다. 공화당이 의회에서 버티려고 준비하고 있다는 점을 고려할 때, 므누신 장관의 개입은 너무나도 중대한 의미를 담고 있었다. 이에 제롬 파월 측은 여느 때와는 달리 공개적으로 반대 행동에 나섰다. 므누신은 개의치 않고 진행했으며, 이것은 사건의 끝이 아니었다. 12월, 절묘하게 균형 잡힌 경기 부양책 협상에서 기회를 잡은 투미는 공격을 개시했다. 막판 수정안에서, 투미는 이미 예산이 적절히 분배된 대출 계획을 연방준비제도가 확대하지 못하게 하고,

2020년 3월 공황 기간에 승인한 계획과 유사한 계획을 미래에 연방준비제도가 승인하지 못하게 하는 조항을 요구했다.[10] 연방준비제도의 자율권에 대한 공격은 은퇴한 벤 버냉키를 불러내기에 충분했다.[11] 당파적 분위기가 과열된 상황에서, 미국 정부에서 여전히 제 기능을 하는 몇 안 되는 기관 중 하나의 손발이 묶이는 것은 매우 우려스러운 일이었다. 척 슈머Chuck Schumer와의 오랜 협상 끝에야 투미는 물러설 마음을 먹었다. 이것은 단순히 3월 대출 계획을 단순히 답습하는 것이 아니라는 다소 마음을 달래주는 말과 함께, 경기 부양책은 통과되었다.

이것은 여태껏 시행된 경기 부양책 가운데 두 번째로 큰 부양책으로, CARES법 다음가는 것이었다. 그리고 현대 미국 입법을 기준으로 봐도 초대형 법안이었다. 연간 세출 예산안과 합치면, 무려 5600쪽짜리 법안이었다. 미국 정부 간행물 출판국이 서둘러 출판한 이 법안은 트럼프의 서명을 받기 위해 플로리다로 공수되었다. 사람들은 이 행사를 위해 마러라고Mar-a-Lago의 연회장을 꾸몄다. 기한은 촉박했다. 만약 트럼프 대통령이 12월 26일까지 서명하지 않으면 정부가 지급하는 수당은 만료되고 만다. 그러면 최악의 상황에 놓인 미국인들이 복지 수당 수십억 달러를 잃게 될 것이다. 만약 트럼프가 1월 3일까지 버틴다면, 제116차 국회에서 이 법안이 만료될 것이고 이를 만들기 위해 이루어졌던 정교한 타협은 허공으로 날아갈 것이다.[12] 므누신 재무부 장관은 트럼프 대통령이 협상의 모든 단계에서 중요 일원으로서 참여했다고 주장했지만, 대통령은 다른 결정을 내렸다. 12월 23일, 트럼프는 이 법안이 "불명예스럽다"고 비난했으며, 이 법안에 아마도 트럼프 지원금이라고 적혀 있을 2000달러짜리 지원금이 포함되어야 한다고 요구했다.

이것은 트럼프가 마지막으로 실권을 휘두른 행위였다. 트럼프 대통령이 골프를 치는 동안, 미국인 수백만 명이 의존하는 수당은 끊겼고, 정부는 폐쇄에 직면했고, 국방 지출은 불확실한 상태에 놓였으며, 취약한 경기 부양책 타협은 무너지기 시작했다. 펠로시 의원은 하원의 민주당 의원들이 원래부터 주장했던 더 야심 찬 의제를 다시 지지하며, 더 큰 부양금을 부르짖는 의원들을 뒤따랐다. 클린턴 시대 중도주의자들의 대사제였던 래리 서머스는 공중파 방송에 출연해 2000달러의 경기 부양금이 경제를 과열시킬 것이라고 단언했다.[13] 트럼프와 샌더스, 하울리가 모두 동의할 수 있는 것은 나쁜 아이디어일 수밖에 없었다. 그러다가 12월 27일, 트럼프는 원법안에 서명하면서 마지막 족적을 남겼다.

이것은 일시적인 타협이었다. 수당은 3월에 다시 만료될 것이다. 12월 27일 당일의 상황을 놓고 보면, 아직 조지아의 상원 의석이 비어 있는 가운데, 민주당은 앞으로도 적대적인 상원 다수당과 벼랑끝 협상을 벌여야 할 수도 있는 전망에 직면했다. 그러나 즉각적인 사회 위기는 모면했고, 연준의 활동 범위도 유지되었다. 하원 공화당이 계속해서 현실을 부정하는 동안, 상원 공화당 지도부는 다수당으로서의 책임이 있는 상원에서 대통령직 승계라는 현실에 적응해나갔다. 다수당을 유지하기 위해 싸우려면, 모든 미국인들이 공통적으로 경제에 관해 우려하고 있다는 사실을 인정해야만 했다. 사실상 그 무엇에도 동의하지 못하는 정당이 마침내 사람들에게 돈이 더 많이 필요하다는 데 동의했다.[14]

2020년 12월 경기 부양책 협상은 예산과 관련된 정치 활동이 미국의 위기 대응에서 핵심 역할을 담당하고 있음을 다시금 증명했다. 위기 대응을 좌우하는 것은 국내 정치다. 수백만 명의 사람들을 극심한 빈곤의 위험에 빠뜨리는 불충분한 복지 시스템 때문에 위기 대응은 불가피했다. 위기 대응은 서로 전쟁을 벌이고 있는 워싱턴의 정치 진용 사이에서 교역소 역할을 했다. 그 결과 미국은 2020년과 그 이후까지 세계 최대의 재정 부양책을 운영하는 데 전념할 수 있었다. 그리고 이것이 지닌 의미는 결코 미국에 국한되지 않았다.

경기 부양책은 미국에만 좋은 것이 아니었다. 넉넉한 재정 적자를 통해, 미국은 세계 경제에 수요를 불어넣었다. 그 전반적인 효과는 2008~2009년과 뚜렷한 대조를 보였다. 그 당시에도 재정 적자가 폭발적으로 증가했지만, 금융위기의 영향으로 가계와 기업 모두 허리띠를 졸라맸다. 민간 저축률이 치솟았고, 이것은 정부의 적자를 사실상 상쇄했다. 미국의 경상수지 적자가 반으로 줄면서 세계 시장에서 구매력을 빨아들였다. 2020년에도 가계 저축이 급증했지만, 3월의 안정화 정책 덕분에 기업 부문의 대차대조표는 안정적인 상태를 유지했고, 연방정부의 재정 적자는 커다란 경기 부양 효과를 냈다. 전 세계 무역이 침체됐던 시절, 미국의 경상수지는 소폭 개선되었다.

트럼프의 무역 전쟁이 일으킨 소동에도 불구하고, 사실 2020년에 미국의 대중국 순수입은 증가했다. 중국의 제조 업체들은 수출 수요 증가에 간신히 발을 맞췄다.[15] 노동자를 구하기 위해서 공장들은 서로 더 비싼 임금을 제시했다. 상하이에서는 항만 컨

세계 수요의 주동력인 미국의 부문별 투자-저축 균형(단위: GDP, %)
(4분기 이동 평균) 자료의 최종 시점: 2020년 3분기.

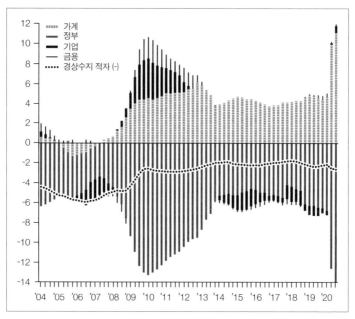

출처: *Institute of International Finance(IIF)*.

테이너 운임이 급등했다.[16]

2020년 말 미국 경제 정책에서 아찔했던 점은, 미국인의 공공 생활의 수많은 측면이 그러했듯이, 미국의 정치적 기반이 대단히 취약했다는 사실이었다. 봄에 CARES법이 신속히 통과된 후, 2020년 12월에 두 번째 경기 부양책 협상을 최종 체결하기 위해 몇 달 동안 강도 높은 협상을 거쳐야 했으며, 이 모든 어려움에도 불구하고 최종 결정은 트럼프의 서명에 달려 있었다. 민주당 입장에서는, 바이든이 취임하는 순간 공화당이 태도를 바꿀 것이라는 우려가 있었으므로, 2차 경기 부양책을 당장 실시하는 편이 낫다고 여겼다. 트럼프 치하에서 엄청난 재정 적자에 기쁘게 투표했던 정당이 재정적 강직성을 되찾고 재정 수지 균형을 맞추자고 주장할지도 모를 일이었다. 공화당은 오바마에게 그러했듯이 바이든을 방해할 것이다. 만약 공화당이 상원에서 과반수를 차지한다면, 재정 정책은 마비될 것이고 연방준비제도는 홀로 모든 경제 정책을 마련해야 하는 책임을 지게 될 것이다.

연방준비제도가 쓸 수 있는 수단은 강력했지만, 무뎠다. 양적완화의 가장 강력한 효과는 자산시장을 통해서 나타났다. 대규모 통화 정책 개입은 주식시장을 부풀리고, 주식을 대량으로 보유한 소수에게 혜택을 주었다. 만약 2021년의 통화 정책이 재분배를 위한 재정 정책의 지원을 받지 못한다면, 그것은 불평등이 점진적으로 증가하게 하는 확실한 방안이 될 것이다. 2021년의 시작과 함께 주가가 급등하면서, 주식시장은 진짜 버블 시나리오에 들어서는 것처럼 보였다. 전문가들은 사회적 차이가 확대되면 분노가 쌓이면서 반엘리트 포퓰리스트들의 반발에 기름을 붓는 악순환이 일어날 거라고 경고했다.[17]

연방준비제도에 대한 일방적인 의존 역시 세계 전반에 영향을 미칠 것이다. 미국의 재정 정책은 수입에 대한 수요를 증가시키는 경향이 있어서 독일이나 중국 같은 나라에 이익을 주는 반면, 전속력으로 달리는 연방준비제도는 이와는 사뭇 다른 영향을 미쳤다. 연방준비제도는 세계 경제 전반에서 달러화를 약하게 하고 통화 정책을 완화하여 금리를 낮췄다. 양적완화 시대가 찾아온 뒤에 이루어진 계량경제학적 실험은 이것이 긍정적인 파급 효과를 갖고 있음을 보여주었다.[18] 이는 신용을 완화하고 달러로 거래

되는 많은 상품의 현지 통화 가격을 낮췄다.[19] 그러나 연방준비제도가 미치는 영향이 전 세계 모든 경제에 똑같이 긍정적인 것은 아니었다. 브라질의 상품 수출은 달러화로 가격이 매겨지는 경향이 있으므로 달러 평가절하로 이익을 보는 반면, 아시아와 유럽의 제조사들은 정반대였다. 만약 어떤 나라가 달러화 대비 자국 통화의 평가절상에 저항하고 싶다면, 2020년에 몇몇 신흥시장 경쟁국들이 그러했듯이, 대응책을 채택할 수밖에 없었다. 가령, 이런 나라들은 달러를 사서 외환보유고를 축적할 수 있다.[20] 그에 따른 리스크는 미국 측의 적대적인 반응을 일으킬 수 있다는 것이었다. 2020년 말, 미국 중앙정부는 스위스와 베트남이라는 어색한 커플을 환율 조작범으로 지목했다.[21]

미국과 세계 경제에 관한 두 가지 매우 다른 시나리오 가운데 무엇이 현실이 되느냐는 미국 의회 안의 힘의 균형에 달려 있었다. 그리고 마침내 1월 6일, 조지아주 결선투표 결과가 발표되면서 시나리오가 결정되었다. 주 전체에서 실행된 이번 선거는 역사상 가장 돈이 많이 든 선거 가운데 하나였다. 양측은 총 9억 3700만 달러를 선거운동에 지출했다.[22] 트럼프가 저지른 터무니없는 행동의 여파가 이어지는 상황 속에서, 선거 결과는 결국, 스테이시 에이브럼스Stacey Abrams가 이끄는 민주당 활동가들의 지속적인 선거운동과 애틀랜타 교외 지역에 사는 수십만 명의 투표에 달려 있었다. 두 의석을 얻음으로써 민주당이 상원의 다수당임이 확정되고, 트럼프의 불명예스러운 행동으로 공화당이 크게 분열되면서, 힘의 균형과 경제 정책이 나아갈 방향이 마침내 결정되었다.

바로 이것이 1월 6일에 도저히 이해되지 않는 일이 동시에 벌어진 이유였다. 폭도들이 국회의사당을 뛰어다니는 모습이 실시간으로 방송되는 바로 그 순간에도 S&P 500 지수는 급등했다. 《파이낸셜 타임스》의 라나 포루하Rana Foroohar는 이렇게 논평했다. "극심한 정치적 불안정이나 쿠데타 위협이 한창인데 금융시장이 상승할 때는 보통, 좌파들이 밀려나고 사업을 위한 야성적 충동animal spirits이 풀려났기 때문이다."[23] 1월 6일, 시장을 끌어올린 것은, 비록 낸시 펠로시와 동료 의원들이 무장 요원들의 경호를 받으며 안전 피난처에 은신하고 있을지언정 재정 지원의 수도꼭지가 계속 열려 있을 것임이 분명해졌다는 점이다.

2020년 11월에서 2021년 1월 사이에 미국은 심각한 국가적 정치 위기를 겪었다. 이와 비슷한 경험을 한 다른 서구 국가는 영국 하나뿐이었다. 브렉시트와 트럼프의 대통령직은 모두 2016년에 태어났다. 그리고 이 둘은 그 끝도 고통스러울 만큼 유사했다.

마치 심리극처럼 진행된 브렉시트 과정 내내, EU와의 협상은 갈 데까지 간 상태였다. 크리스마스이브에 협상이 체결되었다.[24] 협상에서 나온 것은 사람들 대다수가 상상하거나 찬성 표를 던진 것보다 훨씬 더 어려운, "하드" 브렉시트였다. 영국은 유리한 협상을 맺으려면, 독일 자동차 수출업자들이 프랑스와 맞서게 하는 식으로, 유럽 국가들을 경제 계층에 따라 분열시켜야 한다고 여겼지만, 그것은 잘못된 생각으로 판명됐다. EU의 최우선 관심사는 단일 시장으로서 건전성을 유지하는 것으로 드러났는데, 이는 1980년대 마거릿 대처 정부가 다른 어떤 회원국보다도 많은 관심과 노력을 기울였던 것이다. 결국, 이 협정이 더 절실했던 것은 EU가 아닌 영국이었다. 코로나19가 다시금 범유행함에 따라 영국은 협상이 절실했다.

2020년 영국 경제가 겪은 충격은 엄청났다. 치밀하기로 유명한 영국 통계학자들은 공공 서비스 감소가 GDP에 미치는 악영향을 대단히 암울하게 묘사함으로써, 경기 침체의 영향을 다소 과장했을지도 모른다.[25] 그러나 가계 소비 감소는 현실이었고, 2021년 전망은 암울했다. 영국은행에 따르면, 이것은 300년 만에 찾아온 최악의 불황이었다.[26]

브렉시트에는 수많은 지연과 서류 작업의 늪이 뒤따랐다. 늪은 순식간에 찾아왔다. 2021년 초에는 EU, 특히 독일과의 무역이 급감했다. 투자에 미치는 장기적인 영향은 예측할 수 없었지만, 부정적일 가능성이 컸다. 그러나 이 모든 악영향에도 불구하고, 코로나바이러스는 훨씬 더 거대한 영향을 미쳤다. 새로운 바이러스 변이가 런던을 통해 전국으로 퍼져나가면서, 영국 대부분 지역에서 셧다운이 시행되었다. 어떤 지역에서 이는 세 번째 셧다운이었다. 영국에서도, 즉각적인 사회·경제적 재앙을 피하기 위해서 꼭 필요한 정책적 대응은 바로 추가적인 재정 부양이었다.

가차 없이 브렉시트를 추구하면서, 토리당은 미국의 공화당처럼, 영국 기업과의 전통적인 제휴 관계를 포기해야만 했다. 시티오브런던은 브렉시트 협상에서 제외되었다. 조업권과 같은 상징적인 문제들이 무대의 중심에 섰다. 영국 정부는 마치 정실 자본주의crony capitalism에 빠진 것처럼 보였다. 영국 정부가 충실하게 대변하는 이익단체는 그 정실(족벌crony)뿐이었다.[27] 그러나 공화당과 달리 토리당은 자신들이 관리할 때 재정 건전성이 얼마나 잘 지켜졌는지 자랑하던 정당이었다. 긴축 정책은 2010년부터 2016년까지 데이비드 캐머런 정부의 대표적인 정책이었다. 브렉시트 국민투표에서 놀라운 결과가 나온 뒤로, 여기에 변화가 생겼다. 테리사 메이Theresa May 총리는 새로운 국가 복지 정책에 관한 이야기를 꺼냈다.[28] 2019년, 토리당은 북부의 노동자 계급 유권자들에게서 많은 것을 얻어냈다. 그리고 3월의 위기에 대처하기 위해서, 정부가 채택한 포괄적인 일시 해고 조치는 어울리지 않게도 "유럽" 냄새를 풍기고 있었다.[29] 일시 해고 조치는 처음에 일시적인 조치로 발표되었지만, 벼랑 끝이 가까워진 10월, 정부는 노선을 선회하여 2021년까지 계획을 연장했다.

사실, 2020년의 혼란 속에서는 뚜렷한 패턴조차도 식별하기 어려웠다. 보리스 존슨과 그의 참모들은 기회주의적이고 공황 상태에 빠진 것처럼 보였으며, 정부라기보다는 캠페인 팀 같았다. 그러나 재정 수지에 대해서는 모호한 부분이 거의 없었다. 2020~2021년 예산에서, 차입금은 2020년 3월에 예상되었던 550억 파운드가 아니라, 총 3550억 파운드에 달했다. 이것은 평화 시에 유례가 없는 일이었다. 2021년이 시작되자, 웨스트민스터 주변에서는 공공 재정의 "질서를 회복시키고" 토리당의 진정한 재정 원칙으로 돌아가야 한다는 논의가 있었다.[30] 예산 절약을 위한 노력으로 간호사 임금을 포함한 공공 부문 임금은 동결되었고, 영국의 대외 원조 예산은 삭감되었다. 이 지극히 비열한 조치는, 긴축 정책으로 전환하면서 공공 지출을 삭감하는 동시에 기업에 대한 보조금을 지급했던 2010년 당시의 기억을 일깨웠다.

그러나 2021년 3월 의회에 발표된 예산안에는 반전이 있었다. 새로운 경기 부양책은 없었지만, 코로나 위기 대응의 핵심이 되는 부양책은 적어도 9월까지 유지되었다. 백신 캠페인이 시작되고, 여름에 정상화가 눈앞에 다가온 가운데, 재무부는 영국의 총 위기 지출이 GDP의 16%에 달할 것으로 추정했다.[31] 세금이 오를 때, 가장 먼저 가장 큰 타격을 받는 것은 기업일 것이다. 그리고 2020년 긴축 재정 시나리오에서 빠진 또 다른 중요한 것이 있다. 그것은 채권시장이 공황에 빠질 경우에 관한 이야기였다. 2010년에는 그리스 위기라는 배경 덕분에, 채권 가격이 하락할 가능성이 있을 경우 국채를 대량 매도해 수익률을 챙기는 투자자인 채권시장 자경단bond market vigilantes의 망령을 쉽게 떠올릴 수 있었다. 2020년, 대규모 재정 적자와 날이 선 브렉시트 회담이 금융 시장을 기겁하게 했을 거라고 생각했을지도 모르지만, 그런 일은 일어나지 않았다. 영국은행의 개방적인 통화 정책은 정부의 거대한 재정 적자 정책을 옆에서 지켜주었다. 영국은행은 영국은행의 채권 매입 패턴이 재정 정책과 아무런 상관이 없다고 완강히 부인했다. 영국은행은 자신들이 오직 영국이 디플레이션에 빠지지 않게 하는 데 몰두하고 있다고 주장했다. 만약 자신들이 채권을 산다면, 그것은 금리를 억제하기 위해서라는 것이었다. 시장에서는 아무도 신경 쓰지 않았다. 영국은행은 부채 발행을 지지하고 있었고, 길트채 시장의 주요 참가자들 가운데 누구도 그것을 문제로 여기지 않았다.[32] 전 세계에 유동성이 넘쳐나는 가운데, 2021년 1월 영국 재무부는 길트채를 마이너스 수익률로 팔고 있었다.

코로나바이러스 위기는 이미 4년 전 국민투표 당시 분명해졌던 것을 다시 확인해주었다. 호전적인 브렉시트 슬로건 "통제권을 되찾자"의 아이러니 가운데 하나는, 이것이 자본시장과 단기 금융시장의 엄청난 유동성 덕분에 영국과 같은 선진국들이 현대 역사 그 어느 때보다도 외부 금융의 제약을 덜 받는 순간에 나타났다는 사실이다. 도전은, 슬로건이 시사한 바처럼 외부의 족쇄를 벗어던지는 것이 아니었다. 도전은 바로 이용할 수 있는 수많은 선택권을 최대한 활용하는 것이었다.

브렉시트 지지자들이 EU를 상대하면서 했던 수많은 오산 가운데 가장 기본적인 오산은 바로 영국이 언제까지나 EU나 베를린의 으뜸가는 사업처로 남으리라는 가정이었다. 그것은 사실이 아니었다. 그것은 EU가 우크라이나, 그리스, 시리아 난민 급증에 관한 "다중문제"에서 회복 중이던 2016년에 사실이 아니었고, 브렉시트를 결정짓는 순간이 다가온 2020년에도 사실이 아니었다. 2020년이 끝나갈 무렵, EU의 주요 관심사는 범유행 감염병, 7월 타협에서 마무리 짓지 못한 사안들, 그리고 중국과 미국과의 관계를 둘러싼 불확실성이었다.

2020년 7월, EU는 차세대 EU 재정 정책에 엄청난 정치적 투자를 했다. 이 타협안은, 서류상으로만 존재했음에도, 정치적 이야기를 뒤집고 시장을 진정시켰다. 재정 정책이 시행되려면, 우선 점점 더 적극적으로 행동하는 유럽의회에 의해 비준될 필요가 있었다. 의회는 중도우파에서 좌파로 이루어진 연합이 폴란드와 헝가리 정부에 수백억 유로를 지급한다는 생각에 경각심을 품었다. 폴란드와 헝가리는 사법부의 독립성을 약화시키고, 표현의 자유에 도전하고, 소수 민족의 시민권을 공격하고, 재생산 권리를 축소하며, 그린딜에 저항하는 국가였기 때문이다. 게다가, 헝가리의 오르반 빅토르Orban Viktor 정권은 악명 높은 도둑정치kleptocracy를 향해 나아가고 있었다. 안전장치로서 의회는 7월 타협안에 법치주의 조항을 추가할 것을 주장했다.[33] 전혀 놀랍지 않게도, 폴란드와 헝가리의 민족주의자들은 분개했다.[34] 이들은 저항의 깃발로 몸을 감쌌고, 자신들을 적대하는 자들이 전통적인 서구의 가치를 훼손했으며, 합법적으로 선출된 국가 정부에 대해 법률전쟁law fare을 걸기 위해 EU를 이용하고 있다고 비난했다. 폴란드와 헝가리가 EU에 가입한 것은 외세에 지배되었던 쓰라린 역사에서 벗어나기 위해서였다. 그리고 이제 이들은 다시 한번 국가적 저항의 깃발을 들어 올렸다.

수개월에 걸친 협상은 무익했다. 큰 환호를 받았던 차세대 EU 재정 정책은 미결 상태로 남아 있었다. 12월 초, EU는 코로나바이러스 관련 수치뿐만 아니라 여러 면에서 미국을 닮아가기 시작했다. 대서양 양안에서 민족주의 포퓰리즘이 코로나 위기에 대응하기 위한 경제 정책을 마비시키고 있었다. EU에는 다행스럽게도, 유럽에서 트럼프와 유사한 이들은 상대적으로 약한 위치에서 있었다. 헝가리와 폴란드는 EU의 돈이 필요했다. 유럽이사회에서 두 나라는 고립되고 열세인 처지였다. 12월 10일에 열리는 정부 수반들이 참여하는 중요한 회의 날짜가 다가오자, 앙겔라 메르켈은 두 나라가 거부할 수 없는 제안을 했다.[35] 그것은 의회에서 법치주의 조항이 발효되긴 하겠지만, 이는 두 나라가 유럽 사법 재판소에서 이의를 제기할 기회를 가진 후에야 발효될 것이

라는 제안이었다. 실로 체면을 지켜줄 뿐만 아니라 편리하기까지
한 제안이었다.[36] 결정적으로, 오르반 입장에서 볼 때 이 조항은
헝가리의 다음 총선 이후에나 효력을 발휘하게 될 터였다. 그리
고 그때까지, EU의 자금은 계속 흘러들어올 터였다.[37]

12월 10일 저녁, 이 회의는 여기서 끝날 수도 있었지만, 독일
총리는 다른 의제를 가지고 있었다. 중국 중앙정부가 과감한 기
후변화 대처 계획을 발표한 이후, EU는 2030년까지 탄소 감축
량을 늘릴 필요가 있었다. 다시 한번, 이것은 동유럽의 반대에 부
딪혔다. 폴란드보다 석탄과 더 결부된 나라는 없었다. 석탄은 연
료 이상이었다. 폴란드의 민족주의자들은 석탄을 애국적 숭배
대상으로 만들었다.[38] 다시 한번, 마테우시 모라비에츠키Mateusz
Morawiecki 폴란드 총리가 끼어들었다. 모라비에츠키 총리는 만약
자신이 법치주의 조항과 석탄 배제 법안으로 사면초가에 몰려 귀
국한다면, 자신의 정부가 더 극우 성향인 연정 협력당에 의해 전
복될 것이라고 다른 유럽 정상들에게 경고했다. 오전 2시 30분,
한 EU 외교관이 《폴리티코Politico》 뉴스 서비스에 폭발하는 머
리 모양의 이모티콘 하나만 담긴 문자를 보냈다.[39] 메르켈 총리가
회의장에서 상기시켰다시피, EU가 파리협정을 지키지 않는 것
은 "재앙"이 될 터였다.[40] 결국 12월 11일 이른 아침, 폴란드는 원
하는 것을 얻었다. 그것은 바로 석탄산업 폐쇄를 위한 더 많은 돈
이었다. 세부사항이 어떻게 될지는 추가 회담을 기다려 봐야겠
지만, 금융, 법치주의, 기후라는 세 가지 전선에서 동시에 협상이
타결되었다.

EU 관계자들 자신도 놀란 결과였다. 한 집행위원회 관계자는

이렇게 말했다. "10년 전과는 완전히 달라졌다. 내 생각에는 우리가 더 나은 정책 입안자라서가 아니라, 세상이 완전히 바뀌었기 때문인 듯하다."[41] 축적된 과학, 시위를 벌이는 젊은 세대, 변화하는 경제학, 그리고 코로나바이러스가 대중이 받아들일 수 있는 생각의 범위인 오버톤 윈도Overton window를 바꿔놓았다. 스페인의 수석 기후협상가 테레사 리베라Teresa Ribera는 "이 중대한 순간에 이르기까지, 코로나바이러스는 세계가 세계 경제 속 '모순'을 마주하게 했다"라고 성찰했다. 혹은 한 고위 관계자는 EU 특유의 서투른 영어를 써서 이렇게 요약했다. "솔직히, 내 생각에는 범유행 감염병이 없었더라면, 우리가 문제를 해결할 수 있'었'을지 모르겠다."[42]

정치적으로는 인상적이었을지도 모르지만, 거시경제적 개입으로서 EU의 예산 협상은 이보다 덜 인상적이었다. EU의 재정적 노력은 여전히 미국 정부의 경기 부양책에 크게 못 미쳤다. 그리고 그것으로는 부족했다는 사실이 드러났다.

OECD가 2020년 성장 기록을 검토한 결과, 정신이 번쩍 드는 결과가 나왔다. 2020년, 유로 지역의 GDP가 7.6% 떨어졌다. 이것은 2008년에서 2009년 사이나 유로존 위기 당시 최악의 해에 겪었던 것보다 더 심각한 경기 위축이었다. 또한 2020년에 GDP가 3.5% 감소한 미국보다 더 나쁜 결과이기도 했다. 유로 지역의 총 고정 자본 형성이 10% 이상 감소한 반면, 미국은 겨우 1.7%만 감소했다. 대략적인 수치지만, 유럽집행위원회와 유럽투자은행은 2020년과 2021년에 민간 부문의 투자 부족액이 전체 경기 회복 정책 자금보다 많은 8310억 유로에 이를 것으로 추정했다.[43]

가장 우려스러운 점은, 이 투자 부족의 영향이 2010년 이후 만성적인 저투자로 고통 받는 남유럽에서 가장 심하게 나타날 것이라는 점이었다.

2021년에도 유럽에서 위기 대응의 주된 역할을 수행하는 것은 개별 국가 예산일 것이다.[44] 유럽 국가들이 단축 근로 제도를 이용해 성공적으로 대처했던 실업 문제는 더 심화될 것으로 보였으며, 성장 전망은 암담했다. 현재 재정 환경에서 유럽 경제 전망은 암울 그 자체였다. OECD에 따르면, 2021년 말, 유로 지역 GDP는 여전히 2019년 말보다 3% 감소한 상태일 것이다. 이와 대조적으로, 미국은 2021년 말까지 완전히 회복될 것으로 예상되었다. 중국은 2019년 말보다 GDP가 10% 상승할 것이다.[45] 전체적으로 볼 때, 유로 지역은 2022년까지 2019년 수준을 회복하지 못할 것으로 예상되었다. IMF의 계산에 따르면, 야단법석을 떨었던 차세대 EU 계획은 성장률을 최대 GDP의 1.5% 만큼 상승시킬 것이나 실제 효과는 그 절반에 미칠 가능성이 크다.[46] 게다가, 경제 회복은 우려스러울 정도로 불균등할 것이다. 유럽의 최강국인 독일은 2022년 말에 2019년 말보다 GDP가 1.5% 상승할 것으로 예측된 반면, 스페인은 심지어 2022년에도 위기 이전 수준에 3%만큼 미치지 못할 것으로 예측되었다.

2000년과 비교해보면 극명한 차이가 눈에 띈다. 2008년까지 미국과 유로 지역은 함께 성장했다. 그러나 2008년 이후, 미국과 유럽이 그리는 궤적은 갈라졌다. 유럽은 2008년 이후 이중침체 double-dip의 손실을 결코 만회하지 못했다. 2020년의 극심한 경기 침체와 코로나바이러스 위기에 대한 유럽의 그리 대단치 않은 재

세계 금융위기 전후 미국과 유로존의 성장 추세 차이
(단위: GDP, 2008년도 GDP를 100으로 취급)

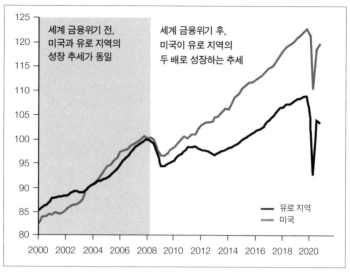

세계 금융위기 전,
미국과 유로 지역의
성장 추세가 동일

세계 금융위기 후,
미국이 유로 지역의
두 배로 성장하는 추세

유로 지역
미국

출처: *Institute of International Finance(IIF).*

정 대응은 커져만 가는 격차를 더욱 심화시킬 것이다. 2021년 초, 미국이 또 다른 경기 부양책을 시행하고 있을 때, 유럽은 더욱 엄격한 봉쇄 조치를 채택하고 있었다. 제2의 불황이 목전에 있었다.

유럽이 태연한 척할 수 있던 것은 채권시장이 평온한 덕분이었다. 가을 내내 유럽중앙은행은 국가 정부들의 지출 계획을 면밀히 주시했다. 유럽이사회에서 폴란드, 헝가리와의 최후 결전이 벌어질 예정이었던 12월 10일, 유럽중앙은행은 긴급 채무 매입 계획을 37% 확대하여 1조 8500억 유로로 늘린다고 발표했다. 그러면 만약 EU의 2021년 채권 발행이 일부 경제학자들의 예측대로 1조 2500억 유로(1조 5000억 달러)에 이른다고 해도, 유럽중앙은행에는 매수 여력이 있게 된다. 유럽중앙은행은 2021년 말까지 독일과 이탈리아 국채의 40% 이상을 보유한다는 목표를 향해 착착 나아갔다. 이것은 벤치마크로 쓰이는 독일의 10년 만기 국채 수익률이 안정적으로 마이너스 영역에 위치하게 하고, 나머지 유럽 국가에 전례 없이 쉬운 자금 조달 환경을 만들어주기에 충분한 조치였다. EU는 사상 최대 규모인 2250억 유로의 녹색 채권을 발행할 것이다. 그러나 시장에 채권 홍수가 날 위험은 없었다. 유럽 재정에 대해 인색하게 굴기로 악명 높은 네덜란드 정부의 엘비라 외를링스Elvira Eurlings 국가 재무국장이 "AAA 채권에 대한 열망은 엄청나며, 공급이 수요에 한참 미치지 못하고 있다"라고 말할 정도였으니 말이다.[47]

2021년이 시작하자, 미국과 영국, EU 회원국 정부들은 모두 엄청난 재정 적자로 운영되고 있었다. 이들의 경제는 악화되었다. 정치 상황은 긴박했으며, 미국과 영국의 경우 때로는 참을 수 없을 정도로 긴박했다. 이것이 바로 민주주의 정치와 정부 간 외교의 민낯이었다. 누군가는 샛별처럼 모여든 정부가 통화 시장이나 채권시장을 밝게 밝히는 별자리가 될 것이라고 기대했지만, 이들은 간신히 점멸하고 있을 뿐이었다. 재정 기록만 보면, 주목할 만한 일이 전혀 일어나지 않는 것처럼 보였을 것이다. 달리 말하면, 12월과 1월의 정치적 분쟁과 결합할 재정적 혼란은 거의 없었다.

그렇다고 민주주의 정치가 돈의 힘에서 자유롭다는 말은 아니다. 결정적으로, 세 협상 모두에는 좌파가 내세운 협상안이 없었다. 전투는 우파 포퓰리즘과 중도주의 사이에서 벌어졌고, 중도주의자들이 우위를 점했다. 하울리 상원의원은 기업 엘리트들이 선거에서 승리를 도둑질하려고 음모를 꾸몄다며 비난했다. 이런 말을 듣는 것은, 의심할 여지없이 당혹스러운 일이었다. 토리당 출신 총리는 말할 것도 없고, 영국 어느 정당의 총리도 영국 기업에 "엿이나 먹어라"라고 한 적이 없었기 때문이다.[48] 그러나 우익 포퓰리즘이 아무리 불쾌할지언정, 미국에 사회민주주의를 들여오는 데 혈안이 된 호전적인 버니 샌더스나 브렉시트를 좌파적 탈퇴인 렉시트LEXIT로 바꾸기로 마음먹은 급진적인 노동당 정부와 직면하는 것보다는 나았다.

좌파가 패배했다고는 하지만, 경제와 금융 상황은 좋지 않았고, 엄청난 금액이 판돈으로 걸려있는데도, 금융시장은 계속해서 평온했다. 연방준비제도가 주도한 대규모 글로벌 유동성 투입과 채권시장이 불안정해지면 시장 안정화를 위해 나서겠다는 모든 중앙은행의 명백한 의지가 채권시장에 압력을 주는 제약을 없애버렸기 때문이다. 새해가 시작되고 범유행 감염병의 1주기가 가까워지는 시점에서, 문제는 돈이 아니었다. 문제는 바로 돈을 어떻게 쓰느냐였다.

EU가 제정한 차세대 회복 기금의 가장 큰 수혜자는 이탈리아였다. 그럴 필요가 있었다. 이탈리아는 유럽에서 코로나바이러스에 가장 큰 피해를 본 국가였기 때문이다. 이탈리아의 국가 채무는 위험한 수준까지 증가했다. 이탈리아 경제는 10년이 넘도록 하락세였다. 2020년은 이탈리아를 심지어 더 큰 곤경에 처하게 했다. 2020년 말 기준으로, 이탈리아 GDP는 2008년 초보다 10% 낮았다.[49] 이 오랫동안 계속된 불안에 대처하기 위해, EU는 이탈리아에 2000억 유로의 자금을 할당했는데, 이는 이탈리아 GDP의 10%에 해당하는 액수로 5년에 걸쳐 지원될 예정이었으며, 이 가운데 800억 유로는 보조금이었다.[50] 이것은 이탈리아에서 투자를 되살릴 수 있는 잠재력을 지닌 역사적인 기회였다. 자금 지원을 받기 위해, 이탈리아 중앙정부는 국가 회복 계획을 유럽집행위원회와 의심스러운 북유럽 국가들이 있는 유럽의회에 제출해야만 했다.[51] 이탈리아 정치 계급에 이는 엄청난 도전이었으며, 이들은 도전에 성공하기 위해 고군분투했다. 12월, 독일과 EU 정부가 헝가리 및 폴란드와 씨름하는 동안, 콘테 총리 정부를 지지하던 연합이 분열되었다. 마테오 렌치Matteo Renzi 전 이탈리아 총리가 이끄는 비평가들은 정부가 교육과 보건에 지출을 제대로 집중하지 못했다고 비난했다.[52] 이탈리아의 강력한 기업 로비 단체인 공업총연합(콘핀더스트리아Confindustria)은 연금제도를 시작으로 하는 "개혁"을 요구했다. 콘테 총리는 전선을 명확히 하고 개인적 인기를 활용하고자 하는 바람으로 사임했지만, 새로운 다수당은 나타나지 않았다.[53] 새 선거는 악몽이었다. 코로나 범유행 때문만이 아니라, 우파들의 지지가 중도 우파인 실비오 베를루스코니Silvio Berlusconi는커녕 북동맹의 마테오 살비니Matteo Salvini도 아닌 공공연한 포스트 파시스트 정당인 이탈리아형제당Fratelli d'Italia에 쏠렸기 때문이다. 2021년 2월 3일, 세르조 마타렐라Sergio Mattarella 이탈리아 대통령은 결국 이탈리아에서 가장 믿음직한 일꾼, 미스터 "필요한 것은 무엇이든지", 전 이탈리아 재무부 장관, 전 골드만삭스 부회장, 전 이탈리아은행 총재, 전 유럽은행 총재, 마리오 드라기에게 의지했다. 이것은 한편으로는 현대 기술 관료로서 중앙은행가가 지닌 상징적 역할을 확인하는 것이었고, 다른 한편으로는 중앙은행가라는 모델에 대한 내구성 시험이었다. 드라기의 강경한 발언에, 한때 채권시장이 그랬듯인 이탈리아의 정치와 경제 어느 쪽도 반응하지 않았다. 회의적인 북유럽 국가들이 지켜보는 가운데, 이것은 이탈리아뿐만 아니라 EU의 전체 프로젝트에 관한 시험이었다. 만약 이탈리아가 차세대 EU 계획을 망친다면, EU가 더 강한 재정 연합이 되어야만 한다는 주장은 후퇴하게 될 것이며, 어쩌면 돌이킬 수 없는 곳까지 후퇴할지도 모른다.[54] 그리고 2021년이 시작되었을 때, 이탈리아는 심지어 유럽이 직면한 가장 시급한 문제도 아니었다.

세계 전역의 부유한 국가 정부들을 사로잡고 있는 문제는, 수천억 달러를 어떻게 쓰느냐나 앞으로 찾아올 수십 년을 어떻게 대비해야 하느냐가 아니라, 어떻게 하면 한 끼 식사 비용보다 싼값으로 최대한 많은 사람의 팔에 예방접종 주사를 놓느냐는 것이었다. 실험실에서 백신들이 쏟아져 나오고 있었지만, 바이러스는 변이를 일으키고 있었다. 최대한 빠르게 수십억 명의 사람들을 예방접종하는 것이 대단히 중요했다. 부유한 나라들은 백신 공급의 대부분을 독점했다. 2021년 초의 질문은 이제 이것이었다. 그래서 이들이 백신을 사용할 수 있을까?

영국과 미국에서는 12월부터 백신 접종이 시작되었다. 백신 접종률은 서서히 증가했지만, 1월 말에는 두 나라 모두에서 백신 접종 속도가 빨라지고 있었다. 이와 대조적으로, 유럽에는 아직 백신이 도착조차 하지 않은 채였다. EU는 야심 차게 준비했다. 국가 간 경쟁의식은 연합에 재앙이 될 수 있었다. 차세대 EU 경기 회복 정책을 마련하면서 중점을 두었던 부분은 바로 통합이었다. EU는 돈이 국가의 예방접종률을 결정하지 않은 세계 유일의 지역이었다. 불가리아와 독일은 각각 백신을 배급받았다. 이것은 눈여겨볼 만한 성과였지만, 주문처를 확보하거나 백신을 인도하는 데 이에 상응하는 충분한 노력을 기울이지 못했다. 백신 승인 역시 느리게 이루어졌다. 비용을 이유로, EU는 아스트라제네카를 선호했는데, 아스트라제네카는 임상시험과 생산 모두에서 어려움을 겪고 있는 것으로 드러났다. EU는 백신 접종 속도를 올리려 하지 않았고, 각국 중앙정부도 마찬가지였다. 우르줄라 폰데어라이엔을 비롯한 EU 집행위원회는 이 상황을 바로잡기 위해 노력했다. 이들이 지적했다시피, 미국이나 영국과 달리 EU는 대규모 백신 순수출국이었다. 마리오 드라기가 취임 초기에 취한 조치 가운데 하나는 이탈리아제 백신을 호주로 출하하는 것을 중단하는 일이었는데, 호주에서는 코로나바이러스가 대부분 억제되고 있었기 때문이다. 시작이 늦었음에도, 유럽 접종 계획은 가속도가 붙고 있었다. 여름이 되면 취약 계층의 예방접종이 완료될 것이다. 그러나 유럽 대륙 전역의 모든 주요 도시에서 다시금 셧다운이 시행되면서 가족들은 또다시 학교 휴교와 격리 조치에 직면하여 스트레스를 받고 있었으므로, 이러한 긍정적인 소식은 큰 위안을 주지 못했다. 그리고 2020년 봄에 터진 공중보건 재난의 1주년에 유럽 정부 기구들은 또다시 시험에서 떨어지고 있었다. 이 엉망진창인 상황에 비추어보면, "우리는 실제로 할 수 있는 일이라면 무엇이든 해낼 수 있다"라는 존 메이너드 케인스의 해방감을 주는 말은 점점 더 우리의 입맛을 쓰게 한다.

민주주의 국가에서 권력 이양은 민감한 사안이다. 많은 나라에서는 국회의사당에서 악수를 하고, 박수갈채를 보내고, 전임자의 소지품을 치우기 위해 철거 트럭을 보내는 식으로, 이 문제를 무미건조하게 처리한다. 미국에서는 대통령직 인수가 고통스러울 정도로 오래 걸리며, 이 과정에서 화려한 허례허식이 쌓여만 가고, 민주주의식 대관식이라 부를 법한 의전이 이루어지고 있다. 대통령 취임식은 항상 쇼였지만, 2021년 1월 20일 미국의 46대 대통령 조지프 바이든의 취임식보다 더 걱정스럽게 기다린 취임식은 없었다.

대통령으로서 한 첫 연설에서, 바이든은 자신이 대통령에 당선된 것은 "우리는 모두 평등하게 창조되었다는 미국의 이상"과 "인종주의와 토착주의, 두려움과 악마화가 오랫동안 우리를 분열시켰다는 끔찍하고 추악한 현실" 사이의 끝없는 싸움의 결과라고 말했다.[1] 바이든은 자신의 승리가 "역사와 믿음, 이성은 길을 제시한다"라는 사실을 증명한다고 단언했다. 바이든은 1863년 새해 첫날에 에이브러햄 링컨 대통령이 노예 해방령을 발표하면서 했던 말을 인용했다. 그는 1919년의 참정권 획득 운동과 마틴 루터 킹 주니어를 상기시켰다. 바이든은 또한 빌 클린턴이 대권을 잡은 버락 오바마에게 전달한 강력한 요청을, 인용했음을 밝히지 않은 채로, 다른 말로 바꾸어 표현했다. 미국은 "힘의 본보기로서가 아니라 본보기의 힘으로써 이끌어야만 한다".[2]

그러나 미국이 대체 어떤 본보기가 되어야 한단 말인가?[3] 바이든 대통령은 미국인에 대한 미국인의 폭력 위협에 맞서 철조망과 군인 2만 5000명의 보호를 받은 채로, 사회적으로 거리를 둔 청중에게 말했다. 그리고 조 바이든은 대체 어떤 미국을 대변하는가? 1942년에 태어난 바이든은 존 F. 케네디가 "새로운 세대"에 "횃불"이 전달되었다고 선언했을 때 그 말을 들은 십대들 중 한 명이었다. 이것은 1961년에 있었던 일이다. 그리고 1988년에 바이든은 처음으로 대통령에 출마했다. 바이든 대통령과 카멀라 해리스Kamala Harris 부통령은 나이 차이가 너무 많이 나다 보니, 2021년 취임식에서 대통령 부부와 부통령 부부는 마치 가족 집단처럼, 즉 성인이 된 자녀와 연로한 노부모처럼 보였다. 이들에게 투표한 미국인들에게는 위안이 될 법한 모습이었지만, 트럼프와 클린턴, 부시 일가의 오래된 잔상처럼 보이기도 했다.

바이든 행정부는 미국이 직면한 도전에 어떻게 대응할 것인가? 바이든 대통령의 취임 연설에는 이 질문의 답이 오직 곁다리로만 들어가 있었다. 이 질문의 답은 며칠 뒤 한꺼번에 쏟아져 나온, 범유행 감염병, 기후, 주택, 환경, 이민 문제에 관한 백악관의 잘 준비된 행정 명령에서 나왔다.[4] 선거 유세 과정 동안, 바이든은 하나로 수렴하거나 서로 중첩되는 네 가지 위기 — 범유행 감염병, 경제, 인종 간 정의, 기후 — 를 반복적으로 상기시켰는데, 이것이 바로 바이든식 다중위기였다.[5] 취임식에서 바이든은 여기에 "세계에서 차지하는 미국의 위상"을 덧붙였다. 미국의 시민 종교의식이 계속 행해지는 동안, 마법은 약해지고 있었다. 바이든과 전임 대통령들이 형성한 미국이 주도하는 세계화 모델은 심각한 문제에 처해 있었으며, 그렇게 된 지 한참이 지난 상태였다.

실존적인 금융위기가 대서양 양안에서 나타난 민주주의 정치의 전통적인 규범들의 분열과 동시에 일어나 서로 결합된 것은, 바이든이 부통령으로서 첫 임기를 보낸 2008년부터 2012년 사이였다. 그리고 같은 순간에 러시아와의 지정학적인 긴장감도 갑자기 치솟았다. 4년에 걸쳐 대서양 양안에서 미친 듯이 불을 끈 뒤, 2012년에서 2014년 사이에는 드라기의 "필요한 것은 무엇이든지"와 오바마의 재선, 파리기후협약 준비 기간으로 표현할 수 있는 짧은 안정기가 있었다. 그러나 이 안정기는 오래가지 못했다. 2014년에서 2016년 사이에 현상유지는 무너졌다. 우크라이나 위기와 원자재 가격 붕괴, 시리아 난민 위기, 국가 부도 직전까지 간 그리스, 금융 붕괴 직전까지 밀린 중국, 힐러리 클린턴에 대한 버니 샌더스의 예상치 못한 강력한 도전, 브렉시트, 트럼프의 승리, 그리고 프랑스의 노란조끼운동(2018년 11월 마크롱 프랑스 대통령의 유류세 인상 발표에 반대하면서 시작된 반정부 시위. ―옮긴이)이 연이어 일어난 탓이었다. 백신의 등장과 트럼프 대통령의 퇴진이

주는 특별한 안도감을 고려할 때, 2021년 1월을 절정의 순간으로 여기는 것은 매력적인 생각이었다. 바이든 팀은 이것이 사실이 아님을 알았다. 그들은 단순히 사고가 난 열차를 물려받은 것이 아니라, 열차 사고가 나는 중간에 열차를 물려받은 것이었다.

바이든 행정부의 당면 과제는 범유행 감염병을 통제하고 경제 위기를 해결하는 것이었다. 바이든 행정부는 트럼프에게서 통제 불능인 유행병과 이제 막 시작하려던 백신 계획을 물려받았다. 칭찬할 만하게도, 바이든 팀은 이 상황을 최대한 이용했다. 바이든 팀은 사회적 거리 두기를 강화하고, 백신을 최고 속도로 접종하기 시작했다. 또한 미국의 백신 주문을 최우선으로 처리하게 하는 국방물자생산법 조항을 일관되게 시행했다. 2021년 4월 내내, 그리고 모든 미국인이 백신을 무료로 구할 수 있게 되기 전까지, 미국은 세계 다른 지역으로 백신을 사실상 전혀 수출하지 않았다. 모더나와 화이자는 신형 mRNA 백신이 미국 밖에서 일으킬 수 있는 안전 문제를 책임지고 싶지 않았기 때문에 이 정책을 지지했다. 이것은 도널드 트럼프가 자랑스러워할 만한 "미국 우선" 정책이었으며, 바이든 행정부가 민족주의자들에게 공격받는 것을 피하는 데 그 무엇보다도 효과적이었다. 대신, 바이든 행정부는 자신을 "백신의 병기창arsenal of vaccines"이라고 선언했지만, 오직 미국의 백신 수요가 완전히 충족된 후에야 그렇게 될 터였다.

경제적인 면에서, 바이든 팀은 2009년의 실수를 반복하지 않겠다고 굳게 결심했음을 나타내는 모든 징후를 보여주었다. 이들은 오바마 행정부에 대한 사후 부검보고서를 읽었다. 이들은 신속하게 대규모로 행동할 것이다. 이들은 공화당의 협조를 기대하지 않을 것이다. 이들은 1조 9000억 달러 규모의 미국 구조 계획 American Rescue Plan을 시작으로, 2조 3000억 달러의 기반시설 계획과 1조 8000억 달러의 미국 가족 계획American Families Plan으로 그 뒤를 이을 것이다. 2020년에 전달된 3조 6000억 달러의 경기 부양책과 더불어, 이러한 규모의 정부 지출은 평시에 유례가 없는 일이었다. 2020년 3월의 CARES법과는 달리 1조 9000억 달러의 미국 구조 계획은 주로 중산층과 저소득층, 소기업에 초점을 맞추었으며, 대기업과 부유층에게는 최소한의 지원만을 제공했다. 전문가 의견은 제각각이었지만, 1조 9000억 달러의 미국 구조 계획만으로도 소위 아웃풋갭output gap이라고 불리는 경기 침체분을 상당한 차이로 초과했다.[6] 이는 의도적으로 경기를 과열시키겠다는 의미였다.

전혀 놀랍지 않게도, 재정 정책에 대한 이 과감한 접근 방식은 비판에 부딪혔다. 공화당 의원들은 상원에서 민주당 의원들과 격렬한 논쟁을 벌였다. 게다가 이 계획은 래리 서머스로 대표되는 중도주의자들과 올리비에 블랑샤르 같은 세계적 명성을 지닌 경제학자들의 공격을 받았다. 이들은 이 계획이 너무 과하며 대상이 잘못되었고, 투자가 집중되지 않았다고 여겼다.[7] 서머스는 이 계획이 지난 40년간 있었던 재정 정책 가운데 가장 무책임한 정책이자, 비타협적인 공화당 의원들과 거부권을 행사하는 민주당 좌파가 소통한 결과로 탄생한 삐뚤어진 정책이라고 불평했다. 중요한 점은, 반대 여론이 거의 없었던 곳들 가운데 하나가 월스트리트였다는 점이다.[8] 재계의 로비는 단 한 가지를 요구했는데, 그것은 바로 국가 최저임금을 시간당 15달러로 올리는 법안을 통과시키지 말라는 것이었다. 그러나 이 시도가 좌절되자마자, 미국의 CEO들은 즉시 협력했다. 연방준비제도 역시 마찬가지였다.

믿기 힘들지만, 노동시장에서 수십 년간 침묵을 지켜온 연방준비제도가, 1980년대 노동 운동의 역사적인 패배가 지닌 의의와 새로운 세계화 시대의 여명 앞에서 마침내 깨어난 것처럼 보였다. 이는 임금과 물가가 악순환적으로 상승할 것이라는 두려움없이 경제를 뜨겁게 운영할 수 있다는 의미였다. 물론, 경제가 활기를 띠면 물가도 상승하겠지만, 그것은 걱정할 만한 일이 아니었다. 2021년 1월 27일 기자회견에서 인플레이션을 위험으로 생각하느냐는 질문에 파월은 주목할 만한 답을 했다. "솔직히, 우리는 살짝 높은 인플레이션을 환영합니다. (…) 저 같은 사람들이 자라면서 봤던 골칫거리 인플레이션은, 우리가 미국이나 세계에서 한동안 겪어온 인플레이션과는 거리가 멀고, 한동안 일어날 가능성이 희박합니다."9 재무부의 채권 발행은 인상적이었다. 특히 장기채 발행이 그랬다. 2020년에는 장기채 시장에서 채권을 거의 발행하지 않았으므로, 장기채를 발행할 필요가 있었기 때문이다. 물론, 투자자들은 채권을 팔면서 향후 수년 동안의 더 빠른 성장을 위해서 포트폴리오를 조정할 수 있다. 그러나 모두 잘 알고 있듯이, 연방준비제도는 필요하다면 자체 자산 매입 규모를늘릴 수 있었다. 힘겨루기가 있을지도 모르지만, 연준이 2020년 8월의 정책 목표치를 재조정했다는 사실이 시사하는 바는 이제연준이 적어도 당분간은 2%가 넘는 인플레이션율을 용인하기로마음먹었다는 것이다. 이제 시장이 여기에 적응할 때다.

이 힘겨루기의 결과는 미국에만 중요한 것이 아니다. 세계 경제의 균형은 미국 노동시장, 미국 채권시장, 재정 정책, 연방준비제도의 개입을 연결하는 4각 관계에 달려 있다. 만약 미국 경제가 활기를 띠고 미국 금리가 급격히 오른다면, 그것은 해외의 달러 차입자들이 오랫동안 두려워하던 압력으로 작용할 것이다. 이것은 세계 금융화의 리스크를 관리하기 위한 새로운 방책을 시험하는 진정한 시험의 장이 될 것이다.

신흥시장국 사이에서는 2013년에 긴축 발작taper tantrum을 겪었던 기억이 여전히 생생했다. 연방준비제도의 양적완화가 끝날지도 모른다는 버냉키의 발표가 불러온, 오랜 시간 지속된 발작이었다. 버냉키 의장은 자신의 말을 철회했지만, 긴축 발작은 여러 신흥시장국에 좋은 시절의 끝을 알렸다. 당시, 제롬 파월은 연방준비제도 이사회에서 첫해를 보내고 있었고, 재닛 옐런은 버냉키의 부총재였다. 어떻게 하면 금리를 안전하게 올릴 수 있는가? 이것은 두 사람의 재임기 동안 가장 주요한 질문이었다. 2015년 9월, 중국에서 위기가 터질 조짐이 보였을 때, 이번에는 옐런이 재정 긴축에서 물러날 차례였다. 이후 수년간 연방준비제도와 중국 인민은행이 비밀리에 "상하이 협정Shanghai Accord"을 체결했다는 소문이 그녀의 뒤를 따라다녔다.[10] 2015년 12월, 연방준비제도가 드디어 금리를 인상했을 때, 경제는 예상보다 빠르게 둔화되었고, 옐런은 버니 샌더스에게 격렬한 비난을 받았다. 2017년 이후, 제롬 파월은 금리 "정상화"를 지속하려고 시도했지만, 트럼프의 백악관이 전면전을 벌일 태세라는 사실을 곧 깨달았다. 2019년, 금리를 인상하는 대신 연방준비제도는 금리를 세 차례 인하했다. 그리고 2020년은 가까운 미래에 정상화가 이루어질 것이라는 이야기로 끝이 났다. 세계 달러 시스템의 관리자로서, 미국의 중앙은행은 외줄 타기를 하고 있다. 그런데 알고 보니 이 것은 끝이 없는 줄타기였다.

2020년 이후 정부가 더 일반적으로 직면하고 있는 상황 속에서 연방준비제도가 겪는 곤경은 증류식으로 집중되고 있다. 2020년을 전 세계적 위기의 순간으로 만들었던 힘들 가운데 제풀에 지쳐 나가떨어진 것은 없었다. 실상은 정반대였다.

환경사학자들은 인류와 우리의 자연 서식지의 관계에 근본적인 변화를 몰고 온 "대☆가속기great acceleration"에 관해 이야기한다.[11] 대가속기는 1945년에 시작되었으며, 1970년대 이후로 가속은 더욱 급격해졌다. 2021년에 정상 비슷한 무엇으로 돌아가는 듯한 징후가 보이기는 하지만, 한시적이지만 의심할 여지없이 이례적인 위기의 순간이자 급진적인 변화의 상승 곡선으로 이어지는 길목이기도 했던 2020년을 살펴보기에, 대가속기는 적절한 역사적 프레임이다.[12]

환경사학에서 개념을 차용하는 것은 더없이 적절해 보인다. 2020년 사태를 주도한 것은 생물학적 충격이기 때문이다. 코로나바이러스는 오래전부터 예견된 일이었음에도, 인류세 시대에 찾아올, 그 어느 때보다 강력한 난관들에 대처하기에는 대부분의 현대 사회가 너무나도 무능하다는 사실을 잔인하게 드러냈다. 코로나바이러스의 2차 유행을 막기 위한 어설픈 노력이 보여주었듯이, 미국과 라틴아메리카는 물론 유럽 전역에서도 사회적 역량의 부족이 드러났다. 2021년 봄, 브라질과 인도에서 코로나19 유행이 무서운 속도로 가속화되었다. 두 나라의 엄청난 확진자 수는, 다른 지역에서 이루어지는 안정화를 위협할 수 있는 신종 변이 바이러스에 대한 두려움을 불러일으켰다.

우리의 사회적·문화적·정치적 대응 능력이 지닌 한계를 고려할 때, 우리는 궁극적으로 과학기술이 내놓는 해결책에 의존한다. 해결책을 만들어내는 일은 우리가 활용할 수 있는 과학적·기술적 자원을 실제로 얼마나 동원할지 결정하는 우리의 의지와 능력에 달려 있다. 이 점에서 2020년에 우리가 겪게 될 일 가운데서 주목할 만한 부분은, 우리가 백신 개발에 성공했다는 사실만이 아니라, 위기의 규모와 위기 해결을 위해 동원한 수단의 규모 사이에 심각한 불균형이 있었다는 사실이다. 피해액은 수십 조 달러에 달했다. 반면 백신에 투자한 돈은 수백억 달러에 불과했다. 그리고 백신의 효율적인 배포와 공정한 분배를 보장하는 데는 더 적은 자원이 투입되었다.

2020년, 미래에 찾아올 도전은 분명해 보였다. 우리는 연구 개발과 미래 기술에 투자되는 돈을 수십억 달러에서 수조 달러로 바꾸는 방법을 찾아내거나, 더 지속 가능하고 회복력이 뛰어난 경제와 사회를 만들 필요성이나 예측할 수 없고 빠르게 진행되는 위기에 대처하기 위한 상시적 능력을 갖출 필요성을 진지하게 받아들이거나, 자연환경에서 불어온 역풍에 압도당할 것이다. 이런 요구들은 흔히 비현실적이라는 이유로 무시된다. 그러나 2020년의 충격을 겪은 뒤로, 우리에게 대체 얼마나 더 많은 증거가 필요하단 말인가? 조정이 필요한 것은, 우리가 실제로 처한 현실에 관한 우리의 공통된 이해이다. 수십 년 동안 시스템에 내재된 거대 위험systemic megarisk을 경고해온 사람들은 자신들이 옳음을 압도적으로 증명해왔다. 좋든 싫든, 우리는 울리히 벡이 1980년대에 이미 "제2의 현대"라 불렀던 세계, 즉 순전히 인간의 활동으로 격변이 일어나고 변형되는 세계를 살고 있다.[13] 앞으로 닥쳐올 환경 과제에 대처하기 위해서, 우리는 현대화의 첫 세기에 드러난 과학과 기술의 혁신적인 잠재력을 받아들이고, 이 잠재력을 전 세계 차원에서 실제로 발휘하고 완전히 활용해야만 했다. 만약 그렇게 하지 못하면, 2020년은 점점 더 감당할 수 없는 일련의 세계적 재난 가운데 첫 번째에 불과하다는 생각이 현실이 될 것이다. 좋든 나쁘든, "커다란 사건"이 일어날 것이라는 사실은 피할 수 없다. 현상유지는 우리가 택할 수 없는 단 하나의 선택지다.

현대 정부의 영역으로서 중앙은행은 엄청난 중요성을 지니고 있다. 중앙은행은 정부 당국으로부터 우리에게 닥쳐올 난관의 규모를 파악하도록 강요를 받은 기관이기 때문이다. 2020년의 정책 대응 수준은 2008년의 대응 정책을 빛바래게 한다. 그러나 다른 측면에서 보면, 이는 경고이기도 하다. 이러한 대규모 개입을 이끈 것은 부채를 동력으로 삼은 경제 성장의 연약하고 불평등한 역학이었다. 중앙은행을 현대 위기에 맞서 싸우는 본보기로 만든 것은, 조직화된 노동의 퇴출과 인플레이션 압력의 부재, 그리고 더 넓게 보면 반체제적 도전의 부재가 만들어낸 공백이다. 개입은 얼마든지 커질 수 있다. 비록 개입이 엄청나게 중대한 결과를 불러오고, 채권시장은 거래자와 컴퓨터, 법률 문서의 형태로 실제 세계에 존재하지만, 중앙은행의 자산 매입은 디지털 마술 지팡이를 휘두르는 것과 같기 때문이다. 연방준비제도가 2020년에 부린 통화 마법은 극적이었다. 왜냐하면 위기가 세상에서 가장 중요한 시장인 미국 국채시장을 위험에 빠뜨렸기 때문이었다. 리먼 사태 때 일어났던 것보다 더 큰 눈사태가 일어날 수도 있는 위협적인 상황이었다. 결국, 시장 기반 금융의 세계에서는 진정으로 안전한 자산은 없다는 사실이 드러났다. 엄청난 기관이 뒤를 봐주지 않는 한 말이다.

2020년의 정부 개입 규모는 너무나도 커서 전쟁 시의 재정 모형과 그대로 비교해도 좋을 정도였다. 중앙은행의 채권 매입은 기능 면에서 재정 정책의 쌍둥이였다. 그러나 솔깃한 생각이긴 하지만, 우리는 전후 케인스주의 시대로 시간을 거슬러 올라갈 수는 없다. 그리고 이것은 혁명과는 거리가 먼 21세기 중앙은행들의 야심이 결코 아니다. 중앙은행들의 관행은 19세기 후반 비스마르크 시대의 보수주의자들의 관행과 같다. 즉 "모든 것이 전과 같아지려면, 모든 것이 바뀌어야만 한다"라는 식이다.[14] 2020년에는 적어도 금융 시스템 분야에서 관리 통제주의가 다시 한번 우위를 점했지만, 그것은 전능한 기술 관료들이 금융 시스템을 조작한다는 의미라기보다는 위태로운 현상을 유지하기 위한 황급한 노력에 가까웠다. "대마불사"는 전체 시스템의 필수 원칙이 되었다. 그 효과는 부채를 연료로 삼은 투기와 성장이 계속해서 가속할 수 있도록 보장하는 것이었다. 이런 일을 계속할 수 있을까? 거시경제에는 누구나 알아볼 수 있는 근본적인 한계 따위는 없다. 문제는 오히려 기술 관료식 통치가 이런 일에 발을 맞추어 나갈 수 있느냐와 사회와 정치가 이런 일을 감당할 수 있느냐다. 이런 모형을 민주화할 수 있을까? 만약 그것이 불가능하다면, 적어도 합법화할 수는 있을까? 그리고 우리는 이러한 성장 모형이 만들어낼 불평등을 흡수하거나 상쇄할 방법을 찾을 수 있을까? 이러한 질문이 엄청난 힘을 담고 있음을 사람들은 2008년 이후에 처음 깨달았다. 그러나 2020년이 다 지나도록, 이 질문들은 여전히 답을 기다리고 있다.

달러가 실질적인 글로벌 통화로서 널리 퍼진 덕분에 전 세계를 범위로 신용을 확대할 수 있었다. 2020년 세계 경제에 유입된 달러화는 처지가 더 나은 신흥시장국이 눈에 띄는 자율성을 발휘할 수 있게 했다. 이는 2008년에 이미 명백했던 추세 가운데 하나가 사실이 되었음을 확인해주었다. 그것은 바로 신흥시장국이 달러를 기반으로 한 글로벌 금융 시스템의 핵심 연결점으로 부상했다는 것이다. 오늘날 세계 경제는 많은 부분에서 안정되어 있다. 세계 경제는 점점 더 서구 중심에서 벗어나고 있다. 이것은 관점의 문제를 만들었다. 서구의 관찰자들에게 세계화의 진전을 가로막는 근본적인 장애물로 보일 수 있는 것들은, 예를 들어 점차 증가하는 무역 중개의 어려움은, 이제는 고작해야 지역적으로만 중요한 일일 수 있다. 가장 중요한 성장 연결점에서는 무역과 투자가 계속해서 점점 더 빠르게 이루어지고 있다. 이러한 균형 재조정이 이루어지고 있다는 사실이 2020년 이전에 명백해 보이지 않았다고 하더라도, 동양과 서양이 코로나바이러스에 대처하는 모습은 이를 명백히 드러냈다. 2020년 세계 무역은 아시아의 회복세에 힘입어 WTO가 당초 했던 종말론적 예측보다 훨씬 적게 위축되었다. 전체적으로 봤을 때, 2020년 한 해 동안 상품 거래량은 5.3% 이상 감소하지 않았다. 그러나 이 새롭고 다극화된 세계 경제는 적어도 한 가지 근본적인 측면에서 여전히 구세계와 연결되어 있다. 그것은 세계 경제는 여전히 달러를 기반으로 한다는 것이다. 미국이 심각한 긴축 통화 정책을 펴거나, 설령 미국이 긴축정책을 펴지 않더라도 제대로 된 긴축 발작이 일어난다면, 세계 경제의 복원력은 엄중한 시험대에 오를 것이다. 또한 세계 주요 경제 지역 가운데 한 곳에서 지정학적 긴장이 격렬하게 고조될 수도 있다.

새로운 세계화의 시대는 마치 원심 분리기를 돌리듯이 세계 전역을 다극화하고 있다. 지역 내 주요 강대국들은 세력을 키우고, 서로 동맹을 맺거나 대립하면서 번창하거나 쇠퇴한다. 2008년 대립의 주된 동인은 재기에 성공한 푸틴 치하의 러시아가 NATO 열강들과 충돌한 것이었다. 2020년, 가장 폭력적인 대립은 드넓은 중동에서 일어났다. 한쪽에서는 사우디아라비아와 이란의 대립이 심화되고 있었고, 다른 한쪽에서는 카타르와 터키가 맞섰다. 이들의 전쟁과 그 대리전쟁은, 미국과 유럽 국가들의 중동 지역 정책의 잔해에서 비롯된 것으로, 리비아와 시리아, 이라크와 예멘에서 수천만 명의 사람들에게 비극을 안겨주었다. 이들은 핵심 화석 연료 매장지 위에 떡 버티고 앉아 있다. 그러나 2020년에는 이 다자간 지역 분쟁이 세계에 미칠 영향이 중동 지역 내에 국한되었다. 중동의 과두정 집권층들은 유가 붕괴 압력을 느꼈다. 유럽과 미국은 정신이 다른 데 팔린 상태였다. 중국은 (아직은) 크게 관여하지 않고 있었다. 실제로 금융위기가 터질 심각한 위험에 직면한 에르도안은 시장을 고양이 쥐 다루듯 했다.

이 복합적이고 불균등한 과정에 의해 이루어진 세계 경제 성장에서 가장 중요한 변화는 단연코 중국의 부상이었다. 중국의 성장은 전에 본 적이 없는 엄청난 규모로 이루어졌다. 다른 신흥시장국이 그러했듯이, 중국의 경제 발전은 미국이 정한 세계 통화 분야 안에서 이루어졌지만, 중국 중앙정부가 직접 길러낸 위기 대응 능력은 다른 어떤 나라와도 같지 않다. 중국의 국내 규제를 위한 개입은 유럽과 미국 양쪽보다 훨씬 공격적이다. 중국의 크기는 과연 미국이 우위에 있는 것이 맞는지 의문을 제기할 정도로 크다. 이 전망은 이미 1990년대에 미국의 계획 입안자들에게 큰 주목을 받았다. 퇴임한 후, 빌 클린턴 대통령은 "우리가 세계에서 더는 유일한 초강대국이 아닐 때, 우리가 살고 싶은 세상을 만드는 것"이 미국 정책의 핵심 과제라는 현명한 말을 남겼다.[15] 단극의 순간은 왔다가도 가는 법이다. 미국의 힘이 절정에 달했을 때조차도, 미국이 세계를 미국의 취향에 맞게 재편할 수 있다는 생각은 항상 오만한 생각이었다. 2020년, 미국이 살아가는 세계는 미국 전략가들의 취향에 전혀 맞지 않는 것처럼 보였다. 트럼프의 임기 마지막 해, 미국은 중국의 부상에 대한 불안감에 전부 다 합치면 경제 전쟁을 선언했다고 봐도 무방한 조치들을 취했다. 초기 단계에서, 바이든 행정부는 이 군사 행동을 계속하려는 듯한 모습을 드러냈다. 2021년 3월 25일, 대통령으로서 하는 첫 기자회견에서 바이든은 단호하게 선언했다. "중국에는 전체적인 목표가 있다. 나는 중국에 목표가 있다는 이유로 중국을 비난하지는 않는다. 그러나 그들의 전체적 목표는 세계를 이끄는 나라, 세계에서 가장 부유한 나라, 그리고 세계에서 가장 강한 나라가 되는 것이다. 내가 있는 동안, 그런 일은 일어나지 않을 것이다. 왜냐하면 미국은 계속 성장하고 확장할 것이기 때문이다."[16]

바이든 대통령은 이 복합 경제 성장으로 인해 나타날 수 있는 결과를 단호히 거부했다. 그뿐만 아니라, 스푸트니크 쇼크와 우주 경쟁이 있었던 시대를 떠올리게 하는 용어로 표현한 국내 정책 비전을 통해 이를 뒷받침했다. 다리와 도로부터 녹색 에너지와 노인 돌봄에 이르기까지, 모든 것에 자금을 투입하는 바이든의 인프라 계획은 "과거 미국의 가장 위대한 프로젝트들"을 분명하게 떠올리게 했다. 그런 프로젝트들처럼, 2021년 3월 31일에 마련된 "미국 일자리 계획American Jobs Plan"은 "우리 시대의 가장 큰 도전인 기후 문제와 독재 국가 중국의 야망에 맞서서, 미국을 통합하고 결집시키기 위해" 고안되었다.[17]

세계의 다른 나라들도 미국의 뒤를 따라 미래로 나아갈까? 트럼프 행정부와 중국 사이의 긴장이 고조되자, 2019년 EU는 다른 길에 들어섰다. 2019년 3월, EU와 중국의 관계를 다룬 전략 보고서에서 EU는 처음으로 중국을 체제 경쟁국으로 지정했지만, 이와 동시에 중국을 전통적인 경제 경쟁국이자 협상국, 협력국으로 인정했다.[18] 현명하게도, EU는 아시아의 부상에 맞서 서구의 우위를 유지하기 위해 투쟁을 벌이겠다고 발표하기는커녕, 누가 더 우위에 있느냐는 질문을 제기하는 것조차 자제해왔다. EU와 중국은 12월 30일에 포괄적투자협정Comprehensive Agreement on Investment(CAI)을 발표하면서 2020년을 마무리했는데, 이 협정의 목표는 두 경제권의 규모에 걸맞은 수준으로 외국 직접 투자를 증가시키는 것으로, 다면 전략을 추구하는 EU의 행보에 걸맞은 것이었다.[19] 중국 입장에서 아시아 이웃 국가들과 RCEP를 체결한 후, 포괄적 투자 협정을 체결한 것은 대단한 성공이었다. 미국에서 이 협정은 모욕으로 받아들여졌다. 이 발표는 중국과의 대립에서 미국이 새로 얻은 가장 훌륭한 동맹국 가운데 하나인 영국이 EU 탈퇴를 최종 확정한 바로 그날에 나왔다.[20] 반전체주의 계파에 속하는 미국 옹호론자들은 중립화되고 비도덕적인 유럽이 미국과 중국의 권역 사이에서 표류하는 어두운 공상을 불러일으켰다.[21] 다른 이들은 중국과 EU 사이의 협정을, 앙겔라 메르켈 총리와 함께 현장에서 저물어가는 대중국 유화정책 시대의 마지막 소동이라고 여겼다.[22] 바이든의 인수위원회는 그들이 전혀 기쁘지 않다는 사실을 드러냈다. 그리고 사실, 중국과의 포괄적 투자 협정은 유럽의 여론 흐름에도 거스르는 것이었다. 그러나 독일과 프랑스, EU의 우선순위는 양측 모두에 유리한 협정 조건을 만드는 것이었다.[23] 중국과의 경제적 통합은 되돌리기엔 이미 너무 깊이 이루어졌고, 앞으로 더욱더 깊이 이루어질 듯하다. 중국은 녹색 에너지 전환 분야의 신기술에서 중추적인 역할을 했다. 서구의 침체와 중국의 지속적인 성장 덕분에, 2020년은 중국과 갈라서는 순간이 되기는커녕, 중국이 모든 경쟁국을 제치고 전 세계가 가장 좋아하는 해외 직접 투자처가 된 해였다.[24]

그러나 EU의 다면 전략에는 상반된 효과가 있었다. 포괄적 투자 협정에 대한 합의가 필요한 만큼이나, 다른 사항을 고려하여 균형을 맞춰야 할 필요성 역시 분명했다. 그렇다. 중국은 실제로 협상이 가능한 파트너였다. 그러나 매우 이질적이고 적대적인 정권이기도 하다. 가장 시급한 질문으로 드러난 것은, 바이든 행정부가 EU의 균형 정책을 용납할 수 있느냐가 아니라, 중국 중앙정부가 용납할 수 있느냐였다.

　CAI는 유럽의회의 비준을 받아야만 했다. 그러나 의회는 중국에 대한 분명한 적개심을 드러냈다. 이것은 신장 지역에서 계속되는 탄압과 홍콩에 대한 통제 강화라는 정당한 이유에서 빚어진 분노였다. 유럽 정부들이 미국과 협력하여 신장에서 벌어지는 압제의 책임이 있는 비교적 직위가 낮은 중국 관료들에게 제재를 가했을 때, 어쩌면 중국 중앙정부는 이것을 전략적 의미가 없는 사소한 일로 여기고 무시할 수도 있었을 것이다. 그렇게 하는 대신, 중국은 유럽의회의 일부 주요 비판자들뿐만 아니라 독일의 메르카토르 중국연구소와 덴마크의 NGO에 제재를 가함으로써 대응했다. 그 결과 EU와 중국의 관계는 완전히 얼어붙었고, CAI는 보류되었으며, 유럽은 미국 쪽으로 기울었다. 한편, 서방의 분석가들은 무엇 때문에 중국 중앙정부가 전면전에 나서게 됐는지 의문을 품었다. 중국 지도부는 무모하고 순진한 것인가? 아니면 자신들이 만든 민족주의적 프로파간다에 스스로 매몰된 것인가? 아니면 중국 중앙정부의 대응 뒤에 무언가 더 음험한 계획이 있는 것인가? 중국은 미국과 유럽이 돌이킬 수 없는 쇠퇴기에 접어들었다고 확신한 것인가? 그래서 서방 세계가 코로나19 대응에 완전히 실패한 바로 지금을 자신들의 유리함을 밀어붙이고, 무시무시하게 효율적인 중국 정권을 받아들이고 존중을 표하도록 요구할 적기로 본 것인가?[25]

　2021년 여름, 중국 공산당은 100주년 기념식을 거행했다. 아주 멋진 기념식이었다. 2020년 11월 24일, 중국의 빈곤 지역 목록에 마지막까지 남아 있던 현이 사라졌다.[26] 12월 4일, 시진핑 주석은 당이 중국에서 "절대적인 빈곤과 지역적인 빈곤"을 종식한다는 목표를 달성했다고 발표했다.[27] 290만 명의 공산당 간부를 동원하고 1조 5000억 위안을 투자한 8년간의 캠페인을 통해, 시골에 사는 빈곤층 중국인 9900만 명이 기본적인 빈곤선에서 벗어나게 되었다.[28] 서방의 비평가들은 중국이 빈곤 기준을 너무 낮게 잡았다고 지적했다.[29] 시골에 기본적인 생활 수준을 보장하는 데 초점을 맞추는 것은, 엄청난 수의 도시 이주 노동자들을 현대 사회의 안전망에 포함시키는 몹시 어려운 문제를 가렸다.[30] 중국 중앙정부는 이 사실이 정부의 메시지를 흐리지 못하게 막았다. 세계은행에 따르면, 전 세계 약 1억 명의 사람들이 비참한 빈곤으로 내몰린 한 해 동안, 그 어떤 국가도 이와 비슷한 성과를 자랑할 수 없었다.

시진핑 주석이 이 안건을 정치국 상무위원회 본회의에 상정했을 때, "시간과 기세"는 중국의 편이었다.[31] 한때 서양의 현대화 이론이 주장했던, 세계가 자유주의적 규범으로 수렴할 것이라는 견해는 한물간 견해가 되었음이 분명했다. 중간소득함정 middle-income trap은 중간소득 국가들이 경제 선진국으로 도약하려면 엄청난 어려움에 직면해야 한다고 강조하는, 현대화 이론의 부정적인 버전인데, 이 이론의 옹호자들은 어쩌면 자신들의 독사 doxa(근거가 박약한 지식)에 매달릴지도 모른다.[32] 그러나 중국인들이 즐겨 지적하다시피, 사회과학이 데이터의 문제라고 한다면, 중국의 현대화는 그 규모만으로도 이전에 있었던 그 어떤 경제 성장보다 많은 데이터 요소를 만들어낸다. 이것은 역사상 가장 거대한 사회 실험이다. 그리고 이것이 바로 중국이 말하는 21세기식 마르크스주의의 물질적 토대다.[33] 요점은 현대화 이론이 틀렸다는 것이 아니라, 21세기식 마르크스주의가 진가를 발휘하려면, 그것이 중국의 변혁을 내부로 통합해야만 한다는 것이다. 이것은 중국의 발전을 관리하는 것에 위험이 따르지 않는다는 말이 아니다. 2020년은 중국의 놀라운 성장이 만들어낸 과부하와 중국 권력 기구의 결함, 그리고 중국의 복원력과 능력, 야망을 보여주었다.[34] 중국 역시 끝없는 줄타기를 하고 있다.[35]

어쨌든, 2020년에 심각한 국가 위기의 순간을 겪었던 곳은 중국이 아니었다. 그것은 바로 미국이었다. 사실 현대화에 대한 소박한 자유주의적 비전이 가장 완벽하게 실패한 곳은 바로 미국이라고 말하는 것은 솔깃한 일이다. 이 불평등한 세상에서, 정치와 경제, 사회 발전 사이의 부조화가 가장 크고 극단적으로 나타난 곳은 바로 미국이니 말이다.[36]

21세기 미국은 두 정당이 정치 권력을 나눠 갖는 나라다. 그리고 이 중 하나인 공화당은 수십 년 동안 미국이 선진 사회에 걸맞은 국가 기관을 설치하지 못하게 막고, 그러한 선진 기관이 있으면 해체해왔다. 게다가, 2008년에 보여주고 2020년에 증명했듯이, 이제 공화당은 국가 위기의 순간에 장기적인 정부 비전은 물론이고 심지어 단기적 비전조차 갖지 못한 정당이 되었다. 공화당은 국가 정책을 심사숙고하는 기구라기보다는 특정한 이익을 무분별하게 추구하고 원색적 감정을 드러내기 위한 기구라는 인상을 준다.

물론, 미국에는 미국을 현대화하는 거대한 세력이 활동하고 있다. 좋든 나쁘든, 이들은 민주당과 점점 더 뚜렷하게 연대하고 있다. 일련의 대통령 선거에서 증명되었듯이, 현대화 세력의 연합체인 민주당은 다수당이기는 하지만, 18세기에 만들어진 미국 헌법과 공화당의 지연 전술인 선거구 획정gerrymandering 행위와 투표 억압voter suppression 행위 덕분에, 권력 장악력이 실망스러울 만큼 약하다. 바이든 행정부가 첫 100일 동안 내놓은 지출 계획은 이 교착 상태를 극복하기 위한 노력을 드러낸다. 이 지출 계획은 온건한 방식으로 이루어지는 전반적인 사회 조정과 인종 간 정의를 부르짖는 시급한 요구를 해결하기 위한 개입, 녹색 현대화, 중국과의 체제적 경쟁을 위해 하나 된 미국을 만드는 계획의 개요를 제시한다. 이것은 버니 샌더스가 제시한 그린뉴딜이나 사회민주적 비전이 아니다. 미국 구조 계획에서 최저 임금을 분리한 전략은 주효했다. 바이든의 미국 인프라 계획과 미국 가족 계획에서 쓰인 미사여구는 분명 급진적이다. 그리고 뉴스에 나오는 지출액 역시 인상적이다. 그러나 2020년의 CARES법이나 2020년 3월의 미국 구제 계획처럼 수개월 만에 수조 달러를 지출한 계획들과는 달리, 미국 인프라 계획과 미국 가족 계획은 8년에서 10년에 걸쳐 지속되는 장기 계획이다.

실로 야심 차게도, 의회와 협상을 시작하기 전에, 이 계획들의 예산은 미국 연간 GDP의 대략 2%에 이르렀다. 그러나 육아에서 에너지 전환에 이르기까지, 예산을 우선순위에 따라 흩뿌리는 식으로는, 미국 사회에 변화를 불러오거나 미국이 기후 안정을 향한 궤도에 오르게 하기에 충분한 효과를 도저히 거둘 수 없다. 특히 에너지 전환과 관련하여, 바이든 행정부는 규제 변화와 적당한 양의 공공 부양책을 함께 쓰면 민간 투자가 촉발될 것이라는 낙관적인 가정에 의존하는 듯이 보인다. 장기 정책에 관해 말하자면, 바이든의 경제 정책 바이드노믹스Bidenomics는 2020년 위기 대응 과정에서 전형적으로 나타났던 임시방편식 민관 합작 혼합 금융 정책의 연장선이다.

지출 계획이 더 크지 않은 이유는 대체 무엇인가? 의원들의 지지는 속도를 제한하는 요소였다. 민주당 중도파들의 지지를 얻고자 하는 희망에서, 미국 인프라 계획과 미국 가족 계획은 "값을 치르라pay-fors"는 요구와 연결되었다. 당내 좌파들을 기쁘게 하고자, 이 계획들은 법인세와 부유층이 벌어들인 자본 이익에 초점을 맞추었다. 이는 재정 안정과 사회 정의라는 두 가지 의제를 만족시켰지만, 종합적으로는 계획에 도움이 되지 않았다. 최우선 순위는 정치적 기세를 유지하는 것이었다. 2010년의 오바마와 1994년의 클린턴이 추진했다 맞이한 엄청난 중도 차질을 다시 겪는 것은 바이든 행정부에 악몽과도 같은 일이었다. 설령 다수 의석을 확보하지 못하더라도, 공화당이 미국 헌법에 명시된 모든 균형과 견제를 최대한 활용할 것임은 믿어 의심치 않아도 좋다. 점점 더 분명해졌듯이, 공화당의 정치적 미래는 수단과 방법을 가리지 않고 다수결의 논리에 저항하는 것에 달려 있다. 미국 유권자의 대다수를 끌어안을 수 있는 정치적 비전을 수립하지 못하는 공화당의 무능을 고려할 때, 공화당이 할 수 있는 제일 나은 선택은 19세기에 더 흔했던 일종의 조작된 헌법적 합의를 더욱 강화하는 것이다.

그러나 미국 헌법으로부터 물려받은 정치 구조에는 또 다른 효과가 있다. 미국 정부는 분열 위에서 설립되었기에, 압박을 받는 시기에 분열된 방식으로서 계속 기능할 수 있다. 이것이 바로 우리가 2020년에 본 것이다. 미국은 분열된 상태로 기능했다. 서커스 같은 트럼프의 정치와 상원을 계속해서 장악하려는 매코널의 고군분투는 재정적 타협과 맞물려 있었다. 이 재정적 타협은 연준이 미국 자신의 부채를 대량으로 매입하면서 뒷받침되었다. 2008년에 그러했듯이, 2020년에 재무부와 연방준비제도는 계속해서 제 기능을 하기 위해서 의회에 있는 민주당 의원들과 협력하여 의회에 있는 공화당 의원 다수를 우회했으며, 때로는 심지어 백악관을 우회했다. 한편, 미군이 최고사령관을 무시하기 위해 최선을 다하는 동안, 트럼프의 측근들은 변덕스러운 외교 정책 성명들을 발표했다.[37]

　바이든 대통령이 가장 먼저 해야 하는 일은 일관성을 회복하는 것이었다. 부족한 안전장치와 불안정한 균형을 이루고 있는 정당 정치, 공화당의 불확실한 미래를 고려할 때, 이것은 무리한 요구이자 도박이다. 트럼프가 대통령일 때, 다원성과 비일관성은 감지덕지한 덕목이었다. 2020년의 경험에 비추어볼 때, 미국과 세계가 무엇을 더 두려워해야 하는지는 불확실하다. 민족주의 우파에 장악될 위험이 있는 통합된 미국 정부가 들어서는 것을 두려워해야 할지, 아니면 기능주의자 엘리트들과 세계적인 이익집단, 뉴욕이나 실리콘밸리 같은 핵심 지역에 자리 잡은 현대화를 위한 연합들이 권력을 쥐는 더욱 비일관적인 미국 정권이 들어서는 것을 두려워해야 할지 말이다. 이것을 규정하는 온건한 방법은, 가령 대화 주제가 최근 교착 상태에 빠진 미국 기후 정책으로 전환될 때, 미국의 진보적인 미래는 "국가 아래에 있는 행위자들

subnational actors"의 역동성에 달려 있다고 주장하는 것이다.[38] 바이든 행정부가 처음 몇 달 동안 엄청난 열정을 보여주었음에도, 의문은 여전히 남아 있다. 과연 미국은 국민국가로서 엄청난 속도로 밀려드는 난관에 일관되고 장기적인 방식으로 대응할 수 있는가?

환경, 경제, 정치, 지정학 측면에서 세계는 다양한 방향과 크기로 변화하고 있다. 2020년은 변화의 절정이 아니라, 변화의 대가속기의 한순간일 뿐이다. 이 변화들이 다 합쳐지면, 변화를 늦추는 것이 거의 불가능하게 느껴지는 역동적인 균형 상태가 탄생한다. 변화의 대가속기는 계속될 것이다.

이전 시대의 역사에서는 혁명의 앞날을 예측하면서 이와 유사한 진단을 내렸을지도 모른다. 오늘날에는 무엇이든 비현실적일 수 있지만, 예측은 특히나 더 그렇다. 사실, 급진적인 개혁은 무리한 일이다. 2020년은 좌파가 승리한 순간이 아니었다. 그러므로 정치, 경제, 생태 영역에서 전 세계적으로 고조되는 긴장에 맞서는 힘은, 점점 더 대규모로 이루어지는, 위기가 주도하는, 임시방편식 위기 대응이다. 이런 위기 대응에는 전환 정치transformative politics 특유의 웅장함이나 야심이 부족할 수도 있지만, 역사의식이나 결과가 없는 것은 아니다. 이것은 말하자면, 세 번째로 좋은 대안과 네 번째로 좋은 대안 사이의 선택이기 때문에 진정으로 중요하다.

이 새로운 임시방편의 시대가 가장 분명하게, 그리고 가장 덜 억제된 채로 모습을 드러낸 곳은 새로운 경제 정책을 개발한 신흥시장국이었다. 그리고 IMF 같은 권위 있는 기관들도 2020년에 소위 "통합정책체제Integrated Policy Framework"를 발표함으로써 신흥시장국이 개발한 방편을 승인했다. IMF는 자본의 자유로운 이동이나 환율의 자유로운 변동에 관한 교조주의적 태도를 모두 내려놓은 채, 실용적인 개입의 필요성을 인정하는 전술적 견해를 간략히 보여주었다. 과제는 "두루두루 적용되는" 정책과 "무슨 일이든 허용되는" 정책 사이에 놓인 길을 도식화하고 합리화하는 것이었다.[39]

2020년에 신흥시장국이 자유롭게 움직일 수 있었던 것은, 선진국들이 막대한 자금을 쏟아낸 덕분이었다. 이 또한 학습의 결과였다. 1930년대의 기억은 2008년 미국 당국의 위기 대응에 그림자를 드리웠다. 오바마 행정부에 대한 기억은 2021년에 들어설 바이든 행정부를 그림자처럼 따라다녔다. EU의 학습 효과는 더욱더 놀라웠다. 2010년 이후 유럽은 역사적인 실패를 겪었다. 그리고 2020년 역시 마찬가지일 수 있었다. 그런 일은 일어나지 않았다. 참혹한 실패를 반복하지 않기 위한 의식적인 결의에 따라, 유럽의 정치 계급은 2020년 위기를 새로이 정의했다. 우리는 최소한 유럽이 실패를 하는 새로운 방법을 찾았다고 말할 수 있다. 유럽 국가들은 공동 백신 정책을 수립하는 일에 착수한 뒤, 백신 배포를 정당성 위기로 탈바꿈시켰다. 유럽 국가들이 새로이 구축한 재정 능력은 과업과 비교했을 때 그 규모가 부족했다. 독일 헌법재판소는 이번에는 차세대 EU 기금의 공동 자금 조달에 관한 합법성을 문제 삼으며 또다시 개입했는데, 이는 EU 기관의 법적 기반이 불안정하다는 사실을 드러내는 역할을 수행했다. 한편, 미국은 효과적인 예방접종 계획을 개시했을 뿐만 아니라, 바이든의 미국 구조 계획으로 경제 성장 면에서 훨씬 앞서나가게 되었다. 반면 유럽은 쇄신 계획을 쇄신해야 하는 상황에 직면했다.

이것은 시시포스가 하던 끝없는 노동과도 같다. 그리고 최근 수십 년간 쌓여온 증거에 조금이라도 기대어 판단해보면, 최근 있었던 일련의 위기관리는 훗날 찾아올 위기에 맞서는 공식이다.

위기 대응은 정신없이 바쁘고 끝이 없는 과정이다. 위기 대응은 당면한 상황의 위급성에 의해 이루어진다. 위기 대응에는 이해관계가 거미줄처럼 얽혀 있으며, 위기가 진행됨에 따라 위기에 대처할 수단을 만들어내야만 한다. 그러나 과거의 위기 대응에 관한 성찰은, 현재의 위기 대응에 영향을 미친다. 그 형태가 책이든, 신문 기사든, "민담"이든, 현대사는 집단 학습 과정의 일부다. 역사를 서술하는 것은 역사를 만들어나가는 일의 핵심이다.

이 책의 역사적 서술은 의도적으로 비판적인 입장을 취했다. 그러나 위기를 극복하려는 세계 엘리트들의 노력이라는 주제와 얽혀 있고, 실제로 연루되었음을 부정하는 것은 어리석은 일이다. 이것은 역사를 서술하는 이가 개인적으로 어떤 정치관을 가지고 있으며, 어떤 삶을 살아왔는지, 사회 제도에 얼마나 애착을 품고 있는지, 그리고 어떤 사회 정체성을 가졌는지에 관한 문제다. 깨어 있는 작가라면 이러한 요인들이 지닌 힘을 부정해서는 안 된다. 범유행 속에서, 이러한 얽힘은 더욱더 세속적인 속성을 띤다. 우리가 각자 어떤 식으로 위기를 헤쳐나왔느냐는 대부분 이 책에서 묘사한 사건과 결정들에 따라 정해졌다. 나와 내 가족들은 모두 일찍부터 트럼프 대통령의 워프스피드작전과 대규모 예방접종을 시행하기 위한 미국 관료들의 노력의 혜택을 입었다. 그리고 "이것은 바로 당신의 이야기De te fabula narratur다". 행운아인 우리에게, 범유행의 공포는 2021년 초에 사라졌다.

그러나 이러한 물질적 조건들을 너머에서는, 책의 집필과 수용을 규정하는 역사적 맥락이 더 깊은 지적 차원에서 힘의 행사와 얽혀 있다. 왜냐하면, 현대에는 힘과 지식이 함께 구성되기 때문이다. 가장 근본적 문제인 코로나19 범유행을 비롯하여 미국 국채의 세계적 헤게모니를 뒤흔든 레포 시장의 혼란, EU의 위기들, G20의 DSSI가 지닌 한계, 중국과 EU 사이에서 기후 외교가 진행될 가능성 등 이 모든 사건이 2020년에 준 충격들 가운데 그 무엇도 권력 기구와 금융 기구 안에서 창출된 기술적 전문지식에 의존하지 않고서는 이해할 수 없을 것이다. 이러한 내부 지식을 단순히 액면 그대로 받아들일 수는 없다. 내부 지식만으로는 충분하지 않기 때문이다. 그러나 내부 지식은 상황을 이해하는 데 꼭 필요하다. 현대 권력에 관한 비판적 역사는, 역사의 주인공들이 그들의 시스템이 만들어내는 급박한 상황에 대처하기 위해서 사투를 벌이는 동안, 정부 기구 내부에서 하루하루 생산되는 분석, 정보, 지식의 덤불 속으로 들어갈 방법을 찾아야 한다.[40]

첨단 기술은 벅찰 정도로 복잡하고 불투명할 뿐만 아니라, 끊임없이 진화한다. 이에 뒤처지지 않으려면, 제자리를 지키려면, 계속해서 뛰어야 한다. 좋든 싫든, 우리는 사건의 한복판에 있다.[41] 우리는 우리가 이 상황과 어떻게 연관될지 어느 정도 선택할 수 있다. 우리는 다양한 프레임을 써서 당면한 경험과 권력에 관한 기술적 영역에 매몰된 우리 처지를 살펴볼 수 있다. 우리는 매일의 행위와 그 주인공들에게 가까이 다가갈 수 있고, 스스로 객관적이고 우월한 감시탑을 건설할 수 있으며, 역사의 거대한 윤곽을 그리는 지도 제작자 행세를 할 수 있고, 아르키메데스의 지렛대와 그것을 움직이는 역사적 주체를 상상할 수 있다. 하지만 우리 자신의 위치를 규정하는 이 모든 지적 행위는 정형화된 제스처로만 나타나야만 한다. 우리의 위치는 우리가 지금 여기에서 처한 상황과 과거의 역사, 그리고 미래에 대한 우리의 기대에 좌우되기 때문이다. 이 모든 것들은 이 책과 이 책에서 사용한 개념, 그리고 이 책에서 이야기를 서술하면서 쓴 프레임에 적용된다. 가령, 대가속기나 신자유주의 시대 같은 아이디어를 서술하면서 쓴 프레임에 말이다. 대가속기나 신자유주의 시대 같은 움직임은 역사와 정치를 바라볼 때는 어느 정도 추정을 해야만 한다는 사실을 암시한다. 우리에게는 어딘가 시작할 지점이 필요하기 때문이다. 그러나, 같은 이유로, 이 추정은 비판과 토론에 열려 있어야만 한다. 2020년이 우리에게 무언가를 가르쳐줬다고 한다면, 그것은 우리가 즉시 세계관을 수정해야만 한다는 사실이다. 그린뉴딜 정책은 요점을 훌륭하게 잡았지만, 기후를 인류세의 가장 시급한 위협으로 상정했다. 그린뉴딜 정책 역시 코로나19 범유행에 압도되었다. 그린뉴딜 정책을 개정한다고 해서 지적원칙이나 정치적 원칙이 부족했다는 의미는 아니다. 이는 그저 우리가 살아가는 시대에 걸맞은 개방적인 조치일 뿐이다.

이 책은 내 이전 책들과 마찬가지로 힘과 지식, 그리고 시간과 씨름하는 프로젝트다. 나는 이 책에서 난해한 전문지식을 드러내고, 상황을 파악한 뒤 해석하고, 개념을 풀고, 권력자들이 끊임없이 하는 이야기를 다시 정리하고, 권력자와 지식인이 결합하여 만들어내는 혁신을 인식한 뒤, 그 주요 목적에 눈을 돌렸다. 그리고 이 모든 일을 제시간에 끝마치기 위해 노력했다.

이 책은 내 다른 책들과 마찬가지로 "거대한 이야기"로서 제작되었다. 그러므로 나는 우리가 지금 겪고 있는 충격과 변화가 얼마나 중대하고 복잡한지를, 그리고 이런 충격과 변화에 얼마나 중요한 것이 달려 있는지를 공정하게 다루려고 했다. 그렇다 하더라도, 각각의 역사적 그림과 그 조각 하나하나의 배열은 잠정적이고, 체험적이며, 실험적이다. 우리가 역사의 종언을 넘어서지 않는 한, 역사를 서술하는 일은 으레 그러한 일이기 때문이다. 역사란 확정적인 선언이 아니라 덮어 써야 할 저술이다.

나는 1989년에 대학을 졸업했다. 철의 장막Iron Curtain이 흔들리는 것을 느낄 수 있었다. 그해 여름은 프랜시스 후쿠야마Francis Fukuyama와 천안문의 여름이었다. 내 첫 역사 연구는 바이마르공화국과 제3제국의 격렬한 혼란 속에 놓인 독일 경제학자들과 통계학자들에 관한 것이었다. 이 연구는 최근에 없어진 동독의 기록보관소에서 이루어졌다. 붉은군대가 반쯤 점령한 포츠담의 황폐한 막사 속에 있던 기록보관소였다. 내 이전에 있었던 수습 역사학자들이 대대로 그러했듯이, 나는 연필과 펜, 색인 카드를 가지고 이 기록보관소를 마주했다. 30년 뒤 맨해튼에서 록다운과 통행 금지 조치로 인해 외출을 금지당했지만 결코 내 곁을 떠나지 않는 노트북으로 세계를 자유롭게 떠돌던 나는 시진핑의 최측근 조언자 한 명이 "6대 효과"에 관해 분석한 글을 우연히 발견했다. 이 책은 천이신의 선언을 단순히 중국 고유의 관심사를 위해서가 아니라, 더 큰 주장을 펼치기 위해서 언급하는 것으로 시작한다. 천이신의 위기 수렴론은 너무나도 적절해서, EU의 다중위기 모형이나 자국 이야기에 대한 미국의 유아론적 심취보다 더 분명하게 우리의 이해를 돕는다. 우리는 이 점을 진지하게 생각해보아야 한다. 중국 정권의 지식인들은 중국 공산당의 정치 계획에 충성을 다한다. 이 지식인들은 자신들만의 방식으로 역사를 연구한다. 우리는 좋든 싫든, 이 역사 속에 모두 등록되어 있다. 그리고 코로나19 위기가 분명하게 보여주었듯이, 이런 점에서도 우린 이제 막 시작한 참이다.

만약 2020년에 대한 우리의 첫 번째 반응이 불신이었다면, 미래를 향한 우리의 표어는 "우리는 아직 아무것도 보지 못했다"가 되어야만 할 것이다.

이 책은 계획에 없던 책이었다. 나는 '2020년의 책'을 내자는 아이디어를 뒷받침해준 와일리에이전시Wylie Agency의 사라 찰판트Sarah Chalfant와 제임스 풀렌James Pullen에게 여느 때보다 더 감사한다. 미국과 영국에서 《셧다운》을 출판하게 해준 편집자 웬디 울프Wendy Wolf와 사이먼 윈더Simon Winder에게도 감사를 표한다. 이번 집필은 이례적으로 빠르고 강렬한 공동 작업이었다. 책을 완성하는 데 도움을 준 테레지아 시셀Terezia Cicel과 전체 제작팀에 감사한다. 벡Beck의 데틀레프 펠켄Detlef Felken에게 특별한 감사를 전한다. 이 책은 그와 함께한 첫 번째 책이다.

그레이엄 위버Graham Weaver의 귀중한 도움 덕분에 나는 원고를 제시간에 끝낼 수 있었다. 케이트 마시Kate Marsh가 없었더라면 나는 내 디지털 라이프를 관리할 수 없었을 것이다. 나는 이들에게 큰 빚을 졌다.

2020년은 격렬한 논쟁과 토론의 해였다. 일일이 언급하기엔 너무나도 많은 트위터 친구들이 책을 집필하는 데 도움이 된 멋진 이야기를 나와 주고받았다. 그 가운데서도 일명 @70sBachchan로 통하는 앨버트 핀토Albert Pinto가 특히 큰 도움을 주었다.

《포린 폴리시Foreign Policy》의 내 편집자 캐머런 아바디Cameron Abadi는 이상적인 협력자이자 사운딩 보드sounding board(아이디어를 구체화시키는 데 있어 반응 테스트 대상이 되는 사람.—옮긴이)였다. 나를 고용해준 조나단 테퍼맨Jonathan Tepperman에게 감사한다. 《가디언The Guardian》의 조너선 샤이닌Jonathan Shainin, 요한 코시Yohann Koshy, 데이비드 울프David Wolf와 《런던 리뷰 오브 북스London Review of Books》의 폴 마이어스코프Paul Myerscough, SocialEurope.com의 헤닝 마이어Henning Meyer와 로빈 윌슨Robin Wilson에게 감사를 표한다.

원고가 나왔을 때, 나는 다시 한번 운 좋게도 지적 동료애를 지닌 친지들의 도움을 받을 수 있었다. 지난 몇 년 동안, 나는 이들에게 일일이 떠올릴 수 없을 정도로 많은 지적인 빚을 져왔다. 첫 독자로 매트 이니스Matt Inniss와 테드 퍼틱Ted Fertik, 스테판 에이크Stefan Eich, 닉 멀더Nick Mulder, 바너비 레인Barnaby Raine, 그레이 앤더슨Grey Anderson을 둘 수 있었던 것은 특권이었다. 이들은 이 책에서 자신들의 논평이 반영된 흔적을 찾을 수 있을 것이다. 나는 특히 다니엘라 가보르에게 몇몇 주요 장에서 긴요했던 기술적 지도를 받았다. 가보르는 촉박한 기한 속에서도 내게 예리한 지적을 해주었다. 만약 이 책이 마이크로 파이낸스microfinance라는 중요한 집단 프로젝트에 기여한다면, 그 대부분은 그의 공로이다.

나는 1년 내내 하인리히 뵐재단the Heinrich Boell Stiftung에서 외

르크 하스Joerg Haas가 주최한, 변혁 대응Transformative Responses 프로젝트와 관련된 워크숍과 세미나를 통해 많이 배웠다. 리아 다우니Leah Downey와 스테판 아이히Stefan Eich가 기획한 온라인 중앙은행 살롱은 큰 즐거움을 주었다. 폴 터커Paul Tucker와 이야기를 나눌 수 있어서 즐거웠다. 키스 브레킨리지Keith Breckenridge는 위트와테르스란트대학교의 위츠 사회경제연구소에서 주목할 만한 동료 학자 집단을 모아 온라인 세미나를 세 차례 주최했다. 마르크 블로크Marc Bloch 센터에서 훌륭한 세미나를 개최한, 베를린에 사는 내 오랜 친구 야코프 보겔Jakob Vogel에게 감사를 표한다. 마르티즌 코닝스Martijn Konings는 시드니 대학에서 휠라이트 강의Wheelwright Lecture를 위해 엄청난 인사들을 소집했다. 나는 유엔 아프리카 경제위원회의 베라 송웨와 바르톨로뮤 아르마Bartholomew Armah와의 임시 토론회에서 많은 것을 배웠다. 조시 영거Josh Younger는 내게 채권시장에 관해 가르쳐주었으며, 레브 메난드Lev Menand는 연방준비은행The Fed에 관해 가르쳐주었다. 그리고 메건 그린Megan Greene은 이중 금리dual interest rates에 관해 알려주었다. 로빈 브룩스와 국제금융협회 팀은 내게 필수적인 데이터와 분석을 제공해주었다. 이 책에 실린 도표와 그래프는 모두 그들의 발자취를 담고 있다.

　한 해에 걸쳐 나와 흥미로운 이야기를 주고받은 사람들에게 따로 순서를 정하지 않고 감사의 마음을 전하고 싶다. 이들은 에릭 레비츠, 길리언트 테트Gilliant Tett, 데이비드 필링David Pilling, 기디언 라흐만Gideon Rachman, 마이클 페티스Michael Pettis, 로버트 해리스Robert Harris, 조지 디즈Georg Diez, 카린 페터슨Karin Pettersson, 조와이젠탈Joe Weisenthal, 트레이시 앨러웨이Tracey Alloway, 네이선 탱커스Nathan Tankus, 벤저민 브라운Benjamin Braun, 마크 소벨Mark Sobel, 로한 그레이Rohan Grey, 알렉스 도허티Alex Doherty, 마크 쉬에리츠Mark Schieritz, 메나카 도시Menaka Doshi, 브래드 세서Brad Setser, 에즈라 클라인Ezra Klein, 엘리자베스 폰 테든Elisabeth von Thadden, 벤 유다Ben Judah, 매트 클라인Matt Klein, 조던 슈나이더Jordan Schneider, 헬렌 톰슨Helen Thompson, 데이비드 런시먼David Runciman, 휴고 스콧-걸Hugo Scott-Gall, 리사 스파네만Lisa Splanemann, 에릭 그레이던Eric Graydon, 데이비드 월리스-웰스David Wallace-Wells, 애런 바스타니Aaron Bastani, 리 빈셀Lee Vinsel, 카이저 궈Kaiser Kuo, 노아 스미스Noah Smith, 이안 브레머Ian Bremmer, 볼프강 슈미트Wolfgang Schmidt, 올 펑크Ole Funke, 모리츠 슐라릭Moritz Schularick, 데이비드 벡워스David Beckworth, 크리스찬 오덴달Christian Odendahl, 에발트 엥겔렌Ewald Engelen, 존 오더스John Authers, 루이스 가리카노Luis Garicano다.

나는 2020년 상반기에 때마침 안식년을 보내고 있었는데, 이에 대해 컬럼비아대학교에 감사하게 생각한다. 당시 학과장으로 재직 중인 이는 애덤 코스토Adam Kosto였다. 나는 그가 우리 학부를 위한 헌신에 대해 진심으로 감사를 표하고 싶다. 애덤은 단순히 엄청난 학자가 아니다. 그는 명랑하고 단호하며 명석할 뿐만 아니라, 학문을 연구하는 이들이 집중해야 마땅한 것들, 즉 사상과 문헌에 집중하는 비범한 학계의 리더다. 우리에게는 애덤 같은 사람들이 더 필요하다. 그와 같은 이들이 제때 제 위치에 있었던 것은 우리 모두에게 행운이었다.

2020년은 깊은 충격을 주었다. 사실상 전 세계 모든 사람의 일상에 악영향을 주고, 섬세한 방식으로 작동하던 삶의 계획이나 우리 가족의 생활을 무너뜨렸다. 지난 20년 동안 내가 쓴 모든 책은 내 딸 에디의 성장 과정과 얽혀 있다. 이 책은 에디의 삶에 영향을 준, 그리고 나와 우리가 아끼는 모든 사람에게 영향을 준 충격에 관해서 쓴 첫 번째 작품이다. 나는 부모로서, 에디를 통해 2020년의 충격을 뼛속 깊이 느꼈다. 나는 에디가 기숙사에 서둘러 대피한 일과 그 후 몇 주 동안의 이상하고 모든 것이 멈춘 것만 같았던 나날들을 결코 잊지 못할 것이다. 2020년은 전 세계의 수많은 젊은이에게 비참한 해였다. 록다운 속에서 지낸 1년은 대체할 수 없는 손실이다. 대학교 2학년 시기를 돌려받을 방법은 없으니 말이다. 나는 어떻게든 2020년을 최대한 활용한 에디와 동료 학생들에게 깊은 감명을 받았다.

내가 2020년을 대처한 방식에 관해 말하자면, 나는 두 명의 치료사, 닥터 도널드 모스Donald Moss와 닥터 몬티 밀스 미한Montie Mills Meehan에게 큰 빚을 졌다. 인생 조언은 좋은 치료사가 제공하는 가장 작은 것일지도 모르지만, 그럼에도 나는 이들의 도움 없이 이 책을 쓸 수 있었을지 결코 장담하지 못하겠다. 그런 일이 생기지 않아서 천만다행이다.

2020년에 겪을 수 있는 최악의 일은 혼자가 되는 것이었다. 나는 단 한 번도 그런 일을 겪지 않았다. 줌Zoom에는 수많은 친구와 가족들이 있었다. 더 많은 윈-투즈Wynn-Tooze 일가를 모아준 것에 대해 내 사촌 제이미를 치하한다. 제임스 톰슨James Thompson과 맥스 존스Max Jones와 다시 만나게 되어 기뻤다. 폴 솔먼Paul Solman과 데이비드 에드거튼David Edgerton, 한스 쿤드나니Hans Kundnani, 다닐로 숄츠Danilo Scholz와 기억에 남을 대화를 나눴다.

하지만 우리 모두가 2020년에 배웠다시피 가장 좋은 것은 사람들을 실제로 보는 것이다. 우리는 거의 매일 아침, 날이 흐리든 맑든 리버사이드 공원 '온더힐on the hill'에서 우리 '강아지 친구들'과 만나 인생에 관한 질문과 더불어 이 책의 진척 상황에 관해 이야기를 나누었다. 나는 우리 견주 친구들인 짐Jim과 메릴Merrill, 사이먼Simon과 메러디스Meredith, 테리Terry와 아드리안Adrian, 아리사Arisa, 알리Ali, 그리고 무엇보다도 미셸 레르만Michelle Lehrman을 향해서, 그리고 우리를 하나로 묶어주는 즐겁고 태평한 생명체들이자 한없이 즐겁고 사랑스러운 동반자들인 얀얀과 에피, 로켓, 베티 부, 이로, 케일라, 아폴로, 일명 '심장 도둑'이라고 불리는 우리의 개 루비를 향해서 환호를 보내겠다.

우리 아파트 7층 엘리베이터 맞은편 복도에 사는 사이먼Simon과 제인Jane은 매주 저녁 식사 파티를 열었는데, 우리는 개인 보호구로 완전무장한 채로 사회적 거리 두기를 준수하며 함께 파티를 즐겼다. 매일매일 친구들이 선사하는 따스함이 우리가 뉴욕에서 힘든 시기를 이겨낼 수 있게 해주었다. 나는 뉴욕에 머물게 되어 기뻤으나, 이곳의 삶은 너무나도 강렬했다. 우리는 때로 뉴욕에서 벗어나야만 했다. 친애하는 브렌트 도노반Brent Donovan과 이사벨 바준Isabel Barzun, 개빈 파핏Gavin Parfit, 그리고 자넷Janet과 에드 우드Ed Wood가 우리에게 함께 지내며 휴식을 취하자는 기꺼운 제안을 해주었다.

나는 처음부터 끝까지 한 해 내내 데이나 콘리Dana Conley와 함께 살았다. 우리에게 이런 일은 흔히 있는 일이 아니었다. 데이나는 원고를 꼼꼼히 읽고 사실상 모든 페이지에 논평을 달아주었으며 내게 커다란 영감을 주었다. 이번 셧다운으로 가장 직접적인 피해를 본 곳은 단연 여행 업계였다. 데이나의 곁에 머물며 나는 깊은 감명을 받았다. 데이나는 코로나19 위기에 직면하여, 하루하루 전 세계의 동업자들과 협력하여 생계를 꾸려나가고, 실직과 소득 손실, 불안과 충격에 집단으로 대처했다. 코로나19는 우리뿐만 아니라 여행이라는 데이나의 세계 전체에 충격을 주었다. 이런 일이 줄리언Julian과 소피Sophie, 리오넬Lionel, 도미니크Dominique, 팀Tim과 텍Tek, 로버트Robert와 세프Seph 같은 데이나의 친구들에게, 영국과 프랑스, 이탈리아, 탄자니아, 캄보디아와 같은 나라에서, 그리고 호텔과 레스토랑, 와인바, 자연보호구역, 관광지 같은 장소에서 일어나고 있다고 생각하니 머리가 핑핑 돌 지경이었다.

나는 데이나가 온라인 커뮤니티를 다시 활성화하면서 재주 있는 사람들을 모아 쇼를 열고, 로스Ross나 크레이그Craig 같은 새로운 친구들을 사귀고 전 세계 사람들과 대화를 나누는 모습을 지켜보며 더욱 큰 감명을 받았다. 나는 데이나의 에너지와 열정, 친절함과 매력이 마법 같은 일을 일으키는 것을 여러 곳에서 목격했다. 2020년의 놀라운 점은 우리가 수십 개의 줌Zoom 화면을 통해서 즐거움과 친목 행사를 함께 누렸다는 것이다. 이것은 가상 공간에서 일어난 일이었지만 틀림없는 현실이었다. 나는 내 비범한 배우자 데이나가 되살린 이 공동체의 정신에 이 책을 헌정한다.

'지금 여기'에서 펼쳐지는 팬데믹의 세계사

정승일

우리나라에서 공식적으로 코로나19 바이러스 전염이 시작된 것이 2020년 1월이었으니 벌써 2년이다. 그 팬데믹이 지금 이 순간에도 끝날 줄 모르고 여전히 계속되고 있다. 이 글을 쓰는 와중에 나 역시 3차 추가 접종 후 하루 반을 심한 몸살에 시달려야 했다. 마스크를 써야 외출할 수 있는 일상도 지긋지긋하다. 2021년 11월 1일에 시작된 '위드 코로나'는 기대와 달리 확진자와 중증 환자가 급증하면서 또다시 방역과 봉쇄, 사회적 거리 두기가 강화되었다. 2년 만에 처음으로 연말연시 대목 장사를 잔뜩 기대했던 식당 등 자영업자들은 탄식의 눈물을 흘리고 있고, 정치인들은 이들의 경제적 피해 보상을 위하여 50조 또는 100조 규모의 재정투입을 논의하고 있다. 지난 2년간 되풀이되어온 모습의 연속이다. 한국만 아니라 세계가 비슷하다. 최근 오미크론 변이 확산으로 세계적으로 방역과 봉쇄가 다시 강화되고 있으니 말이다.

아담 투즈의 책 《셧다운》은 코로나 펜데믹이 시작된 2020년 초부터 2021년 여름까지의 시기를 다룬다. 의사가 아닌 역사가로서의 그는 이 책에서 의학이 아닌 정치경제학의 관점에서 펜데믹의 세계사를 서술한다.

　요즘에는 빛이 바랬지만, 2020년 내내 한국은 국제적으로 칭송받는 코로나 방역 사례로 주목받았다. 일본과 미국, 하물며 서유럽 국가들조차 한국의 대응능력에 크게 못 미쳤고, 우리 사회는 'K-방역'이라는 신조어까지 만들어내면서 자화자찬했다. 투즈가 주목하는 점은 바이러스 대전염 사태가 오래전부터 자연과학적으로 예견된 일이었음에도 그 어느 시대보다도 현대 선진 국가들의 사회적 대응능력이 너무나도 어설프고 무능하다는 사실이다. 공중보건과 의학, 경제력 등에서 가장 앞선 선진국인 미국과 영국, 유럽의 사회적 대응 역량이 터무니없이 부족함이 만천하에 드러났으며 하물며 남미와 아프리카, 인도 같은 곳에서는 더 말할 나위도 없다. 그렇다면 도대체 무엇이 놀랄 정도로 형편없는 그 무능함을 낳았을까?

　바이러스에 대처하는 현대 선진국들의 놀랄만한 무능력을, 투즈는 독일의 사회학자 울리히 벡의 말을 빌려 '조직화된 무책임'이라고 비판한다. 조직화·제도화된 무책임을 대표하는 키워드는 지난 40년간 지배해온 신자유주의와 시장 혁명, 탈정치와 탈국가, 빈부격차와 불평등, 재정준칙과 긴축재정 등등이다. 여기에는 공중보건 예산 감축과 WTO의 역할 약화 등도 포함된다.

　투즈는 물론 단 하나의 차원으로 문제를 환원하지 않는다. 코로나 펜데믹은 지난 10년간 세계 역사가 목격한 사건들인 2008년 미국발 세계 금융위기와 그에 이어진 유로존의 만성적 경제 불황, 트럼프의 집권과 미국 우선주의America First 포퓰리즘, 영국의 브렉시트, 시리아 난민 유입 위기, 중국의 초강대국 부상과 미중 간 신냉전의 시작, 난폭한 기후위기와 탄소중립 이슈의 부상 등 다차원적인 정치경제적 변화의 와중에 일어난 사건이다. 투즈는 중국의 천이신의 말을 빌려 다차원적 사건들이 서로 얽히고설키면서 작용하며 커다랗게 증폭하는 효과, 그리고 한 지역에서 발생한 문제가 다른 지역에서의 문제를 유도하는 효과 등으로 현재 벌어지는 복잡다기한 세계사적 사태들을 설명한다. 세계 각국이 항공운송과 인터넷 등으로 긴밀하게 연결된 오늘날에는 그 다양한 상호 연계성이 이런 효과들을 더욱 맹렬하게 증폭 또는 가속하는 쪽으로 작용하게 한다는 것이다.

그런데 위에서 언급한 다차원적 사건들의 중첩과 상호증폭 작용은 우리나라가 직면한 도전이기도 하다. 먼저 우리는 날로 심각해지는 긴 여름과 폭염, 짧아진 봄가을 등으로 기후위기의 심각성을 일상에서 체감하고 있다. 이 책에 언급되듯이, 2020년 여름에 중국 정부는 '2060 탄소중립'을 선언했으며, 이는 '설마 석탄 에너지에 의존해온 중국이 그리 빨리 나서겠어'라고 여기던 세계를 깜짝 놀라게 했다. 이는 한국에도 영향을 미쳐서 그간 그린뉴딜에 주저주저하던 문재인 정부로 하여금 한 달 뒤에 '2050 탄소중립'을 국가 목표로 선언하게끔 하는 데 일조했다. 또한 나는 이 점을 이 책을 읽으며 처음으로 알게 되었는데, 그것은 또한 2020년 11월 선거에서 승리한 미국 민주당의 바이든 대통령이 초대형 인프라 투자를 통해 탄소중립-그린뉴딜 영역에서도 미중

간 대결 구도를 확고히 하겠다고 결심하는 데 큰 영향을 미쳤다.

다른 한편으로 미중 간 무역-산업-기술 패권 경쟁은 직접적으로 한국의 제조업과 금융투자시장, 외교국방 등에 커다란 영향을 미치고 있다. 더구나 한국은 2021년 말 기준 1인당 평균 국민소득 3만 5000달러로 이탈리아 수준에 도달하였으며, 향후 5년 뒤에는 4만 5000달러를 넘어 일본을 추월하여 아시아에서 가장 부유한 나라로 부상할 것으로 전망된다. 이에 한국의 국제적 부상에 대한 일본의 견제가 코로나 방역을 둘러싼 한일 간, 그리고 미중 간 외교에서 작동하고 있다.

이 책에서 투즈는 미국과 중국, 러시아, 일본, 유럽 등의 전통적인 강대국들의 틈새에서 지역적으로 신흥 강국들이 등장하면서 발생하는 새로운 차원의 다극화 현상 또는 힘의 균열 현상에 주목하는데, 그 대표적인 사례가 중동에서 사우디와 이란, 터키의 부상이다. 그런데 K-문화, K-방역, K-경제 등으로 나타나는 '선진국 한국'의 국제적 부상 역시 그런 차원에서 바라볼 수 있을 것이다.

한편, 국내적으로는 지난 2년간 그리고 지금 이 순간에도 코로나19로 가장 큰 경제적 피해를 입은 자영업자들을 위한 정부의 손실보상 지급을 둘러싼 논쟁이 지속되고 있다. 적자재정 확대를 무릅쓰더라도 과감한 피해보상을 요구하는 정치인들과 그보다는 균형재정 달성이 중요하다고 주장하는 기획재정부 사이의 갈등이 그 사례이다.

투즈는 이 책에서 제2차 세계대전을 치르던 영국의 전시내각에 참여했던 경제학자 케인스가 했던 "우리는 실제로 할 수 있는 일이라면 무엇이든 할 수 있다anything we can actually do, we can afford"
라는 발언을 여러 차례 끄집어낸다. 국가재정은 가계재정처럼 제
약되지 않으며, 하나의 통화 주권국은 국가재정을 그 정치적 의
지 여하에 따라 얼마든지 조달할 수 있으며, 적자재정과 국가부채
증가를 무조건 터부시하면 안 된다는 의미이다. 실제로 코로나 팬
데믹 발발 이후 세계 각국은 막대한 재난지원금과 구제 금융을 국
가재정으로 투입했다. 선진국들의 평균적인 GDP 대비 국가부채
비율은 2020년에만 무려 19% 급증하여 2008~2009년 금융위
기 시기의 2년치 증가치를 1년 만에 넘어섰다. 더구나 미국(22%),
프랑스(21%), 이태리(25%), 스페인(25%) 등의 2020년 증가폭
은 선진국 평균(19%)보다 높았으며, 일본(15%), 영국(10%), 독일
(12%) 등도 역사적으로 매우 높은 수치의 증가폭을 보였다. 신흥
국emerging market의 평균 증가율은 9%였는데, 중국은 11%였다.

이에 반해 한국의 국가부채 비율 증가폭은 6.3%에 그쳤다
(37.7%에서 44%로 증가). 이는 한국이 그만큼 소위 K-방역에 성공
적이었음을 의미하지만, 동시에 또한 기획재정부의 자린고비 재
정 기조로 인하여 자영업자와 실직자 등의 생계 고통이 다른 나
라들에 비하여 극심했음을 의미하기도 한다. 혹시 이것을 'K-고
통'이라 칭하면 어떨까 하는 생각이 들 정도다. 우연의 일치겠지
만, 마침 2021년 가을 세계적으로 열풍을 일으킨 넷플릭스 드라
마 〈오징어 게임〉의 화두가 '인정사정없이 공정한'(!) 불평등 경
쟁 게임, 그것이 낳는 'K-고통'이다. 물론 세계인들이 그 드라마
에 주목한 것을 보면, 이는 세계 보편적 고통으로 해석할 수 있다.

코로나 팬데믹 상황에서 한국 경제는 OECD 회원국 중 가장

선방하였다. 중국 정도를 제외하고는 2020년에 대부분의 나라들이 마이너스 5% 이상 역성장했는데, 우리나라는 2020년 1년 동안 약 마이너스 1.1%를 기록하여 가장 양호한 편에 속했다. 2020년과 2021년을 합친 성장률 역시 선진국들 중에서 가장 우수한 축에 속할 것이다. 그 주요 원동력은 수출제조업인데, 2020년 수출액은 5112억 달러로 전년 대비 5.5% 감소하였지만 2021년의 수출액은 사상 최대인 6445억 달러로 전년 대비 25.8% 증가하였다. 반도체와 디스플레이, 2차전지와 자동차 등의 수출 대기업들이 그 놀라운 성과를 주도했다. 제조업은 여전히 한국 경제의 엔진이며 안전판임이 입증된 것이다. 특히 방역과 거리 두기로 재택근무와 집 안 여가 생활이 전 세계적으로 급증하면서 IT와 전자 등의 제조업은 최대 호황을 누리고 있다. 제조업의 비중이 상대적으로 큰 독일과 스위스, 그리고 북유럽과 일본의 경제 역시 상대적으로 덜 타격받았다. 반면에 한국 경제에서 다수의 자영업자들이 속한 식당과 여행-관광 관련 서비스 업종은 셧다운으로 가장 극심한 타격을 입었는데, 이는 국제적으로도 여행-관광 산업의 비중이 큰 이탈리아와 스페인, 포르투갈, 그리스 등의 경제가 가장 큰 타격을 입었음을 의미한다.

1967년생인 아담 투즈는 이 책의 마지막에서 자신이 영국에서 1989년 대학 학부를 마친 이후 1991년까지 3년간 베를린에서 처음으로 역사를 연구하였다고 밝히고 있다. 그가 당시 베를린 자유대학에 머무르면서 준비한 것으로 보이는 석사논문 주제가 1920년대 바이마르공화국과 1930년대 대공황 시기의 독일(나치 독일)인 것으로 보이는데 그가 2014년에 출간한 책 《대격변》(아카넷, 2020)의 주제가 제1차 세계대전에서 1930년대 대공황에 이르는 미국, 영국, 독일, 프랑스, 소련, 일본 등의 세계 정치경제 질서 격변임을 고려할 때, 《대격변》은 자신의 석사논문 주제의 대폭 확대판으로 보인다.

청년 아담 투즈가 베를린 생활을 시작한 1989년은 동독이 붕괴한 해이고, 이어서 1991년에는 소련이 붕괴했다. 동서독이 만나는 베를린은 동독과 소련의 현실 사회주의 체제의 몰락을 현장에서 직간접으로 체감하기에 최적의 장소이다. 나도 1991년 가을부터 베를린에서 유학하면서 정치경제학을 공부하기 시작했으니, 아마도 투즈와 나는 대학의 식당과 카페테리아, 도서관, 세미나 등에서 무심코 지나쳤을 것이다. 이 책을 읽어보니 우리 둘 다 당시 유행하던 후쿠야마의 '역사의 종언'을 화두로 삼았던 것이고, 동시에 또한, 1991년의 통일 독일에서 놀랄 만큼 빠르게 싹트고 성장하는 네오 나치Neo-Nazi의 풍경에서 그도 나만큼이나 큰 충격받았을 것이다. 투즈가 동독과 소련 붕괴의 세계사의 한복판인 베를린에서 왜 하필이면 바이마르공화국의 붕괴와 대공황, 나치 독일의 부상을 자신의 첫 정치경제사 연구의 화두로 삼았을까라는 의문에 대한 나 자신의 체험적인 추측성 답변이다.

아담 투즈는 학부에서 경제학을 공부했다. 이 책에서도 마찬가지이지만, 그는 《붕괴》와 《대격변》 등에서 통상적으로 경제학에서 배우는 거시경제학 또는 거시금융 경제학 이론들이 역사 현실 속에서 어떻게 정치적으로 또는 정치경제적으로 응용되고 또는 재해석되고 수정될 수 있는지를 풍부한 사례들을 통해 보여준다. 특히 그는 거시경제학과 금융-통화 이론의 여러 대가들의 의견과 이론이 역사와 현실의 맥락에서 어떻게 비추어지는지를 보여주는데, 그 이론들은 종종 그 이론의 주창자들 스스로조차 수용할 수 없을 만큼 잔혹한 비극과 파국을 현실역사에서 초래한다. 그러한 광경을 조목조목 보여주는 이 책은 투즈의 전작들에서와 마찬가지로 흥미진진하기 그지없다. 대학에서 경제학을 공부하는 또는 이미 공부한 이들이 투즈의 책들을 반드시 읽기를 권하는 이유이다.

21세기의 이 시대는 참으로 대격변과 대전환의 시기이다. 우리의 바로 옆 나라인 중국에서는 세계 최대의 공산당이 통치하는 경제가 세계 최대의 규모로 성장해가고 있으며, 멀지 않아 과학과 기술, 산업제품의 질적 경쟁력에서도 서구와 대등해질 것으로 전망된다. 또한 2008년에 발생한 세계금융위기가 1930년대 대공황 이후 최악의 경제위기라고 한 적이 불과 얼마 전인데, 2020년에 발발한 코로나 셧다운은 2008년 금융위기를 능가하는 최악의 경제 후퇴와 대량실업 사태를 전 세계에서 낳았다. 바이러스와의 전쟁이 전 세계적 차원에서 벌어지고 있으며, 그로 인해 발생한 경제위기와의 전쟁 역시 전 세계적이라는 의미에서, 바이러스와의 대결은 '진정한 세계대전'이라는 말까지 나온다. 또 다른 한편에서는 우리나라를 비롯한 세계 각국은 기후위기와 플라스틱 위기의 도전에 직면해 있으며, 게다가 우리나라와 일본을 비롯한 다수의 선진국들은 인구 감소와 지방 소멸 등의 인구학적 위기에 직면해 있다.

이 모든 동시대적 변화, 다차원적 변화, 어지러운 사건들의 연속들을 아담 투즈는 거대한 풍경화로 그려낸다. 그런데 그가 그려내는 동시대적 세계사는 특정 국가, 특정 세력을 편들지 않는 냉정한 거리를 유지한다. 미국과 중국, 유럽, 러시아 등등 현대 국가들의 현존 권력에 대하여 시종일관 비판적인 시각, 분석적인 시각을 유지하기에, 그러면서도 전체적인 세계사적 조망 속에서 중요한 사건과 사태들을 해석해주기에, 이 책을 포함한 그의 저작들은 독자로 하여금 머릿속에서 '아, 이거였구나'라는 번뜩이는 시공간적 통찰을 선사한다. 이는 특히 단편적으로 전해지는 뉴스를 넘어서는 정보와 지식에 목말라하는 우리나라의 독자들, 즉 대격변이자 대혼란의 시대인 오늘날을 살아가면서 우리나라와 세계의 과거와 현재, 미래가 이어지는 역사적 통찰에 절실하게 목말라 하는 이들에게 아담 투즈의 책들이 오아시스와 같은 역할을 하는 이유를 말해준다.

서론

1 IMF, *World Economic Outlook Update*, June 2020; www.imf.org/en/ Publications/WEO/Issues /2020/06/24/WEOUpdateJune2020.

2 O. D. Westad, "The Sources of Chinese Conduct: Are Washington and Beijing Fighting a New Cold War?" *Foreign Affairs* 98, no.5 (2019): 86.

3 IMF, *World Economic Outlook*, January 2020; www.imf.org/en/Publications/ WEO/Issues/2020/01/20/weo-update-january2020.

4 J. Londono, S. Ma, and B. A. Wilson, "Quantifying the Impact of Foreign Economic Uncertainty on the U.S. Economy," FED Notes, *Board of Governors of the Federal Reserve System*, October 8,

5 P. Commins, "Uncertainty Remains as Long as Trump Tweets," *Financial Review*, October 14, 2019.

6 "Veranstaltungsbericht 'Westlessness'—Die Munchner Sicherheitskonferenz 2020," https://securityconference.org/news/meldung/westlessness-die-muen chner-sicherheitskonferenz-2020.

7 A. Fotiadis, "Greece's Refugee Plan Is Inhumane and Doomed to Fail. The EU Must Step In," *Guardian*, February 16, 2020.

8 Strategy, Policy, & Review Department, World Bank, "The Evolution of

Public Debt Vulnerabilities in Lower Income Economies," *International Monetary Fund*, February 10, 2020.

9 A. Tooze, "The Fierce Urgency of COP26," *Social Europe*, January 20, 2020.

10 B. Milanovic, *Capitalism, Alone: The Future of the System That Rules the World* (Harvard University Press, 2019).

11 M. Kelly, "The 1992 Campaign: The Democrats—Clinton and Bush Compete to Be Champion of Change; Democrat Fights Perception of Bush Gain," *New York Times*, October 31, 1992.

12 T. Blair, "Tony Blair's Conference Speech 2005," *Guardian*, September 27, 2005.

13 A. Tooze, *Crashed: How a Decade of Financial Crises Changed the World* (Viking, 2018).

14 See, for instance, Janet Yellen in February 2020: S. Lane, "Yellen Pins Rise of Populism, Trade Skepticism on Economic Inequality," *The Hill*, February 4, 2020.

15 B. Latour, *Down to Earth: Politics in the New Climatic Regime* (Polity, 2018).

16 M. Wucker, *The Gray Rhino: How to Recognize and Act on Obvious Dangers We Ignore* (St. Martin's Press, 2016).

17 "The Hunt for the Origins of SARS-COV-2 Will Look Beyond China," *Economist*, July 25, 2020.

18 D. H. Autor, D. Dorn, and G. H. Hanson, "The China Shock: Learning from Labor-Market Adjustment to Large Changes in Trade," *Annual Review of Economics* 8, no. 1 (2016): 205-240.

19 ILO, "COVID-19 and the World of Work," Fifth Edition, *International Labour Organization*, June 30, 2020

20 V. Strauss, "1.5 Billion Children Around Globe Affected by School Closure. What Countries Are Doing to Keep Kids Learning During the Pandemic," *Washington Post*, March 27, 2020.

21 "COVID-19 Could Lead to Permanent Loss in Learning and Trillions of Dollars in Lost Earnings," *World Bank*, June 18, 2020.

22 H. Else, "How a Torrent of COVID Science Changed Research Publishing—in Seven Charts," *Nature*, December 16, 2020; www.nature.com/articles/d41586-020-03564-y.

23 For a brilliant example of the genre, see G. Packer, "We Are Living in a Failed State," *Atlantic*, June 2020.

24 J. Konyndyk, "Exceptionalism Is Killing Americans: An Insular Political Culture Failed the Test of the Pandemic," *Foreign Affairs*, June 8, 2020.

25 E. Morin, *Homeland Earth: A Manifestofor the New Millennium (Advances in Systems Theory, Complexity and the Human Sciences)*, trans. A. B. Kern (Hampton Press, 1999).

26 J.-C. Juncker, "Speech at the Annual General Meeting of the Hellenic Federation of Enterprises," June 21, 2016; ec.europa.eu/commission/presscorner/detail/en/SPEECH_16_2293.

27 For a classic analysis that brilliantly unpicks an earlier moment of crisis, see S. Hall, C. Critcher, T. Jefferson, J. Clarke, and B. Roberts, *Policing the Crisis: Mugging, the State and Law and Order* (Red Globe Press, 2013).

28 W. Wo-Lap Lam, "Xi Jinping Warns Against the 'Black Swans' and 'Gray Rhinos' of a Possible Color Revolution," *Jamestown Foundation*, February 20, 2019.

29 M. Hart and J. Link, "Chinese President Xi Jinping's Philosophy on Risk Management," *Centerfor American Progress*, February 20, 2020.

30 J. Cai, "Beijing Pins Hopes on 'Guy with the Emperor's Sword' to Restore Order in Coronavirus-Hit Hubei," *South China Morning Post*, February 12, 2020.

31 Hart and Link, "Chinese President Xi Jinping's Philosophy on Risk Management."

32 For a remarkable map, see https://www.creosotemaps.com/blm2020.

33 M. Wolf, "What the World Can Learn from the COVID-19 Pandemic," *Financial Times*, November 24, 2020.

34 M. Stott and G. Long, "'This Is a Real World War': Ecuador's President on the Virus," *Financial Times*, June 15, 2020.

35 "The Vocabularist: Where Did the Word 'Crisis' Come From?" BBC, September 15, 2020. R. Kosel-leck; trans. M. W. Richter, "Crisis," *Journal of the History of Ideas* 67, no. 2 (2006): 357-400; JSTOR, www.jstor.org/stable/30141882.

36 G. George, "Covid-19 and the Tussle Between Coercion and Compliance," *Daily Maverick*, May 4, 2020.

37 B. G. Rivas, "The OAS Must Condemn Repressive Measures Taken to Combat the Pandemic," *Amnesty*, September 7, 2020.

38 U. Beck, *Risk Society: Towards a New Modernity* (SAGE Publications, 1992).

39 On the agnotocene, see "agnotology," C. Bonneuil and J.-B. Fernbach, *The Shock of the Anthropo-cene: The Earth, History and Us* (Verso, 2016).

40 A. Tooze, "The Sociologist Who Could Save Us from Coronavirus," *Foreign Policy*, August 1, 2020.

41 L. Lenel, "Geschichte ohne Libretto," H-Soz-Kult, May 12, 2020. L. Lenel, "Public and Scientific Uncertainty in the Time of COVID-19," *History of Knowledge*, May 13, 2020.

42 A. Roberts, *The Logic of Discipline: Global Capitalism and the Architecture of Government* (Oxford University Press, 2011).

43 Paradigmatically G. R. Krippner, *Capitalizing on Crisis: The Political Origins of the Rise of Finance* (Harvard University Press, 2011).

44 A. Kapczynski and G. Gonsalves, "Alone Against the Virus," *Boston Review*, March 13, 2020.

45 FT Series, The NewSocial Contract, www.ft.com/content/774f3aef-aded-4 7f9-8abb-a523191f1c19.

46 A. Pettifor, *The Case for the Green New Deal* (Verso, 2020); K. Aronoff, A. Battistoni, D. A. Cohen, and T. Riofrancos, *A Planet to Win: Why We Need a Green New Deal* (Verso, 2019).

47 Popularized in 2020 by S. Kelton, *The Deficit Myth: Modern Monetary Theory and the Birth of the People's Economy* (PublicAffairs, 2020).

48 J. M. Keynes, 1942 BBC Address (*Collected Works XXVII*).

49 BIS Annual Economic Report 30 June 2019; www.bis.org/publ/arpdf/ar2019e2.htm.

50 S. Hannan, K. Honjo, and M. Raissi, "Mexico Needs a Fiscal Twist: Response to Covid-19 and Beyond," IMF Working Papers, October 13, 2020.

51 A. Doherty, "Has the Coronavirus Crisis Killed Neoliberalism? Don't Bet on It," *Guardian*, May 16, 2020.C. Crouch, *The Strange Non-Death of Neoliberalism* (Polity, 2011). P. Mason, "Day One of UK's Suppression Strategy," *The Waves*, March 17, 2020.

52 D. Harvey, *A Brief History of Neoliberalism* (Oxford University Press, 2007).

53 As tracked in exemplary fashion by D. Gabor, "Three Myths About EU's Economic Response to the COVID-19 Pandemic," *Critical Macro Finance*, June 15, 2020.

54 D. Gabor, "The Wall Street Consensus," *SocArXiv*, 2 July 2020.

55 D. Gabor, "Revolution Without Revolutionaries: Interrogating the Return of Monetary Financing," *Transformative Responses to the Crisis*, 2020; https:// transformative-responses.org/wp-content /uploads/2021/01/TR_Report_ Gabor_FINAL.pdf.

56 Following a logic brilliantly sketched out by D. Gabor, "Critical Macro-Finance: A Theoretical Lens," *Finance and Society* 6, no. 1 (2020): 45-55.

57 I am indebted to conversations with Barnaby Raine for bringing home this point.

58 Rudi Dornbusch Essays 1998/2001, web.mit.edu/15.018/attach/ Dornbusch,%20R.%20Essays%201998-2001.pdf.

59 R. Picket, "U.S. Household Net Worth Surged in Closing Months of 2020," *Bloomberg*, March 11, 2021.

60 J. Henley, "European Elections: Triumphant Greens Demand More Radical Climate Action," *Guardian*, May 21, 2019.

61 Associated Press, "Japan Adopts Green Growth Plan to Go Carbon Free by 2050," *Politico*, December 25, 2020. For the Biden campaign, see: joebiden. com/build-back-better/.ec.europa.eu/info/strategy/priorities-2019-2024/ european-green-deal_en.

62 Y. Yang and C. Shepherd, "WHO Investigators Probe Wuhan Virology Lab," *Financial Times*, February 3, 2021.

63 G. G. Chang, "China Deliberately Spread the Coronavirus: What Are the Strategic Consequences?" *Hoover Institution*, December 9, 2020.

64 By J. C. Hernandez and J. Gorman, "On W.H.O. Trip, China Refused to Hand Over Important Data," *New York Times*, February 12, 2021.

65 "Fact Sheet: Advancing the Rebalance to Asia and the Pacific," the White House, Office of the Press Secretary, November 16,2015; obamawhitehouse. archives.gov/the-press-office/2015/11/16/fact-sheet-advancing-rebalance -asia-and-pacific. Remarks by B. Obama, "Remarks by President Obama to the Australian Parliament," the White House, Office of the Press Secretary, November 17, 2011.

66 National Security Strategy of the United States of America, December 17, 2020; trumpwhitehouse.archives.gov/wp-content/uploads/2017/12/ NSS-Final-12-18-2017-0905.pdf.

67 "EU-China — A Strategic Outlook," European Commission, March 12,

2019, ec.europa.eu/i nfo /sites/info/files/communication-eu-china-a-strate
gic-outlook.pdf.

68 France: www.diplomatie.gouv.fr/en/country-files/asia-and-oceania/the-ind
o-pacific-region-a-priority-for-france/Germany: www.auswaertiges-amt.
de/blob/2380514/f9784f7e3b3fa1bd7c5446d274a4169e /200901-indo-
pazifik-leitlinien—1—data.pdf. For a comparison see: M. Duchatel and
G. Mohan, "Franco-German Divergences in the Indo-Pacific: The Risk of
Strategic Dilution," *Institut Montaigne*, October 30, 2020.

69 On the pivot of the City of London toward China: J. Green, "The City's
Pivot to China in a PostBrexit World: A Uniquely Vulnerable Policy,"
London School of Economics, June 15, 2018. On the pivot of UK defense
planning against China in 2020, see H. Warrell, "Britain's Armed Forces
Pivot East to Face Growing China Threat," *Financial Times*, July 3, 2020.

70 G. Yu, "Beijing Observation: Xi Jinping the Man," China Change, January
26, 2013; T. Greer, "Xi Jinping in Translation: China's Guiding Ideology,"
Palladium, May 31, 2019.

71 USTR, "Investigation: Technology Transfer, Intellectual Property, and
Innovation"; ustr.gov/issue-areas/enforcement/section-301-investigations/
section-301-china/investigation.

72 K. Mattson, *"What the Heck Are You Up To, Mr. President?": Jimmy Carter,
America's "Malaise," and the Speech That Should Have Changed the Country*
(Bloomsbury USA, 2010).

73 D. Kurtzleben, "Rep. Alexandria Ocasio-Cortez Releases Green New Deal
Outline," *All Things Considered*, NPR, February 7, 2019.

74 R. O. Paxton, "I've Hesitated to Call Donald Trump a Fascist, Until Now,"
Newsweek, January 11, 2021.

75 J. A. Russell, "America's Forever Wars Have Finally Come Home,"
Responsible Statecraft, June 4, 2020.

76 J. Iadarola, "What if Bernie Has Already Won This Thing?" *The Hill*,
February 23, 2020. S.Hamid, "The Coronavirus Killed the Revolution,"
Atlantic, March 25, 2020.

77 G. Ip, "Businesses Fret Over Potential Bernie Sanders Presidency," *Wall
Street Journal*, March 1, 2020. B. Schwartz, "Mike Bloomberg Prepares
Media Onslaught Against Democratic FrontRunner Bernie Sanders," *CNBC*,
February 24, 2020.

78 A. Tooze, "'We Are Living Through the First Economic Crisis of the Anthropocene,'" *Guardian*, May 7, 2020.

79 The best compact introduction is C. Bonneuil and J.-B. Fressoz, trans. D. Fernbach, *The Shock of the Anthropocene: The Earth, History and Us* (Verso, 2016).

80 B. Croce, *History: Its Theory and Practice* (Russell & Russell, 1960).

1장 조직화된 무책임

1 Institute for Health Metrics and Evaluation, *Financing Global Health 2019: Tracking Health Spending in a Time of Crisis* (IHME, 2020);www.healthdata. org/sites/default/files/files/policy_report/FGH/2020/FGH_2019_Interior_ Final_Online_2020.09.18.pdf.

2 "Soziale Unterschiede in Deutschland: Mortalitat und Lebenserwartung," Robert Koch Institute; www.rki.de/DE/Content/Service/Presse/ Pressemitteilungen/2019/03_2019.html.

3 A. Lovenich, "Lebenserwartung PKV-GKV versichert," August 6, 2018; www.hcconsultingag.de /lebenserwartung-pkv-gkv-versichert.

4 A. Wilper et al., "Health Insurance and Mortality in US Adults," *American Journal of Public Health* 99, no. 12 (2009): 2289-2295.

5 J. L. Hadler, K. Yousey-Hindes, A. Perez et al., "Influenza-Related Hospitalizations and Poverty Levels—United States, 2010-2012," *Mo'rbidity and Mortality Weekly Report* 65, no. 5 (2016): 101-105.

6 "Relative Share of Deaths in the United States, 1999 to 2016," Our World in Data; ourworldindata .org/grapher/relative-share-of-deaths-in-usa.

7 R. W. Fogel, *The Escape from Hunger and Premature Death, 1700-2100: Europe, America, and the Third World* (Cambridge University Press, 2004).

8 W. D. Nordhaus, "The Health of Nations: The Contribution of Improved Health to Living Standards," February 2020; cowles.yale.edu/sites/default/ files/files/pub/d13/d1355.pdf.

9 A. R. Omran, "The Epidemiologic Transition. A Theory of the Epidemiology of Population Change," *Milbank Memorial Fund Quarterly* 49 (1971): 509-38; www.ncbi.nlm.nih.gov/pmc/articles /PMC2690264/.

10 M. A. Brazelton, *Mass Vaccination: Citizens' Bodies and State Power in Modern China* (Cornell University Press, 2019).

11 M. Davis, *The Monster at Our Door: The Global Threat of Avian Flu* (Macmillan, 2006).

12 J. Iliffe, *The African AIDS Epidemic: A History* (Ohio University Press, 2005).

13 UNAIDS, "Global HIV & AIDS Statistics — 2020 Fact Sheet," www.unaids. org/en/resources/fact-sheet.

14 S. S. Morse, "Regulating Viral Traffic," *Issues in Science and Technology* 7, no. 1 (Fall 1990): 81–84.

15 W. Anderson, "Natural Histories of Infectious Disease: Ecological Vision in Twentieth-Century Biomedical Science," *Osiris* 19 (2004): 39–61. N. B. King, "Security, Disease, Commerce: Ideologies of Postcolonial Global Health," *Social Studies of Science* 32, no. 5-6 (2002): 763–789. C. E. Rosenberg, "Pathologies of Progress: The Idea of Civilization as Risk," *Bulletin of the History of Medicine* 72, no. 4 (Winter 1998), 714–730.

16 J. R. Rohr, C. B. Barrett, D. J. Civitello, et al., "Emerging Human Infectious Diseases and the Links to Global Food Production," *Nature Sustainability* 2 (2019): 445–456.

17 Davis, *The Monster at Our Door*.

18 WHO, Programme Budget 2020–2021; www.who.int/publications/i/item/programme-budget-2020-2021. S. K. Reddy, S. Mazhar, and R. Lencucha, "The Financial Sustainability of the World Health Organization and the Political Economy of Global Health Governance: A Review of Funding Proposals," *Globalization and Health* 14, no. 1 (2018): 1–11.

19 M. Liverani and R. Coker, "Protecting Europe from Diseases: From the International Sanitary Conferences to the ECDC," *Journal of Health Politics, Policy and Law* 37, no. 6 (2012): 915–934.

20 S. Gebrekidan, K. Bennhold, M. Apuzzo, and D. D. Kirkpatrick, "Ski, Party, Seed a Pandemic: The Travel Rules That Let Covid-19 Take Flight," *New York Times*, September 30, 2020.

21 T. Neale, "World Health Organization Scientists Linked to Swine Flu Vaccine Makers," *ABC News*, June 4, 2020.

22 J. Farrar, "All Is Not Well at the World Health Organization," *Wall Street Journal*, January 22, 2015.

23 A. Benjamin, "Stern: Climate Change a 'Market Failure,'" *Guardian*, November 29, 2007.

24 A. Toscano, "Beyond the Plague State," *Socialist Project*, May 14, 2020.

25 A. Lakoff, *Unprepared: Global Health in a Time of Emergency* (University of California Press, 2017).

26 "Pandemic Influences Preparedness in WHO Member States," *World Health Organization*, June, 2019.

27 U. Beck, *Gegengifte: Die Organisierte Unverantwortlichkeit* (Edition Suhrkamp, 1988).

28 A. Desanctis, "How Much Is a Human Life Worth?" *National Review*, May 7, 2020.

29 A. Mische, "Projects and Possibilities: Researching Futures in Action," *Sociological Forum* 24 (2009): 694–704.

30 B. Adam and C. Groves, *Future Matters: Action, Knowledge*, Ethics (Brill, 2007).

31 D. A. Harvey, "Fortune–Tellers in the French Courts: Antidivination Prosecutions in France in the Nineteenth and Twentieth Centuries," *French Historical Studies* 28, no. 1 (2005): 131–157. C. Corcos, "Seeing It Coming Since 1945: State Bans and Regulations of Crafty Sciences Speech and Activity," *Louisiana State University Law Center*, 2014; digitalcommons.law. lsu.edu/cgi/viewcontent.cgi?article=1407&context=faculty_scholarship.

32 D. Adam, "Special Report: The Simulations Driving the World's Response to COVID–19," *Nature*, April 2, 2020; www.nature.com/articles/ d41586-020-01003-6.

33 D. Cutler and L. Summers, "The COVID–19 Pandemic and the $16 Trillion Virus," *JAMA* 324, no. 15 (2020): 1495–1496.

34 W. K. Viscusi and C. J. Masterman, "Income Elasticities and Global Values of a Statistical Life," *Journal of Benefit–Cost Analysis* 8, no. 2 (2017): 226–50; law.vanderbilt.edu/phd/faculty/w-kip-viscusi/355_Income_ Elasticities_and_Global_VSL.pdf.

35 L. A. Robinson, "COVID–19 and Uncertainties in the Value Per Statistical Life," *The Regulatory Review*, August 5, 2020;www.theregreview. org/2020/08/05/robinson-covid-19-uncertainties-value-statistical-life/.

36 C. Landwehr, "Depoliticization and Politicization in the Allocation of Health Care: DecisionMaking Procedures in International Comparison"; ecpr.eu/ Filestore/PaperProposal/0dac228d-63fb-45c6-8384-21d764abaf6a.pdf.

37 A. Folley, "Texas Lt Gov: 'Grandparents "Don't Want the Whole Country

Sacrificed" Amid Coronavirus Closures,'" *The Hill*, March 23, 2020.

38 C. Landwehr, "Deciding How to Decide: The Case of Health Care Rationing," *Public Administration* 87, no. 3 (2009): 586–603.

39 Calder, The Myth of the Blitz (Random House, 1992); D. Edgerton, "When It Comes to National Emergencies, Britain Has a Tradition of Cold Calculation," *Guardian*, March 17, 2020.

40 S. Roberts, "Flattening the Coronavirus Curve," *New York Times*, March 27, 2020.

41 S. Kaufman, *And a Time to Die: How American Hospitals Shape the End of Life* (University of Chicago Press, 2006).

42 M. Foucault, trans. A. Sheridan, *Discipline and Punish: The Birth of the Prison* (Penguin, 1977).

43 On the history of the economy, see A. Desrosieres, *The Politics of Large Numbers: A History of Statistical Reasoning* (Harvard University Press, 1998). J. A. Tooze, *Statistics and the German State, 1900–1945: The Making of Modern Economic Knowledge* (Cambridge University Press, 2001). T. Mitchell, *Rule of Experts: Egypt, Techno-Politics, Modernity* (University of California Press, 2002). M. Goswami, *Producing India: From Colonial Economy to National Space* (University of Chicago Press, 2004).

44 M. Gorsky, M. Vilar-Rodriguez, and J. Pons-Pons, *The Political Economy of the Hospital in History* (University of Huddersfield Press, 2020).

45 G. Winant, *The Next Shift: The Fall of Industry and the Rise of Health Care in Rust Belt America* (Harvard University Press, 2021).

46 L. Spinney, Pale Rider: *The Spanish Flu of 1918 and How It Changed the World* (PublicAffairs, 2017); J. M. Barry, *The Great Influenza* (Penguin Books, 2005), 37.

47 R. Peckham, "Viral Surveillance and the 1968 Hong Kong Flu Pandemic," *Journal of Global History* 15, no. 3 (2020): 444–458. J. Fox, "Solving the Mystery of the 1957 and 1968 Flu Pandemics," *Bloomberg*, March 11, 2021.

48 D. J. Sencer and J. D. Millar, "Reflections on the 1976 Swine Flu Vaccine Program," *Emerging Infectious Diseases* 12, no. 1 (2006): 29–33. R. E. Neustadt and H. V. Fineberg, *The Swine Flu Affair: Decision-Making on a Slippery Disease* (National Academies Press, 1978).

49 C. McInnes and A. Roemer-Mahler, "From Security to Risk: Reframing Global Health Threats," *International Affairs* 93 no. 6 (2017): 1313–1337.

50 C. McInnes, "Crisis! What Crisis? Global Health and the 2014-2015 West African Ebola Outbreak," *Third World Quarterly* 37, no. 3 (2016): 380-400.

51 K. Mason, *Infectious Change: Reinventing Chinese Public Health After an Epidemic* (Stanford University Press, 2016).

52 F. Keck, *Avian Reservoirs: Virus Hunters and Birdwatchers in Chinese Sentinel Posts* (Duke University Press, 2020).

53 S. H. Lim and K. Sziarto, "When the Illiberal and the Neoliberal Meet Around Infectious Diseases: An Examination of the MERS Response in South Korea," *Territory, Politics, Governance* 8, no. 1 (2020): 60-76.

54 S. Lee, "Steering the Private Sector in COVID-19 Diagnostic Test Kit Development in South Korea," *Frontiers in Public Health* 8 (2020): 563525.

55 J. H. Wang, T.-Y. Chen, and C.-J. Tsai, "In Search of an Innovative State: The Development of the Biopharmaceutical Industry in Taiwan, South Korea and China," *Development and Change* 43, no. 2 (2012): 481-503.

56 J. C. Kile, R. Ren, L. Liu, et al., "Update: Increase in Human Infections with Novel Asian Lineage Avian Influenza A(H7N9) Viruses During the Fifth Epidemic—China, October 1, 2016-August 7, 2017," *Morbidity and Mortality Weekly Report* 66, no. 35 (2017): 928-932.

57 M. M. Kavanagh, H. Thirumurthy, R. Katz, et al., "Ending Pandemics: U.S. Foreign Policy to Mitigate Today's Major Killers, Tomorrow's Outbreaks, and the Health Impacts of Climate Change," *Journal of International Affairs* 73, no. 1 (2019): 49-68.

58 S. Harman and S. Davies, "President Donald Trump as Global Health's Displacement Activity," *Review of International Studies* 45, no. 3 (2018): 491-501.

2장 체르노빌이 아니라 우한

1 T. Mitchell, C. Shepherd, R. Harding, et al., "China's Xi Jinping Knew of Coronavirus Earlier Than First Thought," *Financial Times*, February 16, 2020.

2 C. Buckley, D. D. Kirkpatrick, A. Qin, and J. C. Hernandez, "25 Days That Changed the World: How Covid-19 Slipped China's Grasp," *New York Times*, December 30, 2020.

3 "China Didn't Warn Public of Likely Pandemic for 6 Key Days," *CNBC*,

April 15, 2020.

4 G. Shih, "In Coronavirus Outbreak, China's Leaders Scramble to Avert a Chernobyl Moment," *Washington Post*, January 29, 2020. J. Anderlini, "Xi Jinping Faces China's Chernobyl Moment," *Financial Times*, February 10, 2020. "Coronavirus 'Cover-up' Is China's Chernobyl—White House Advisor," *Reuters*, May 24, 2020.

5 J. Li, "Chinese People Are Using 'Chernobyl' to Channel Their Anger About the Coronavirus Outbreak," *Quartz*, January 27, 2020.

6 J. Mai and M. Lau, "Chinese Scholar Blames Xi Jinping, Communist Party for Not Controlling Coronavirus Outbreak," *South China Morning Post*, February 6, 2020.

7 L. Zhou and K. Elmer, "China Coronavirus: Thousands Left Wuhan for Hong Kong, Bangkok or Tokyo Before Lockdown," *South China Morning Post*, January 27, 2020.

8 K. Nakazawa, "Party's Half-Baked Admission Misses Xi's Biggest Problem," *Nikkei Asia*, February 6, 2020.

9 J. Mai, "Beijing Braced for 2020 of Managing Risks, with Xi Jinping's Feared 'Swans and Rhinos' Yet to Disperse," *South China Morning Post*, January 1, 2020.

10 C. Buckley, "Xi Jinping Assuming New Status as China's 'Core' Leader," *New York Times*, February 4, 2016.

11 P. M. Thornton, "Crisis and Governance: SARS and the Resilience of the Chinese Body Politic," *The China Journal* 61 (2009): 23-48.

12 M. Levinson, "Scale of China's Wuhan Shutdown Is Believed to Be Without Precedent," *New York Times*, January 22, 2020.

13 J. Page, W. Fan, and N. Khan, "How It All Started: China's Early Coronavirus Missteps," *Wall Street Journal*, March 6, 2020.

14 J. Kynge, S. Yu, and T. Hancock, "Coronavirus: The Cost of China's Public Health Cover-up," *Financial Times*, February 6, 2020.

15 M. Levinson, "Scale of China's Wuhan Shutdown Is Believed to Be Without Precedent," *New York Times*, January 22, 2020.

16 R. McGregor, "China's Deep State: The Communist Party and the Coronavirus," *Lowy Institute*, July 23, 2020.

17 T. Heberer, "The Chinese 'Developmental State 3.0' and the Resilience of Authoritarianism," *Journal of Chinese Governance* 1, no. 4 (2016): 611-632.

18 "China Declares 'People's War' on COVID-19," *All Things Considered*, NPR, February 13, 2020.

19 D. Weinland, "Chinese Developers Hit by Coronavirus Sales Ban," *Financial Times*, February 15, 2020.

20 A. J. He, Y. Shi, and H. Liu, "Crisis Governance, Chinese Style: Distinctive Features of China's Response to the Covid-19 Pandemic," *Policy Design and Practice* 3, no. 3 (2020): 242-258.

21 R. Zhong and P. Mozur, "To Tame Coronavirus, Mao-Style Social Control Blankets China," *New York Times*, February 15, 2020.

22 R. McGregor, "China's Deep State: The Communist Party and the Coronavirus," *Lowy Institute*, July 23, 2020.

23 D. Weinland, "Chinese Villages Build Barricades to Keep Coronavirus at Bay," *Financial Times*, February 7, 2020.

24 T. Mitchell, D. Weinland, and B. Greeley, "China: An Economy in Coronavirus Quarantine," *Financial Times*, February 14, 2020.

25 L. Yutong, B. Yujie, and Z. Xuan, "Railway Passenger Volumes Plummet More Than 70% Amid Coronavirus Outbreak," *Caixin*, February 1, 2020.

26 W. Jing and D. Jia, "Coronavirus Costs China's Service Sector $144 Billion in a Week," *Caixin*, February 1, 2020.

27 "Carmakers Brace for Crisis as Virus Wreaks Havoc in China," *Caixin*, February 1, 2020.

28 H. Lockett, J. Rennison, and P. Georgiadis, "Coronavirus Fears Rattle Shares and Oil Market," *Financial Times*, January 27, 2020.

29 K. Bradsher, "'Like Europe in Medieval Times': Virus Slows China's Economy," *New York Times*, February 10, 2020. L. Che, H. Du, and K. W. Chan, "Unequal Pain: A Sketch of the Impact of the Covid-19 Pandemic on Migrants' Employment in China," *Eurasian Geography and Economics* 61, no. 4-5 (2020): 448-463.

30 "Xi Chairs Leadership Meeting on Epidemic Control," *Xinhua*, February 3, 2020.

31 H. Lockett and S. Yu, "How the Invisible Hand of the State Works in Chinese Stocks," *Financial Times*, February 4, 2020.

32 M. Mackenzie, "A Dicey Period for Risk Sentiment," *Financial Times*, February 3, 2020.

33 H. Lockett, N. Liu, and S. Yu, "Chinese Stocks Suffer Worst Day Since

2015 on Coronavirus Fears," *Financial Times*, February 3, 2020.

34 X. Hui, B. Zhiming, C. Lijin, and M. Walsh, "Intensive Care Doctor Tells of a Hospital Teetering on Collapse in Wuhan," *Caixin*, February 14, 2020.

35 J. Kynge and N. Liu, "Coronavirus Whistleblower Doctor Dies in Wuhan Hospital," *Financial Times*, February 6, 2020.

36 S. Yu, "Coronavirus Death Toll Tops Sars as Public Backlash Grows," *Financial Times*, February 9, 2020.

37 V. Yu and E. Graham-Harrison, "'This May Be the Last Piece I Write': Prominent Xi Critic Has Internet Cut After House Arrest," *Guardian*, February 16, 2020.

38 M. Zanin et al., "The Public Health Response to the COVID-19 Outbreak in Mainland China: A Narrative Review," *Journal of Thoracic Disease* 12, no. 8 (2020): 4434-4449.

39 F. Tang, "Coronavirus Prompts Beijing Residential Lockdown as Millions Return to Work," *South China Morning Post*, February 10, 2020.

40 R. McMorrow, C. Shepherd, and T. Mitchell, "China Struggles to Return to Work After Coronavirus Shutdown," *Financial Times*, February 10, 2020.

41 Bradsher, "'Like Europe in Medieval Times': Virus Slows China's Economy."

42 "Editorial: Coronavirus Epidemic Poses Test for Rule of Law," *Caixin*, February 18, 2020.

43 "Editorial: Coronavirus Epidemic Poses Test for Rule of Law."

44 Che, Du, and Chan, "Unequal Pain: A Sketch of the Impact of the Covid-19 Pandemic on Migrants' Employment in China."

45 R. McMorrow and N. Liu, "Chinese Shun People from Centre of Coronavirus Outbreak," *Financial Times*, February 12, 2020.

46 S. Fan and F. Yingzhe, "Fewer Than a Third of China's Nearly 300 Million Migrant Laborers Have Returned to Work," *Caixin*, February 18, 2020.

47 M. Funke and A. Tsang, "The People's Bank of China's Response to the Coronavirus Pandemic: A Quantitative Assessment," *Economic Modeling* 93 (2020): 465-473.

48 T. Mitchell, D. Weinland, and B. Greeley, "China: An Economy in Coronavirus Quarantine," *Financial Times*, February 14, 2020.

49 F. Tang, "Coronavirus: China's Firms Face Grim Reality as Help from Beijing Could Take Too Long to Trickle Down," *South China Morning Post*, February 11, 2020.

50 T. Mitchell, D. Weinland, and B. Greeley, "China: An Economy in Coronavirus Quarantine," *Financial Times*, February 14, 2020.

51 R. McMurrow, K. Hille, and T. Mitchell, "Foxconn Recalls Workers in Phases Following Coronavirus Shutdown," *Financial Times*, February 11, 2020.

52 J. Mai, "China Postpones Year's Biggest Political Gathering Amid Coronavirus Outbreak," *South China Morning Post*, February 17, 2020.

53 R. McMurrow, K. Hille, and N. Liu, "Coronavirus Hits Return to Work at Apple's Biggest iPhone Plant," *Financial Times*, February 18, 2020.

54 T. Ng, Z. Xin, and F. Tang, "Help China's Key Manufacturers Plug Back Into Global Supply Chain, Xi Jinping Says," *South China Morning Post*, February 21, 2020.

55 D. Yi and H. Shujing, "Foxconn Allows Henan Workers to Return to Its Zhengzhou Complex," *Caixin*, February 21, 2020.

56 Y. Ruiyang and L. Yutong, "China's Roads to Be Toll-Free Until Epidemic Ends," *Caixin*, February 17, 2020.

57 "Coronavirus Wednesday Update: China Gradually Gets Back to Work in Face of Worker, Material Shortages," *Caixin*, February 19, 2020.

58 W. Zheng, "Coronavirus Is China's Fastest-Spreading Health Crisis, Xi Jinping Says," *Politico*, February 23, 2020.

59 "With Its Epidemic Slowing, China Tries to Get Back to Work," *Economist*, February 27, 2020.

60 "Xinhua Headlines: Xi Stresses Unremitting Efforts in COVID-19 Control, Coordination on Economic, Social Development," *Xinhua*, February 24, 2020.

61 "WHO Director-General Opening Remarks at the Media Briefing on COVID-19," *World Health Organization*, February 23, 2020.

62 F. Tang, "Coronavirus: Xi Jinping Rings Alarm on China Economy as Country Shifts Priority to Maintaining Growth," *South China Morning Post*, February 24, 2020.

63 R. McMorrow, N. Liu, and K. Hille, "China Eases Quarantine and Lays On Transport to Get People Back to Work," *Financial Times*, February 25, 2020.

64 N. Sun, "Virus Hits China's Economic Heart —Its Small Businesses," *Nikkei Asia*, February 21, 2020.

65 F. Tang, "Coronavirus: China Grants Banks Extra Funding to Spur Loans to

Hard Hit Small Businesses," *South China Morning Post*, February 26, 2020.

66 E. Barrett, "The Mystery of China's Unemployment Rate," *Fortune*, May 24, 2020.

67 C. Deng and J. Cheng, "Some Economists Question Strength of China's Labor Market," *Wall Street Journal*, June 7, 2020.

68 Che, Du, and Chan, "Unequal Pain: A Sketch of the Impact of the Covid-19 Pandemic on Migrants' Employment in China."

69 F. Tang, "Coronavirus: Small Business Sentiment Sinks to an All-Time Low as Outbreak Knocks China's Economy, Survey Shows," *South China Morning Post*, February 27, 2020.

70 C. Zhang, "Covid-19 in China: From 'Chernobyl Moment' to Impetus to Nationalism," *Made in China Journal*, May 4, 2020.

71 Later summarized as "Fighting COVID-19: China in Action," June 7, 2020; www.xinhuanet.com /english/2020-06/07/c_139120424.htm.

3장 2월, 시간과의 싸움

1 A. Wilkinson, "The 2011 Film Contagion Is Even More Relevant in 2020, and Not Just Because of Coronavirus," *Vox*, February 4, 2020.

2 D. M. Herszenhorn and S. Wheaton, "How Europe Failed the Coronavirus Test," *Politico*, April 7, 2020.

3 D. MacKenzie, *COVID-19: The Pandemic That Never Should Have Happened and How to Stop the Next One* (Hachette, 2020).

4 S. Sen, "How China Locked Down Internally for COVID-19, but Pushed Foreign Travel," *Financial Times*, April 30, 2020.

5 S. Nebehay, "WHO Chief Says Widespread Travel Bans Not Needed to Beat China Virus," *Reuters*, February 3, 2020.

6 C. Shepherd, "Coronavirus: Chinese Carmakers Struggle with Disruption," *Financial Times*, February 24, 2020.

7 W. Boston, "The Company That Fought the Coronavirus and Won," *Wall Street Journal*, March 6, 2020.

8 D. Sheppard, "Why Coronavirus Is Pushing Down the Oil Price," *Financial Times*, January 23, 2020.

9 A. Woodhouse, P. Wells, M. Rocco, et al., "Coronavirus: WHO Warns of 'Concerning' Transmissions in Europe—As It Happened," *Financial Times*,

February 10, 2020.

10 B. Elder, "Markets Not Live, Monday 24th February 2020," *Financial Times*, February 24, 2020.

11 S. LaFraniere, K. Thomas, N. Weiland, et al., "Politics, Science and the Remarkable Race for a Coronavirus Vaccine," *New York Times*, November 21, 2020.

12 J. Cohen, "China's Vaccine Gambit," *Science* 370, no. 6522 (2020): 1263-1267.

13 "The New Virus Was Crowned in the Kremlin," *Kommersant*, January 30, 2020.

14 Peter Navarro, "Memorandum to the Task Force," February 9, 2020; www. sciencemag.org/sites/default/files/manhattan%20project%20bright%20 exhibit%2021.pdf.

15 R. Morin, "Trump Aide Peter Navarro Warned 'As Many as 1.2 Million Souls' Could Be Lost to Coronavirus: Report," *USA Today*, April 7, 2020.

16 S. Geimann, "Trump Aide Accuses China of Using Travelers to 'Seed' Virus," *Bloomberg*, May 17, 2020.

17 M. Ward, "15 Times Trump Praised China as Coronavirus Was Spreading Across the Globe," *Politico*, April 15, 2020.

18 G. Sherman, "Inside Donald Trump's and Jared Kushner's Two Months of Magical Thinking," *Vanity Fair*, April 28, 2020.

19 R. Siegal, "Commerce Secretary Wilbur Ross Says China's Coronavirus 'Will Help' Bring Jobs Back to U.S.," *Washington Post*, January 30, 2020.

20 M. Fletcher, "Britain and Covid-19: A Chronicle of Incompetence," *New Statesman*, July 1, 2020.

21 S. Grey and A. MacAskill, "Special Report: Johnson Listened to His Scientists About Coronavirus—But They Were Slow to Sound the Alarm," *Reuters*, April 7, 2020.

22 Speech by B. Johnson, "PM Speech in Greenwich: 3 February 2020," February 3, 2020; www.gov.uk/government/speeches/pm-speech-in-g reenwich-3-february-2020. F. O'Toole, "The Fatal Delusions of Boris Johnson," *New Statesman*, July 1, 2020.

23 Speech by B. Johnson, "PM Speech in Greenwich: 3 February 2020."

24 M. Liverani and R. Coker, "Protecting Europe from Diseases: From the International Sanitary Conferences to the ECDC," *Journal of Health Politics*,

Policy and Law 37, no. 6 (2012): 915–934.

25 Herszenhorn and Wheaton, "How Europe Failed the Coronavirus Test."

26 B. Riegert and J. C. Gonzalez, "Coronavirus Containment in Europe Working 'So Far,' Says Germany's Spahn," *DW*, February 13, 2020.

27 M. Birnbaum, J. Hudson, and L. Morris, "At Munich Security Conference, an Atlantic Divide: U.S. Boasting and European Unease," *Washington Post*, February 15, 2020.

28 K. Martin, "Markets Face Fresh Jolt of Coronavirus Nerves," *Financial Times*, February 24, 2020.

29 S. Donnan, J. Randow, W. Horobin, et al., "Committee to Save World Is a No-Show, Pushing Economy to Brink," *Bloomberg*, March 13, 2020.

30 "Coronavirus: Iran Cover-up of Deaths Revealed by Data Leak," *BBC*, August 3, 2020.

31 J. Horowitz, "The Lost Days That Made Bergamo a Coronavirus Tragedy," *New York Times*, November 29, 2020.

32 M. Johnson, "Italy Quarantines Northern Towns in Coronavirus Outbreak," *Financial Times*, February 23, 2020.

33 Herszenhorn and Wheaton, "How Europe Failed the Coronavirus Test."

34 Elder, "Markets Not Live, Monday 24th February 2020."

35 Martin, "Markets Face Fresh Jolt of Coronavirus Nerves."

36 C. Smith and C. Henderson, "US 10-Year Treasury Yield Nears Record Low," *Financial Times*, February 24, 2020.

37 M. MacKenzie, "In No Mood for Catching a Falling Knife," *Financial Times*, February 25, 2020.

38 R. Wigglesworth, K. Martin, and T. Stubbington, "How the Coronavirus Shattered Market Complacency," *Financial Times*, February 28, 2020.

39 MacKenzie, "In No Mood for Catching a Falling Knife."

40 S. Johnson, "Global Inventories at 7-Year Low Prior to Coronavirus Hit," *Financial Times*, February 24, 2020.

41 L. Du, "Tourism Hotspot Locks Down as Japan's Hokkaido Fights Virus," *Bloomberg*, February 28, 2020.

42 C. Terhune, D. Levine, H. Jin, J. L. Lee, "Special Report: How Korea Trounced U.S. in Race to Test People for Coronavirus," *Reuters*, March 18, 2020.

43 J. Cohen, "The United States Badly Bungled Coronavirus Testing—But

Things May Soon Improve," *Science*, February 28, 2020.

44 E. Lipton, A. Goodnough, M. D. Shear, M. Twohey, A. Mandavilli, S. Fink, and M. Walker, "The C.D.C. Waited 'Its Entire Existence for This Moment.' What Went Wrong?" *New York Times*, June 3, 2020.

45 G. Lee, "South Korea Approves First Four COVID-19 Test Kits Under Urgent-Use License," *BioWorld*, March 17, 2020. D. Lee and J. Lee, "Testing on the Move: South Korea's Rapid Response to the COVID-19 Pandemic," *Transportation Research Interdisciplinary Perspectives* 5 (2020): 100111.

46 Herszenhorn and Wheaton, "How Europe Failed the Coronavirus Test."

47 L. Kudlow and K. Evans, *CNBC* interview transcript, February 25, 2020: www.cnbc.com/2020/02/25/first-on-cnbc-cnbc-transcript-national-economic-council-director-larry-kudlow-speaks-cnbcs-kelly-evans-on-cnbcs-the-exchange-today.html.

48 E. Luce, "Inside Trump's Coronavirus Meltdown," *Financial Times*, May 14, 2020.

49 S. Donnan, J. Randow, W. Horobin, and A. Speciale, "Committee to Save World Is a No-Show, Pushing Economy to the Brink," *Bloomberg*, March 13, 2020.

50 Martin, "Markets Face Fresh Jolt of Coronavirus Nerves."

51 C. Henderson, C. Smith, and P. Georgiadis, "Markets Tumble as Fed Rate Cut Fails to Ease Fears," *Financial Times*, March 3, 2020.

52 "Transcript: Donald Trump Visits CDC, Calls Jay Inslee a 'Snake,'" *Rev*, March 6, 2020.

53 D. Agren, "Mexican Governor Prompts Outrage with Claim Poor Are Immune to Coronavirus," *Guardian*, March 26, 2020.

54 "Mexico: Mexicans Need Accurate COVID-19 Information," *Human Rights Watch*, March 26, 2020.

55 F. Ng'wanakilala, "Tanzanian President Under Fire for Worship Meetings Aid Virus," *Bloomberg*, March 22, 2020.

56 L. Lenel, "Public and Scientific Uncertainty in the Time of COVID-19," *History of Knowledge*, May 13, 2020.

57 Grey and MacAskill, "Special Report: Johnson Listened to His Scientists About Coronavirus—But They Were Slow to Sound the Alarm." M. Fletcher, "Britain and Covid-19: A Chronicle of Incompetence," *New Statesman*, July 1, 2020.

58 J. Horowitz, "The Lost Days That Made Bergamo a Coronavirus Tragedy,"
New York Times, November 29, 2020.

4장 3월, 문을 닫은 세계

1 P. Smith, "An Overview and Market Size of Tradable Commodities," *The Tradable*.

2 IEA, Oil Market Report—February 2020, IEA, Paris; www.iea.org/reports/oil-market-report-february-2020.

3 A. Ward, "The Saudi Arabia–Russia Oil War Sparked by Coronavirus, Explained," *Vox*, March 6, 2020. J. Yaffa, "How the Russian–Saudi Oil War Went Awry—For Putin Most of All," *New Yorker*, April 15, 2020.

4 C. Ballentine and V. Hajric, "U.S. Stocks Plunge Most Since Financial Crisis: Markets Wrap," *Bloomberg*, March 9, 2020.

5 R. Costa, J. Dawsey, J. Stein, and A. Parker, "Trump Urged Mnuchin to Pressure Fed's Powell on Economic Stimulus in Explosive Tirade About Coronavirus," *Washington Post*, March 11, 2020.

6 "WHO Director-General's Opening Remarks at the Media Briefing on COVID-19," *World Health Organization*, March 11, 2020.

7 J. Sexton and J. Sapien, "Two Coasts. One Virus. How New York Suffered Nearly 10 Times the Number of Deaths as California," *ProPublica*, May 16, 2020.

8 B. Woodward, *Rage* (Simon & Schuster, 2020), 277.

9 "France Pledges Support for State-Backed Firms, Sees Virus Fallout Costing Billions," *Reuters*, March 13, 2020.

10 S. Donnan, J. Randow, W. Horobin, and A. Speciale, "Committee to Save World Is a No-Show, Pushing Economy to the Brink," *Bloomberg*, March 13, 2020.

11 H. Stewart, K. Proctor, and H. Siddique, "Johnson: Many More People Will Lose Loved Ones to Coronavirus," *Guardian*, March 12, 2020.

12 M. Fletcher, "Britain and Covid-19: A Chronicle of Incompetence," *New Statesman*, July 1, 2020.

13 S. Jones, "How Coronavirus Took Just Weeks to Overwhelm Spain," *Guardian*, March 25, 2020. L. Mannering, "Spain's Right Wing Sees Coronavirus as Opportunity," *Foreign Policy*, May 29, 2020.

14 Fletcher, "Britain and Covid-19: A Chronicle of Incompetence," *New Statesman*, July 1, 2020.

15 F. O'Toole, "The Fatal Delusions of Boris Johnson," *New Statesman*, July 1, 2020.

16 SPI-B Insights on Public Gatherings, March 12, 2020; assets.publishing. service.gov.uk/government/uploads/system/uploads/attachment_data/file/87 4289/13-spi-b-insights-on-public-gatherings-1.pdf. L. Freedman, "The Real Reason the UK Government Pursued 'Herd Immunity'—And Why It Was Abandoned," *New Statesman*, April 1, 2020.

17 S. Grey and A. MacAskill, "Special Report: Johnson Listened to His Scientists About Coronavirus—But They Were Slow to Sound the Alarm," *Reuters*, April 7, 2020.

18 J. Macias, "School Meals: A Reflection of Growing Poverty in LA," *Cal Matters*, October 8, 2020.

19 Sexton and Sapien, "Two Coasts. One Virus. How New York Suffered Nearly 10 Times the Number of Deaths as California."

20 C. Pietralunga and A. Lemarie, "Coronavirus: l'executif reflechit au confinement des Français," *Le Monde*, March 16, 2020.

21 C. Pietralunga and A. Lemarie, "'Nous sommes en guerre': face au coronavirus, Emmanuel Macron sonne la 'mobilisation Generale,'" *Le Monde*, March 17, 2020. F. Rousseaux, "Coronavirus: 35 millions de Franĉais devant l'allocution de Macron, un record d'audience absolu," *Le Parisien*, March 17, 2020.

22 N. Aspinwall, "Coronavirus Lockdown Launches Manila Into Pandemonium," *Foreign Policy*, March 14, 2020.

23 K. Varagur, "Indonesia's Government Was Slow to Lock Down, So Its People Took Charge," *National Geographic*, May 13, 2020.

24 M. Afzal, "Pakistan Teeters on the Edge of Potential Disaster with the Coronavirus," *Brookings*, March 27, 2020.

25 M. Mourad and A. Lewis, "Egypt Declares Two-Week Curfew to Counter Coronavirus," *Reuters*, March 24, 2020.

26 D. Pilling, "No Lockdown, Few Ventilators, but Ethiopia Is Beating Covid-19," *Financial Times*, May 27, 2020.

27 V. Mallet and R. Khalaf, "FT Interview: Emmanuel Macron Says It Is Time to Think the Unthinkable," *Financial Times*, April 16, 2020.

28 V. Strauss, "1.5 Billion Children Around Globe Affected by School Closure. What Countries Are Doing to Keep Their Kids Learning During Pandemic," *Washington Post*, March 27, 2020.

29 N. Ferguson, D. Laydon, et al., "Report 9: Impact of Non-Pharmaceutical Interventions (NPIs) to Reduce COVID-19 Mortality and Healthcare Demand," *Imperial College Response Team*, March 16, 2020.

30 M. Claeson and S. Hanson, "COVID-19 and the Swedish Enigma," *Lancet* 397, no. 10271 (2021): 259-261. G. Vogel, "'It's Been So, So Surreal.' Critics of Sweden's Lax Pandemic Policies Face Fierce Backlash," *Science*, October 6, 2020.

31 Grey and MacAskill, "Special Report: Johnson Listened to His Scientists About Coronavirus — But They Were Slow to Sound the Alarm."

32 M. Fletcher, "Britain and Covid-19: A Chronicle of Incompetence," *New Statesman*, July 1, 2020.

33 E. Luce, "Inside Trump's Coronavirus Meltdown," *Financial Times*, May 14, 2020.

34 M. McGraw and C. Oprysko, "Inside the White House During '15 Days to Slow the Spread,'" *Politico*, March 29, 2020.

35 J. White, "Temporary Work Stoppage at Fiat Chrysler's Warren Truck Plant as Wildcat Strikes Spread in Global Auto Industry," *World Socialist Web Site*, March 17, 2020.

36 D. DiMaggio, "Organizing Around the World for PTO: Pandemic Time Off," *Labor Notes*, March 16, 2020.

37 G. Coppola, D. Welch, K. Naughton, and D. Hull, "Detroit Carmakers Close Plants While Musk Keeps Tesla Open," *Bloomberg*, March 18, 2020.

38 A. Wilen and D. Hipwell, "European Retail Braces for Slump as Epicenter Shifts from China," *Bloomberg*, March 16, 2020.

39 J. Emont, "Retailers Cancel Orders from Asian Factories, Threatening Millions of Jobs," *Wall Street Journal*, March 25, 2020.

40 D. Biller and D. Rodrigues, "Rio's Christ Statue Closes and State of Emergency Decreed," *ABC News*, March 18, 2020.

41 J. L. Anderson, "In Brazil, Jair Bolsonaro, Trump's Close Ally, Dangerously Downplays the Coronavirus Risk," *New Yorker*, April 1, 2020. P. Asmann, "What Does Coronavirus Mean for Criminal Governance in Latin America," *InSight Crime*, March 31, 2020.

42 McGraw and Oprysko, "Inside the White House During '15 Days to Slow the Spread.'"

43 V. Chandrashekhar, "1.3 Billion People. A 21-Day Lockdown. Can India Curb the Coronavirus?" *Science*, March 31, 2020.

44 Chandrashekhar, "1.3 Billion People. A 21-Day Lockdown. Can India Curb the Coronavirus?"

45 K. Komireddi, "Modi's India Isn't Prepared for the Coronavirus," *Foreign Policy*, April 10, 2020.

46 P. Sinha, Twitter, March 20, 2020.

47 R. Venkataramakrishnan, "Coronavirus: Did India Rush into a Lockdown? Or Is This a Difficult but Needed Move to Fight Covid?" *Scroll.in*, March 24, 2020.

48 International Labour Organization, "ILO Monitor, COVID-19 and the World of Work. Third edition," April 29, 2020; www.ilo.org/ wcmsp5/groups/public/—dgreports/—dcomm/documents/briefingnote/ wcms_743146.pdf.

49 Giorgio Agamben's essays from the crisis are collected in *Where Are We Now? The Epidemic as Politics*, eris.press/Where-Are-We-Now.

50 F. O'Toole, "The Fatal Delusions of Boris Johnson," *New Statesman*, July 1, 2020.

51 M. Margolis, "China Laps U.S. in Latin America with Covid-19 Diplomacy," *Bloomberg*, June 24, 2020.

52 L. Paraguassu and J. McGeever, "Brazil Government Ad Rejects Coronavirus Lockdown, Saying #BrazilCannotStop," *Reuters*, March 27, 2020.

53 "Federal Judge Bans Bolsonaro's 'Brazil Cannot Stop' Campaign," *teleSUR*, March 28, 2020.

54 D. Agren, "Mexican Governor Prompts Outrage with Claim Poor Are Immune to Coronavirus," *Guardian*, March 26, 2020.

55 "'Escuchen al presidente, yo nunca los voy a enganar': Lopez Obrador pidio confianza ante amenaza de coronavirus en Mexico," *infobae*, March 20, 2020.

56 Morning Conference with A. M. Lopez Obrador, "Version estenografica de la conferencia de prensa matutina," March 11, 2020.

57 T. Phillips, "Mexican President Ignores Coronavirus Restrictions to Greet El Chapo's Mother," *Guardian*, March 30, 2020.

58 R. Costa and P. Rucker, "Inside Trump's Risky Push to Reopen the Country amid the Coronavirus Crisis," *Washington Post*, March 28, 2020.

59 R. Costa, L. Vozzella, and J. Dawsey, "Inslee Clashes with Trump over His Leadership on Coronavirus Aid: 'We Need a Tom Brady,'" *Washington Post*, March 26, 2020.

60 P. Rucker, J. Dawsey, Y. Abutaleb, R. Costa, and L. H. Sun, "34 Days of Pandemic: Inside Trump's Desperate Attempts to Reopen America," *Washington Post*, May 2, 2020.

61 J. Lemire, J. Colvin, and Z. Miller, "What Changed Trump's Mind About Reopening on Easter?" *York Dispatch*, March 30, 2020.

62 M. D. Shear, M. Crowley, and J. Glanz, "Coronavirus Death Toll May Reach 100,000 to 240,000 in U.S., Officials Say," *New York Times*, March 31, 2020.

5장 추락하는 경제

1 D. Chronopoulos, M. Lukas, and J. Wilson, "Real-Time Consumer Spending Responses to COVID-19 Crisis and Lockdown," *VoxEU*, May 6, 2020.

2 V. Carvalho, J. R. Garcia, et al., "Tracking the COVID-19 Crisis Through the Lens of 1.4 Billion Transactions," *VoxEU*, April 27, 2020.

3 IMF, World Economic Outlook Reports, "World Economic Outlook, October 2020: A Long and Difficult Ascent," October 2020.

4 P. Brinca, J. B. Duarte, and M. F. Castro, "Is the COVID-19 Pandemic a Supply or a Demand Shock?" Economic Research, Federal Reserve Bank of St. Louis, *Economic Synopses* No. 31, 2020.

5 L. Kilian, "Not All Oil Price Shocks Are Alike: Disentangling Demand and Supply Shocks in the Crude Oil Market," *American Economic Review* 99, no. 3 (2009): 1053-1069.

6 K. Schive, "How Safe Is Air Travel?" *MIT Medical*, July 23, 2020.

7 S. Hodge, "Private Jet Use Skyrockets During Coronavirus Pandemic — Luxury No Longer Seen as a Splurge," *Paper City*.

8 "Industry Losses to Top $84 Billion in 2020," IATA, June 9, 2020. "What if Aviation Doesn't Recover from Covid-19?" *Economist*, July 2, 2020.

9 "Air Travel's Sudden Collapse Will Reshape a Trillion-Dollar Industry,"

Economist, August 1, 2020.

10 E. Balibar, "Mi-temps de la crise experiences, questions, anticipations (1ere partie)," 2020; aoc .media/opinion/2020/07/14/ce-que-devient-le-politiq ue-mi-temps-de-la-crise-1-3/.

11 C. Flaherty, "Women Are Falling Behind," *Inside Higher Ed*, October 20, 2020.

12 NYC Health also endorsed glory holes as a safe sex option. See NYC Health, "Safer Sex and Covid-19," www1.nyc.gov/assets/doh/downloads/pdf/imm/ covid-sex-guidance.pdf.

13 Statista, "Number of Fixed Broadband Internet Subscriptions Worldwide from 2005 to 2019," www.statista.com/statistics/268673/number-of-broad band-internet-subscriptions.

14 S. Vibert, "Children Without Internet Access During Lockdown," *Children's Commissioner*, August 18, 2020.

15 "Two Thirds of the World's School-Age Children Have No Internet Access at Home, New UNICEF- ITU Report Says," *UNICEF*, November 30, 2020.

16 K. Purohit, "Coronavirus: India's Outsourcing Firms Struggle to Serve US, British Companies amid Lockdown," *South China Morning Post*, March 31, 2020. S. Phartiyal and S. Ravikumar, "India's Huge Outsourcing Industry Struggles with Work-from-Home Scenario," *Reuters*, March 25, 2020. L. Frayer and S. Pathak, "India's Lockdown Puts Strain on Call Centers," *NPR*, April 24, 2020.

17 A. Tanzi, "Half the Labor Force in Major U.S. Cities Is Working from Home," *Bloomberg*, November 24, 2020. K. Weise, "Pushed by Pandemic, Amazon Goes on a Hiring Spree Without Equal," *New York Times*, November 27, 2020. "FedEx Tries to Think Beyond the Pandemic," *Economist*, July 2, 2020.

18 A. Wilkinson, "How the Coronavirus Outbreak Is Roiling the Film and Entertainment Industries," *VoxEU*, September 23, 2020. A. Barker and A. Nicolaou, "The Unhinged Bet to Jump-Start the Movie Business," *Financial Times*, June 16, 2020. A. Kaul, "The Six Sigma to Rescue 1 Million COVID-Affected Film Industry Workers," *Exchange4Media*, May 2, 2020. A. Chopra, "How the Pandemic Hit Bollywood," *New York Times*, May 15, 2020. A. Dhillon, "India's Bollywood Cuts Kissing Scenes, Epic Dance

Routines Under New Coronavirus Rules," *South China Morning Post*, June 4, 2020.

19 E. Schwartzel, "Covid-19 Derails China's Push to Be Biggest Movie Market," *Wall Street Journal*, July 6, 2020.

20 P. Fronstin and S. A. Woodbury, "How Many Americans Have Lost Jobs with Employer Health Coverage During the Pandemic?" *Commonwealth Fund*, October 7, 2020.

21 H. Meyers-Belkin, "'Today Is Wonderful': Relief in Lagos as Nigeria Emerges from Covid-19 Lockdown," *France24*, May 5, 2020.

22 E. Akinwotu, "'People Are More Scared of Hunger': Coronavirus Is Just One More Threat in Nigeria," *Guardian*, May 15, 2020.

23 O. Sunday, "Gangs Terrorised Africa's Largest City in Coronavirus Lockdown. Vigilantes Responded," *South China Morning Post*, May 18, 2020. N. Orjinmo and A. Ulohotse, "Lagos Unrest: The Mystery of Nigeria's Fake Gangster Attacks," *BBC*, April 15, 2020.

24 S. Maheshwari, "With Department Stores Disappearing, Malls Could Be Next," *New York Times*, July 5, 2020. M. Bain, "The US Shopping Mall Was Already in Trouble—Then Came Covid-19," *Quartz*, May 26, 2020.

25 R. Clough and J. Hill, "Brooks Brothers Goes Bust with Business Clothes Losing Favor," *Bloomberg*, July 8, 2020.

26 L. Abboud and D. Keohane, "Parisian Retail Stalwart Tati Bites the Dust," *Financial Times*, July 10, 2020.

27 L. Abboud, "Troubles of Famed Paris Bookshop Expose French Retail Shift," *Financial Times*, December 2, 2020.

28 "A Wave of Bankruptcies Is Coming in Europe," *Economist*, May 16, 2020.

29 H. Ziady, "25,000 Jobs at Risk as Debenhams Closure Follows Topshop Collapse," *CNN*, December 1, 2020.

30 H. Gupta, "Why Some Women Call This Recession a 'Shecession,'" *New York Times*, May 9, 2020.

31 R. Siegal, "Women Outnumber Men in the American Workforce for Only the Second Time," *Washington Post*, January 10, 2020.

32 T. Alon, M. Doepke, J. Olmstead-Rumsey, and M. Tertilt, "The Shecession (She-Recession) of 2020: Causes and Consequences," *VoxEU*, September 22, 2020.

33 J. Hurley, "COVID-19: A Tale of Two Service Sectors," *Eurofound*,

February 3, 2021.

34 A. Olson and C. Bussewitz, "Child Care Crisis Pushes US Mothers Out of the Labor Force," *AP News*, September 4, 2020.

35 M. Paxton, "The Coronavirus Threat to Wildlife Tourism and Conservation," *United Nations Development Programme*, April 21, 2020. "Global Wildlife Tourism Generates Five Times More Revenue Than Illegal Wildlife Trade Annually," *World Travel and Tourism Council*, December 8, 2019.

36 "Share of GDP Generated by the Travel and Tourism Industry Worldwide from 2000 to 2019," *Statista*, February 4, 2021.

37 Paxton, "The Coronavirus Threat to Wildlife Tourism and Conservation."

38 J. K. Elliot, "Thailand's 'Monkey City' Overrun by Gangs of Hungry, Horny Macaques," *Global News*, June 24, 2020.

39 D. Jones, "The Coronavirus Pandemic Has Halted Tourism, and Animals Are Benefiting from It," *Washington Post*, April 3, 2020.

40 M. Toyana, "Jobs Gone, Investments Wasted: Africa's Deserted Safaris Leave Mounting Toll," *Reuters*, June 11, 2020.

41 Conversation with D. Mogajane, "South Africa Looks Toward Inclusive Recovery to Stabilize Debt," *International Monetary Fund*, August 3, 2020.

42 L. Frayer, "For Bangladesh's Struggling Garment Workers, Hunger Is a Bigger Worry Than Pandemic," *NPR*, June 5, 2020.

43 J. Emont, "Developing World Loses Billions in Money from Migrant Workers," *Wall Street Journal*, July 5, 2020.

44 L. Frayer, "1 Million Bangladeshi Garment Workers Lose Jobs Amid COVID-19 Economic Fallout," *NPR*, April 3, 2020. A. Becker, "Coronavirus Disruptions Deal Severe Blow to Bangladesh's Garment Industry," *DW News*, June 23, 2020.

45 FAO and WFP, "FAO-WFP Early Warning Analysis of Acute Food Insecurity Hotspots," July 17, 2020; www.wfp.org/publications/fao-wfp-early-warning-analysis-acute-food-insecurity-hotspots.

46 K. Hearst, "COVID-19 and the Garment Industry's Invisible Hands," *Open Democracy*, July 20, 2020; www.opendemocracy.net/en/oureconomy/covid-19-and-the-garment-industrys-invisible-hands/.

47 Z. Ebrahim, "'Moving Mountains': How Pakistan's 'Invisible' Women Won Workers' Rights," *Guardian*, December 1, 2020.

48 G. Flynn and M. Dara, "Garment Workers Cornered by Job Loss, Virus

Fears and Looming Debt," *VOD*, April 16, 2020.

49 K. Brenke, U. Rinne, and K. F. Zimmermann, "Short-Time Work: The German Answer to the Great Recession," *International Labour Review* 152, no. 2 (2013): 287–305.

50 EIB, Investment Report 2020; www.eib.org/attachments/efs/eib_ investment_report_advance_copy.pdf.

51 OECD Economic Outlook, Volume 2020; https://www.oecd-ilibrary.org/ economics/oecd-economic-outlook_16097408.

52 R. Carroll, S. Jones, L. Tondo, K. Connolly, and K. Gillet, "Covid-19 Crisis Stokes European Tensions over Migrant Labour," *Guardian*, May 11, 2020. M. Andriescu, "Under Lockdown Amid COVID-19 Pandemic, Europe Feels the Pinch from Slowed Intra-EU Labor Mobility," *Migration Policy Institute*, May 1, 2020.

53 M. Weisskircher, J. Rone, and M. S. Mendes, "The Only Frequent Flyers Left: Migrant Workers in the EU in Times of Covid-19," *Open Democracy*, April 20, 2020.

54 S. Jha, "Migrant Workers Head Home in Coronavirus Lockdown, Exposed and Vulnerable," *Business Standard*, March 26, 2020.

55 A. K. B. Basu, and J. M. Tapia, "The Complexity of Managing COVID-19: How Important Is Good Governance?" *Brookings*, November 17, 2020.

56 "21 Days and Counting: COVID-19 Lockdown, Migrant Workers, and the Inadequacy of Welfare Measures in India," *Stranded Workers Action Network*, April 15, 2020.

57 "The Jobs Bloodbath of April 2020," *Centre for MonitoringIndian Economy*, May 5, 2020.

58 "Policy Basics: How Many Weeks of Unemployment Compensation Are Available?" *Center on Budget and Policy Priorities*, February 1, 2021.

59 M. Haag, "To Reach a Single A.T.M., a Line of Unemployed Stretches a Block," *New York Times*, July 7, 2020.

60 V. Stracqualursi and A. Kurtz, "Trump Administration Asking States to Delay Release of Unemployment Numbers," *CNN*, March 20, 2020.

61 G. Iacurci, "Job Losses Remain 'Enormous': Coronavirus Unemployment Claims Are Worst in History," *CNBC*, July 9, 2020.

62 "2020: Charts from a Year Like No Other," *Financial Times*, December 29, 2020.

63 S. Matthews, "U.S. Jobless Rate May Soar to 30%, Fed's Bullard Says," *Bloomberg*, March 22, 2020.

64 Remarks by D. G. Azevedo, "Trade Set to Plunge as COVID-19 Pandemic Upends Global Economy," *World Trade Organization*, April 8, 2020.

65 H. Tan, "Thousands of Seafarers Are Stranded as Coronavirus Shuts Down Borders—That Could Hurt Trade," *CNBC*, June 24, 2020.

66 "Why the Philippines Is a Magnet for Idled Cruise Ships," *Economist*, May 23, 2020.

67 "Cargo-Ship Crews Are Stuck at Sea," *Economist*, June 20, 2020. J. Emont, "Developing World Loses Billions in Money from Migrant Workers," *Wall Street Journal*, July 15, 2020.

68 N. Ghani and G. Platten, "Shopping on Black Friday? Remember the Stranded Seafarers Who Made It Possible," *Guardian*, November 27, 2020.

69 "Is the World Economy Recovering?" *Economist*, September 19, 2020.

6장 또다시, "필요한 것은 무엇이든"

1 A. Samson, P. Georgiadis, et al., "US Stocks Fall 10% in Worst Day Since 1987 Crash," *Financial Times*, March 12, 2020.

2 Z. He and A. Krishnamurthy, "Are US Treasury Bonds Still a Safe Haven?" *National Bureau of Economic Research*, The Reporter, October 2020. P. Mehrling, "Financialization and Its Discontents," *Finance and Society* 3 (2017): 1-10.

3 D. Duffie, "Still the World's Safe Haven? Redesigning the U.S. Treasury Market After the Covid-19 Crisis," *Brookings*, June 22, 2020.

4 "Holistic Review of the March Market Turmoil," *Financial Stability Board*, November 17, 2020.

5 A. Samson, R. Wigglesworth, C. Smith, and J. Rennison, "Strains in US Government Bond Market Rattle Investors," *Financial Times*, March 12, 2020.

6 L. Norton, "How the Pandemic Will Change Financial Markets Forever," *Barron's*, July 22, 2020.

7 A. Tooze, *Crashed: How a Decade of Financial Crises Changed the World* (Viking, 2018). A. Mian and Amir Sufi, *House of Debt: How They (and You) Caused the Great Recession, and How We Can Prevent It from Happening Again*

(University of Chicago Press, 2015).

8　J. Harper, "Global Housing Markets 'Overheating' amid Pandemic Stimulus?" *DW*, November 15, 2020.

9　"Global Financial Stability Report: Markets in the Time of COVID-19," *International Monetary Fund*, April 2020. "Financial Stability Report," *Board of Governors of the Federal Reserve System*, November 2020.

10　"How Resilient Are the Banks?" *Economist*, July 2, 2020.

11　"Financial Stability Review," *European Central Bank*, May 2020.

12　"Navigating Monetary Policy Challenges and Managing Risks," *International Monetary Fund*, April 2015. "Market Fragility and Interconnectedness in the Asset Management Industry," speech by S. W. Bauguess, acting director and acting chief economist, DERA, *U.S. Securities and Exchange Commission*, June 20, 2017.

13　S. Avdjiev, P. McGuire, and G. von Peter, "International Dimensions of EME Corporate Debt," *BIS*, June 3, 2020.

14　The best accounts of the repo system are D. Gabor, "The (Impossible) Repo Trinity: The Political Economy of Repo Markets," *Review of International Political Economy* 23, no. 6 (2016): 967–1000, and C. Sissoko, "The Collateral Supply Effect on Central Bank Policy," August 21, 2020. Available at SSRN: ssrn.com/abstract=3545546 or dx.doi.org/10.2139/ssrn.3545546.

15　G. B. Gorton and A. Metrick, "Securitized Banking and the Run on Repo," *NBER Working Paper* 15223, August 2009.

16　D. Duffie, "Still the World's Safe Haven? Redesigning the U.S. Treasury Market After the COVID-19 Crisis" (Brookings, 2020); www.brookings.edu/research/still-the-worlds-safe-haven.

17　"Holistic Review of the March Market Turmoil," FSB.

18　A. Etra, "2020 UST March Madness," *Money: Inside and Out*, January 13, 2021.

19　A. Samson, R. Wigglesworth, et al., "Strains in US Government Bond Market Rattle Investors," *Financial Times*, March 12, 2020.

20　D. Beckworth, "Carolyn Sissoko on the Collateral Supply Effect and Other Concerns in the Money Market," *Mercatus Center, George Mason University*, September 21, 2020.

21　K. Brettell and K. Pierog, "Treasury Liquidity Worsens, Worries Build About Broad Selling Pressures," *Reuters*, March 12, 2020.

22 "Financial Stability Review," *European Central Bank*, May 2020.

23 A. Hauser, "From Lender of Last Resort to Market Maker of Last Resort via the Dash for Cash: Why Central Banks Need New Tools for Dealing with Market Dysfunction" (London: Bank of England, 2021); www. bankofengland.co.uk/7media/boe/fi les/speech/2021/january/why-central-banks-need-new-tools-for-dealing-with-market-dysfunction-speech-by-andrew-hauser.pdf.

24 R. Costa, J. Dawsey, J. Stein, and A. Parker, "Trump Urged Mnuchin to Pressure Fed's Powell on Economic Stimulus in Explosive Tirade About Coronavirus," *Washington Post*, March 11, 2020.

25 "Trump Presses 'Pathetic' Fed to Cut Rates More Aggressively," *Reuters*, March 10, 2020.

26 S. Donnan, J. Randow, W. Horobin, and A. Speciale, "Committee to Save the World Is a No-Show, Pushing Economy to Brink," *Bloomberg*, March 13, 2020.

27 S. O'Grady, "Janet Yellen: The Treasury Secretary Who Trump Thought Was 'Too Political' —And 'Too Short,'" *Independent*, February 1, 2020.

28 D. Borak, "How Jerome Powell Stopped a US Default—in 2011," *CNN*, July 19, 2019.

29 On Powell: T. L. Hogan, "Can the Fed Reduce Inequality?," American Institute for Economic Research, August 18, 2020. J. L. Yellen, "Perspectives on Inequality and Opportunity from the Survey of Consumer Finances," *Board of Governors of the Federal Reserve System*, October 17, 2014. On the ambiguities of Yellen's position: see R. V. Reeves, "Janet Yellen's Inequality Speech Revealed a 'Closet Conservative,'" *Brookings*, October 14, 2014.

30 N. Timiraos, "New York Fed Names New Leadership for Top Markets Jobs," *Wall Street Journal*, December 19, 2019.

31 R. Kuttner, "Liberalish: The Complex Odyssey of Lael Brainard," *American Prospect*, September 23, 2020.

32 C. Torres and L. McCormick, "Fed Dissent and Bond Volatility Are in Powell's Taper Future," *Bloomberg*, February 2, 2021.

33 J. Cox, "Fed Boosts Money It's Providing to Banks in Overnight Repo Lending to $175 Billion," *CNBC*, March 11, 2020.

34 "Federal Reserve Issues FOMC Statement," Federal Reserve press release, March 15, 2020.

35 C. Jones, "Why the Dollar Crunch Is (Mostly) a Rich World Problem," *Financial Times*, March 24, 2020. I. Kaminska, "Why FX Swap Lines Are Back," *Financial Times*, March 17, 2020. "The Successes of the Fed's Dollar–Swap Lines," *Economist*, June 20, 2020. B. W. Setser, "How Asia's Life Insurers Could 'Shelter-in-Place,'" *Council on Foreign Relations*, March 22, 2020.

36 A. Tooze, "This Is the One Thing That Might Save the World from Financial Collapse," *New York Times*, March 20, 2020.

37 P. LeBlanc, "Trump Congratulates Federal Reserve for Slashing Interest Rates: 'It Makes Me Very Happy,'" *CNN*, March 15, 2020.

38 Y. Li, "Plunging Stocks Triggered a Key Market 'Circuit Breaker.' Here's What That Means," *CNBC*, March 16, 2020.

39 H. Lambert, "The Adults in the Room," *New Statesman*, July 15, 2020.

40 A. Debnath, M. Hunter, and S. Barton, "Currency Liquidity Vanishes on Mounting Fears of London Hub Slamming Shut," *Bloomberg*, March 18, 2020.

41 J. Surane, P. Seligson, A. Harris, and L. McCormick, "Key Source of Corporate Cash Seizing Up Amid Credit Market Rout," *Bloomberg*, March 15, 2020.

42 N. Kumar, "Bridgewater Makes $14 Billion Short Against European Stocks," *Bloomberg*, March 16, 2020.

43 S. Potter and J. Lee, "Diary of a Crisis: Inside Wall Street's Most Volatile Week Ever," *Bloomberg*, March 20, 2020.

44 Potter and Lee, "Diary of a Crisis: Inside Wall Street's Most Volatile Week Ever."

45 T. Stubbington and C. Smith, "Investment Veterans Try to Get to Grips with 'Broken' Markets," *Financial Times*, March 20, 2020.

46 C. Giles, "BoE Compelled to Act as Coronavirus Pummels Economy," *Financial Times*, March 19, 2020.

47 E. Conway, "Coronavirus: Bank of England Rescued Government, Reveals Governor," *Sky News*, June 22, 2020.

48 Lambert, "The Adults in the Room."

49 Lambert, "The Adults in the Room."

50 Potter and Lee, "Diary of a Crisis: Inside Wall Street's Most Volatile Week Ever."

51 "COVID-19 and Global Capital Flows," *Organisation for Economic Development and Co-operation (OEDC)*, July 3, 2020.

52 C. Torres, "Meet Fed's Nine New Offspring, Each with Different Market Role," *Bloomberg*, April 16, 2020.

53 "VW Urges ECB to Buy Short-Term Debt to Stabilise Markets," *Reuters*, March 27, 2020.

54 M. J. Lee and T. Hasegawa, "BOJ Becomes Biggest Japan Stock Owner with $434 Billion Hoard," *Bloomberg*, December 6, 2020.

55 "Federal Reserve Issues FOMC Statement," Federal Reserve Press Release, March 15, 2020.

56 Beckworth, "Carolyn Sissoko on the Collateral Supply Effect and Other Concerns in the Money Market."

57 C. Peterson-Withorn, "The World's Billionaires Have Gotten $1.9 Trillion Richer in 2020," *Forbes*, December 16, 2020.

7장 산소호흡기를 단 경제

1 C. Hulse and E. Cochrane, "As Coronavirus Spread, Largest Stimulus in History United a Polarized Senate," *New York Times*, March 26, 2020.

2 B. Battersby, W. R. Lam, and E. Ture, "Tracking the $9 Trillion Global Fiscal Support to Fight COVID-19," *International Monetary Fund*, May 20, 2020. V. Gaspar, P. Medas, J. Ralyea, and E. Ture, "Fiscal Policy for an Unprecedented Crisis," *International Monetary Fund*, October 14, 2020. IMF Fiscal Monitor, January 2021, Update.

3 A. Martin and J. Younger, "War Finance and Bank Leverage: Lessons from History," Yale School of Management, September 8, 2020.

4 C. Giles, "Central Bankers Have Been Relegated to Second Division of Policymakers," *Financial Times*, October 1, 2020.

5 For this essential insight, see D. Gabor, "Revolution Without Revolutionaries: Interrogating the Return of Monetary Financing," *Transformative Responses to the Crisis*, 2020.

6 IMF Fiscal Monitor, October 2020, Figure 1.1.

7 CEPAL, "Addressing the Growing Impact of COVID-19 with a View to Reactivation with Equality: NewProjections," July 15, 2020; repositorio. cepal.org/bitstream/handle/11362/45784/1/S2000470_en.pdf.

8 O. Sunday, "Gangs Terrorised Africa's Largest City in Coronavirus Lockdown. Vigilantes Responded," *South China Morning Post*, May 18, 2020.

9 S. Dixit, Y. K. Ogundeji, and O. Onwujekwe, "How Well Has Nigeria Responded to COVID-19?" *Brookings*, July 2, 2020.

10 A. Rettman, "Merkel Defends EU Legacy on Refugees and Austerity," *EU Observer*, May 16, 2019.

11 OECD Economic Outlook, Volume 2020, Issue 1.

12 M. Schieritz, "Was traut er sich?" *Die Zeit*, November 13, 2019.

13 M. Ashworth, "Germany's 'Black Zero' Rule May Be Gone Forever," *Bloomberg*, February 26, 2020.

14 M. Nienaber, "German Parliament Suspends Debt Brake to Fight Coronavirus Outbreak," *Reuters*, March 25, 2020.

15 G. Chazan, "Scholz Insists Record German Borrowing Manageable," *Financial Times*, June 17, 2020. "Germany Opens the Money Tap," *Economist*, June 13, 2020.

16 D. Adler and J. Roos, "If Coronavirus Sinks the Eurozone, the 'Frugal Four' Will Be to Blame," *Guardian*, March 31, 2020. H. Von Der Burchard, I. Oliveira, and E. Schaart, "Dutch Try to Calm North-South Economic Storm over Coronavirus," *Politico*, March 27, 2020.

17 D. Gutensohn, "Kliniken schlieben—wenn sie am notigsten gebraucht werden," *Die Zeit*, April 7, 2020.

18 B. Tanjangco, Y. Cao, R. Nadin, L. Calabrese, and O. Borodyna, "Pulse 1: Covid-19 and Economic Crisis—China's Recovery and International Response," *ODI Economic Pulse series*, November 2020.

19 J. Sipalan, "Malaysia Announces $58-Billion Stimulus Package to Cushion Impact of Coronavirus," *Reuters*, March 27, 2020.

20 J. Follain, "Italian Leader Takes to Basement to Plot How to Fight Virus," *Bloomberg*, March 9, 2020.

21 J. Ford, "The New Wartime Economy in the Era of Coronavirus," Financial Times, March 25, 2020. "How to Battle the Coronavirus and Win: A Historians' Roundtable," www.bloomberg.com/opinion/articles/2020-03-29/history-s-coronavirus-lessons-going-to-war-against-covid-19.

22 E. Levitz, "This Recession Is a Bigger Housing Crisis Than 2008," *Intelligencer*, July 13, 2020.

23 M. Konczal, "Our Political System Is Hostile to Real Reform," *Dissent*, March 26, 2020.

24 A. Tooze, *Crashed: How a Decade of Financial Crises Changed the World* (Viking, 2018) and A. Mian and A. Sufi, *House of Debt: How They (and You) Caused the Great Recession, and How We Can Prevent It from Happening Again* (University of Chicago Press, 2015).

25 J. Politi, "US Heads for Fiscal Cliff as Stimulus Fades," *Financial Times*, July 11, 2020.

26 R. Chetty, J. N. Friedman, N. Hendren, M. Stepner, and the Opportunity Insights Team, "The Economic Impacts of Covid-19: Evidence from a New Public Database Built Using Private Sector Data," *National Bureau of Economic Research Working Paper 27431*, November 2020.

27 U.S. Bureau of Economic Analysis, Personal Saving Rate [PSAVERT], retrieved from FRED, Federal Reserve Bank of St. Louis; fred.stlouisfed.org/series/PSAVERT, February 10, 2021.

28 A. Madgavkar, T. Tacke, S. Smit, and J. Manyika, "COVID-19 Has Revived the Social Contract in Advanced Economies—For Now. What Will Stick Once the Crisis Abates?" McKinsey Global Institute, December 10, 2020.

29 Madgavkar et al., "COVID-19 Has Revived the Social Contract in Advanced Economies—For Now. What Will Stick Once the Crisis Abates?"

30 "Job Retention Schemes During the COVID-19 Lockdown and Beyond," *OECD*, October 12, 2020.

31 M. Konczal, "Unemployment Insurance Is a Vital Part of Economic Freedom," *The Nation*, June 15/22, 2020.

32 "Income Has Risen Through the COVID Recession but That May Soon Change," *Committee for a Responsible Federal Budget*, July 20, 2020.

33 A. Jager and D. Zamora, "'Welfare Without the Welfare State': The Death of the Postwar Welfarist Consensus," *New Statesman*, February 9, 2021.

34 P. Baldwin, *The Politics of Social Solidarity: Class Bases of the European Welfare State, 1875-1975* (Cambridge University Press, 1990).

35 "State Aid: Commission Adopts Temporary Framework to Enable Member States to Further Support the Economy in the COVID-19 Outbreak," *European Commission*, March 19, 2020. D. Boffey, "Von der Leyen Warns State Aid 'Unlevelling the Playing Field' in Europe," *Guardian*, May 13, 2020.

36 OECD Economic Outlook, Volume 2020, Issue 1.

37 D. Autor, D. Cho, L. Crane, et al., "An Evaluation of the Paycheck Protection Program Using Administrative Payroll Microdata," *MIT Department of Economics*, July 22, 2020.

38 G. Hubbard and M. R. Strain, "Has the Paycheck Protection Program Succeeded?" *Brookings Papers on Economic Activity*, September 23, 2020.

39 L. Schalatek, "Urgently Wanted: A US Stimulus Package in Which More Than the Dollar Bills Are Green," *Heinrich Boll Stiftung*, July 2, 2020.

40 T. Healey, S. B. Herman, T. J. Lynes, and B. J. Seifarth, "COVID-19 Update: US Senate Passes $61 Billion Relief Package for Aviation Industry," *National Law Review* 11, no. 72 (March 26, 2020).

41 "COVID-19 and the Aviation Industry: Impact and Policy Responses," *OECD*, October 15, 2020.

42 J. Drucker, "The Tax-Break Bonanza Inside the Economic Rescue Package," *New York Times*, April 24, 2020.

43 C. Giles, "The Expensive Promise of England's Covid Test and Trace," *Financial Times*, October 15, 2020.

44 J. Bradley, S. Gebrekidan, and A. McCann, "Waste, Negligence and Cronyism: Inside Britain's Pandemic Spending," *New York Times*, December 17, 2020.

45 "Sovereign Borrowing Outlook for OECD Countries 2020," *Organisation for Economic Co-Operation and Development*, 2020.

46 "Sovereign Borrowing Outlook for OECD Countries 2020," OECD, "Sovereign Borrowing Outlook for OECD Countries 2021."

47 K. Seibel and H. Zschapitz, "11,6 Milliarden Euro — Bund macht Rekordgewinn mit neuen Schulden," *Welt*, December 7, 2020.

48 Moody's Analytics, "Financial Markets Have Largely Priced-I n 2021's Positive Outlook," www .moodysanalytics.com/-/media/article/2020/weekly -market-outlook-financial-markets-have-largely-priced-in-2021s-positiv e-outlook.pdf.

49 L. H. Summers, "Why Stagnation Might Prove to Be the New Normal," December 15, 2013. J. Furman and L. Summers, "A Reconsideration of Fiscal Policy in the Era of Low Interest Rates," November 30, 2020; www. brookings.edu/wp-content/uploads/2020/11/furman-summers-fiscal-reco nsideration-discussion-draft.pdf.

50 O. Blanchard, "Public Debt and Low Interest Rates," *American Economic Review* 109, no. 4 (2019): 1197–1229.

51 O. Blanchard, "Italian Debt Is Sustainable," *Peterson Institute for International Economics*, March 18, 2020.

52 Indeed, the Treasury itself built up a cash hoard in the process: L. McCormick, E. Barrett, and K. Greifeld, "American Investors Are Plugging the U.S.'s Record Budget Deficit," *Bloomberg*, July 12, 2020.

53 T. Stubbington and C. Giles, "Investors Sceptical over Bank of England's QE Programme," *Financial Times*, January 4, 2021.

54 B. Holland, L. McCormick, and J. Ainger, "Coronavirus Bills Are So Big, Only Money-Printing Can Pay Them," *Bloomberg*, May 15, 2020.

55 A. P. Lerner, "Functional Finance and the Federal Debt," *Social Research* 10, no. 1 (1943): 38–51.

56 For contrasting takes, see S. Kelton, *The Deficit Myth: Modern Monetary Theory and the Birth of the People's Economy* (PublicAffairs, 2020) and G. Selgin, *The Menace of Fiscal QE* (Cato Institute, 2020).

57 F. Coppola, *The Case for People's Quantitative Easing* (Wiley, 2019).

58 B. Bernanke, "What Tools Does the Fed Have Left? Part 3: Helicopter Money," *Brookings*, April 11, 2016.

59 E. Bartsch, J. Boivin, S. Fischer, and P. Hildebrand, "Dealing with the Next Downturn: From Unconventional Monetary Policy to Unprecedented Policy Coordination," *SUERF*, October 2019.

60 A. Yablon, "Wall Street Has Always Been Progressives' 'Big Bad.' But a New Generation in the Finance Industry Is Starting to Sound More Like Allies Than Enemies," *Insider*, December 6, 2020.

61 C. Goodhart and M. Pradhan, "The Great Demographic Reversal: Ageing Societies, Waning Inequality, and an Inflation Revival"; www.suerf.org/policynotes/17385/the-great-demographic-reversal-ageing-societies-waning-inequality-and-an-inflation-revival.

62 Stubbington and Giles, "Investors Sceptical over Bank of England's QE Programme."

63 Speech by I. Schnabel, "The Shadow of Fiscal Dominance: Misconceptions, Perceptions and Perspectives," *European Central Bank*, September 11, 2020.

64 Stubbington and Giles, "Investors Sceptical over Bank of England's QE Programme."

65 Bank of England, "Quantitative Easing"; www.bankofengland.co.uk/monetary-policy/quantitative-easing.

66 B. Braun, "Central Banking and the Infrastructural Power of Finance: The Case of ECB Support for Repo and Securitization Markets," *Socio-Economic Review* 18, no. 2 (2020): 395-418.

67 On Lerner's incomplete revolution, see M. Buchanan and Richard E. Wagner, *Democracy in Deficit: The Political Legacy of Lord Keynes* (Liberty Fund, 2000).

68 Speech by A. Haldane, "What Has Central Bank Independence Ever Done for Us?" *Bank of England*, November 28, 2020.

69 Tooze, *Crashed: How a Decade of Financial Crises Changed the World*.

70 B. Dudley, "When the Fed Tapers, the Market Will Have a Tantrum," *Bloomberg*, January 21, 2021. "Raghuram Rajan Says Another 'Taper Tantrum' Possible. What Is It?" *CNBC*, January 22, 2021.

71 J. Smialek, "How the Fed's Magic Machine Will Turn $454 Billion Into $4 Trillion," *New York Times*, March 27, 2020.

72 J. B. Bolzani, "Has the CARES Act Expanded the Red's Legal Mandate," *The FinReg Blog*, October 26, 2020. G. Selgin, "The Constitutional Case for the Fed's Treasury Backstops," *Cato Institute*, April 13, 2020.

73 G. Robb, "Fed Will Make Up to $4 Trillion in Loans to Businesses to Rescue the U.S. Economy, Mnuchin Says," *Market Watch*, March 28, 2020.

74 L. DePillis, J. Elliott, and P. Kiel, "The Big Corporate Rescue and the America That's Too Small to Save," *ProPublica*, September 12, 2020.

75 J. Rennison, "US Credit Market off to a Record Start in 2021," *Financial Times*, January 6, 2021.

76) "Companies Have Raised More Capital in 2020 Than Ever Before," *Economist*, December 10, 2020.

77 A. Tangel and D. Cameron, "Boeing Asks for $60 Billion in Aid for U.S. Aerospace Industry," *Wall Street Journal*, March 17, 2020.

78 Y. Torbati and A. Gregg, "How a $17 Billion Bailout Fund Intended for Boeing Ended Up in Very Different Hands," *Washington Post*, November 25, 2020.

79 K. Duguid, J. Franklin, and D. Shepardson, "How Boeing Went from Appealing for Government Aid to Snubbing It," *Reuters*, May 1, 2020.

80 D. Gates, "Boeing to Cut Thousands More Employees as Losses Mount,"

Seattle Times, October 28, 2020.

81 Periodic Report: Update on Outstanding Lending Facilities Authorized by the Board Under Section 13(3) of the Federal Reserve Act September 7, 2020, www.federalreserve.gov/publications /files/pdcf-mmlf-cpff-pmcc f-smccf-talf-mlf-ppplf-msnlf-mself-mslpf-nonlf-noelf-9-8-20.pdf #page=3.

82 D. Scigliuzzo, S. Bakewell, and G. Gurumurthy, "Carnival Boosts Bond Sale After 12% Yield Attracts $17 Billion," *Bloomberg*, April 1, 2020.

83 N. Randewich, "Big Tech Drives S&P 500 to Record High in Coronavirus Rally," *Reuters*, August 18, 2020.

84 M. Rubinstein, "The Stock Market as Entertainment," *Net Interest*, June 5, 2020.

85 M. Fitzgerald, "Many Americans Used Part of Their Coronavirus Stimulus Check to Trade Stocks," *CNBC*, May 21, 2020.

86 E. Wolff-Mann, "43% of Retail Investors Are Trading with Leverage," *Yahoo!*, September 9, 2020.

8장 리스크 대응 방책

1 J. Wheatley and A. Schipani, "Bolsonaro, Brazil and the Coronavirus Crisis in Emerging Markets," *Financial Times*, April 19, 2020. "COVID-19 and Global Capital Flows," *Organisation for Economic Co-operation and Development*, July 3, 2020.

2 http://www.worldgovernmentbonds.com/cds-historical-data/ brazil/5-years/.

3 Wheatley and Schipani, "Bolsonaro, Brazil and the Coronavirus Crisis in Emerging Markets."

4 "Global Financial Stability Report," *International Monetary Fund*, October 2019.

5 D. Gabor, "The Wall Street Consensus," *SocArXiv*, July 2, 2020.

6 H. Rey, "Dilemma Not Trilemma: The Global Financial Cycle and Monetary Policy Independence," *National Bureau of Economic Research Working Paper 21162*, 2015.

7 International Monetary Fund press release, "The IMF Executive Board Discusses 'The Evolution of Public Debt Vulnerabilities in Lower Income

Economics"'; www.imf.org/~/media/Files/Publications /PP/2020/English/ PPEA2020003.ashx.

8 I. Grabel, *When Things Don't Fall Apart* (MIT Press, 2017), 197.

9 "Just in Case," *Economist*, October 10, 2013.

10 The following section is based on BIS Annual Economic Report, "Monetary Policy Frameworks in EMEs: Inflation Targeting, the Exchange Rate and Financial Stability," *Bank for International Settlements*, June 30, 2019.

11 G. Benigno, J. Hartley, et al., "Credible Emerging Market Central Banks Could Embrace Quantitative Easing to Fight COVID-19," *VoxEU*, June 29, 2020.

12 International Monetary Fund, World Bank Group, Staff Note for the International Financial Architecture Working Group, "Recent Developments on Local Currency Bond Markets in Emerging Economies," January 27, 2020; documents1.worldbank.org/curated/en/129961580334830825/pdf/ Staff-Note-for-the-G20-International-Financial-Architecture-Working-Group-IFAWG-Recent-Developments-On-Local-Currency-Bond-Markets-In-Emerging-Economies.pdf.

13 A. Carstens and H. S. Shin, "Emerging Markets Aren't Safe Yet," *Foreign Affairs*, March 15, 2019.

14 L. Borodovsky, "Stock Valuation Metrics Look Increasingly Stretched," *Daily Shot*, January 12, 2021.

15 O. Negus, "The Chiang Mai Initiative Multilateralization (CMIM): If Not Now, Then When?," Center for Strategic and International Studies, September 1, 2020. W. N. Kring and W. W. Grimes, "Leaving the Nest: The Rise of Regional Financial Arrangements and the Future of Global Governance," *Development and Change* 50, no. 1 (2019): 72-95.

16 B. Steil, "Central Bank Currency Swaps Tracker," *Council on Foreign Relations*, November 5, 2019.

17 J. Frost, H. Ito, and R. van Stralen, "The Effectiveness of Macroprudential Policies and Capital Controls Against Volatile Capital Inflows," *BIS Working Papers*, June 2, 2020.

18 I. Grabel, "The Rebranding of Capital Controls in an Era of Productive Incoherence," *Review of International Political Economy* 22, no. 1 (2015): 7-43. I. Grabel, "Capital Controls in a Time of Crisis," in G. A. Epstein, ed., *The Political Economy of International Finance in an Age of Inequality*

(Edward Elgar Publishing, 2018), 69-105.

19 BIS Annual Economic Report, "Monetary Policy Frameworks in EMEs: Inflation Targeting, the Exchange Rate and Financial Stability," *Bank for International Settlements*, June 30, 2019.

20 Grabel, "The Rebranding of Capital Controls in an Era of Productive Incoherence."

21 FAO, IFAD, UNICEF, WFP, and WHO, *The State of Food Security and Nutrition in the World 2020. Transforming Food Systems for Affordable Healthy Diets*, 2020.

22 "Transcript of IMF Press Briefing," *International Monetary Fund*, May 21, 2020.

23 Extraordinary G2 Leaders' Summit: Statement on COVID-19, March 26, 2020; www.g20.utoronto.ca/2020/2020-g20-statement-0326.html.

24 "The Great Lockdown: Worst Economic Downturn Since the Great Depression," *International Monetary Fund*, March 23, 2020.

25 "Only Victory in Africa Can End the Pandemic Everywhere," *Financial Times*, April 14, 2020.

26 K. Georgieva, "Statement on the United States Congress Move to Strengthen the IMF's Resources," *International Monetary Fund*, March 27, 2020.

27 OECD Economic Outlook, Volume 2020, Issue 1.

28 Table 3: I. Fresnillo, "Shadow Report on the Limitations of the G20 Debt Service Suspension Initiative: Draining Out the Titanic with a Bucket?," *Eurodad*, October 14, 2020.

29 Georgieva, "Statement on the United States Congress Move to Strengthen the IMF's Resources."

30 P. Bolton, L. Buchheit, P.-O. Gourinchas, et al., "Born Out of Necessity: A Debt Standstill for COVID-19," *Centre for Economic Policy Research*, April 2020.

31 T. Stubbs, W. Kring, C. Laskaridis, et al., "Whatever It Takes? The Global Financial Safety Net, Covid-19, and Developing Countries," *World Development* 137 (2021): 105171.

32 D. Munevar, "Arrested Development: International Monetary Fund Lending and Austerity Post Covid-19," *Eurodad*, October 26, 2020. S. Ambrose, "In the Midst of the Pandemic, Why Is the IMF Still Pushing Austerity on the Global South?" *Open Democracy*, October 13, 2020.

33 Y. Arslan, M. Drehmann, and B. Hofmann, "Central Bank Bond Purchases in Emerging Market Economies," *BIS Bulletin*, June 2, 2020. "Emerging Markets' Experiments with QE Have Not Turned Out Too Badly," *Economist*, October 29, 2020.

34 G. Beningo, J. Hartley, et al., "Credible Emerging Market Central Banks Could Embrace Quantitative Easing to Fight COVID-19," *VoxEU*, June 29, 2020.

35 OECD Policy Responses to Coronavirus (COVID-19), "COVID-19 and Global Capital Flows," July 3, 2020.

36 OECD, "COVID-19 and Global Capital Flows."

37 A. W. Akhlas, "Bank Indonesia in Talks with US, China on Currency Swaps," *Jakarta Post*, April 2, 2020."Indonesia Central Bank Says in Talks with U.S. Fed, China on Swap Lines," *Reuters*, April 2, 2020. K. Salna and T. Sipahutar, "Indonesia Says New York Fed Offers $60 Billion Credit Line," *Bloomberg*, April 7, 2020.

38 www.worldgovernmentbonds.com/cds-historical-data/indonesia/5-years/.

39 C. Goko, "Africa's Junk Bonds Among Hottest Investments with Big Yields," *Bloomberg*, June 4, 2020.

40 P. Naidoo, "After More Than 25 Years S. Africa Is Now Junk with Moody's Too," *Bloomberg*, March 27, 2020.

41 "South Africa Borrows from the IMF for the First Time Since Apartheid," *Economist*, August 1, 2020.

42 International Monetary Fund African Dept., "Regional Economic Outlook, October 2020, SubSaharan Africa: A Difficult Road to Recovery," *IMF*, October 22, 2020.

43 Eurodad, "A Debt Pandemic," Briefing Paper March 2021.

44 G. Long, "Ecuador's Virus-Hit Guayaquil Is Grim Warning for Region," *Financial Times*, April 5, 2020.

45 R. Dube and J. de Cordoba, "Ecuador City Beat One of World's Worst Outbreaks of Covid-19," *Wall Street Journal*, June 30, 2020.

46 K. Brown, "Coronavirus Pandemic Exposes Inequality in Ecuador's Guayaquil," *Al Jazeera*, May 27, 2020.

47 "Latin America's Health Systems Brace for a Battering," *Economist*, April 11, 2020.

48 G. Long, "Peru Tries to Emerge from Shadow of Corruption Scandal,"

Financial Times, March 12, 2020.

49 G. Long, "Ecuadorean Bonds Drop as Government Calls for Time," *Financial Times*, March 24, 2020.

50 G. Long and C. Smith, "Ecuador Reaches Deal to Postpone Debt Repayments Until August," *Financial Times*, April 17, 2020.

51 G. Long, "Ecuador Takes Far-Reaching Measures to Save Economy," *Financial Times*, May 20, 2020.

52 M. Stott, "Coronavirus Set to Push 29m Latin Americans into Poverty," *Financial Times*, April 27, 2020.

53 "Peru Is Heading Towards a Dangerous New Populism," *Economist*, July 25, 2020.

54 G. Long, "Venezuelan Migrants Face Tough Choices as Virus Spreads," *Financial Times*, April 23, 2020.

55 Long, "Venezuelan Migrants Face Tough Choices as Virus Spreads."

56 "Covid-19 Hastens Changes to Chile's Market-Led Economic Model," *Economist*, July 18, 2020.

57 "Covid-19 Hastens Changes to Chile's Market-Led Economic Model." M. Stott and A. Schipani, "Fears Mount of a Fresh Latin American Debt Crisis," *Financial Times*, July 21, 2020.

58 E. Martin, "IMF Builds a $107 Billion Safety Net Under Key Latin Economies," Bloomberg, June 19, 2020.

59 M. B. Sheridan, "Mexico's Pandemic Policy: No Police. No Curfews. No Fines. No Regrets," *Washington Post*, January 26, 2021.

60 S. Perez and A. Harrup, "Mexico's Leftist President Becomes Fiscal Hawk in Midst of Pandemic," *Wall Street Journal*, December 2, 2020.

61 O. Dyer, "Covid-19: Mexico Acknowledges 50,000 More Deaths Than Official Figures Show," *BMJ* 2020; 371: m4182.

62 L. Nassif-Pires, L. Carvalho, and E. Rawet, "Multidimensional Inequality and Covid-19 in Brazil," *Levy Economics Institute of Bard College*, Public Policy Brief No. 153, September 2020.

63 B. Harris and A. Schipani, "Virus Compounds Brazil's Prolonged Economic Slump," *Financial Times*, June 17, 2020.

64 "Brazil Faces Hard Spending Choices in 2021," *Economist*, December 16, 2020.

65 M. Viotti Beck and A. Rosati, "Brazil's Coronavirus Splurge Is Sparking a

Rebellion in Markets," *Bloomberg*, October 27, 2020.

66 B. Harris, "Brazil's Economy Rebounds in Third Quarter," *Financial Times*, December 3, 2020.

67 ECLAC Special Report No. 5, "Addressing the Growing Impact of COVID-19 with a View to Reactivation with Equality: New Projections," July 15, 2020; repositorio.cepal.org/bitstream/handle/11362/45784/1/S2000470_en.pdf.

68 C. Smith and G. Long, "Peru Joins Select Group of Nations Selling Century Bonds," *Financial Times*, November 23, 2020.

69 M. Margolis, "Covid-19's Toll Will Rewrite Latin America's Future," *Bloomberg*, July 1, 2020.

70 Stott, "Coronavirus Set to Push 29m Latin Americans Into Poverty."

71 Perez and A. Harrup, "Mexico's Leftist President Becomes Fiscal Hawk in Midst of Pandemic."

72 M. Viotti Beck, "Brazil Economy Chief Vows Fiscal Control If Virus Hits Again," *Bloomberg*, November 10, 2020.

73 Harris, "Brazil's Economy Rebounds in Third Quarter."

74 M. Sergio Lima and C. Lucchesi, "Fraga Warns 'Combustible' Situation Brewing in Brazilian Markets," *Bloomberg*, October 15, 2020.

9장 차세대 유럽연합 계획

1 R. J. Samuelson, "Opinion: Why Italy's Debt Matters for Everybody," *Washington Post*, May 24, 2020.

2 M. Ashworth, "Italy's Debt Is Less Terrifying Than It Looks," *Bloomberg*, April 9, 2020.

3 A. Tooze, *Crashed: How a Decade of Financial Crises Changed the World* (Viking, 2018).

4 R. Olivares-Caminal, "The New EU Architecture to Avert a Sovereign Debt Crisis: EFSM, EFSF & ESM," October 2011; www.oecd.org/daf/fin/48887542.pdf.

5 J. Detrixhe, "Europe's 'Doom Loop' of Government Debt Is Alive and Well," *Quartz*, May 13, 2020.

6 "Financial Stability Review," *European Central Bank*, May 2020.

7 Eurostat, "First Quarter of 2020 Compared with Fourth Quarter of 2019,"

ec.europa.eu/eurostat/documents/2995521/11129607/2-22072020-AP-E
N.pdf/ab6cd4ff-ec57-d984-e85a-41a351df1ffd.

8 L. van Middelaar, *Alarums and Excursions: Improvising Politics on the European Stage* (Agenda Publishing, 2019).

9 ECB Press Conference March 12, 2020; www.ecb.europa.eu/press/pressconf/2020/html/ecb.is200312~f857a21b6c.en.html.

10 J. Randow and P. Skolimowski, "Christine Lagarde's $810 Billion U-Turn Came in Just Four Weeks," *Bloomberg*, April 6, 2020.

11 "Loose Lips Cost Ships: Lagarde's Language and Italy's EUR14 Billion Bill," *General Theorist*, May 15, 2020; thegeneraltheorist.com/category/lagarde.

12 "ECB Announces €750 Billion Pandemic Emergency Purchase Programme (PEPP)," press release, *European Central Bank*, March 18, 2020.

13 F. Canepa and B. Koranyi, "Exclusive: ECB's Lagarde Overruled German and Dutch Resistance to 'No-Limits' Pledge-Sources," *Reuters*, March 19, 2020.

14 D. Dombey, G. Chazan, and J. Brunsden, "Nine Eurozone Countries Issue Call for 'Coronabonds,'" *Financial Times*, March 15, 2020.

15 D. M. Herszenhorn, J. Barigazzi, and R. Momtaz, "Virtual Summit, Real Acrimony: EU Leaders Clash Over 'Corona Bonds,'" *Politico*, March 27, 2020.

16 M. Karnitschnig, "The Inconvenient Truth About Ursula von der Leyen," Politico, July 2, 2019. B. Judah, "The Rise of Mrs Europe," *Critic*, October 2020.

17 Interview with E. Macron, "Macron: Coronavirus Is Europe's 'Moment of Truth,'" *Financial Times*, April 16, 2020; https://www.ft.com/video/96240 572-7e35-4fcd-aecb-8f503d529354.

18 N. de Boer and J. van 't Klooster, "The ECB, the Courts and the Issue of Democratic Legitimacy After Weiss," *Common Market Law Review* 57, no. 6 (2020): 1689-1724.

19 J. Collings, *Democracy's Guardians* (Oxford University Press, 2015).

20 D. Grimm, "A Long Time Coming," *German Law Journal* 21, no. 5 (2020): 944-949.

21 A. Tooze, "The Death of the Central Bank Myth," *Foreign Policy*, May 13, 2020.

22 J. Goldstein, "A Gold Bug's Moment in the Political Sun," *Planet Money*,

NPR, January 23, 2012. R. Paul, *End the Fed* (Grand Central Publishing, 2009). R. Sharma, "Will Bitcoin End the Dollar's Reign?" *Financial Times*, December 9, 2020. M. Stoller, "How the Federal Reserve Fights," *Naked Capitalism*, December 12, 2011.

23 Two leading examples are www.positivemoney.eu/ and dezernatzukunft.org/en/category/monetarypolicy/.

24 P. Tucker, *Unelected Power: The Quest for Legitimacy in Central Banking and the Regulatory State* (Princeton University Press, 2018).

25 S. Kinkartz, "Corona-krise: Was haben die deutschen gegen Eurobonds?" *DW*, April 22, 2020.

26 S. Klusmann, "Germany Must Abandon Its Rejection of Eurobonds," *Der Spiegel*, April 4, 2020.

27 "Merkel: Keine Eurobonds, 'solange ich lebe,'" *Der Tagesspiegel*, June 26, 2012.

28 B. Pancevski and L. Norman, "How Angela Merkel's Change of Heart Drove Historic EU Rescue Plan," *Wall Street Journal*, July 21, 2020.

29 S. Amaro, "EU Unveils Plan to Borrow 750 Billion Euros to Aid Economic Recovery," *CNBC*, May, 27, 2020.

30 G. Chazan, S. Fleming, V. Mallet, and J. Brunsden, "Coronavirus Crisis Revives Franco-German Relations," *Financial Times*, April 13, 2020.

31 A. Tooze, "It's a New Europe — If You Can Keep It," *Foreign Policy*, August 7, 2020.

32 C. Pazzanese, "Angela Merkel, the Scientist Who Became a World Leader," *Harvard Gazette*, May, 28, 2019.

33 H. von der Burchard and E. Schaart, "Dutch Face Friendly Fire as Corona Bond Bad Cops," *Politico*, March 30, 2020.

34 "EU 'Frugals' Formally Oppose Merkel-Macron Plan for Coronavirus Grants," *CNBC*, May 23, 2020.

35 D. Herszenhorn, L. Bayer, and R. Momtaz, "The Coronavirus Plan That von der Leyen built," *Politico*, July 15, 2020.

36 D. Herszenhorn and L. Bayer, "EU Leaders Agree on €1.82T Budget and Coronavirus Package," *Politico*, July 21, 2020.

37 EU Commission, Recovery and Resilience Facility, ec.europa.eu/info/business-economy-euro/recovery-coronavirus/recovery-and-resilience-facility_en.

38 European Council Conclusions July 17–21, 2020; www.consilium.europa. eu/en/press/press-releases /2020/07/21/european-council-conclusions-17-21-july-2020. G. Claeys and S. Tagliapietra, "Is the EU Council Agreement Aligned with the Green Deal Ambitions?" *Bruegel Blog*, July 23, 2020.

39 L. Guttenberg, J. Hemker, and S. Tordoir, "Everything Will Be Different: How the Pandemic Is Changing EU Economic Governance," *Hertie School, Jacques Delors Centre*, February 11, 2021.

40 O. Konotey-Ahulu and J. Ainger, "Big Bond Traders Double Down on Their Bet on Europe," *Bloomberg*, August 4, 2020.

41 O. Konotey-Ahulu and N. Jagadeesh, "Euro Skeptics Are Now Believers and It's Driving Markets Higher," *Bloomberg*, July 24, 2020.

42 Z. Darvas, "Next Generation EU Payments Across Countries and Years," *Bruegel Blog*, November 12, 2020.

43 A. Consiglio and S. Zenios, "Growth Uncertainty, European Central Bank Intervention and the Italian Debt," *Bruegel Blog*, October 28, 2020.

44 M. Huertas, H. Schelling, and C. von Berg, "Resolving Karlsruhe—What's Happened Since?" *JD Supra*, July 7, 2020.

45 K. Hempel, "Anleihekaufe erneut Thema in Karlsruhe," *Tagesschau*, May 8, 2020. C. Siedenbiedel, "Ultimatum abgelaufen—die EZB scheint aus dem Schneider," *Frankfurter Allgemeine Zeitung*, May 8, 2020.

46 E. Lonergan, "European Central Bank Has One Item Left in Its Toolkit: Dual Rates," *Financial Times*, January 1, 2020.

47 J. Sindreu, "In Europe, Monetary Policy Is All About Giving Banks Free Money," *Wall Street Journal*, December 10, 2020.

48 www.ecb.europa.eu/press/key/date/2021/html/ecb.sp210325~e424a7f6cf. en.html).

49 L. Alderman, "Lagarde Vows to Put Climate Change on the E.C.B.'s Agenda," *New York Times*, September 4, 2019.

50 "Christine Lagarde Meets with Positive Money Europe," *Positive Money Europe*, December 4, 2019. M. Arnold, "ECB to Consider Using Climate Risk to Steer Bond Purchases," *Financial Times*, October 14, 2020.

51 C. Look, "Lagarde Says ECB Needs to Question Market Neutrality on Climate," *Bloomberg*, October 14, 2020.

52 K. Oroschakoff and K. Mathiesen, "How the EU's Green Deal Survived the Coronavirus Pandemic," *Politico*, December 17, 2020.

53 The best running guide to this mayhem in 2020 for many years has been twitter.com/70sBachchan.

54 A. Thompson, "A Running List of Record-Breaking Natural Disasters in 2020," *Scientific American*, December 22, 2020.

55 T. Fuller, "Coronavirus Limits California's Efforts to Fight Fires with Prison Labor," *New York Times*, August 22, 2020.

56 J. Poushter and C. Huang, "Despite Pandemic, Many Europeans Still See Climate Change as Greatest Threat to Their Countries," *Pew Research Center*, September 9, 2020.

57 A. Tooze, "The Fierce Urgency of COP26," *Social Europe*, January 20, 2020.

58 European Commission, Regulation of the European Parliament and of the Council establishing the framework for achieving climate neutrality, eur-lex.europa.eu/legal-content/EN/TXT/?uri=CELEX:52020PC0080.

59 C. Farand, "Poland Bails Out Coal, Yet Wins Access to EU Climate Funds," *Climate Change News*, July 21, 2020.

60 M. Karnitschnig, D. M. Herszenhorn, J. Barigazzi, and A. Gray, "Merkel Rebuffs Trump Invitation to G7 Summit," *Politico*, May 29, 2020.

61 "VW to Put $17.5bn into China's Electric Cars," *Asia Times*, September 28, 2020.

62 C. Early, "The EU Can Expect Heavy Pushback on Its Carbon Border Tax," *China Dialogue*, September 1, 2020. "Commission Launches Public Consultations on Energy Taxation and a Carbon Border Adjustment Mechanism," *European Commission*, July 23, 2020.

63 D. Sheppard, "Price of Polluting in EU Rises as Carbon Price Hits Record High," *Financial Times*, December 11, 2020.

64 "China Eyes Launch of National Emissions Trade Scheme Within Five Years," *Reuters*, October 28, 2020. H. Slater, "Despite Headwinds, China Prepares for World's Largest Carbon Market," *Lowy Institute*, May 5, 2020. ec.europa.eu/clima/policies/ets/markets_en. K. Appunn, "Emission Reduction Panacea or Recipe for Trade War? The EU's Carbon Border Tax Debate," *Clean Energy Wire*, November 30, 2020. E. Krukowska and J. Shankleman, "Carbon Border Tax: Europe May Not Need a Climate Levy as Biden Targets Pollution," *Bloomberg*, November 16, 2020.

65 F. Simon, "MEP Canfin: EU's Carbon Border Adjustment Mechanism 'Is Not a Tax,'" *Euractiv*, December 17, 2020.

1 "U.S.-China Joint Presidential Statement on Climate Change," September 25, 2015; obamawhite house.archives.gov/the-press-office/2015/09/25/us-china-joint-presidential-statement-climate-change.

2 Remarks by President Trump to the 75th Session of the United Nations General Assembly, September 22, 2020; it.usembassy.gov/remarks-by-president-trump-to-the-75th-session-of-the-united-nations-general-assembly-september-22-2020.

3 "Statement by H.E. Xi Jinping President of the People's Republic of China at the General Debate of the 75th Session of the United Nations General Assembly," September 22, 2020; www.fmprc.gov.cn/mfa_eng/zxxx_662805/t1817098.shtml.

4 "The Secret Origins of China's 40-Year Plan to End Carbon Emissions," *Bloomberg Green*, November 22, 2020.

5 A. Weeden and S. Yang, "China's Carbon Neutral by 2060 Pledge Has Wowed Some, but Where Is the Detail?" *ABC News*, September 24, 2020.

6 H. Spross, "China: An Unpopular Winner in the Year of the Coronavirus," *DW*, October 27, 2020.

7 T. Nordhaus and S. Wang, "China Breaks Decades of Climate Gridlock," *Foreign Policy*, January 11, 2021.

8 J. McCurry, "South Korea Vows to Go Carbon Neutral by 2050 to Fight Climate Emergency," *Guardian*, October 28, 2020.

9 L. Silver, K. Devlin, and C. Huang, "Unfavorable Views of China Reach Historic Highs in Many Countries," *Pew Research Center*, October 6, 2020.

10 S. L. Myers, K. Bradsher, S.-L. Wee, and C. Buckley, "Power, Patriotism and 1.4 Billion People: How China Beat the Virus and Roared Back," *New York Times*, February 5, 2021.

11 M. Wilson, "The Untold Origin Story of the N95 Mask," Fast Company, March 24, 2020.

12 K. Bradsher and L. Alderman, "The World Needs Masks. China Makes Them, but Has Been Hoarding Them," *New York Times*, March 13, 2020.

13 H. Mowbray, "Trending in China: Wholesale Mask Prices Fall Over 90% and Raw Materials Fall to Fraction of Peak Price," *CX Tech*, July 15, 2020.

14 D. Stojanovic, "China's 'Mask Diplomacy' Wins Support in Eastern

Europe," *AP News*, April 14, 2020.

15 A. Lo, "Beijing Loses Face with 'Face-Mask Diplomacy,' " *South China Morning Post*, April 23, 2020.

16 A. Frachon, "Dissecting China's Failed Experiment at Face Mask Diplomacy," *Worldcrunch*, April 7, 2020. L. Jacinto, "Can the Unmasking of China's Covid-19 'Mask Diplomacy' Stem Beijing's Global Power Grab?" *France 24*, January 5, 2020.

17 S. Denyer, "Japan Pays 87 Companies to Break from China After Pandemic Exposed Overreliance," *Washington Post*, July 21, 2020.

18 R. Baldwin and S. Evenett, "COVID-19 and Trade Policy: Why Turning Inward Won't Work," *VoxEU*, April 29, 2020.

19 A. Beattie, "Coronavirus-Induced 'Reshoring' Is Not Happening," *Financial Times*, September 30, 2020.

20 "Is a Wave of Supply-Chain Reshoring Around the Corner," *Economist*, December 16, 2020.

21 Vyacheslav Polovinko, "Russia Feeds China," *Novaya Gazeta*, March 27, 2020.

22 H. Le Thu, "Vietnam: A Successful Battle Against the Virus," Council on Foreign Relations, April 30, 2020.

23 L. Schlein, "UN Begins Airlift to Help Africa Fight Coronavirus," *Voice of America*, April 14, 2020.

24 C. Sanborn, "Latin America and China in Times of COVID-19," *Wilson Center*, 2020.

25 M. Paarlberg, "China Was Already Winning over the US's Neighbors. Trump's COVID-19 Response Just Makes Beijing's Job Easier," *Business Insider*, August 27, 2020.

26 G. Wu, "Continuous Purges: Xi's Control of the Public Security Apparatus and the Changing Dynamics of CCP Elite Politics," *China Leadership Monitor*, December 1, 2020.

27 "Ant Group Announces Plans to List in Shanghai and Hong Kong," *Economist*, July 25, 2020.

28 N. Somasundaram and N. Sun, "China Inc.'s Role in Hong Kong Grows After Security Law," *Nikkei*, November 18, 2020.

29 "Government Should Increase Recurrent Expenditure by HK\$36.7B," *Oxfam*, September 25, 2018; www.oxfam.org.hk/en/news-and-publication/

inequality−alarming−as−city−s−richest−earn−44−times−more−than−poorest.

30 P. Ngai, "Reflecting on Hong Kong Protests in 2019−2020," *HAU: Journal of Ethnographic Theory* 10, no. 2 (Autumn 2020). "The Turmoil in Hong Kong Stems in Part from Its Unaffordable Housing," *Economist*, August 24, 2019.

31 S. Tiezzi, "Hong Kong's Elections Were Already Rigged. Now They Won't Happen," *Diplomat*, August 1, 2020.

32 "Why Business in Hong Kong Should Be Worried," *Economist*, July 18, 2020.

33 "Nathan Law Says the Battle Is Not Over in Hong Kong," *Economist*, November 17, 2020.

34 "Leaving in Despair—Hong Kong's Legislature Has Been Stripped of a Vocal Opposition," *Economist*, November 12, 2020.

35 "Why Business in Hong Kong Should Be Worried," *Economist*.

36 P. Riordan, "Hong Kong's Bourse Reaps Benefits of China Homecomings," *Financial Times*, July 7, 2020.

37 H. Lockett, "Chinese Investors Flood Hong Kong's Bruised Stock Market with Cash," *Financial Times*, January 12, 2021.

38 P. Riordan, "HSBC and StanChart Publicly Back China's Hong Kong Security Law," *Financial Times*, June 3, 2020.

39 T. Kihara, "Hong Kong Tilts Further Toward Beijing with Carrie Lam's Trip," *Nikkei*, November 7, 2020.

40 T. Summers, "China's Greater Bay Area Has Real Economic Power," *Chatham House*, September 20, 2018.

41 "Xi Jinping Is Trying to Remake the Chinese Economy," *Economist*, August 15, 2020.

42 "China Rises to Top Engine of Global Economic Growth in 70 Years," *Xinhua*, August 29, 2020.

43 Jingshan Report, 2020, "Release China's New Advantage of the Super−Large Market"; new.cf40.org.cn/uploads/2020_Jingshan_Report.pdf.

44 J. Garber, "Ray Dalio on China: 'This Ain't Your Grandfather's Communism,'" *Fox Business*, January 22, 2020.

45 "Bridgewater's Dalio Supports Ant IPO Suspension, Bullish on China," *Reuters*, November 11, 2020.

46 R. Kapadia, "The Biggest Investment Opportunity for Americans Is China,

Bridgewater's Karen Karniol-Tambour Says," *Barron's*, December 4, 2020.

47 "Is Wall Street Winning in China?" *Economist*, September 5, 2020.

48 L. Wei, B. Davis, and D. Lim, "China Has One Powerful Friend Left in the U.S.: Wall Street," *Wall Street Journal*, December 2, 2020.

49 G. Wilson, "China's Digital Currency Is a Game Changer (Part 1)," *Money: Inside and Out*, January 3, 2021.

50 A. Galbraith, "Explainer: Foreign Access to China's $16 Trillion Bond Market," *Reuters*, September 23, 2020.

51 Y. Hairong, Z. Yuzhe, and D. Jia, "In Depth: Should China's Central Bank Buy Treasury Bonds?," *Caixin*, May 25, 2020.

52 "China's Economists Debate Deficit Monetization," *Economist*, May 30, 2020.

53 "China's Economists Debate Deficit Monetization."

54 "China's Economists Debate Deficit Monetization."

55 "China's Rulers Will Pay a High Price for Repression in Hong Kong," *Economist*, August 22, 2020.

56 J. Miller, "Daimler Chief Hails 'V-Shaped' Recovery in China Car Sales," *Financial Times*, December 3, 2020.

57 A. Pandey, "Auto China 2020: German Carmakers Look to Switch Gears," *DW*, September 25, 2020.

58 X. Yu, F. Yoon, and J. Yang, "When Oil Prices Went Negative, Investors in China Took a Hit," *Wall Street Journal*, April 23, 2020.

59 H. Sanderson, "China Aims for More Sway over Copper Prices with Future Launch," *Financial Times*, November 18, 2020.

60 S. Sundria, G. Freitas Jr., and R. Graham, "China to Take Oil-Refining Crown Held by U.S. Since 19th Century," *Bloomberg*, November 21, 2020.

61 S. Shehadi, "BASF's $10bn China Plant Followed 'Market Logic Not Trade War,'" *FDI Intelligence*, January 8, 2019. J. Zhu, "BASF Kicks Off China Megaproject," *FD Intelligence*, December 16, 2019.

62 Silver, Devlin, and Huang, "Unfavorable Views of China Reach Historic Highs in Many Countries."

63 M. Landler, *Alter Egos: Hillary Clinton, Barack Obama, and the Twilight Struggle Over American Power* (Random House, 2016).

64 D. Palmer, "Clinton Raved About Trans-Pacific Partnership Before She Rejected It," *Politico*, October 8, 2016.

65 S. Balino, "With RCEP Agreement Signed, Eyes Turn to Interactions Among Trade Deals in the Asia-Pacific Region," *IISD*, November 25, 2020; sdg. iisd.org/commentary/policy-briefs/with-rcep-agreement-signed-eyes-turn-to-interactions-among-trade-deals-in-the-asia-pacific-region/.

66 M. Ryan, "China-Australia Clash: How It Started and How It's Going," *Nikkei Asia*, December 9, 2020.

67 J. Varano, "Most Read of 2020: The State of Victoria and China's Belt and Road Initiative: Where Does It Leave Victorians?" *Australian Institute of International Affairs*, January 6, 2021.

68 P. Ranald, "We've Just Signed the World's Biggest Trade Deal, but What Exactly Is the RCEP?," *The Conversation*, November 16, 2020.

69 R. Intan, "What RCEP Can Tell Us About Geopolitics in Asia," *The Interpreter*, December 1, 2020.

70 N. Blarel, "Rising India: Status and Power," *International Affairs* 95, no. 4 (2019): 957-958.

71 M. Goswani, *Producing India: From Colonial Economy to National Space* (University of Chicago Press, 2004).

72 C. Jaffrelot, "From Slowdown to Lockdown, India's Economy and the COVID-19 Shock," *Institut Montaigne*, June 11, 2020.

73 S. Gupta and S. Ganguly, "Why India Refused to Join the RCEP, the World's Biggest Trading Bloc," *Foreign Policy*, November 23, 2020. S. Chatterjee, "India's Inward (Re)Turn: Is It Warranted? Will It Work?" *Ashoka Centre for Economic Policy*, October 2020.

74 S. Singh, "Why China Is Winning Against India," *Foreign Policy*, January 1, 2021.

75 M. Billah, "Is Bangladesh Growing Closer to China at the Expense of Its Relations with India?," *The Diplomat*, September 23, 2020.

76 C. R. Mohan, "India's Growing Strategic and Economic Interests in the Quad," December 1, 2020; valdaiclub.com/a/highlights/india-s-growing-strategic-and-economic-interests.

77 "China to Overtake US as Largest Global Economy by 2028: Report," *DW*, December 26, 2020; p.dw.com/p/3nE83.

78 L. Summers, "Can Anything Hold Back China's Economy?," December 5, 2018; larrysummers.com/2018/12/05/can-anything-hold-back-chinas-economy.

79 United States Strategic Approach to the People's Republic of China, May 20, 2020; www.defense.gov/Newsroom/Releases/Release/Article/2193725/united-states-strategic-approach-to-the-peoples-republic-of-china.

80 C. Bown, "How Trump's Export Curbs on Semiconductors and Equipment Hurt the US Technology Sector," Peterson Institute for International Economics, September 28, 2020; www.piie.com/blogs/trade-and-investment-policy-watch/how-trumps-export-curbs-semiconductors-and-equipment-hurt-us.

81 A. Kharpal, "U.S. Sanctions on Chipmaker SMIC Hit at the Very Heart of China's Tech Ambitions," *CNBC*, September 28, 2020.

82 C. Bown, "How the United States Marched the Semiconductor Industry into Its Trade War with China," Peterson Institute for International Economics, December 2020; www.piie.com/sites/default/files/documents/wp20-16.pdf.

83 Bown, "How Trump's Export Curbs on Semiconductors and Equipment Hurt the US Technology Sector."

84 J. Crabtree, "China's Radical New Vision of Globalization," *Noema*, December 10, 2020.

85 "China's Got a New Plan to Overtake the U.S. in Tech," *Bloomberg*, May 20, 2020.

86 www.federalregister.gov/documents/2020/12/22/2020-28031/addition-of-entities-to-the-entity-list-revision-of-entry-on-the-entity-list-and-removal-of-entities.

87 "Britain Lets Huawei into Part of Its 5G Networks," *Economist*, April 24, 2019.

88 A. Timsit, "The UK Will Ban Huawei from Its 5G Network Earlier Than Expected," *Quartz*, November 27, 2020.

89 W. Boston and S. Woo, "Huawei Gets Conditional Green Light in Germany as Government Approves Security Bill," *Wall Street Journal*, December 16, 2020.

90 K. Bennhold and J. Ewing, "In Huawei Battle, China Threatens Germany 'Where It Hurts': Automakers," *New York Times*, January 16, 2020.

91 United States Strategic Approach to the People's Republic of China, May 20, 2020.

11장 위기의 미국

1 K. Bennhold, "Germany's Coronavirus Protests Anti-Vaxxers, Anticapitalists, Neo-Nazis," *New York Times*, May 18, 2020. "Protests Against Coronavirus Lockdown Measures Spread in the UK and Across Europe," *ABC News*, May 16, 2020. W. Callison and Q. Slobodian, "Coronapolitics from the Reichstag to the Capitol," *Boston Review*, January 12, 2021.

2 A. Abad-Santos, "How Hair Became a Culture War in Quarantine," *Vox*, June 10, 2020.

3 L. Graves, "Who's Behind the 'Reopen' Protests?" *New York Times*, April 22, 2020.

4 E. Levitz, "Is This What a Recovery Looks Like?," *Intelligencer*, June 6, 2020.

5 L. Buchanan, Q. Bui, and J. K. Patel, "Black Lives Matter May Be the Largest Movement in U.S. History," *New York Times*, July 3, 2020.

6 T. McErney, "Jamie Dimon Drops Into Mt. Kisco Chase Branch, Takes a Knee with Staff," *New York Post*, June 5, 2020.

7 "Serious Help May Be on the Way for America's Black Entrepreneurs," *Economist*, December 10, 2020.

8 E. Levitz, "Corporate America Loves Increasing Racial Inequality," *Intelligencer*, June 16, 2020.

9 L. Seligman, "Esper Orders Hundreds of Troops from 82nd Airborne Home from D.C. Area," *Politico*, June 4, 2020.

10 A. Nally, "The Curfews in Place in US Cities and States After the Death of Black Man George Floyd," *ABC News*, June 2, 2020.

11 F. Finchelstein, "Trump's Mount Rushmore Speech Is the Closest He's Come to Fascism," *Foreign Policy*, July 8, 2020.

12 D. Choi, "G7 Countries Fail to Deliver a Joint Statement Because US Insists on Saying 'Wuhan Virus' for the Coronavirus," *Insider*, March 25, 2020.

13 D. J. Lynch and E. Rauhala, "Trump Says U.S. to Withdraw from World Health Organization and Announces New Broadsides Against Beijing," *Washington Post*, May 29, 2020.

14 G. Schmitt, "Pompeo's China Speech at Odds with Trump's 'America First' Foreign Policy," *The Hill*, July 25, 2020.

15 L. Green, "America's Top Cop Is a Rightwing Culture Warrior Who Hates

442

221

Disorder. What Could Go Wrong?," *Guardian*, June 6, 2020.

Disorder. What Could Go Wrong?," *Guardian*, June 6, 2020.

Disorder. What Could Go Wrong?," *Guardian*, June 6, 2020.

Intelligencer, July 16, 2020.

33 E. Levitz, "Trump and the GOP Establishment Are Falling Out of Love," *Intelligencer*, August 1, 2020.

34 C. Arnold, "Why the CDC Eviction Ban Isn't Really a Ban: 'I Have Nowhere to Go,'" *The Coronavirus Crisis*, NPR, December 20, 2020.

35 E. Levitz, "3 Reasons Pelosi Should Take Trump's $1.8 Trillion Stimulus Deal," *Intelligencer*, October 13, 2020.

36 Speech by J. H. Powell, "New Economic Challenges and the Fed's Monetary Policy Review," *Board of Governors of the Federal Reserve*, August 27, 2020.

37 J. Dizard, "Don't Bet on the Silver Boom," *Financial Times*, July 3, 2020.

38 S. Detrow, "Democratic Task Forces Deliver Biden a Blueprint for a Progressive Presidency," *Morning Edition*, NPR, July 8, 2020.

39 P. Stevens, "Exxon Mobil Replaced by a Software Stock After 92 Years in the Dow Is a 'Sign of the Times,'" *CNBC*, August 8, 2020.

40 A. I. Abramowitz, *The Great Alignment: Race, Party Transformation, and the Rise of Donald Trump* (Yale University Press, 2018).

41 A. Van Dam and H. Long, "Biden Won Places That Are Thriving. Trump Won Ones That Are Hurting," *Washington Post*, November 15, 2020.

42 M. Muro, E. Byerly Duke, Y. You, and R. Maxim, "Biden-Voting Counties Equal 70% of America's Economy. What Does This Mean for the Nation's Political-Economic Divide?" *Brookings*, November 10, 2020.

43 A. Zitner and D. Chinni, "How the 2020 Election Deepened America's White-Collar/Blue-Collar Split," *Wall Street Journal*, November 24, 2020.

44 Axios, "Off the Rails" Series: www.axios.com/off-the-rails-episodes-cf6da8 24-83ac-45a6-a33c-ed8b00094e39.html.

45 E. Kilgore, "Wisconsin Supreme Court Was Close to Flipping State to Trump," *Intelligencer*, December 15, 2020.

46 K. Wehle, "No, Flynn's Martial Law Plot Isn't Sedition. But It's Not Necessarily Legal Either," *Politico*, December 24, 2020.

47 E. Luce, "The Audacity of America's Oligarchy," *Financial Times*, January 31, 2019.

48 E. Levitz, "Biden 2020: Change That Wall Street Liberals Can Believe In?," *Intelligencer*, September 8, 2020.

49 J. Epstein, "Biden Tells Elite Donors He Doesn't Want to 'Demonize' the Rich," *Bloomberg*, June 18, 2019.

50 A. Edgecliffe-Johnson, "US Business Leaders Warn of Disruption in Event of Disputed Election," *Financial Times*, October 14, 2020.

51 A. Edgecliffe-Johnson, "US Business Lobby Groups for Patience over Election Result," *Financial Times*, October 27, 2020.

52 C. Cutter, "Expensify CEO Urges Customers to Vote Against Trump," *Wall Street Journal*, October 23, 2020.

53 A. Edgecliffe-J ohnson and M. Vandevelve, "Stephen Schwarzman Defended Donald Trump at CEO Meeting on Election Results," *Financial Times*, November 14, 2020.

54 A. Edgecliffe-Johnson, "US Business Leaders Press Donald Trump to Start Transition to Joe Biden," *Financial Times*, November 23, 2020.

55 M. Wayland and L. Kolodny, "Tesla's Market Cap Tops the 9 Largest Automakers Combined—Experts Disagree About if That Can Last," *CNBC*, December 14, 2020.

56) T. Frankel, B. Martin, A. Van Dam, and A. Fowers, "A Growing Number of Americans Are Growing Hungry," *Washington Post*, November 25, 2020.

57 M. Alonso and S. Cullinane, "Thousands of Cars Form Lines to Collect Food in Texas," *CNN*, November 16, 2020.

58 L. Reiley and G. Jaffe, "A $4.5 Billion Trump Food Program Is Running Out of Money Early, Leaving Families Hungry and Food Assistance Charities Scrambling," *Washington Post*, December 8, 2020.

59 A. Bhattarai and H. Denham, "Stealing to Survive: More Americans Are Shoplifting Food as Aid Runs Out During the Pandemic," *Washington Post*, December 10, 2020.

12장 백신 확보 경쟁

1 P. A. David, "The Dynamo and the Computer: An Historical Perspective on the Modern Productivity Paradox," *American Economic Review* 80, no. 2 (1990): 355-361.

2 R. Solow, "We'd Better Watch Out," *New York Times Book Review*, July 12, 1987, 36.

3 L. Light, "Good Vaccine News Has Immediate Impact on the Stock Market," *Chief Investment Officer*, September 2, 2020.

4 A. Scaggs, "High-Yield Bonds Are Surging While Treasuries Slump on

Vaccine News," *Barron's*, November 2, 2020. G. Campbell and J. Turner, "How Has the News of a Vaccine Affected World Stock Markets?," *Economics Observatory*, November 13, 2020.

5 M. Mazzucato, *The Entrepreneurial State: Debunking Public vs. Private Sector Myths* (PublicAffairs, 2015).

6 "Triumph of Science Is Cause for Festive Cheer," *Financial Times*, December 24, 2020.

7 "The Cost of Sequencing a Human Genome," *National Human Genome Research Institute*, December 7, 2020.

8 H. Moses III, D. Matheson, and S. Cairns-Smith, et al., "The Anatomy of Medical Research: US and International Comparisons," *JAMA* 313, no. 2 (2015): 174-189.

9 A. S. Rutschman, "The Vaccine Race in the 21st Century," *Arizona Law Review* 61, no. 4 (2019): 729.

10 T. Bollyky and C. Bown, "Vaccine Nationalism Will Prolong the Pandemic," *Foreign Affairs*, December 29, 2020.

11 E. Silverman, "Funds Join Campaign to Pressure Pharma to Disclose Trial Data," *Wall Street Journal*, July 22, 2015.

12 "Institutional Investors Tell Big Pharma to Cooperate on Coronavirus," *Reuters*, April 7, 2020.

13 R. Brugha, M. Starling, and G. Walt, "GAVI, the First Steps: Lessons for the Global Fund," *Lancet* 359, no. 9304 (2002): 435-438.

14 R. G. Douglas and V. B. Samant, "The Vaccine Industry," in *Plotkin's Vaccines* (Elsevier, 2018).

15 M. Balachandran, "Serum Institute: How an Indian Horse Breeder Built Asia's Largest Vaccine Company," *Quartz India*, September 22, 2015.

16 S. H. E. Kaufmann, "Highly Affordable Vaccines Are Critical for Our Continued Efforts to Reduce Global Childhood Mortality," *Human Vaccines & Immunotherapeutics* 15, no. 11 (2019): 2660-2665.

17 "CEPI Survey Assesses Potential COVID-19 Vaccine Manufacturing Capacity," *CEPI*, August 5, 2020.

18 B. Hunneycut, N. Lurie, S. Rotenberg, et al., "Finding Equipoise: CEPI Revises Its Equitable Access Policy," *Science Direct*, February 24, 2020.

19 I. Sample, "The Great Project: How Covi Changed Science Forever," *Guardian*, December 15, 2020.

20 A. Bastani, "The Rapid Development of Covid Vaccines Shows How Healthcare Will Completely Change. But Who Will Benefit?," *Novara Media*, December 28, 2020.

21 D. Wallace–Wells, "We Had the Vaccine the Whole Time," *Intelligencer*, December 7, 2020.

22 Sample, "The Great Project: How Covi Changed Science Forever." C. Zimmer, J. Corum, and S–L. Wee, "Covid–19 Vaccine Tracker Updates: The Latest," *New York Times*, January 30, 2020.

23 H. Else, "How a Torrent of COVID Science Changed Research Publishing—in Seven Charts," *Nature*, December 16, 2020.

24 M. Wadman, *The Vaccine Race: Science, Politics, and the Human Costs of Defeating Disease* (Penguin, 2017). Rutschman, "The Vaccine Race in the 21st Century."

25 S. Ratto–Kim, I–K. Yoon, R. M. Paris, et al., "The US Military Commitment to Vaccine Development: A Century of Successes and Challenges," *Frontiers in Immunology*, June 21, 2018; doi.org/10.3389/fimmu.2018.01397.

26 P. Mason, "Alexandria Ocasio–Cortez's Green New Deal Is Radical but It Needs to Be Credible Too," *New Statesman*, February 13, 2019.

27 S. LaFraniere, K. Thomas, N. Weiland, D. Gelles, S. G. Stolberg, and D. Grady, "Politics, Science and the Remarkable Race for a Coronavirus Vaccine," *New York Times*, November 21, 2020.

28 D. Diamond, "The Crash Landing of 'Operation Warp Speed,'" *Politico*, January 17, 2021.

29 LaFraniere et al., "Politics, Science and the Remarkable Race for a Coronavirus Vaccine."

30 B. Pancevski, "Germany Boosts Investment in Covid–19 Vaccine Research," *Wall Street Journal*, September 15, 2020.

31 "Germany: Investment Plan for Europe—EIB to Provide BioNTech with Up to €100 Million in Debt Financing for COVID–19 Vaccine Development and Manufacturing," *European Investment Bank*, June 11, 2020.

32 LaFraniere et al., "Politics, Science and the Remarkable Race for a Coronavirus Vaccine."

33 L. Facher, "Amid Broad Mistrust of FDA and Trump Administration, Drug Companies Seek to Reassure Public About Covid–19 Vaccine Safety," *Stat*,

September 8, 2020.

34 M. Herper, "No News on Pfizer's Covid-19 Vaccine Is Good News—and Bad News," *Stat*, October 27, 2020.

35 D. Wallace-Wells, "We Had the Vaccine the Whole Time," *Intelligencer*, December 7, 2020.

36 J. Cohen and K. Kupferschmidt, "As Vaccines Emerge, a Global Waiting Game Begins," *Science* 370, no. 6523 (2020): 1385-1387.

37 R. Jalabi, R. Woo, and A. Shalal, "G20 Leaders Seek to Help Poorest Nations in Post-COVID World," *Reuters*, November 20, 2020.

38 "More Than 150 Countries Engaged in COVID-19 Vaccine Global Access Facility," *World Health Organization*, July 15, 2020.

39 J. H. Tanne, "Covid-19: US Will Not Join WHO in Developing Vaccine," *BMJ* 370 (20202): m3396.

40 Jalabi, Woo, and Shalal, "G20 Leaders Seek to Help Poorest Nations in Post-COVID World." A. Mullard, "How COVID Vaccines Are Being Divvied Up Around the World," *Nature*, November 30, 2020. Cohen and K. Kupferschmidt, "As Vaccines Emerge, a Global Waiting Game Begins." H. Dempsey and T. Wilson, "WHO Head Warns of Global 'Moral Failure' on Vaccines," *Financial Times*, January 18, 2021.

41 M. Peel and A. Jack, "Cost of Vaccinating Billions Against Covid-19 Put at More Than $20bn," *Financial Times*, May 3, 2020.

42 "Where Do Covid-19 Vaccine Stocks Go from Here?" *Wall Street Journal*; www.wsj.com/graphics/covid19-vaccine-stocks.

43 "$9 Trillion: The Potential Income Boost from Coronavirus Vaccine," *AlJazeera*, October 16, 2020.

44 S. Nebehay and E. Farge, "New Kinds of Loans and Bonds Could Fill $28 Billion COVID Funding Gap," *Reuters*, December 15, 2020. F. Guarascio, "Exclusive—WHO Vaccine Scheme Risks Failure, Leaving Poor Countries with No COVID Shots Until 2024," *Reuters*, December 16, 2020.

45 H. Kuchler, J. Miller, and K. Stacey, "US Offers to Help Increase Production of Pfizer/BioNTech Covid Vaccine," *Financial Times*, December 11, 2020.

46 A. Acharya and S. Reddy, "It's Time to Use Eminent Domain on the Coronavirus Vaccines," *Foreign Policy*, December 29, 2020.

47 A. Beattie, "The Struggle to Defuse the Global Vaccine Conflict," *Financial*

Times, January 28, 2020.

48 A. Beattie, "Impending Row over Covid Vaccine Patents at WHO," *Financial Times*, October 8, 2020. "Pfizer and Moderna Vaccines Can Only Be Scaled Up Globally if Many More Suppliers Can Produce," *ReliefWeb*, December 8, 2020. M. Rathod and K. Barot, "India and South Africa's COVID Vaccine Proposal to the WTO: Why Patent Waiver Must Be Considered Over Compulsory Licensing," *IP Watchdog*, January 2, 2021.

49 J. Hancock, "They Pledged to Donate Rights to Their COVID Vaccine, Then Sold Them to Pharma," *Kaiser Health News*, August 25, 2020. J. Strasburg, "If Oxford's Covid-19 Vaccine Succeeds, Layers of Private Investors Could Profit," *Wall Street Journal*, August 2, 2020.

50 J. Cohen, "China's Vaccine Gambit," Science 370, no. 6522 (2020): 1263-67. G. Chazan, S. Neville, and L. Abboud, "European Leaders Under Pressure to Speed Up Mass Vaccination," *Financial Times*, January 1, 2021.

51 C. Shepherd and M. Seddon, "Chinese and Russian Vaccines in High Demand as World Scrambles for Doses," *Financial Times*, January 18, 2020.

52 "Pharmaceutical Companies Urged the Ministry of Health to Postpone Registration of Vaccine Against COVID-19," RBC, August 10, 2020, www.rbc.ru/society/10/08/2020/5f3120959a79472536b da2db.

53 C. Baraniuk, "Covid-19: What Do We Know About Sputnik V and Other Russian Vaccines?," *BMJ* 2021, 372: n743.

54 R. Dube and G. Kantchev, "Argentina Is a Testing Ground for Moscow's Global Vaccine Drive," *Wall Street Journal*, January 18, 2021.

55 Baraniuk, "Covid-19: What Do We Know About Sputnik V and Other Russian Vaccines?"

56 Cohen, "China's Vaccine Gambit."

57 "Peru Inks Deal with Sinopharm for COVID-19 Vaccines," *Xinhua*, January 7, 2021.

58 J. Wheatley, "Lower-Income Countries Fall Behind in Race for Vaccines," *Financial Times*, January 20, 2021.

59 Cohen, "China's Vaccine Gambit."

60 J. Mardell, "China's Vaccine Diplomacy Assumes Geopolitical Importance," *Mercator Institute for China Studies*, November 24, 2020. C. Tan and E. Maulia, "Red Pill? Behind China's COVID-19 Vaccine Diplomacy," *Nikkei Asia*, November 4, 2020.

61 R. Liao, "Alibaba and Ethiopian Airlines to Launch Cold Chain Exporting China's COVID Vaccines," *TechCrunch*, December 3, 2020.

13장 채무 구제

1 A. Winning, "South Africa to Pay $5.25 a Dose for AstraZeneca Vaccine from India's SII," *Reuters*, January 21, 2021.

2 H. Dempsey and T. Wilson, "WHO Head Warns of Global 'Moral Failure' on Vaccines," *Financial Times*, January 18, 2021.

3 "Sovereign Debt and Financing for Recovery," *Group of Thirty*, October 2020; group30.org/images/uploads/publications/G30_Sovereign_Debt_and_Financing_for_Recovery_after_the_COVID-19_Shock_1.pdf.

4 OECD, "Official DevelopmentAssistance," www.oecd.org/dac/financing-sustainable-development/development-finance-standards/official-development-assistance.htm.

5 C. Ramaphosa, "Global Response Is Needed to Prevent a Debt Crisis in Africa," *Financial Times*, November 30, 2020.

6 Ramaphosa, "Global Response Is Needed to Prevent a Debt Crisis in Africa."

7 R. Jalabi, R. Woo, and A. Shalal, "G20 Leaders Seek to Help Poorest Nations in Post-COVID World," *Reuters*, November 20, 2020.

8 Jalabi, Woo, and Shalal, "G20 Leaders Seek to Help Poorest Nations in Post-COVID World."

9 "Only Victory in Africa Can End the Pandemic Everywhere," *Financial Times*, April 14, 2020.

10 A. Nye, "The G20's Impasse on Special Drawing Rights (SDRs)," Yale School of Management, August 11, 2020.

11 IMF Annual Report 2009.

12 Tooze, "The IMF Was Organizing a Global Pandemic Bailout—Until the Trump Administration Stopped It," *Foreign Policy*, April 17, 2020.

13 "U.S. Treasury Secretary Steven T. Mnuchin's Joint IMFC and Development Committee Statement," *U.S. Department of the Treasury*, April 16, 2020.

14 M. Lewis, "How Ted Cruz Killed IMF Expansion: A Timeline," Daily Caller, March 26, 2014. C. Hooks, "Ted Cruz Tanks a Major Diplomatic Effort," *Texas Observer*, April 3, 2014.

15 J. Trindle, "Lagarde Pushes U.S. Lawmakers to Pass IMF Reforms," *Foreign*

Policy, October 29, 2014.

16 Ramaphosa, "Global Response Is Needed to Prevent a Debt Crisis in Africa."

17 K. Gallagher, J. A. Ocampo, and U. Volz, "Special Drawing Rights: International Monetary Support for Developing Countries in Times of the COVID-19 Crisis," *De Gruyter*, August 17, 2020.

18 Table 5 in I. Fresnillo, "Shadow Report on the Limitations of the G20 Debt Service Suspension Initiative: Draining Out the Titanic with a Bucket?" *Eurodad*, October 14, 2020.

19 A. Payne, "Blair, Brown and the Gleneagles Agenda: Making Poverty History, or Confronting the Global Politics of Unequal Development?," *International Affairs* 82, no. 5 (2006): 917-935. E. Hel-leiner and G. Cameron, "Another World Order? The Bush Administration and HIPC Debt Cancellation," *New Political Economy* 11, no. 1 (2006): 125-140.

20 M. Arnone and A. F. Presbitero, *Debt Relief Initiatives: Policy Design and Outcomes* (Routledge, 2016). C. A. Primo Braga and D. Domeland, *Debt Relief and Beyond: Lessons Learned and Challenges Ahead* (World Bank, 2009).

21 "After Gleneagles What Role for Loans in ODA?," www.oecd-ilibrary.org/development/after-gleneagles_186548656812.

22 R. Ray and B. A. Simmons, "Tracking China's Overseas Development Finance," *Boston University Global Development Policy Center*, December 7, 2020.

23 J. Kynge and J. Wheatley, "China Pulls Back from the World: Rethinking Xi's 'Project of the Century,'" *Financial Times*, December 11, 2020.

24 K. Strohecker and J. Bavier, "As New Debt Crisis Looms, Africa Needs More Than World Is Offering," *Reuters*, November 19, 2020.

25 P. Fabricius, "How to Get Africa Out of Debt," *South African Institute of International Affairs*, November 25, 2020.

26 B. Chellaney, "China's Debt-Trap Diplomacy," The Strategist, January 24, 2017.

27 D. Brautigam and W. Kidane, "China, Africa, and Debt Distress: Fact and Fiction About Asset Seizures," *SAIS China-Africa Research Initiative*, June 2020.

28 U. Moramudali, "The Hambantota Port Deal: Myths and Realities," The *Diplomat*, January 1, 2020.

29 L. Jones and S. Hameiri, "Debunking the Myth of 'Debt-Trap Diplomacy,'"

Chatham House, August 2020.

30 "Confronting the Economic and Financial Challenges of Covid-19: A Conversation with World Bank Group President David Malpass," *World Bank*, December 14, 2020.

31 Nye and J. Rhee, "The Limits of the G20's Debt Service Suspension Initiative," *Yale Program on Financial Stability*, May 18, 2020.

32 Fabricius, "How to Get Africa Out of Debt."

33 "Rating Action: Moody's Places Cameroon's B2 Rating on Review for Downgrade," *Moody's*, May 27, 2020. "Rating Action: Moody's Confirms Cameroon's Rating, Outlook Stable," *Moody's*, August 7, 2020. Fresnillo, "Shadow Report on the Limitations of the G20 Debt Service Suspension Initiative: Draining Out the Titanic with a Bucket?"

34 "World Bank Raises Record-Breaking USD8 Billion from Global Investors to Support Its Member Countries," *World Bank*, April 15, 2020.

35 World Bank, "World Bank Group President David Malpass: Remarks to G20 Finance Ministers," Statement, April 15, 2020.

36 Fresnillo, "Shadow Report on the Limitations of the G20 Debt Service Suspension Initiative: Draining Out the Titanic with a Bucket?"

37 "Sovereign Debt and Financing for Recovery," *Group of Thirty*, October 2020.

38 "COVID 19: Debt Service Suspension Initiative," *World Bank*, January 12, 2021.

39 "Trade and Development Report 2020," *United Nations*, 2020.

40 "Sovereign Debt and Financing for Recovery," *Group of Thirty*, October 2020.

41 Address by Anne Krueger, "A New Approach to Sovereign Debt Restructuring," *International Monetary Fund*, November 26, 2001.

42 Fresnillo, "Shadow Report on the Limitations of the G20 Debt Service Suspension Initiative: Draining Out the Titanic with a Bucket?"

43 International Monetary Fund, "The International Architecture for Resolving Sovereign Debt Involving Private-Sector Creditors—Recent Developments, Challenges, and Reform Options," *International Monetary Fund*, October 1, 2020.

44 K. Pistor, *The Code of Capital: How the Law Creates Wealth and Inequality* (Princeton University Press, 2019).

45 "Statement Extraordinary G20 Finance Ministers and Central Bank Governors' Meeting November 13, 2020; www.sciencespo.fr/psia/sovereign-debt/wp-content/uploads/2020/11/English_Extraordinary-G20-FMCBG-Statement_November-13.pdf.

46 A. Karni and A. Rappeport, "G20 Summit Closes with Little Progress and Big Gaps Between Trump and Allies," *New York Times*, November 22, 2020.

47 Ramaphosa, "Global Response Is Needed to Prevent a Debt Crisis in Africa."

48 J. Wheatley, "Why the Developing World Needs a Bigger Pandemic Response," *Financial Times*, November 19, 2020.

49 UNDAD, "A Debt Pandemic," Briefing Paper March 2021.

50 United Nations, "Innovative Finance for Private Sector Development in Africa," *United Nations Economic Commission for Africa*, 2020.

51 D. Gabor, "The Wall Street Consensus," SocArXiv, December 22, 2020.

52 UNECA, "Building Forward Together"; www.uneca.org/archive/sites/default/files/PublicationFiles/building_forward_together.pdf.

53 United Nations, Economic Commission for Africa, "Economic Report on Africa 2020: Innovative Finance for Private Sector Development in Africa"; repository.uneca.org/handle/10855/43834.

54 *From Billions to Trillions: MDB Contributions to Financing for Development* (English). World Bank Group. documents.worldbank.org/curated/en/602761467999349576/From-billions-to-trillions-MDB-contributions-to-financing-for-development.

55 J. Kynge and J. Wheatley, "China Pulls Back from the World, Rethinking Xi's 'Project of the Century,'" *Financial Times*, December 11, 2020.

56 B. Tangjanco, Y. Cao, et al., "Pulse 1: Covid-19 and Economic Crisis — China's Recovery and International Response," *ODI Economic Pulse*, November 2020.

57 F. M. Shakil, "China Slowly Retreating from Pakistan's Belt and Road," *Asia Times*, December 26, 2020.

58 C. Shepherd, "China Pours Money into Green Belt and Road Projects," *Financial Times*, January 26, 2021.

59 J. P. Pham, "Germany's 'Marshall Plan' for Africa," *Atlantic Council*, January 23, 2017.

60 www.findevcanada.ca/en.

61 D. F. Runde and R. Bandura, "The BUILD Act Has Passed: What's Next?"

Centerfor Strategic and International Studies, October 12, 2018.

62 "BUILD Act: Frequently Asked Questions About the New U.S. International Development Finance Corporation," *CRS Report*, January 15, 2019.

63 OPIC, "U.S.-Japan-Australia Announce Trilateral Partnership for Indo-Pacific Infrastructure Investment," July 30, 2018, press release.

64 S. Hameiri, "Debunking the Myth of China's 'Debt-Trap Diplomacy,'" *Interpreter*, September 9, 2020.

65 M. P. Goodman, D. F. Runde, and J. E. Hillman, "Connecting the Blue Dots," *Centerfor Strategic and International Studies*, February 26, 2020.

66 Pham, "Germany's 'Marshall Plan' for Africa."

67 S. Attridge and L. Engen, "Blended Finance in the Poorest Countries," *Overseas Development Institute*, April 2019.

68 Pham, "Germany's 'Marshall Plan' for Africa."

69 B. Harris, "Brazil's Economic Dilemma: Public Debt Restraint or Sluggish Recovery," *Financial Times*, January 28, 2021.

70 J. McGeever, "Analysis: Brazil Faces $112 Billion Refinancing Cliff in Early 2021," *Reuters*, November 24, 2020.

71 J. Wheatley, "UN Chief Warns of Coming Debt Crisis for Developing World," *Financial Times*, March 29, 2021.

72 R. Henderson and P. Naidoo, "S. Africa's Rising Debt Is 'Major' Threat to Finance Sector," *Bloomberg*, November 24, 2020.

73 A. Sguazzin, R. Naidoo, and L. Pronina, "Eskom Bailout Emerging as Equity Swap by Biggest Bondholder," *Bloomberg*, December 16, 2020.

74 L. Pitel, "Scale of Turkey's Economic Crisis Triggered Erdogan Family Implosion," *Financial Times*, November 13, 2020.

75 L. Pitel, "Erdogan's Great Game: Soldiers, Spies and Turkey's Quest for Power," *Financial Times*, January 12, 2021.

76 L. Pitel, "Turkey's Lira Sinks to 8 Against US Dollar for First Time," *Financial Times*, October 26, 2020. B. W. Setser, "The Changing Nature of Turkey's Balance Sheet Risks," *Council on Foreign Relations*, October 23, 2020. L. Pitel, "Erdogan Gambles on Fast Recovery as Turkey Burns Through Reserves," *Financial Times*, August 3, 2020.

77 B. Ghosh, "Erdogan Should Break His IMF Taboo," *Bloomberg*, April 19, 2020. A. Erdemier and J. A. Lechner, "Why Erdogan Won't Ask the IMF for Help," *Foreign Policy*, June 1, 2020.

78 A. Kucukgocmen and O. Coskun, "Qatar Offers Turkey Relief by Tripling FX Swap Line to $15 Billion," *Reuters*, May 20, 2020.

79 L. Pitel, "Turkey Raises Interest Rates Again in Bid to Rebuild Credibility," *Financial Times*, December 24, 2020.

80 C. Ostorff, "Turkish Markets Bounce Back as Foreign Investors Return," *Wall Street Journal*, January 6, 2021. "Investors Back in Turkey for Short Term Only as Erdogan Record Questioned," *Ah-val*, January 7, 2021.

81 "Investors Left Shocked After Erdogan Upends Turkey's Markets," *Financial Times*, March 25, 2021.

82 P. Naidoo, "South Africa Treasury Denies That Budget Cuts Will Stifle Growth," *Bloomberg*, November 6, 2020.

83 J. Ott, "Tanzanians Debate the Meaning of New 'Lower-Middle-I ncome' World Bank Status," *Global Voices*, July 13, 2020.

84 "Debt Markets Re-Open for Sub-Saharan Issuers," *Fitch Ratings*, November 29, 2020.

14장 선진국, 재정을 풀다

1   B. McClendon, "Lost Lost Causes," *n+1*, January 9, 2021.

2   T. Snyder, "The American Abyss," *New York Times*, January 9, 2021.

3   H. Shierholz, "Unemployment Claims Hit Highest Level in Months: Millions More Jobs Will Be Lost if Congress Doesn't Act," *Economic Policy Institute*, December 10, 2020.

4   R. Rainey and E. Mueller, "'We're Already Too Late': Unemployment Lifeline to Lapse Even with an Aid Deal," *Politico*, December 11, 2020.

5   J. Parrott and M. Zandi, "Averting an Eviction Crisis," *Urban Institute*, January 2021.

6   Contrasting accounts of how the congressional deal was done were offered by *The Washington Post and The New York Times*. J. Stein and M. DeBonis, "How Moonshine, Multi-Hour Zooms and a Deadly Pandemic Pushed Congress to Approve New Stimulus," *Washington Post*, December 22, 2020. C. Hulse, "Coronavirus Stimulus Bolsters Biden, Shows Potential Path for Agenda," *New York Times*, December 21, 2020.

7   www.youtube.com/watch?v=qOOPzkHF6yc. N. Rummell, "Intercession of Fed Brings Some Calm to Rocky Markets," *Courthouse News*, June 16, 2020.

8 M. C. Klein, "Divided Government May Push the Fed to Go Bigger. Here's What That Might Look Like," *Barron's*, November 9, 2020.

9 J. Smialek and A. Rappeport, "Mnuchin to End Key Fed Emergency Programs, Limiting Biden," New York Times, November 19, 2020.

10 E. Cochrane and J. Smialek, "Lawmakers Resolve Fed Dispute as They Race to Close Stimulus Deal," *New York Times*, December 19, 2020.

11 "Stimulus Talks Bogged Down on Fed Lending Powers," *FR 24 News*, December 20, 2020; www.fr24news.com/a/2020/12/stimulus-talks-bogged-down-on-fed-lending-powers.html.

12 E. Cochrane and L. Broadwater, "Answering Trump, Democrats Try and Fail to Jam $2,000 Payments Through House," *New York Times*, December 24, 2020.

13 L. H. Summer, "Trump's $2,000 Stimulus Checks Are a Big Mistake," *Bloomberg*, December 27, 2020.

14 Paraphrasing the brilliant article by A. Jager and D. Zamora, "'Welfare Without the Welfare State': The Death of the Postwar Welfarist Consensus," *New Statesman*, February 9, 2021.

15 "China's Manufacturers Are Forced to Up Wages to US$1,500 a Month, with Workers Unwilling to Return Ahead of Lunar New Year," *South China Morning Post*, December 21, 2020.

16 W. Richter, "Holy-Cow Spikes in China-US Container Freight Rates & US Consumer Spending on Goods Trigger Mad, Possibly Illegal Scramble for Empties. US Framers Twist in the Wind," *Wolf Street*, December 20, 2020.

17 E. Luce, "America's Dangerous Reliance on the Fed," *Financial Times*, January 3, 2021.

18 B. Erik, M. J. Lombardi, D. Mihaljek, and H. S. Shin, "The Dollar, Bank Leverage and Real Economic Activity: An Evolving Relationship," *BIS Working Papers* No. 847, March 17, 2020.

19 G. Gopinath, E. Boz, C. Casas, F. J. Diez, P.-O. Gourinchas, and M. Plagborg-Moller, "Dominant Currency Paradigm," *American Economic Review* 110, no. 3 (2020): 677-719.

20 B. W. Setser, "Weaker Dollar Means More Dollar Reserves," *Council on Foreign Relations*, August 12, 2020.

21 M. Sobel, "US Treasury's Vietnam Problem," OMFIF, August 27, 2020. M. Sobel, "Treasury FXR Struggles with Realities of Manipulation," *OMFIF*,

December 17, 2020.

22 C. Joyner, "Record Fundraising in Georgia Senate Races the New Norm, Experts Say," *Atlanta Journal-Constitution*, February 5, 2021.

23 R. Foroohar, "Why Investors Shrugged Off the Capitol Riots," *Financial Times*, January 10, 2021.

24 G. Parker, P. Foster, S. Fleming, and J. Brunsden, "Inside the Brexit Deal: The Agreement and the Aftermath," *Financial Times*, January 22, 2021.

25 M. Haynes, "Is Economic Output an Accurate Measure of the Covid-19 Impact?" *UK in a Changing Europe*, August 25, 2020.

26 S. P. Chan, "Bank of England Warns of Sharpest Recession on Record," *BBC News*, May 7, 2020. W. Park, "Is There Such a Thing as a 'Good' or 'Bad' Recession?" *BBC News*, August 11, 2020.

27 D. Edgerton, "The Tories Aren't Incompetent on the Economy," *Guardian*, September 11, 2020.

28 R. Espiet-Kilty, "Cameron and Big Society. May and Shared Society. Same Party: Two Visions?," *Observatoire de la societe brita.nnique* 21 (2018): 213-233.

29 M. Sandbu, "Shock Therapy: How the Pandemic Is Resetting Britain's Whole Free Market Model," *Prospect*, December 6, 2020.

30 G. Parker and C. Giles, "Sunak Tells Tory MPs There Is No 'Magic Money Tree,'" *Financial Times*, January 21, 2021.

31 C. Giles, "Sunak Goes Big and Bold in Bid to Repair UK Public Finances," *Financial Times*, March 3, 2021.

32 T. Stubbington and C. Giles, "Investors Sceptical over Bank of England's QE Programme," *Financial Times*, January 4, 2021.

33 M. Khan, M. Peel, and V. Hopkins, "EU Reaches Deal to Suspend Funds to Member States That Breach Rule of Law," *Financial Times*, November 5, 2020.

34 M. de la Baume, H. von der Burchard, and D. M. Herszenhorn, "Poland Joins Hungary in Threatening to Block EU's Budget and Coronavirus Recovery Package," *Politico*, September 18, 2020.

35 L. Bayer, "EU Leaders Back Deal to End Budget Blockade by Hungary and Poland," *Politico*, December 10, 2020.

36 M. Pardavi, "After the Crisis, Before the Crisis: The Rule of Law Headache That Won't Go Away," *Heinrich Boll Stiftung*, December 18, 2020.

37 M. Karnitschnig, "Angela Merkel's Rule-of-Law Legacy: A Divided Europe," *Politico*, December 18, 2020.

38 Piotr Zuk, Pawel Zuk, and Przemyslaw Plucinski, "Coal Basin in Upper Silesia and Energy Transition in Poland in the Context of Pandemic: The Socio-Political Diversity of Preferences in Energy and Environmental Policy," *Resources Policy* 71 (2021): 101987.

39 D. M. Herszenhorn, "At Summit, EU Leaders Dial Back to Edge Forward," *Politico*, December 11, 2020.

40 M. Khan and D. Hindley, "EU Leaders Strike Deal on 2030 Climate Target After All-Night Talks," *Financial Times*, December 11, 2020.

41 K. Oroschakoff and K. Mathiesen, "How the EU's Green Deal Survived the Coronavirus Pandemic," *Politico*, December 17, 2020.

42 Oroschakoff and Mathiesen, "How the EU's Green Deal Survived the Coronavirus Pandemic."

43 "Investment Report 2020/2021," *European Investment Bank*, 2020; www.eib.org/attachments/efs/economic_investment_report_2020_2021_en.pdf. ec.europa.eu/info/sites/info/files/economy-finance/assessment_of_economic_and_investment_needs.pdf.

44 S. Haroutunian, S. Hauptmeier, and S. Osterloh, "Draft Budgetary Plans for 2021: A Review in Times of the Covid-19 Crisis," *ECB Economic Bulletin*, August 2020.

45 OECD, *OECD Economic Outlook*, Volume 2020, Issue 2.

46 "Euro Area Policies: 2020 Consultation on Common Euro Area Policies-Press Release; Staff Report; and Statement by the Executive Director for Member Countries," *International Monetary Fund*, European Dept., December 22, 2020.

47 J. Hirai, "Bond-Guzzling ECB Will Shield the Market from the Next Debt Tsunami," *Bloomberg*, December 31, 2020.

48 "Boris Johnson Challenged over Brexit Business 'Expletive,'" *BBC*, June 26, 2018.

49 @RobinBrooksIIF tweet January 23, 2021, twitter.com/RobinBrooksIIF/status/1352999427334660096?s=20.

50 M. Johnson and S. Fleming, "Italy Crisis Raises Concerns About EU Recovery Spending," *Financial Times*, January 28, 2021.

51 M. Khan, D. Ghiglione, and I. Mount, "EU Recovery Plan Faces Bottle-

neck, Economists Warn," *Financial Times*, January 5, 2021.

52 M. Khan, "'Demolition Man' Renzi Roils Rome," *Financial Times*, January 14, 2021.

53 M. Johnson, "Italy's PM Conte Resigns as Government Crisis Intensifies," *Financial Times*, January 26, 2021.

54 J. Pisani-Ferry, "Europe's Recovery Gamble," September 25, 2020; www. bruegel.org/2020/09/europes-recovery-gamble.

결론

1 J. R. Biden, Jr., "Inaugural Address by President Joseph R. Biden, Jr." (Speech, Washington, D.C., January 20, 2021); www.whitehouse.gov/briefing-room/ speeches-remarks/2021/01/20/inaugural-address-by-president- joseph-r-biden-jr.

2 B. Clinton, "Transcript: Bill Clinton's Prime-Time Speech," *NPR*, August 27, 2008.

3 J. Kirshner, "Gone but Not Forgotten," *Foreign Affairs*, March/April 2021.

4 See the list of Presidential Actions at the White House website, www. whitehouse.gov/briefing-room/presidential-actions.

5 G. Korte, "Biden Plans 10 Days of Action on Four 'Overlapping' Crises," *Bloomberg*, January 16, 2021. R. Beitsch, "Biden Calls Climate Change One of America's Four Major Crises," *The Hill*, August 21, 2020.

6 "How Much Would the American Rescue Plan Overshoot the Output Gap?" *Committee for a Responsible Federal Budget*, February 3, 2021.

7 L. H. Summers, "Opinion: The Biden Stimulus Is Admirably Ambitious. But It Brings Some Big Risks, Too," *Washington Post*, February 4, 2021. N. Irwin, "The Clash of Liberal Wonks That Could Shape the Economy, Explained," *New York Times*, February 8, 2021. L. H. Summers, "Opinion: My Column on the Stimulus Sparked a Lot of Questions. Here Are MY ANSWERS," *Washington Post*, February 7, 2021.

8 J. Mackintosh, "Markets Don't Think Biden's $1.9 Trillion Covid Relief Is Too Much," *Wall Street Journal*, February 9, 2021.

9 "Transcript of Chair Powell's Press Conference," January 27, 2021; www. federalreserve.gov/medi acenter/files/FOMCpresconf20210127.pdf.

10 S. Sjolin, "Did Central Bankers Make a Secret Deal to Drive Markets?

This Rumor Says Yes," *Market Watch*, March 21, 2016. "Janet Yellen on Monetary Policy, Currencies, and Manipulation," *Dollar and Sense Podcast*, Brookings Institution, February 19, 2019; www.brookings.edu/wp-content /uploads/2019/02/Janet-Yellen-on-monetary-policy-currencies-and-man ipulation.pdf.

11 J. R. McNeil, *The Great Acceleration: An Environmental History of the Anthropocene Since 1945* (Belknap Press of Harvard University Press, 2014).

12 M. E. Mann, *The Hockey Stick and the Climate Wars: Dispatches from the Front Lines* (Columbia University Press, 2013).

13 U. Beck and C. Lau, "Second Modernity as a Research Agenda: Theoretical and Empirical Explorations in the 'Meta-Change' of Modern Society," *British Journal of Sociology* 56, no. 4 (2005): 525-557. B. Latour, "Is Re-modernization Occurring? And if So, How to Prove It? A Commentary on Ulrich Beck," *Theory, Culture & Society* 20, no. 2 (2003): 35-48.

14 H. A. Kissinger, "The White Revolutionary: Reflections on Bismarck," *Daedalus* 97, no. 3 (1968): 888-924.

15 D. H. Chollet and J. Goldgeier, *America Between the Wars: From 11/9 to 9/11: The Misunderstood Years Between the Fall of the Berlin Wall and the Start of the War on Terror* (Public Affairs, 2008), 318.

16 Remarks by President Biden in Press Conference, March 25, 2021; www.whitehouse.gov/briefing-room/speeches-remarks/2021/03/25/remarks-by-president-biden-in-press-conference/.

17 "Fact Sheet: The American Jobs Plan, March 31, 2021," www.whitehouse.gov/briefing-room/statements-releases/2021/03/31/fact-sheet-the-america n-jobs-plan/.

18 European Commission, "EU-China—A Strategic Outlook," March 12, 2019; ec.europa.eu/info/sites/info/files/communication-eu-china-a-strategic-out look.pdf.

19 "Key Elements of the EU-China Comprehensive Agreement on Investment," *European Commission*, December 30, 2020.

20 K. Nakazawa, "Analysis: China Splits Atlantic with Game-Changing EU Investment Deal," *Nikkei Asia*, January 7, 2021.

21 M. Karnitschnig, "Europe Gives Biden a One-Finger Salute," *Politico*, January 29, 2020.

22 E. Solomon and G. Chazan, "'We Need a Real Policy for China': Germany

Ponders Post–Merkel Shift," *Financial Times*, January 5, 2021.

23 H. Thompson, "The New EU–China Trade Deal Is Driven by a Commercial Realpolitik —And the World Knows It," *New Statesman*, January 27, 2021.

24 "China Was Largest Recipient of FDI in 2020 : Report," *Reuters*, January 24, 2021.

25 "China Is Betting That the West Is in Irreversible Decline," *The Economist*, April 3, 2021 ; www .economist.com/china/2021/04/03/china–is–betting–that–the–west–is–in–irreversible–decline.

26 "China Announces Eradication of Extreme Poverty in Last Poor Countries," *Reuters*, November 24, 2020.

28 A. Lee, "China's Xi Jinping Declares Victory on Poverty Alleviation, but Warns of 'Unbalanced' Development," *South China Morning Post*, December 4, 2020.

27 K. Looney, "The Blunt Force of China's Mobilisation Campaigns," *Financial Times*, January 26, 2020. For a critical evaluation, see T. Sicular, "Will China Eliminate Poverty in 2020?," *China Leadership Monitor*, December 1, 2020.

29 I. Gill, "Deep–Sixing Poverty in China," *Brookings*, January 25, 2021.

30 J. Richardson, "China's Policy Dilemma : Raising Local Demand While Protecting Exports," *ICIS*, September 13, 2020.

31 K. Lo and K. Huang, "Xi Jinping Says 'Time and Momentum on China's Side' as He Sets Out Communist Party Vision," *South China Morning Post*, January 12, 2021.

32 T. Taylor, "Will China Be Caught in the Middle–Income Trap?" *Conversable Economist* October 26, 2020.

33 Jiang Shigong, "Philosophy and History : Interpreting the 'Xi Jinping Era' Through Xi's Report to the Nineteenth National Congress of the CCP." Introduction by David Ownby and Timothy Cheek ; www. readingthechinadream.com/jiang–shigong–philosophy–and–history.html.

34 Looney, "The Blunt Force of China's Mobilisation Campaigns."

35 Michael Pettis has been the most consistent critic of these imbalances : M. Pettis, "China's Economy Can Only Grow with More State Control Not Less," *Financial Times*, April 26, 2020. M. Pettis, "Xi's Aim to Double China's Economy Is a Fantasy," *Financial Times*, November 22, 2020.

36 A. Tooze, *The Deluge: The Great War, America and the Remaking of the Global*

Order, 1916–1931 (Penguin Books, 2015).

37 H. Cooper, "Top General Declines to Endorse Trump's Afghan Withdrawal Timeline," *New York Times*, October 12, 2020.

38 N. Hultman and S. Gross, "How the United States Can Return to Credible Climate Leadership," March 1,2021; www.brookings.edu/research/us-action -is-the-lynchpin-for-successful-international-climate-policy-in-2021/.

39 "Toward an Integrated Policy Framework," *International Monetary Fund*, October 8, 2020.

40 Three exemplary analysts working in this mode are Daniela Gabor, Nathan Tankus, and Carolyn Sissoko, all interviewed by D. Beckworth, "Daniela Gabor on Financial Globalization, Capital Controls, and the Critical Macrofinance Framework," Mercatus original podcast, June 22, 2020. D. Beckworth, "Nathan Tankus on Public Finance in the COVID-19 Crisis: A Consolidated Budget Balance View and Its Implications for Policy," *Macro Musings with David Beckworth*, podcast, May 11,2020. D. Beckworth, "Carolyn Sissoko on the Collateral Supply Effect and Other Concerns in the Money Market," *Macro Musings with David Beckworth*, podcast, September 21, 2020.

41 P. Anderson, "Situationalism a l'envers?," *New Left Review* 119 (September/ October 2019). 10 pages TK.

지은이 애덤 투즈 Adam Tooze

코로나19 팬데믹 이후 가장 많이 호출되는 글로벌 위기 분석의 스페셜리스트. 현대 경제사 연구 분야의 손꼽히는 학자로, 최고 권위의 외교전문지 《포린폴리시》가 발표한 '세계의 사상가 100인'에 선정되었다. 1967년 런던에서 태어나 영국과 독일의 하이델베르크에서 성장했다. 케임브리지대학교 킹스칼리지에서 경제학 석사학위를 받고 베를린자유대학교에서 대학원 연구를 시작하면서 베를린장벽이 철거되고 냉전이 종식되는 광경을 지켜보았다. 이후 런던정치경제대학교에서 경제사로 박사학위를 받았고, 케임브리지대학교와 예일대학교를 거쳐 지금은 컬럼비아대학교의 역사학 교수로 재직하고 있다.

2008년 글로벌 금융위기와 그 이후 10년의 역사를 담아낸 역작 《붕괴Crashed》(아카넷, 2019)는 투즈를 세계적인 학자의 반열에 올렸다. 위기의 진앙인 미국과 유럽은 물론 중국과 러시아, 신흥시장국가에 이르기까지 전 지구적 규모로 확산하는 금융위기의 진행 상황을 치밀하게 그려내는 한편, 위기에 대응하는 과정과 방법도 꼼꼼하게 진단함으로써 세계의 경제와 정치가 긴밀히 얽힌 오늘의 세계를 명확하게 제시한다. 《뉴욕타임스》《이코노미스트》올해의 책, 라이오넬겔버상 논픽션 부문 수상작이다.

또 다른 역작 《대격변The Deluge》(아카넷, 2020)은 제1차 세계대전에서 대공황에 이르는 세계 질서의 재편 과정을 다룬 책이다. 제국의 몰락과 연쇄적으로 일어난 혁명으로 균형을 잃어가던 세계는 세계 유일의 패권국으로 부상하는 미국에 대한 새로운 의존성을 갖게 되었다. 이러한 배경에서 투즈는 대공황을 역사상 최악의 재앙으로 만든, 집단적 디플레이션을 야기한 '황금 족쇄', 즉 금본위제를 재평가한다. 《파이낸셜타임스》《뉴스테이츠먼》올해의 책, 《LA타임스》북프라이즈 수상작이다.

그 밖에 울프슨상과 롱맨히스토리투데이상 수상작인 《파괴의 응보Wages of Destruction》 등을 지었으며, 현재 기후위기의 글로벌 정치경제학을 주제로 한 《탄소Carbon》(아카넷, 근간)를 집필 중이다.

홈페이지 https://adamtooze.com **트위터** @adam_tooze